律师、公证与仲裁制度

主　编　丁小巍

中国人民公安大学出版社
·北　京·

图书在版编目（CIP）数据

律师、公证与仲裁制度/丁小巍主编. —北京：中国人民公安大学出版社，2020.11

ISBN 978-7-5653-4129-8

Ⅰ.①律… Ⅱ.①丁… Ⅲ.①律师业务—中国②公证制度—中国③仲裁法—中国 Ⅳ.①D92

中国版本图书馆 CIP 数据核字（2020）第 232069 号

律师、公证与仲裁制度

主 编 丁小巍

出版发行：中国人民公安大学出版社
地　　址：北京市西城区木樨地南里
邮政编码：100038
经　　销：新华书店
印　　刷：北京市科星印刷有限责任公司

版　　次：2021 年 4 月第 1 版
印　　次：2022 年 1 月第 3 次
印　　张：21
开　　本：787 毫米×1092 毫米 1/16
字　　数：436 千字

书　　号：ISBN 978-7-5653-4129-8
定　　价：72.00 元

网　　址：www.cppsup.com.cn　www.porclub.com.cn
电子邮箱：zbs@cppsup.com　zbs@cppsu.edu.cn

营销中心电话：010-83903991
读者服务部电话（门市）：010-83903257
警官读者俱乐部电话（网购、邮购）：010-83901775
教材分社电话：010-83903259

编 委 会

主　编： 丁小巍

副主编： 戴群策　王正苍　范智欣

撰稿人： 丁小巍　戴群策　王正苍　范智欣
宫明海　王吉文　何智毅　何结文
赖钰明

前　言

自党的十八大以来，我国在依法治国方面采取了一系列举措。党的十九大报告在“全面推进依法治国”的基础上，进一步要求“坚持全面依法治国”，到2035年基本建成法治国家、法治政府和法治社会。这既表明了法治道路的长期性和艰巨性，也为全党迈入法治道路提出了更高的要求。相关部门积极贯彻执行党的“全面依法治国”方针，出台或修改了系列法律、法规、规章和行业规范。律师、公证、仲裁与司法鉴定、司法所、人民调解等一道被视为公共法律服务体系，共同担负着保障公民基本权利。维护人民群众合法权益、实现社会公平正义和保障人民安居乐业所必需的法律服务。就律师、公证与仲裁而言，2016年司法部出台了新的《律师执业管理办法》，2017年全国人大常委会修改了《律师法》《公证法》《仲裁法》等法律，2019年中共中央办公厅、国务院办公厅印发《关于完善仲裁制度提高仲裁公信力的若干意见》，2020年司法部出台《中共司法部党组关于加强公证行业党的领导优化公证法律服务的意见》等，使我国律师、公证和仲裁体系日臻完善。

随着党的“全面依法治国”方针的积极推进，我国律师、公证与仲裁队伍也日益蓬勃发展起来，提供的各类法律服务也与日俱增。仅以最近两年为例，就足以见其星火燎原之势。根据司法部官网公布的2018年度和2019年度《律师、基层法律服务工作统计分析》，截至2018年年底，全国共有执业律师42.3万多名，比2017年年底增长了14.8%；共有律师事务所3万多家，比2017年年底增长了8%；办理诉讼案件497.8万多件，非诉讼法律事务案件105.8万多件。截至2019年年底，全国共有执业律师47.3万多名，比2018年年底增长了11.8%；共有律师事务所3.2万多家，比2018年年底增长了6.7%；办理诉讼案件610.8万多件，提供各类公益法律服务134.8万多件，分别较2018年增加22.7%和27.4%。越来越多的数据表明，律师、公证与仲裁已日益成为“全面依法治国”的重要力量，必将承载更多的使命与担当。

为实现2035年基本建成法治国家的目标和人民群众日益增长的法律服务需求、保障社会的和谐稳定，编写《律师、公证与仲裁制度》一书，对于法学专业在校大学生和其他法律服务工作者，学习、了解和运用律师、公证和仲裁制度，以便更好地承担公共法律服务，应会大有裨益。律师、公证与仲裁三者是不同的概念，但在普通高校的法学教学实践中一般都会将其放在一起。根据我国现行法律，律师是指依法取得律师执业证书，接受委托或者指定，为当事人提供法律服务且在一个律师事务所执业的人员。公证是公证机构根据自然人、法人或者其他组织的申请，依照法定程序对民事法律行为、有法律意义的事实和文书的真实性、合法性予以证明的活动。仲裁是指由一定的机构根据当事人之间的协议，对双方当事人之间发生争议的事项，以第三者的身份居中作出具有法律约束力的裁决。从三者的性质来看，律师是社会法律工作者，是为委托人提供法律服务的，当事人才是律师工作的中心；公证是国家公证机构的证明活动，是以国家公信力为后盾，代表国家行使证明职能；仲裁是当事人双方协议选择仲裁机构和仲裁庭组成人员，并受其裁判约束的自愿型公断。学者之所以将律师、公证与仲裁放在一起，作为一门课程或者一种教材，一是因为法学本科课时有限，二是因为独立开课内容不足。

本书按照律师、公证和仲裁的每年服务的案件数量的多寡，将其按顺序分为三编：上编——律师制度，中编——公证制度，下编——仲裁制度。在内容上，基本遵循相关制度概述、法律服务人员资质及管理、具体的法律服务操作等逻辑顺序进行编排。本书在编撰出版过程中，得到了广东警官学院的大力支持，属于广东警官学院资助出版的系列教材之一。

本书的作者分别来自高校法律院系、律师事务所、法院，他们是：广东警官学院丁小巍、戴群策、官明海、王正苍、范智欣，江西财经大学王吉文，九江学院赖钰明，广东合邦律师事务所何结文，广州市白云区人民法院何智毅。作者们具有丰富的律师、公证或仲裁的实务经验，对律师、公证或仲裁业务进行过长期的跟踪研究，本书也是各位作者对过往研究成果的一个总结和凝练。全书由主编统筹规划，大家通力合作编著而成，由于经验不足、水平有限，难免会有错漏，若有不当之处，望读者批评指正。

编　者

2020年8月18日

目　录

上　编

中　　编

下　　编

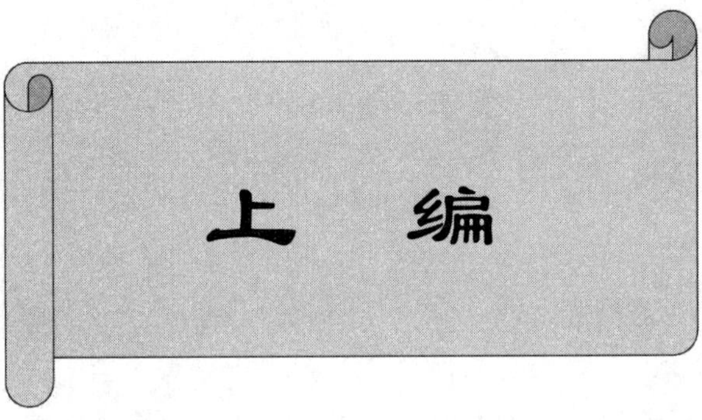
上　编

第一章 律师制度概述

第一节 律师和律师的性质

一、律师的概念和特征

(一) 律师的概念

所谓律师，从字面上看，“律”是指法律；“师”是指专业人员，即对某一方面有专门知识或技能的人员。“律师”是指具有法律知识，通晓法律的专业人员。如果仅仅从这一点看，所有通晓法律的人均可称为“律师”。

世界各国对律师的定义不同，且没有统一的标准。《牛津法律大辞典》在对“lawyer”一词的解释中，将律师和其他法律工作者相提并论，其解释是：“表示专业上有资格用一定权力从事法律工作的人的一般术语。法律工作者包括法官（不是非专业法官）、执业律师和法学教师。”美国《国际大百科全书》对“律师”一词的解释是：“律师或称法律辩护人，是受过法律专业训练的人，他在法律上有权为当事人于法院内外提出意见或代表当事人的利益行事。”苏联的《苏联百科全书》将律师解释为：“律师是选择了以提供法律帮助为自己职业的人。在苏联，凡具有高等法律教育程度并从事专业工作两年以上的苏联公民，可以成为律师。”

我国律师法对律师作了严格的界定。根据我国《律师法》第二条的规定，律师，是指依法取得律师执业证书，接受委托或者指定，为当事人提供法律服务的执业人员。这一规定为我国律师在法律上下了定义，指出了成为律师的前提条件，即必须依法取得律师执业证书；同时指出了律师工作的内容，即接受委托或者指定，为社会提供法律服务。

(二) 律师的特征

根据上述定义，我国律师具有以下特征：

1. 执业资格的法定性。国家通过授予律师资格、颁发律师执业证书来认可律师。任何公民要想成为律师，必须依照法定程序得到国家认可。一般的要求是受过法律专业训练，具有法律专业知识，经国家考试，授予资格并发给律师执业证书。

在我国，必须“依法取得律师执业证书”，因此，一个人如果不具有相当的法律专业知识，不取得律师执业证书就不可能成为一名律师。

2. 服务内容的专业性。律师为社会提供的服务，是法律方面的服务。律师为社会提供法律服务，一般来说是有偿的。世界上，绝大多数国家的律师不是国家公务人员，不享有国家赋予的公共权力，只能依靠自己的专业知识和工作能力，向社会提供法律服务，由此获得报酬，并赖以生存和发展。律师进行每一项业务活动，除履行法律援助义务外，均依国家的规定收取相应比例的酬金。

3. 服务对象的社会性。律师为社会提供法律帮助，同社会的各个阶层发生广泛的联系。律师服务对象不是单一的，而是广泛的社会主体。社会上任何一个机关、团体、企事业单位和公民，只要委托律师，律师就可以为其提供服务。

4. 执业业务的委托性。律师是应公民、法人或其他组织的委托，参与诉讼或者非诉讼法律事务的。律师的业务来自当事人的委托，而不是基于权力范围。如果没有当事人的委托，律师的法律服务便无从谈起；而没有业务，法律规定的律师执业权利亦无法行使。

5. 执业活动的公正性。由于律师是法律方面的专家，因此律师的意见必须是符合法律的，因而是公正的。律师的任务主要是向社会提供法律帮助，以维护当事人和其他受帮助人的合法权益，从而维护国家法律的正确实施，促进国家司法的民主化。这就说明，律师的活动应具有社会正义性。

二、律师的性质和职能

（一）律师的性质

律师的性质，是指律师在国家社会生活中的地位、所代表的阶层以及所发挥的作用。从各国律师立法的规定来看，基本上没有律师性质的规定。律师是自由职业，这是国外对律师性质的普遍认识。

对于律师性质的认识，我国学术界存在很大的争论。大致有四种意见：律师是国家法律工作者；律师是社会法律工作者；律师是社会主义法律工作者；律师是自由职业者。

第一种观点源自我国1980年颁布的《律师暂行条例》（已失效，下同）。条例第一条明确规定，“律师是国家的法律工作者”，所有的律师都是公职人员，他们享有国家核拨的事业编制和财政核发的经费。在当时律师被定性为国家的法律工作者，政治上给律师确定了与司法机关、行政机关工作人员基本相同的社会地位；经济上保障了生活的经济来源，有助于恢复律师制度。但把律师界定为国家法律工作者，显然与律师所从事的职业不相称，与国际通行的对律师性质的认识相悖。同时，也使律师与法官、检察官等国家法律工作者混同，使当事人对律师的职业活动产生不信任心理，显然不利于律师业务与国际律师业的接轨，随着《律师暂行条例》的失效，这种意见也被摒弃。第二种观点将律师界定为社会法律工作者，突出了律师的平民性和社会性，有一定的可取之处，符合目前我国多种律师体制并存的实际情况。第三种观点将律师界定为社会主义法律工作者，虽然不再认为律师是国家工作人员，但由于社会主义是一种社会性质，将其与律师联系在一起，使律师的性质变得模糊不清了。第四种观点照搬资本主义国家的做法，将律师界定为自由职业者，明显不符合我国国情。在我国，律师必须坚持四项基本原则，接受司法行政机关的管理、监督和指导，严格遵守法律，恪守律师职业道德和执业纪律。因此，我国律师不可能是可以自由选择从业方式的自由职业者。

关于我国律师的性质，我国《律师法》第二条明确规定，律师是依法取得律师执业证书，接受委托或者指定，为当事人提供法律服务的执业人员。该规定从律师的社会属性、职业属性、法律属性三方面完整无缺地确定了律师的性质。

1. 从社会属性看，律师是面向社会的法律工作者，不需要通过享有国家核拨的事业编制和财政核发的经费来得以生存和发展。律师服务的对象是全体社会成员，具有独立、公开、平等、诚实、有偿等社会服务工作的特征。

2. 从职业属性看，律师是从事服务工作的人员，是以运用法律知识为主，结合其他知识和技能，为满足委托人的正当要求而为其提供智力服务的。律师从事业务有权选择是否接受委托，有权根据事实和法律决定辩护或代理权的行使，等等。

3. 从法律属性看，律师在执业活动中，具有特定的法律地位。律师是经过国家统一法律职业资格考试，被批准授予资格并取得律师执业证书的人。律师的身份和活动是法律所规范的，它执行的是社会主义法律，维护社会主义法律的正确实施。

（二）律师的职能

律师的职能，亦即律师的基本任务，是指律师在执业过程中所担当的社会责任。律师的职能通常是由国家立法规定的，与各国的社会、政治、司法制度密切相关。1980 年颁布的《律师暂行条例》第一条即对律师的任务作了明确的规定：“律师是国家的法律工作者，其任务是对国家机关、企业事业单位、社会团体、人民公社和公民提供法律帮助，以维护法律的正确实施，维护国家、集体的利益和公民的合法权益。”但《律师暂行条例》已失效，现行《律师法》没有专门规定律师的职能，只在第二条规定中涵盖了律师的基本职能。其第二条规定，律师应当维护当事人的合法权益，维护法律的正确实施，维护社会的公平和正义。其中所规定的精神便包含了律师基本职能，可以概括为：

1. 为社会提供广泛的法律服务。在我国，公民、法人和其他组织依法享有广泛的权利和利益，如人身权利、民主权利、财产权利和经济利益等，都必须依法行使权利，因此，任何人都不可避免地会涉及各种法律问题，甚至时常产生一些法律纠纷，这就需要依靠法律保护自身的权益，而这些繁杂的法律事务常常需要委托熟悉法律的律师来进行。律师的职责就是面对这样广泛、多样的社会对法律的需求，通过其业务活动提供服务的。

2. 维护当事人的合法权益。律师为社会提供法律服务目的就是帮助公民、法人和其他组织依法行使享有的权利，维护应有的利益。律师在提供法律服务、履行职务时，必须根据法律规定的当事人的权利与义务，承办当事人委托的各种法律事务，维护当事人的合法权益，这是律师工作的核心。律师维护当事人的合法权益的任务是极其广泛的，只要是合法的权益，律师都应依法给予保护；律师的这项任务又是具体的、有针对性的，通过向特定的服务对象提供具体的法律服务来维护当事人的合法权益。

3. 维护法律的正确实施。保障国家的法律、法规正确、有效地实施是律师的责任，也是律师工作的基本原则。律师在提供法律服务时，必须严格遵守法律的规定，依法执业，而不能歪曲法律、故意规避法律去迎合当事人，损害国家和社会的利益，破坏法律的实施和尊严。律师是通过被委托或担任代理人或辩护人参与诉讼法律事务，维护当事人的合法权益来保障法律的正确实施。因为当事人的合法权益是由国家法律赋予的，因此律师承办的每一项法律事务都很好地维护了当事人的合法权益，这也极大地促进或推动了法律的正确实施；如果当事人的合法权益得不到保障，则规定这种权益的法律就得不到正确的实施。

第二节　律师制度与律师法

一、律师制度

律师制度是国家民主制度和法律制度的重要组成部分。它对于保护公民的合法权益，维护国家法律的正确实施，完备法制，具有极其重要的意义。作为一种法律现象的律师制度，并不是在法律开始出现时就产生了，而是法律发展到一定阶段的产物。

在我国，律师制度是指通过国家立法及行政管理机关制定管理规章的方式，确立的有关律师的性质，律师的资格和执业，律师的业务范围及权利义务，律师的法律责任，律师的管理等方面的内容的一项国家司法制度。律师制度具有以下特征：

（一）律师制度是社会经济高度发展的产物

律师制度的产生必须具备一定的经济条件，即商品经济发展到相当的程度，经济贸易活动频繁，财产关系复杂；商品经济的发展导致贫富分化，社会矛盾激化。为了进行经济交往，及时解决经济纠纷，调和社会矛盾，法律越来越烦琐，法律关系也越来越复杂，从而需要通晓法律的人为社会提供专业的法律服务。职业律师的出现，迎合了社会的这种需求，由此而产生了律师制度。

（二）律师制度以国家法律的确认为其存在的前提

律师的业务活动必须具有法律依据，没有国家法律的认可，任何人都不可能以任何形式开展律师业务活动。从历史上看，无论古代国家还是近、现代国家的律师制度都是以国家在法律上赋予公民的诉讼辩论权为前提的。从世界各国的律师制度看，律师的资格和执业、律师的权利和义务、律师的组织机构和管理体制、律师的业务范围和活动规则都是由国家法律明确规定的。没有相应的律师法律，律师制度是不可能建立并完善起来的。

(三) 律师制度所规范的律师业务活动不带有强制性

律师制度主要规范律师的业务活动，律师的业务活动不具有强制性。律师得以参加诉讼活动及其他法律事务并不是直接依据国家法律的授权，而是基于公民、法人或其他组织的委托。律师以辩护人、代理人的身份参加诉讼活动或接受当事人的委托，为当事人处理其他法律事务，是服务性质的律师意见，仅起指导、参考的作用，对当事人没有约束力。

(四) 律师制度的内容

律师制度是国家文明程度的重要标志，完善的律师制度有利于规范和促进律师业的健康发展，维护当事人的合法权益，维护法律的正确实施。完善的律师制度应该明确规定以下内容：律师的性质、任务，律师资格的取得和执业原则，律师的职业道德和执业纪律，律师的组织机构和管理体制，律师的业务范围和工作制度，律师的惩戒规则和法律责任等，从而使律师工作走向法制化和规范化。

二、律师法

(一) 律师法的含义

完善的律师制度必须有律师法的规范和保障。所谓律师法，是指国家制定的，规定律师、律师事务所和律师管理机构的法律地位及相互关系以及律师进行业务活动所必须遵守的行为规范的总称。如果从法律内容上看，律师法既相对于实体法，又相对于程序法。它本身不解决实体问题，也不规定律师参加各类诉讼活动和进行其他业务活动的程序问题，基本上属于组织法的范畴，是律师的组织法。

律师法有广义和狭义之分。狭义的律师法，是指由国家最高立法机关通过的规定律师、律师执业机构、律师组织和律师的管理机构的法律地位及其法律关系，调整律师执业活动中所产生的各种法律关系的律师法典。《律师法》就是这样的一部律师法典，这是我国第一部律师法典。广义的律师法，是指除了律师法典之外，还包括中央国家机关制定和发布的有关律师工作的单行法规、实施细则、管理办法，以及地方国家机关制定和发布的规范律师工作的法规、规章等。

(二) 律师法的地位和作用

1. 律师法的地位。律师法是从属于宪法的专门法律，与刑法、刑事诉讼法、民法、民事诉讼法、行政法、行政诉讼法等法律有着十分密切的联系。律师法是国家法律体系中一个独立的法律部门，是律师的组织法和保障法。对于律师法的地位应从以下几个方面把握：

（1）律师法是规范律师和律师事务所行为，调整律师执业活动有关法律关系的专门法律。我国律师法是规范律师执业活动的“基本法”。律师的各项业务活动必须在律师法规定的业务范围内进行，并依据律师法的具体规定执行。

（2）律师法是国家法律体系中重要的部门法，有其独特的调整对象。我国的法律体系由宪法、部门法和行政法规构成。其中由全国人民代表大会及其常务委员会通过的法律为部门法律。律师法是由第八届全国人民代表大会常务委员会第十九次会议通过的法律，因此属于部门法律。其独特的调整对象是律师和律师事务所在律师执业活动中发生的法律关系和法律现象。

（3）律师法与其他法律部门之间有广泛而密切的关系。律师接受当事人的委托办理法律事务，就必须根据与接受委托的法律事务相关的部门法开展活动。其他法律部门的规定内容，是律师进行各项业务活动的依据，对律师的具体业务有规范和促进作用。而律师法的完善和律师行为的规范化，也有助于其他部门法的有效实施。

2. 律师法的作用。律师法是我国法律体系的一个重要的有机组成部分，它与其他法律部门相辅相成、互相促进，为我国民主与法制建设水平的提高发挥了积极的作用。我国律师法具有以下几个方面的作用：

（1）有利于律师制度的完善。律师制度的完善是一个国家法治文明和政治文明的重要体现。自 1980 年制定和颁布《律师暂行条例》以来，我国律师制度得到了恢复和发展。1996 年通过的《律师法》，确认和巩固了律师制度改革的成果，促进了律师制度的法制化和规范化，有利于律师制度的进一步完善，也是今后我国律师事业发展的法律基础。

（2）有利于保障律师依法执行业务，规范律师的行为。律师法对律师的权利义务和律师的执业保障措施作了明确规定，使律师的人身权利和正常执业得到有效保障，律师合法权益被侵犯的现象得到遏制。同时，律师法对律师执业资格、律师职业道德、律师执业纪律以及法律责任均作了明确具体的规定，规范了律师的行为，维护了律师的形象，有效抑制了律师违法乱纪现象的滋生和蔓延，对律师业的健康发展起到了积极作用。

（3）有利于维护当事人的合法权益，保障法律的正确实施。律师法对律师资格的取得、律师执业的条件所作的规定，有利于选择熟知法律、精通业务的人员进入律师行业，将不符合条件的人员排斥于律师行业之外，保证从业人员的职业素质，提高律师的服务质量。律师法对律师执业的基本原则、律师执业纪律以及法律责任所作的规定，有利于促进律师培养廉洁高效、敢于坚持真理、伸张正义、维护法律正确实施的品质和作风。

（4）有利于发挥律师在国家政治生活和经济建设中的作用。随着我国推进社会主义政治文明的建设，经济建设全面与国际接轨，律师在国家政治生活和经济建设中的作用越来越大。律师法以立法形式对律师在政治经济生活中的积极作用予以充分肯定，有利于律师作用的进一步发挥。同时，律师法对律师业务范围的扩大，使律师的活动更趋活跃，对社会生活的影响也将更广泛、更深入。

(三) 律师法的调整对象

律师法有其独立的调整对象，包括以下几个方面：

1. 确定了律师、律师执业机构、律师组织和律师管理机构的法律地位。我国律师法明确规定了律师的定义和性质、律师资格和律师的执业条件、律师的权利和义务、律师事务所的组织形式及其设立、律师协会的性质与职责、律师管理机构的职权等。

2. 调整律师、律师执业机构、律师组织和律师管理机构之间的关系。我国律师法对律师与律师事务所之间的关系，律师、律师事务所与律师协会之间的关系，律师、律师事务所、律师协会与律师管理机构之间的关系均作了规定。

3. 调整律师与服务对象之间的关系。我国律师法对律师接受当事人的委托，从事各项业务活动时与服务对象之间形成的不同的法律关系，均作了规定。

4. 调整律师在进行业务活动时与有关国家机关或社会组织的关系。我国律师法对律师在办理刑事案件时与公安机关、检察机关、审判机关之间的关系，律师在代理民事诉讼、行政诉讼时与审判机关之间的关系，律师在代理行政复议时与行政机关之间的关系，律师在进行企业登记等法律事务时与有关行政机关之间的关系，律师在代理仲裁事务时与仲裁机构之间的关系等均作了规定。

第三节　律师制度的发展历程

一、外国律师制度的沿革

(一) 外国律师制度的起源

作为一种法律现象的律师制度，是社会文明发展到一定程度、法律发展到一定阶段的产物。律师制度是从西方国家传来的，我国历史上没有真正意义上的律师制度，因此，要了解律师制度的历史沿革，需先认识西方国家律师制度的起源。

1. 古希腊和古罗马时代的辩护制度。律师制度起源于刑事辩护制度，脱胎于刑事辩护制度。从各国的历史看，早期的律师是以辩护人的身份出现的。刑事辩护是律师最基础的业务，也是律师最基本的职责。律师制度的起源，可以追溯到古希腊和古罗马时期，那时在诉讼中就曾出现“辩护士”“代诉人”，并逐步发展为律师。

公元前4世纪至5世纪的雅典共和国时期，王者执行官审理案件时，允许被告人进行答辩、申辩。公元前594年梭伦担任雅典执政官后，进行了著名的“梭伦改革”，设立了具有民主特色的陪审法庭。雅典的诉讼分为私人诉讼和公共诉讼两种，诉讼程序分为审查与裁判两个阶段。在裁判庭上，首先由法官宣读原告的起诉书和被告的反驳书，然后原、被告双方发言并进行辩论。裁判庭允许当事人委托辩护士撰写发言稿，并让辩护士在法庭上宣读。辩护士的发言常常对法官的判决产生影响。随着社会经济的发展，诉讼事件日渐增多，于是雅典的辩护士制度就应运而生了，而辩护士也就成为此后世界各地律师的雏形。

公元前5世纪，奴隶制的罗马共和国手工业和商业已比较发达，市场贸易日益繁荣，迫切需要制定调整新的社会关系、确认当事人之间的权利和义务的法律，同时也需要一批专门研究法律并能够在法律上协助司法官员的人。于是，职业法律家便产生了。这些法律家主要作为罗马国家立法和司法的顾问，为国王或政府官员就法律事务提供咨询意见，制定法律文件，从事法律教学和著述活动，指导民事案件当事人的诉讼行为。古罗马在制定《十二铜表法》时，规定了一些带有民主因素的条款，规定诉讼出庭双方应依次申辩。在古罗马弹劾式诉讼中，被告人与原告人处于平等地位。被告人拥有辩护权，可为自己的利益进行诉讼防御。审判采取对质、言词、公开的方式，被告人可以提出反证，证明自己无罪。被告人还可以请精通辩术的辩护人为自己辩护。法官居中裁判。辩护权的存在以及代诉人、辩护人等的出现，标志着早期刑事辩护制度已基本形成。

2. 古罗马帝国时期的职业律师的产生。古罗马帝国时期，由于法律允许当事人自行聘请辩护人出庭辩护，罗马社会逐步出现了一批专门从事法庭辩护的代诉人。公元前3世纪，罗马法律家出现了第一次大分化，大部分法律家开始专门从事法庭诉讼辩护事务。这些专门从事法庭辩护的代诉人开始被冠以律师（Advocate）的称呼。罗马法规定，凡权利没有受到限制的公民，都可出庭为当事人辩护，充当代诉人或律师。至公元5世纪末，律师开始发展成为一种自由职业，他们组成自己的职业团体，收取报酬出庭充当辩护人。当时的罗马法还对律师的资格及职能作了如下规定：充当律师者，必须在主要城市学过法律，通过指定的考试，方可取得资格。充当律师者，必须是男性。在民事诉讼中，接受被告人聘请，律师可以代理被告人在法庭中与原告人对诉。在刑事诉讼中，可以接受双方当事人的聘请，充当辩护人出庭辩论。律师分为从业律师与候补律师两类，按管辖地区配备，在从业律师不足时，候补律师才能上任。古罗马帝国时期的律师专职化分工，被人们认为是西方律师制度的起源。

（二）欧洲封建社会律师制度的存续

从公元476年罗马帝国灭亡至公元1640年英国发生资产阶级革命这个时期为欧洲封建社会时期，史称“中世纪”。这一时期，封建等级制度森严，罪刑擅断主义盛行，以刑讯逼供为主要特征的纠问式诉讼代替了弹劾式诉讼，诉讼活动带有浓厚的宗教色彩。这一切使律师的作用变得极为有限。

在中世纪的法国，商品经济衰落，实行自给自足的农奴庄园经济，相应地，在民事诉讼中当事人的诉讼权利受到种种限制，失去了聘请诉讼代理人的许多保护正当权益的手段；在刑事诉讼中则对于被告人甚至证人使用刑讯以逼取供证，办案法官宣布的“严重罪行的案件”就不允许聘请辩护人。其他案件允许被告人聘请辩护人，但接受聘请、出庭辩护的只能是僧侣，“僧侣律师”在中世纪的法国存在了很长一段时间。13世纪法国实行全国性司法改革，受过系统法律教育，经过宣誓、注册登记的世俗律师在法国开始出现，并逐步代替了“僧侣律师”。

在中世纪的英国，初期曾允许代理人参加诉讼，当代理人取得国王许可后，就有资格接受委托到庭参加民事诉讼活动。公元1066年，建立起诺曼王朝，同时设立支委会法院，并规定诉讼代理的职能由僧侣律师承担。直到13世纪后期，国王法院才在英国的法院系统中占据中心地位。世俗律师由此崭露头角，世俗律师分为辩护律师与初级律师。辩护律师是受一方当事人的委托在法庭上为其进行辩护的人。初级律师又称代办人或替身，主要是帮助当事人了解诉讼程序，进行诉讼活动。13世纪末，英国产生了辩护律师职业团体，职业化的辩护律师又称高级律师，拥有垄断辩护业务的特权。15世纪，在伦敦设立了四所传授法律知识和律师业务的学院，律师学院由学生、专门律师和学院监督组成。

（三）近现代的律师制度的确立

资本主义律师制度是资产阶级革命的产物。资产阶级启蒙思想家针对封建司法专横制度，提出了“罪刑相等”“无罪推定”“法律面前人人平等”的原则，主张用辩论式诉讼代替纠问式诉讼，被告人有权为自己辩护，也有权聘请律师或其他人为其辩护。随着资产阶级革命取得胜利，资本主义国家先后将律师制度写入宪法性文件。

1640年英国爆发了资产阶级革命，标志着世界近代史的开端。1679年英国颁布了《人身保护法》，其中第十九条规定：“关于本律所称犯法行为之控诉，各被告得同具原案总争点之答辩。”律师制度在英国封建社会的民事诉讼中早已发展起来，随着资产阶级革命的胜利，1695年威廉三世以敕令规定严重叛国案的被告人可以请辩护人。1836年威廉四世颁布法律规定：“不论任何案件的预审或审判，被告人都享有辩护权。”从此取消了对辩护的种种限制，律师制度在英国正式确立。

美国1776年宣告独立后，在保留英国法律传统的基础上，刑事诉讼程序体现出强烈的民主性。1776年通过的《弗吉尼亚权利法案》指出：“在所有判处死刑或刑事的诉讼中，被告有权要求知道他被控罪的原因和性质，有权与控诉者及证人相质，有权提出于己有利的证据，有权要求由他居处附近的公正的陪审团参加的迅速审判，未经该陪审团全体一致同意不得判决为有罪；不得强迫他提出于己不利的证据；除了国家法律或其同等的公民的裁判外，任何人的自由不应受到剥夺。”1791年美国宪法修正案第六条规定：“在一切刑事诉讼中，被告人应享受下列权利：由发生罪案之州或区域的公正陪审团予以迅速地分开审判，该区域当以法律先确定之；接受关于告发事件之性质；应以强制手续取得对于本人有利的证据，并受律师辩护之助。”

18 世纪法国资产阶级革命是法国历史上划时代的事件。启蒙思想家孟德斯鸠、卢梭等以“自然法”和“社会契约”为指导，提出了一系列资产阶级“民主主义”和“自由主义”的司法原则及制度。1789 年法国在《人权宣言》中明确规定了“无罪推定”的原则。同年 10 月制宪会议的一项法令规定从追究被告犯罪时起，就允许辩护人参加。1791 年颁布的法律规定了法庭审理的辩论原则。1808 年，拿破仑颁布的刑事诉讼法典规定了被告人享有辩护权的原则。1897 年的法律颁布后，才准许辩护人介入审判前的程序。

19 世纪中叶，在大多数的德国前地方邦国内出现了一种“改革的刑事程序”，改变了被告人的低劣地位，把被告人看作这样一种公民：作为诉讼的一方，获得明确规定的方式来为自己辩护。该程序在 1877 年颁布的《德意志帝国刑事诉讼法典》中得到了继承和发扬。“二战”之后，德国刑事辩护制度得到恢复和进一步完善。1965 年 4 月 1 日公布的《刑事诉讼法典》规定：“被告人可以在诉讼程序的任何阶段选定辩护人，帮助自己辩护。”

日本明治维新之后，开始引进以法、德为代表的大陆法系国家的司法制度。1876 年和 1880 年颁布的《代言人规则》原则上不允许代言人进行刑事辩护，只有特殊的案件可以例外地让代言人进行辩护。1880 年公布的治罪法允许被告人有辩护人，重罪案件，被告人选任辩护人时，裁判从代表人中为其选任辩护人，称为“官选辩护人”。从此开始了日本的刑事辩护制度。1922 年颁布的旧刑事诉讼法，将辩护人的权利扩大到预审阶段。1948 年，日本国会通过了现行《刑事诉讼法典》。该法赋予嫌疑人以辩护人委托权，赋予被告人有自选辩护人委托权，而且扩大了强制辩护的范围。

二、我国律师制度的历史沿革

（一）我国古代的讼师、代理人和“刀笔先生”

在我国古代先后出现过讼师、代理人和所谓的“刀笔先生”，似带有某些古代西方律师制度的色彩。

1. 讼师现象。历史上有文字记载的最著名的讼师是春秋时期郑国的邓析。他曾任“郑国大夫”，是郑国子产执政时期统治集团的重要成员。据史料记载，邓析主张颁布成文法，提出“事断于法”的主张，他曾编纂了一部成文法，刻在竹简上，后世称之为“竹刑”。邓析不仅法律知识渊博，且能言善辩，可以“操两可之说，设无穷之词”“持之有故，言之成理”。邓析曾聚众讲学，传授法律知识和诉讼方法。邓析还助人诉讼，在诉讼中“以非为是，以是为非”。邓析的活动颇有点古代律师的味道。

为了防止讼师调词架讼，《唐律疏议》和《明律》等封建法律均有对讼师的活动加以限制的规定，清代的法律允许被告人聘请讼师根据起诉状副本写出答辩状。但讼师的作用仅限于为当事人代写诉状和出谋划策，不能出庭辩护或代理诉讼。显然与现代意义上的律师相去甚远。

2. 中国古代的代理制度。中国古代的代理制度出现很早。《周礼·秋官》记载："凡命夫命妇，不躬坐狱讼。"作为原告（被告）的命夫命妇者，不需亲自到法庭上进行诉讼。命夫命妇的下属或子弟可代理他们进行诉讼。《左传纪事本末》记载了这样一个案例：在僖公二十八年，卫侯与元恒官司，针庄子没有辩败元恒，故卫侯败诉，结果"杀士荣；刖庄子；执卫侯归之于京师，置诸深室"。这个案例证明春秋时代的代理制度已经出现。自元代开始，如诉讼当事人为老弱病残者，也可以由其亲属代理诉讼。明会典也有类似规定。中国古代这种代理制度适用范围狭窄，而且代理的目的及代理人的身份与现代代理制度大相径庭。

3. 中国古代民间的"刀笔先生"。古代打官司前要先向官吏递状子，陈述案情，故社会上一些文人干起了专门为他人写状子及其他文书的营生，这些人被称为"刀笔先生"。他们在写状子时，可能给当事人出一些如何"打官司"的主意。"刀笔先生"的活动从形式上看类似于现代律师的咨询代书活动，但从实质上讲，却有很大区别。他们的活动没有法律来规范，因此不能产生律师和律师制度。中国古代虽有某些"代理诉讼"的现象和"助人诉讼"的人员，但由于政治、经济条件的限制，前者未进一步发展成代理制度，后者未形成职业法律家（以研究法律为职业）阶层。因此，具有几千年文明历史的中国，最后还是从国外引进了律师和律师制度。

（二）我国近代律师制度的产生和发展

1840年鸦片战争后，中国逐步沦为半封建半殖民地国家。清朝统治者为了缓和国内矛盾，于1902年设立修订法律馆。在修订法律大臣沈家本的主持下，于1906年完成修订《大清刑事民事诉讼法》。其中，"律师"专列一节，分别规定了律师的资格、注册登记、职责、违纪处分、外国律师在通商口岸公堂办案等。这样，在我国立法史上首次出现了律师的内容。但这部法典因遭到各省督抚的反对而未能颁布实施。1907年，修订法律馆开始重新编纂诉讼法典，于1911年编成《大清刑事诉讼律草案》和《大清民事诉讼律草案》，再次对律师在刑事、民事诉讼中的职责等内容作了规定。但由于清王朝被推翻，两部法典均未颁布。

辛亥革命胜利后，1912年9月，北洋政府先后制定《律师暂行章程》等，并颁布实施。这些法规对律师资格、律师义务、律师惩戒、律师登录与甄别等内容作出了具体明确的规定，从而成为我国正式颁布施行的律师立法的起点和我国近代律师制度建立的标志。在这个时期，全国律师达到2000余人，出现了施洋、沈钧儒等当时著名的大律师。1927年，国民党政府在南京成立后，即于同年7月制定了《律师章程》。这个章程把律师分为"大律师"（出庭律师）和"小律师"（撰状律师）。1930年，国民党政府成立了律师协会，从此律师业有所发展。1941年至

1945年，国民党政府先后颁布《律师法》《律师法施行细则》《律师登录规则》《律师惩戒规则》及《律师检核办法》等，规定了许多新的内容，如律师实行私人开业，允许女性担任律师，增加律师登录制度、律师惩戒特别程序等条款，从而使律师制度逐步走上规范化轨道。

（三）中华人民共和国律师制度的建立和发展

1. 中华人民共和国律师制度的萌芽。在新民主主义革命时期，各地的红色政权就开始推行刑事辩护制度。1932年6月，中央工农民主政府颁布的《裁判部暂行组织及裁判条例》规定："被告人为本身的利益，可派代表出庭辩护，但须得到法庭的许可。"1932年12月中央建立了川陕省，随后迅速颁布了《川陕省革命法庭条例（草案）》，其中规定："工农劳动民众以自己的志愿，经过革命法庭的许可，可以委托一个或几个辩护人，为自己辩护，必须是劳动者有公民权的人有资格当选辩护人。"1944年公布的《晋冀鲁豫边区太岳区暂行司法制度》规定："人民在法庭有自己辩论权，审问人民不许任意限制。"1946年1月颁布的《晋察冀边区行政委员会关于人民法庭工作的指示》规定："审判员根据起诉书审讯被告，审查人证、物证，并允许被告自己或被告的代表辩护和提出反证。"

2. 中华人民共和国律师制度的建立。中华人民共和国刑事辩护制度的建立和发展，经历了曲折的历程。1950年7月，中央人民政府政务院在公布的《人民法庭组织通则》中规定"应保障被告人有辩护和请人辩护的权利"。同年12月，中央人民政府司法部发出了《关于取缔黑律师及讼棍事件的通报》，明令取缔了国民党的旧律师制度，解散了旧的律师组织，并停止了旧律师的活动。1953年，上海市人民法院设立"公设辩护人室"，帮助刑事被告人辩护。《上海市人民法院办理民刑案件暂行办法》规定："刑事案件得由被告人声请审判长指定公设辩护人或由有关团体指派代表为其辩护人，审判长亦得径行指定之。"1954年我国颁布了第一部宪法，明确规定，"被告人有权获得辩护"。当时公布的《人民法院组织法》也规定："被告人除自己行使辩护权外，可以委托律师为他辩护；可以由人民团体介绍的或者经人民法院许可的公民为他辩护，可以由被告人近亲属、监护人为他辩护。人民法院认为必要的时候，也可以指定辩护人为他辩护。"

1955年开始，我国各地许多市、县都开展了律师辩护工作，逐步建立起我国的辩护律师队伍。到1957年6月，我国共建立了19个律师协会，817个法律顾问处，有专职律师2500多人，兼职律师300多人，形成了刑事辩护制度与律师制度相互促进、共同发展的局面。① 但自1957年下半年起，受"左倾"思潮影响，人民的辩护权被剥夺，社会主义法制遭到践踏，我国刑事辩护制度实际上夭折。

3. 改革开放以来我国律师制度的发展。党的十一届三中全会以后，我国加快了法制建设的步伐。律师制度得到了很快的恢复。1979年7月，第五届全国人大

---

① 茅彭年，李必达. 中国律师制度研究. 法律出版社，1992：28.

常委会第二次会议通过了《刑事诉讼法》，明确规定了被告人有权获得辩护的原则，并对“辩护”作了专章规定。刑事辩护制度和律师制度得以恢复和发展。1980 年 8 月 26 日，颁布了《律师暂行条例》。各地依据该条例逐步恢复和发展了律师队伍。1986 年，第一届全国律师代表大会召开，中华全国律师协会成立。律师制度基本建立。

从 1986 年起，经国务院批准，司法部开始改革授予律师资格的制度，实行全国律师资格统一考试制度。

1988 年，司法部开始推行《合作制律师事务所试点方案》。我国律师事务所开始从单一模式向多元模式发展。1993 年，国务院办公厅批复了《司法部关于深化律师工作改革的方案》，允许律师进行“合伙制”律师事务所的试点。至此，我国律师事务所已形成了多元模式。1992 年 7 月起，司法部开始允许外国律师事务所在中国境内设立办事处的试点工作。

1996 年 5 月 15 日，第八届全国人大常委会第十九次会议通过了《律师法》。这部法律对完善我国律师制度，促使律师事业加快发展，并逐步与国际上通行的律师制度接轨是十分必要和非常及时的。律师法的制定和颁布，标志着我国律师制度的初步健全和完善。后为适应社会的发展，全国人大常委会分别于 2001 年、2007 年、2012 年和 2017 年对《律师法》进行了修订，为我国律师制度健康有序的发展提供了强而有力的保障。

第二章　律师资格与律师执业

第一节　律师资格

一、律师资格的概念

律师资格，是指国家确认的、准予从事律师职业的资格。律师资格是公民从事律师职业必须具备的条件和身份，是律师执业的前提和基础。律师行业实行执业资格准入制度对于提高我国律师队伍的整体素质，更好地发挥律师在社会主义建设事业中的作用有重要而深远的意义。律师行业实行执业资格准入制度是由律师执业的特点决定的。由于律师行业是一个专业性很强的智力性服务行业，它不但要求从事律师活动的人熟悉法律、精通业务，具有广博的社会知识和自然科学知识，还必须有较高的道德水准，严密的逻辑思维能力，敏锐的观察能力，缜密的分析能力。因而，国家依法通过相应的程序，对那些具备从事律师业务能力的人进行确认，使其具有开展法律服务应有的身份，同时用以表明与其他工作人员的身份区别。

二、律师资格的取得

（一）律师资格的取得条件

律师资格的取得条件，是指国家规定的申请取得律师资格人员必须具备的条件。只有符合这些条件的人员才能按规定的程序，申请授予律师资格。律师资格的取得条件具体包括国籍、政治、学历、专业和道德等条件。

1. 国籍条件。此是指国家对申请取得律师资格人员的国籍要求。自 2002 年 1 月 1 日起施行的《律师法》和司法部《国家统一法律职业资格考试实施办法》规定，国家统一法律职业资格考试是国家统一组织的从事特定法律职业的资格考试；取得律师资格必须通过国家统一法律职业资格考试；报名参加国家统一法律职业资格考试的人员，必须具有中华人民共和国国籍。而外国人和无国籍的人不能报名参加国家统一法律职业资格考试。这与当今世界许多国家规定的“只有本国公民才被允许取得本国律师资格”的立法是相类似的。

2. 政治条件。根据《国家统一法律职业资格考试实施办法》等有关规定，申请取得律师资格的人员，必须拥护《宪法》，享有选举权和被选举权。

3. 学历、专业条件。参加国家统一法律职业资格考试的人员，必须具备全日制普通高等学校法学类本科学历并获得学士及以上学位；或者全日制普通高等学校非法学类本科及以上学历，并获得法律硕士、法学硕士及以上学位；或者全日制普通高等学校非法学类本科及以上学历并获得相应学位且从事法律工作满 3 年。

4. 道德条件。我国对申请律师资格的人员的道德条件有明确的要求。根据《国家统一法律职业资格考试实施办法》等的相关规定，申请人必须具有完全民事行为能力且具有良好的政治、业务素质和道德品行。

（二）律师资格的取得途径

国家统一法律职业资格考试。国家统一法律职业资格考试的前身是国家司法考试。我国从 1986 年开始实行律师资格的全国统一考试，自 1994 年开始由司法部统一划定录取分数线。首届国家统一司法考试于 2002 年 3 月 30 日至 3 月 31 日举行，它是我国司法制度建设乃至法治建设中的一件大事，它提高了法律职业的门槛，建立并统一了法律职业的准入制度。从 2018 年开始，国家司法考试改为国家统一法律职业资格考试。2018 年 4 月，司法部颁布了《国家统一法律职业资格考试实施办法》，对国家统一法律职业资格考试的有关事项作了明确规定。

1. 报名条件。凡是具有中华人民共和国国籍，拥护《宪法》，享有选举权和被选举权，具有完全民事行为能力，符合规定的学历、专业条件，道德条件的人员，可以报名参加国家统一法律职业资格考试。依照《国家统一法律职业资格考试实施办法》第十条的规定，因故意犯罪受过刑事处罚的；曾被开除公职或者曾被吊销律师执业证书、公证员执业证书的；被吊销法律职业资格证书的；被给予 2 年内不得报名参加国家统一法律职业资格考试（国家司法考试）处理期限未满或者被给予终身不得报名参加国家统一法律职业资格考试（国家司法考试）处理的；因严重失信行为被国家有关单位确定为失信联合惩戒对象并纳入国家信用信息共享平台的；因其他情形被给予终身禁止从事法律职业处理的，不得报名参加国家统一法律职业资格考试，已经办理报名手续的，报名无效。已经参加考试的，考试成绩无效。

2. 考试。国家统一法律职业资格考试每年举行一次。具体考试时间在举行考试 3 个月前向社会公布。国家统一法律职业资格考试综合考查应试人员所应具备的法律专业知识和从事法律职业的能力。国家统一法律职业资格考试的内容包括：理论法学、应用法学、现行法律规定、法律实务和法律职业道德。国家统一法律职业资格考试实行全国统一命题，其内容和命题范围以司法部制定并公布的《国家统一法律职业资格考试大纲》为准。国家统一法律职业资格考试分为客观题考试和主观题考试两部分，应试人员客观题考试成绩合格的方可参加主观题考试，客观题考试合格成绩在本年度和下一个考试年度内有效。

国家统一法律职业资格考试实行全国统一评卷，统一确定合格分数线，考试成绩及合格分数线由司法部公布。

3. 考试组织。司法部设立专门机构具体承办国家统一法律职业资格考试工作。国家统一法律职业资格考试的报名、考场设置、考试纪律、监考、评卷等考务事项，由司法部依据《国家统一法律职业资格考试实施办法》进行规定。各省、自治区、直辖市司法厅（局）应设立专门机构具体负责本辖区内的考务工作。

4. 资格授予。国家统一法律职业资格考试每年度的通过数额及合格分数线由司法部商最高人民法院、最高人民检察院公布。通过国家统一法律职业资格考试的人员，由司法部颁发法律职业资格证书。违反《国家统一法律职业资格考试实施办法》规定取得法律职业资格证书的，由司法部确认无效。

三、律师资格和律师职务相分离的制度

律师资格与律师职务分离，是世界各国通行的做法，我国也采用了此类方法。《律师法》第五条规定，“申请律师执业，应当具备下列条件：（一）拥护中华人民共和国宪法；（二）通过国家统一法律职业资格考试取得法律职业资格；（三）在律师事务所实习满一年；（四）品行良好”。这是我国实行律师资格和律师职务相分离制度的法律依据。该制度的基本内容是：取得律师资格并不等于担任律师职务，取得律师资格的人员必须按相关规定申请领取律师执业证书后，才能以律师的名义执业；未领取律师执业证书的，不得以律师名义从事法律服务活动。若冒充律师从事法律服务的，或没有律师执业证书，为牟取经济利益从事诉讼代理或辩护业务的，分别由公安机关或司法行政机关追究其行政违法责任。

第二节　律师执业

一、律师执业证书的申领

（一）律师执业证书

律师执业证书，是指司法行政机关依照《律师法》规定颁发的确认律师身份的证件。律师执业证书是律师从业的合法证明和有效证件，取得律师执业证书，即可以以律师名义履行律师职务。

（二）领取律师执业证书的条件

《律师法》第六条规定：“申请律师执业，应当向设区的市级或者直辖市的区人民政府司法行政部门提出申请，并提交下列材料：（一）国家统一法律职业资格证书；（二）律师协会出具的申请人实习考核合格的材料；（三）申请人的身份证明；（四）律师事务所出具的同意接收申请人的证明。申请兼职律师执业的，还应

当提交所在单位同意申请人兼职从事律师职业的证明。受理申请的部门应当自受理之日起二十日内予以审查，并将审查意见和全部申请材料报送省、自治区、直辖市人民政府司法行政部门。省、自治区、直辖市人民政府司法行政部门应当自收到报送材料之日起十日内予以审核，作出是否准予执业的决定。准予执业的，向申请人颁发律师执业证书；不准予执业的，向申请人书面说明理由。”第七条规定：“申请人有下列情形之一的，不予颁发律师执业证书：（一）无民事行为能力或者限制民事行为能力的；（二）受过刑事处罚的，但过失犯罪的除外；（三）被开除公职或者被吊销律师、公证员执业证书的。”

（三）领取律师执业证书的程序

领取律师执业证书的具体程序是：

1. 实习。申请领取律师执业证的人员，应在一个律师事务所实习满 1 年。实习人员实习期间辅助律师办理业务，不得单独执业。实习人员应当接受职业道德和执业纪律的培训；接受刑事辩护，民事、行政案件代理，非诉讼代理，法律咨询以及代书等业务方面的指导训练，并完成司法行政机关规定的业务量。司法行政机关应当对实习人员的实习活动进行检查。

2. 申请。实习人员在实习期满后申请领取律师执业证。应向设区的市级或者直辖市的区人民政府司法行政部门提出申请，并提交国家统一法律职业资格考试合格证书，律师协会出具的申请人实习考核合格的材料、申请人的身份证明、律师事务所出具的同意接收申请人的证明等材料，申请兼职律师执业的，还应当提交所在单位同意申请人兼职从事律师职业的证明。

3. 审核和颁证。《律师法》第六条规定，设区的市级或者直辖市的区人民政府司法行政部门应当自受理之日起 20 日内予以审查，并将审查意见和全部申请材料报送省、自治区、直辖市人民政府司法行政部门，省、自治区、直辖市司法行政部门应当自收到材料之日起 10 日内予以审核，作出是否准予执业的决定。准予执业的，向申请人颁发律师执业证书，不准予执业的，向申请人书面说明理由。

二、律师的种类

目前，我国律师分为专职律师和兼职律师。专职律师，是指具有律师资格，领取律师执业证并在律师事务所专职从事律师工作的人员。专职律师是我国执业律师的主体，在我国的法律服务工作中承担大部分职能，是律师队伍的发展方向。兼职律师，是指具有律师资格，在不脱离本职工作情况下按规定的程序和条件领取（兼职）律师执业证，兼职从事律师职业的人员。我国《律师法》根据目前我国律师工作的实际，在立法上确立了兼职从事律师职业人员的地位。兼职从事律师职业的人员一方面是我国对专职律师数量不足的一种补充，另一方面也是为了利用兼职从事律师职业人员的人力资源。

《律师法》第十二条规定：“高等院校、科研机构中从事法学教育、研究工作的人员，符合本法第五条规定的条件的，经所在单位同意，依照本法第六条规定的程序，可以申请兼职律师执业”。申请兼职从事律师职业的人员，应是高等院校、科研机构中从事法学教育、研究工作的人员。他们具有较丰富的法学理论知识和专业素养。申请人必须具备以下条件方可申请兼职从事律师职业：（1）拥护中华人民共和国宪法；（2）通过国家统一法律职业资格考试，取得法律职业资格；（3）在律师事务所实习满一年；（4）品行良好；（5）所在单位允许兼职从事律师职业。兼职从事律师职业的人员在执业活动中统称律师，与专职律师有同等的权利和义务。兼职从事律师职业的人员应当接受业务培训和职业道德培训；不得同时在 2 个或 2 个以上的律师事务所或其他法律服务机构执业；不得接受与本人工作单位有利害关系的案件的对方当事人委托，担任代理人。兼职从事律师职业的人员应遵守《律师法》等相关法律、法规的规定。

三、律师执业证书的年度考核

律师执业证早期实行年度注册制度。根据 1989 年实施的《律师工作执照和律师（特邀）工作证管理办法》第四条的规定，律师工作执照和律师（特邀）工作证每年由司法部和各省、自治区、直辖市司法厅（局）注册一次，未经注册一律无效。1996 年 11 月 25 日《律师执业证管理办法》（司法部令第 46 号）出台，废止了上述规定。但《律师执业证管理办法》第十二条仍规定了律师证每年度注册一次，未经注册无效。2009 年 2 月《司法部关于废止十二件部颁规章的决定》出台，该决定第九条规定，《律师执业证管理办法》（1996 年 11 月 25 日司法部令第 46 号）被《律师执业管理办法》（2008 年 7 月 18 日司法部令第 112 号）代替。《律师执业管理办法》取消了年度注册制度，对律师执业实行年度考核。2016 年修订的《律师执业管理办法》第五十条规定，县级司法行政机关对其执业机构在本行政区域的律师的执业活动进行日常监督管理，履行下列职责：（四）掌握律师事务所对律师执业年度考核的情况。《律师执业管理办法》第五十六条规定，司法行政机关、律师协会应当建立律师和律师事务所信息管理系统，按照有关规定向社会公开律师基本信息和年度考核结果、奖惩情况。《律师执业年度考核规则》第九条把律师执业年度考核结果分为“称职”、“基本称职”、“不称职”三个等次。第二十二条对不称职者的处理规定，律师经年度考核被评定为“不称职”的，设区的市级律师协会或者直辖市律师协会应当根据其存在的问题，书面责令其改正，并安排其参加律师协会组织的培训教育。律师连续两年被评定为“不称职”的，由律师协会给予通报批评或者公开遣责的行业惩戒；情节严重的，建议司法行政机关依法给予相应的行政处罚，也可以建议律师事务所与其解除聘用关系或者经合伙人会议通过将其除名。此外，2019 年修订的《律师和律师事务所执业证书管理办法》第十二条也规定，设区的市级或者直辖市的区（县）司法行政机关每年完成对律师事务所的年度检查考核后，应当在律师事务所和律师执业证书相应栏目内填写考核年度、考核结果、考核（备案）机关、考核（备案）日期。

四、律师执业证书的管理

1. 律师受停业处罚的，司法行政机关应收回其律师执业证，于处罚期满后发还。

2. 律师被吊销律师执业证的，司法行政机关应收缴其律师执业证予以注销。

3. 律师应妥善保管执业证，不得出借、出租、抵押、转让、涂改和毁损。

4. 律师执业证损坏或遗失的，由该律师所在的律师事务所向司法行政机关申请换领或补发。律师执业证损坏的，应交回原律师执业证；律师执业证遗失的，应在当地报刊上刊登遗失声明。

5. 律师由一个律师事务所转往另一个律师事务所时，执业证应交回原律师事务所，转所后重新申请领取律师执业证。

6. 律师因自身原因或其他原因停止执业的，其律师执业证由律师事务所收回。

第三节　律师执业的基本原则

一、律师执业必须遵守宪法和法律，恪守律师职业道德和执业纪律

宪法是国家的根本大法。我国《宪法》第五条第五款规定：“任何组织或者个人都不得有超越宪法和法律的特权。”第三十三条第四款规定：“任何公民享有宪法和法律规定的权利，同时必须履行宪法和法律规定的义务。”我国《律师法》第三条第一款规定：“律师执业必须遵守宪法和法律……”律师在执业活动中具有“公民”和“律师”的双重身份。严格遵守宪法和法律是公民应尽的法律责任；律师作为提供法律服务的专业人员，更应遵守宪法和法律，才能维护国家法律的正确实施，维护当事人的合法权益。律师的职业道德和执业纪律，是律师在执业过程中必须遵守的道德准则和纪律规范。恪守职业道德和执业纪律，是法律对法律从业人员的基本道义要求。同各国律师制度一样，我国律师法以国家立法的形式确立了上述原则，该法第三条规定，律师执业必须恪守律师职业道德和执业纪律。1996 年 10 月 6 日，中华全国律师协会常务理事会第五次会议通过了《律师职业道德和执业纪律规范》（于 2001 年修订），对律师职业道德和执业纪律作了全面、具体的规定，它是律师的行业规范，所有律师必须遵守。坚持恪守职业道德和执业纪律的原则，既是维护国家和社会利益的需要，又是维护律师整体形象的需要，具有十分重要的意义。

二、律师执业必须以事实为根据，以法律为准绳

以事实为根据、以法律为准绳，是党的实事求是的思想路线和工作作风在司法工作中的体现，是司法工作者和所有法律工作者必须遵循的一项基本原则，也是律师在执业活动中必须遵守的准则。我国《刑事诉讼法》《民事诉讼法》和《行政诉讼法》都把它作为基本原则加以规定。我国《律师法》第三条第二款也规定："律师执业必须以事实为根据，以法律为准绳。"

以事实为根据，是指律师在办理法律事务过程中，要从实际出发，忠于事实真相，在充分可靠的客观事实和证据的基础上开展业务活动，对客观事实既不能夸大，也不能缩小，更不能隐瞒或歪曲事实去为当事人牟取非法利益。要做到以事实为依据，就必须坚持实事求是的工作作风，深入调查研究，不能以主观臆想去代替客观事实。它要求律师在执业过程中，须掌握确实、充分的证据材料，查明事物的本来面目，弄清事实和情节，并以此作为根据来处理各种法律问题、诉讼问题或提出解决有关问题的意见，只有这样才能维护当事人的合法权益。

以法律为准绳这一原则要求律师进行任何业务活动都必须以国家现行有效的法律、法规为标准，严格依法办事。律师既要遵守实体法，又要遵守程序法；既要严格适用法律条文，又要尊重立法原意，不允许曲解法律，也不允许规避法律，应把"维护法律的正确实施"作为自己的根本任务和崇高目标。以事实为根据，以法律为准绳，二者是相互联系、不可分割的。从客观事实出发，是正确适用法律的前提，正确适用法律又是查明事实、解决案件的关键所在。

三、律师执业应当接受国家、社会和当事人的监督

我国《律师法》第三条第三款规定："律师执业应当接受国家、社会和当事人的监督。"律师职业的法律性质，决定了其向社会提供法律服务的基本功能。依法维护当事人的合法权益是法律赋予律师的神圣职责，也是律师职能作用的直接体现。律师执业接受国家、社会和当事人的监督，有助于维护当事人的合法权益和维护法律的正确实施，有助于律师业的健康发展，有助于律师提高自身执业水平，有助于保障平等竞争，有助于树立律师的良好形象。

国家对律师的监督，主要是通过有关的国家机关来进行的。首先，律师要接受司法行政机关的管理和监督。《律师法》第四条规定："司法行政部门依照本法对律师、律师事务所和律师协会进行监督、指导。"司法行政机关通过监督、管理律师执业证书，监督检查、指导律师执业活动，以及处理相关违规行为等方式实现对律师、律师事务所的管理和监督。其次，律师要接受税务机关的监督。《律师法》第二十五条第二款规定："律师事务所和律师应当依法纳税。"对于律师和律师事务所的偷税、漏税等行为，由税务机关按照有关规定进行处罚。最后，律师要接受检察机关和人民法院的监督。律师在执业活动中涉嫌泄露国家重要机密、行贿、介

绍贿赂等犯罪时，由检察机关按照有关管辖权限进行立案侦查，并决定是否向人民法院提起诉讼；人民法院则通过对律师在参与各类诉讼案件过程中违法行为的处理，实现对律师的监督。社会监督包括民主党派的监督、社会团体的监督、群众组织的监督和广大人民群众的监督等，任何单位和个人对律师有违反职业道德和执业纪律的行为都可以提出批评，予以谴责，也有权向有关机关揭发、检举或举报，使律师承担相应的法律责任。律师接受当事人的委托，为其提供法律服务，维护其合法权益，可以说，当事人与律师的关系最为紧密。如果律师在提供法律服务过程中违反法律法规，不遵守职业道德与执业纪律的，当事人有权向律师所在律师事务所、律师协会或司法行政机关提出控告，要求依法处理。律师因违法执业或者因过错给当事人造成损失的，律师、律师事务所应当承担相应的民事赔偿责任。

四、律师依法执业受国家法律保护

我国《律师法》第三条第四款规定："律师依法执业受法律保护，任何组织和个人不得侵害律师的合法权益。"这是律师依法执行职务的法律保障，也是一项具有中国特色的律师执业原则。其包含三层含义：一是律师执业必须依法进行；二是国家法律保护律师依法执业；三是任何机关、社会团体和个人都无权干涉律师依法独立执业。我国《律师法》与其他有关法律对律师依法执业的保护有相应的规定，主要有：第一，该法第三十六条规定："律师担任诉讼代理人或者辩护人的，其辩论或者辩护的权利依法受到保障。"第二，该法第三十七条第一款规定："律师在执业活动中的人身权利不受侵犯。"第三，根据该法第四十六条的规定，保障律师依法执业，维护律师的合法权益。我国《律师法》所明确规定的律师依法执业受法律保护的原则，对于为执业律师创造良好的执业环境，保障律师依法执业，更好地维护当事人的合法权益等均具有重要而深远的意义。

第四节　律师应具备的素质

一、律师素质的含义

律师素质，是指从事律师职业的人所应当具有的理论水平、道德修养、业务能力和专门技巧。律师的素质包括政治素质、业务素质、心理素质和作风素质等。

二、律师素质的内容

（一）政治素质

维护当事人的合法权益，维护法律的正确实施，是律师从事法律服务活动的要旨。为使律师严谨执业，更好地为当事人服务，要求律师必须具有正确的政治方向，具备一定的政治素质。

1. 坚持四项基本原则。即坚持社会主义道路，坚持人民民主专政，坚持中国共产党的领导，坚持马列主义、毛泽东思想，它是我国律师政治素质的核心内容，也是规范律师政治行为的指导思想，它要求我国律师在政治行动上忠于党和国家，在宪法和法律规定的范围内履行职责。

2. 热爱祖国。热爱祖国是律师必备的思想政治素质和政治方向，律师必须热爱和忠诚于社会主义祖国。爱国主义是中华民族的优秀传统，有其基本内涵，如维护国家统一和民族团结，反对分裂，维护祖国主权和尊严，积极为祖国的繁荣昌盛作贡献等。律师在执业活动中必须坚定不移地捍卫国家利益，特别在办理涉外案件时，应秉承国家利益高于一切的原则，自觉抵制一切侵害国家权益的行为。

3. 全心全意为人民服务。全心全意为人民服务是党和政府的唯一宗旨，既符合历史发展的趋势，也体现我国人民民主专政的社会主义本质。我国律师维护当事人的合法权益与维护国家和人民的根本利益，维护法律的正确实施是完全一致的。律师树立全心全意为人民服务的观念，有助于律师端正执业思想，增强服务意识，有助于创建自身声誉，树立行业形象。

4. 坚持真理，主持正义。在当今我国社会法制并不健全的现实环境中，律师应当树立正确的公正观念和义利观念，坚持真理，主持正义，最大限度地维护当事人的合法权益，在执业活动中力争做到秉公直言，刚正不阿，不畏权势，不徇私情。

（二）业务素质

律师的业务素质，是指律师履行职责的操作能力与水准，它是考核律师实绩、业绩的依据，也直接影响律师的服务水平和质量。具体包括以下几个方面：

1. 熟悉掌握法律专业知识。律师作为专职的法律工作者，须熟悉掌握法律基本知识，精通专门的法律专业知识，及时掌握与理解最新司法解释、立法解释以及党的各项方针、政策，与时俱进，夯实专业基础。

2. 了解有关社会科学和自然科学基础知识。律师由于工作性质，在执业实践中，经常会遇到有关自然科学、社会科学和思维科学三大领域的知识，所以应当具备相当程度的各种科学基础知识，争取为当事人提供前瞻性、全面性的优质服务。

3. 具备严谨的思维能力和应变能力。律师为保持头脑清醒，条理分明，目光敏锐，须具备严密的逻辑思维能力，才能透过现象掌握问题的本质；同时，律师在业务工作中还应具备适应事态变化随机应变的能力，才能应对错综复杂、变化多端的各种情况，以适应履行职责的需要。

4. 具有较高的驾驭语言的能力。律师应当具备较强的文字表达能力，不仅要表达清晰、准确，而且应有相应的力度，讲究语言技巧的运用与注重逻辑性，做到字斟句酌，繁简适宜。同时，律师也应具备较强的口头表达能力，讲究演说与论辩技巧，既要注重全面，又要突出重点，做到有理、有据、有节。

（三）心理素质

律师的心理素质，是律师在实践活动中表现出来的与他人不同的心理特征。它具体包括以下几个方面：

1. 敏锐的观察力。律师的观察力是律师在执业过程中形成的洞察各种事物和现象的能力，它是律师必备的心理素质。敏锐而正确有效的观察应以正确的观点为指导，需要有明确而具体的观察目的，有对客观事物分析与综合评估的能力，以及记录和整理材料的具体方法等。

2. 良好的注意力。律师的良好注意力包括注意力的稳定性、广阔性与分配性。稳定性要求律师在具体承办某起案件时保持注意力的持久性，以提高工作效率；广阔性要求律师在对外交往与承揽法律事务时，具备广阔的注意力，是律师的心理活动在同一时间内能清楚把握多少对象的能力；分配性则要求律师在业务量较大的情况下，既能"一心两用"，又可"一心多用"。

3. 积极的情感。律师的情感是律师在执业活动中对所接触的人和事的心理体验，并表现出来的情感倾向。积极的情感是律师顺利履行职责的动力所在，它包括高度的责任感、使命感和事业心等内容。

4. 坚强的意志力。律师的意志力是律师在执业过程中的心理支配能力。律师在执业过程中不仅要为当事人提供优质高效的法律服务，还要克服由于自身的许多弱点造成的困难，更要面对纷繁复杂的困难与挫折，这都要求律师要有坚强的意志力。

（四）作风素质

律师的作风，是律师在执业实践中所表现出的精神上和行动上的风气，可以说是律师的多种素质的综合表现，也是影响律师执业活动的一个重要因素。律师的作风素质主要包括以下几个方面的内容：

1. 迅速高效。它是指律师在执业活动中，能够随时根据案件的形势需要作出快速反应，以变制变，做到准确有效、高质高量，这有赖于律师平时的知识积累、经验总结、实践磨炼和点滴养成。

2. 作风正派。律师在执业过程中可能会面临金钱或美色等种种诱惑，这就要求律师自觉加以抵制，保持坚定的政治立场，高尚的道德情怀，良好的职业操守，优良的业务素质，才能更好地履行律师的职责，维护法律的正确实施。

3. 吃苦耐劳。律师的吃苦耐劳作风表现在：在环境恶劣、条件艰苦的情况下，不怕劳累，具有坚韧不拔的毅力，遇到任何困难或挫折时，都能忍辱负重，坚持真理，维护法律的正义与尊严。

三、律师素质的培养

律师素质的培养与提高是制度、教育培训和自我修养和谐一致、紧密结合，内外因素相互作用、相互影响的结果。它具体包括以下内容：

（一）严格考试、考核与处罚制度，保证律师队伍的整体素质

《律师法》与司法部的有关规定已对律师的考试、考核与处罚等方面作出了较详尽的制度规定，这些制度规定应认真执行，使每名律师真正了解、明确做一名合格律师的条件，并自觉按照相关的素质标准严格规范自己的言行举止；同时，要实行有效的监督，将律师执业活动的规范化情况交由公众及多部门共同监督；再有，对个别律师的违法违纪行为要及时依法处理，以利于律师队伍管理和维护律师行业形象。

（二）坚持教育、培训工作，不断提高律师执业水平

律师教育、培训的内容主要是法律与政策以及业务技术技能的培训，有关主管部门应根据教育培训的对象、时间和条件，有计划、有针对性地开展上岗前的基础业务知识培训、继续培训以及提高性培训，综合运用、有机结合各种培训手段，才能收到保持律师队伍较高素质的良好效果。

（三）努力实践，加强修养，不断丰富、完善自我，做一名适应现实需要的律师

制度与教育培训是提高律师素质的外在条件。作为律师本人，还必须勇于实践，刻苦学习，才能使自己逐步丰富和完善，达到并不断保持一个较高的素质水平。实践出真知，学习的目的在于实践，不断积累，长期磨炼，才能真正适应社会形势的需要，符合时代的要求。

第三章　律师事务所与律师管理

第一节　律师事务所

一、律师事务所概述

（一）律师事务所的概念及特征

1. 律师事务所的概念。律师事务所是司法行政机关依法核准设立的律师执业机构。我国《律师法》第十四条规定，“律师事务所是律师的执业机构”。

2. 律师事务所的特征。律师事务所具有以下特征：

（1）律师事务所是从事律师业务的组织。律师事务所是律师开展业务活动的机构，律师只有在律师事务所执业，才能依法向当事人提供法律服务；同时，律师事务所与其他法律服务组织的区别也在于它所从事的是律师业务，具有相应的特定性。

（2）律师事务所不以营利为主要目的。律师事务所设立的根本目的在于依法维护当事人的合法权益，维护国家法律的正确实施，保障社会安定，促进国家经济建设。虽然律师事务所是市场经济的中介组织，但它不应以营利为主要目的，否则便违背了国家司法行政机关设立其之初衷与律师事务所根本任务之宗旨。

（3）律师事务所依法自主地开展业务活动，独自承担法律责任。律师事务所在法律、法规规定的范围内，独立自主地开展业务，自收自支，自我发展，自我约束，独立核算，享有相关的民事权利与义务，也承担相应的法律责任。

（4）律师事务所必须具备律师法规定的条件，并由司法行政机关按规定的程序审核批准后，方可设立登记。律师事务所经依法登记设立后，其执业活动受法律保护，并具备法律主体的相关要素。

（二）律师事务所的内部管理制度

1. 接受委托制度。我国《律师法》第二十五条第一款规定：“律师承办业务，由律师事务所统一接受委托，与委托人签订书面委托合同，按照国家规定统一收取费用并如实入账。”律师事务所统一接受委托，律师不得以个人名义收案，不得私自向委托人收取费用、收受委托人财物。

2. 案件讨论制度。它是一项将律师执业中遇到的重大、疑难、复杂案件提交律师事务所集体讨论，克服律师个人在知识结构、业务水平等方面的局限性，集思广益，用集体智慧来保证办案质量，群策群力以提高业务水平、维护律师事务所及律师的整体形象的制度。

3. 业务归档制度。律师事务所应根据司法部和国家档案局颁布的《律师业务档案立卷归档办法》和《律师业务档案管理办法》的规定，将律师承办业务所形成的文件材料进行立卷归档，并建立健全档案管理制度，以保证业务档案的安全和完整，开展档案的参考利用工作，为律师执业活动提供服务。

4. 律师培训制度。律师事务所应建立所内律师业务培训制度，并设立培训基金，采用定期学习、举办业务研讨活动、邀请专家讲课等形式对律师进行业务培训，以提高律师事务所的竞争实力和律师的业务素质。

5. 律师奖惩制度。律师事务所对职业道德高尚和业务成绩突出的律师给予奖励，对违反职业道德和执业纪律、不服从管理的律师予以处分，以引导、教育律师遵守职业道德和执业纪律，尽职尽责地为当事人提供高效优质的法律服务，维护律师事务所的社会形象和执业声誉，保证律师事务所健康发展。

6. 收费制度。国家发展改革委、司法部于2006年发布的《律师服务收费管理暂行办法》（已失效）规定了律师事务所收费制度的主要内容，它包括：（1）律师事务所实行统一收费。（2）律师服务收费实行政府指导价和市场调节价，接受社会监督。（3）律师事务所应按规定收取费用，并向委托人出具收费单据。其收费方式包括计件收费、按标的比例收费、计时收费等方式。（4）收费争议的解决与处罚等。

7. 财务管理制度。律师事务所财务管理的主要内容包括资金筹集、资产管理、收入与支出管理、结余与分配、财务报告与评价等。律师事务所应按国家有关规定确立本所的分配制度，建立健全本所的会计制度，并接受有关主管部门的检查和监督，以客观真实地反映本所的财务状况。

二、律师事务所的组织形式

（一）国家出资设立的律师事务所

1. 国家出资设立的律师事务所的概念和设立条件。国家出资设立的律师事务所（以下简称国资所），是指司法行政机关根据国家需要设立的，以其全部资产承担法律责任的律师事务所。我国《律师法》第二十条规定：“国家出资设立的律师事务所，依法自主开展律师业务，以该律师事务所的全部资产对其债务承担责任。”设立国资所应具备以下条件：

（1）有自己的名称、住所和章程。

（2）有经费保障。设立国资所由当地县级司法行政机关筹建，申请设立许可前须经所在地县级人民政府有关部门核拨编制，提供经费保障。

（3）至少有2名符合《律师法》规定并能够专职执业的律师。

2. 国资所的内部管理。

（1）国资所实行民主管理。国资所设立了律师会议制度，由全体律师组成，民主管理律师事务所的重大事务。

（2）国资所主任为律师事务所的法定代表人，对外代表律师事务所，对内负责管理律师事务所的日常事务。

（3）国资所实行独立核算，经费管理方式有"自收自支""差额补助""全额管理"三种，并实行效益浮动工资制。

3. 国资所的终止和法律责任。国资所终止时应进行清算，国资所以其全部财产对债务承担责任。应当指出的是，随着社会主义市场经济体制的不断建立、健全与完善，我国的大部分国资所在现实生活中已依国家政策的变化而转轨转制，在一定意义上已失去了其存在的价值。

（二）合伙律师事务所

1. 合伙律师事务所的概念和设立条件。合伙律师事务所，是指律师依照法律和合伙协议的规定共同出资设立的，财产归合伙人律师所有，责任由合伙人律师承担的律师事务所。《律师法》第十五条第二款规定："合伙律师事务所可以采用普通合伙或者特殊的普通合伙形式设立。合伙律师事务所的合伙人按照合伙形式对该律师事务所的债务依法承担责任。"

设立普通合伙律师事务所应当具备以下条件：

（1）有自己的名称、住所和章程；

（2）有书面的合伙协议；

（3）有3名以上的合伙人作为设立人；

（4）设立人应当是具有三年以上执业经历并能够专职执业的律师；

（5）有人民币30万元以上的资产。

设立特殊的普通合伙律师事务所应当具备以下条件：

（1）有自己的名称、住所和章程；

（2）有书面的合伙协议；

（3）有20名以上的合伙人作为设立人；

（4）设立人应当是具有三年以上执业经历并能够专职执业的律师；

（5）有人民币1000万元以上的资产。

2. 合伙律师事务所的内部管理。

（1）合伙律师事务所由合伙人共同管理律师事务所的内部事务。合伙律师事务所设立合伙人会议，建立合伙人会议制度。合伙人会议是律师事务所的权力机构，由全体合伙人组成，由律师事务所主任召集。

（2）合伙律师事务所主任负责执行合伙人会议的决议，管理律师事务所的日常事务，对外代表律师事务所。合伙律师事务所主任依合伙协议和章程产生，报司法行政机关备案。

（3）合伙律师事务所实行独立核算，自负盈亏。合伙律师事务所聘用律师和其他工作人员时，应当与应聘者签订聘用合同，并为其办理养老保险、医疗保险。合伙律师事务所应当依据规定，建立健全人事、财务、业务、收费等内部管理制度，并报所在地的司法行政机关备案，应按规定设立事业发展、执业风险、社会保障和培训等多项基金。合伙关系存续期间，合伙人的共同财产由律师事务所统一管理，未经合伙人会议同意，不得私自分割、挪用。

3. 合伙律师事务所的终止和法律责任。合伙律师事务所终止时，必须进行清算。清偿债务后的剩余财产，按合伙协议在合伙人之间分配。合伙律师事务所的财产不足以偿还债务时，合伙人依合伙协议对剩余债务进行分摊。合伙律师事务所终止后，财务账簿、业务档案应依照规定移交司法行政机关保管。印章由司法行政机关收回。

（三）个人律师事务所

个人律师事务所是律师事务所的一种组织形式，是由一个律师投资设立的律师执业机构。其名称是某省（自治区或直辖市）加投资律师个人名字再加律师事务所构成。《律师法》第十六条规定，设立个人律师事务所，设立人应当是具有 5 年以上执业经历的律师。设立人对律师事务所的债务承担无限责任。设立个人律师事务所应当具备以下条件：

（1）有自己的名称、住所和章程；

（2）有人民币 10 万元以上的资产；

（3）设立人应当是具有 5 年以上执业经历并能够专职执业的律师，且在申请设立前 3 年内未受过停止执业处罚。

个人律师事务所设立人是该所的负责人。

三、律师事务所的登记和年检

（一）律师事务所的设立条件

根据《律师法》第十四条的规定，设立律师事务所应当具备以下条件：

1. 有规范的名称。根据司法部 2010 年施行的《律师事务所名称管理办法》的有关规定：律师事务所的名称应由“省（自治区、直辖市）行政区域地名、字号、律师事务所”三部分内容依次组成，合伙律师事务所的名称可以使用设立人的姓名连缀或者姓氏连缀作字号。律师事务所只能有一个名称，字号应当由两个以上汉字组成。律师事务所的名称不能含有与《律师事务所名称管理办法》规定不符的内容和文字。有规范的名称是设立律师事务所的首要条件；同时，事务所的名称权也是本律师事务所的无形资产之一，它可供公众识别而不容侵害。

2. 有固定的住所。住所，是指律师的执业场所，也是律师事务所的办公场所，是律师事务所存在的表现形式。法律明确规定律师事务所必须有固定的住所，在申请设立时应提供相应的文件；律师事务所可据此设立银行账户、缴纳税款、履行债权债务、确定诉讼管辖等，以确保执业律师正常开展业务活动。

3. 有律师事务所的章程。章程是律师事务所的“宪法”，是调整和规范其内部关系的基本文件。根据 2018 年 12 月修正的《律师事务所管理办法》第十六条的规定：律师事务所章程应当包括如下内容：律师事务所的名称和住所；律师事务所的宗旨；律师事务所的组织形式；设立资产的数额和来源；律师事务所负责人的职责以及产生、变更程序；律师事务所决策、管理机构的设置、职责；本所律师的权利与义务；律师事务所有关执业、收费、财务、分配等主要管理制度；律师事务所解散的事由、程序以及清算办法；律师事务所章程的解释、修改程序；律师事务所党组织的设置形式、地位作用、职责权限、参与本所决策、管理的工作机制和党建工作保障措施等；其他需要载明的事项。设立合伙律师事务所的，其章程还应当载明合伙人的姓名、出资额及出资方式。律师事务所章程的内容不得与有关法律、法规、规章相抵触。律师事务所章程自省、自治区、直辖市司法行政机关作出准予设立律师事务所决定之日起生效。

4. 有符合规定数额的资产。一定的资产是律师事务所赖以生存和发展的基础，也是律师事务所设立的前提。设立普通合伙律师事务所应当有人民币 30 万元以上资产。设立特殊的普通合伙律师事务所应当有人民币 1000 万元以上资产。设立个人律师事务所应当有人民币 10 万元以上资产。

5. 有符合规定人数的律师。《律师法》虽未直接规定组成律师事务所的律师数量，但司法部《律师事务所管理办法》规定，设定普通合伙律师事务所应有 3 名以上合伙人作为设立人，设立人应当是具有三年以上执业经历并能够专职执业的律师。设立特殊的普通合伙律师事务所，应有 20 名以上合伙人作为设立人，设立人应是具有三年以上执业经历并能够专职执业的律师。设立个人律师事务所，设立人应当是具有 5 年以上执业经历并能够专职执业的律师。设立国资律师事务所，应至少有 2 名符合《律师法》规定并能够专职执业的律师。

（二）律师事务所的设立登记

律师事务所的设立登记，是指登记机关依法对设立律师事务所的条件进行审查，确认其从业资格，明确其法律地位的活动。登记程序一般为受理、审核、登记和公告。《律师法》第十八条规定：“设立律师事务所，应当向设区的市级或者直辖市的区人民政府司法行政部门提出申请，受理申请的部门应当自受理之日起二十日内予以审查，并将审查意见和全部申请材料报送省、自治区、直辖市人民政府司法行政部门。省、自治区、直辖市人民政府司法行政部门应当自收到报送材料之日起十日内予以审核，作出是否准予设立的决定。准予设立的，向申请人颁发律师事务所执业证书；不准予设立的，向申请人书面说明理由。”根据《律师事务所管理办法》等有关规定，申请设立律师事务所应当向律师事务所住所地的司法行政机关提交相关申请材料。

（三）律师事务所的变更登记和注销登记

律师事务所的变更登记，是指登记机关核准律师事务所变更原登记事项的法律行为。律师事务所在名称、住所、章程、合伙人等重大事项上的变更，应当报原审核部门审核，并办理有关手续后才具法律效力，否则无效。变更登记由登记机关向社会公告。律师事务所的注销登记，是指登记机关核准律师事务所终止的法律行为。《律师事务所管理办法》规定了律师事务所解散和注销登记的情形。终止或解散后的律师事务所应按照国家的有关规定依法处理资产，清偿债务。律师事务所清算结束后，应向原审核部门办理注销登记。登记机关经依法审查后办理注销登记，并予以公告。

（四）律师事务所的年检

年检是律师事务所的登记机关按年度对律师事务所的执业情况进行检查，确认其执业资格的活动。根据《律师事务所年度检查考核办法》第十五条的规定，律师事务所的年检时间是每年的3月至5月集中办理。登记机关对律师事务所报送的年检材料进行审查，必要时可到律师事务所进行实地检查，根据情况分别予以处理。年检结束后30日内，登记机关将通过年检的律师事务所予以公告。《律师事务所年度检查考核办法》第二十五条第一款规定，对被评定为“不合格”的律师事务所，由设区的市级或者直辖市区（县）司法行政机关根据其存在违法行为的性质、情节及危害程度，依法给予停业整顿一个月以上六个月以下的处罚，并责令其整改；同时对该所负责人和负有直接责任的律师依法给予相应的处罚；情节特别严重的，依法吊销其执业许可证。第二十六条规定，律师事务所不按规定接受年度检查考核的，由设区的市级或者直辖市区（县）司法行政机关公告责令其限期接受年度检查考核；逾期仍未接受年度检查考核的，视为自行停办，由司法行政机关收回并注销其执业许可证。

第二节　律师的行政管理

一、律师行政管理的机构

《律师法》第四条规定：“司法行政部门依照本法对律师、律师事务所和律师协会进行监督、指导。”我国的行政管理体制主要分为四级，与之相适应，我国的司法行政机关也分为四级，即中央级司法部；省、自治区、直辖市级司法厅（局）；地区、省辖市、盟设司法局（处）；县、县级市、（地级）市辖区、旗设司法局（科）。其中，司法部对全国司法行政工作进行宏观管理，制定政策、方针、规章，省、地、县三级负责具体实施，对律师工作进行监督管理。

二、律师行政管理的内容

根据《律师法》和司法部的有关规定，律师行政管理的主要内容包括：

（1）组织考试或考核，授予律师资格；

（2）审核、颁发律师执业证书；

（3）审核、批准律师事务所及其分所的设立；

（4）负责律师事务所的年检；

（5）任命国资律师事务所主任；

（6）依法对律师和律师事务所的违法执业行为进行处罚等。

第三节 律师的行业管理——律师协会

一、律师协会的性质和职责

《律师法》第五章对律师协会进行了专章规定，其中第四十三条规定："律师协会是社会团体法人，是律师的自律性组织。全国设立中华全国律师协会，省、自治区、直辖市设立地方律师协会，设区的市根据需要可以设立地方律师协会。"律师协会是律师自己的组织，是根据《律师法》的规定成立的，由律师组成的群众性社会团体。它具有自律性。律师协会由司法行政机关管理，接受司法行政机关的监督。

根据《律师法》第四十六条的规定，律师协会应当履行下列职责：

（1）保障律师依法执业，维护律师的合法权益；

（2）总结、交流律师工作经验；

（3）制定行业规范和惩戒规则；

（4）组织律师业务培训和职业道德、执业纪律教育，对律师的执业活动进行考核；

（5）组织管理申请律师执业人员的实习活动，对实习人员进行考核；

（6）对律师、律师事务所实施奖励和惩戒；

（7）受理对律师的投诉或者举报，调解律师执业活动中发生的纠纷，受理律师的申诉；

（8）法律、行政法规、规章以及律师协会章程规定的其他职责。

律师协会制定的行业规范和惩戒规则，不得与有关法律、行政法规、规章相抵触。

律师协会按照章程对律师给予奖励或者处分。

二、律师与律师协会的关系

根据我国《律师法》第四十五条的规定，律师应当加入所在地的地方律师协会。加入地方律师协会的律师，同时是全国律师协会的会员。律师协会会员享有律师协会章程规定的权利，履行律师协会章程规定的义务。《中华全国律师协会章程》第七条也规定："本会会员分为团体会员和个人会员。依照律师法取得律师执业证书的律师，为本会个人会员，依法批准设立的律师事务所，为本会团体会员。"律师协会会员根据《中华全国律师协会章程》第八条、第九条、第十条、第十一条的规定，享有相应权利，履行相关义务。

三、律师协会的设置

我国律师协会有中华全国律师协会和地方律师协会。中华全国律师协会是我国唯一的全国性律师协会，根据《中华全国律师协会章程》的规定，中华全国律师协会指导地方律师协会搞好律师、律师机构的登记、公告等工作，指导、支持团体会员的工作。地方律师协会应接受中华全国律师协会的指导，完成其委托的工作。

第四章　律师的权利义务与职业道德、法律责任

第一节　律师的权利和义务

一、律师的权利

（一）律师的权利概述

律师的权利，是指法律为保障律师执行职务而赋予律师在执行职务时依法享有的一系列权利。律师的权利主要包括以下内容：一是律师可以依法做出一定的行为；二是律师可以依法要求他人为或不为一定的行为；三是律师的权利受到非法侵犯时，律师有请求法律保护的权利。

律师的权利可以从两个方面理解：一是律师权利在本质上是一种职务性的权利，是律师以其法律工作者身份，向社会和公民提供法律服务时所享有的特殊权利。律师在不依法执行职务的情况下，不应享有法律赋予的权利。二是律师权利可以分为法定权利和继受权利两类。法定权利是律师执行职务所固有的权利，是由法律所直接赋予的；继受权利是律师在执行职务时由当事人授予的权利，继受权利具有不确定性，是由当事人根据自己的实际情况所授予的。

（二）律师的权利的内容

我国律师的权利主要指律师的人身权利和律师的执业权利两大部分。

1. 律师的人身权利。《律师法》第三十七条第一款规定："律师在执业活动中的人身权利不受侵犯。"该规定包括两方面内容：第一，律师在执业活动中的人身权利是律师合法权益的重要内容之一，是律师能够正常执业，依法进行法律服务活动的重要条件。第二，律师在执业活动中依法享有的人身权利不受侵犯，如果律师在进行业务活动时人身遭到侵犯，受到殴打、侮辱，就不可能正常执业。

2. 律师的执业权利。

（1）查阅案卷权。查阅案卷材料是律师全面、详细了解案情的手段。《律师法》第三十四条规定："律师担任辩护人的，自人民检察院对案件审查起诉之日起，有权查阅、摘抄、复制本案的案卷材料。"《刑事诉讼法》第四十条规定："辩

护律师自人民检察院对案件审查起诉之日起，可以查阅、摘抄、复制本案的案卷材料。其他辩护人经人民法院、人民检察院许可，也可以查阅、摘抄、复制上述材料。”

（2）调查取证权。调查取证权是律师顺利执业的保障。律师接受委托承办各项诉讼和非诉讼法律事务，要以事实为根据，以法律为准绳，就必须有权进行调查、了解事实的真相，掌握并取得可靠的证据。《律师法》第三十五条规定：“受委托的律师根据案情的需要，可以申请人民检察院、人民法院收集、调取证据或者申请人民法院通知证人出庭作证。律师自行调查取证的，凭律师执业证书和律师事务所证明，可以向有关单位或者个人调查与承办法律事务有关的情况。”律师的调查取证权是有限的，不具有法律上的强制力，律师无权进行强制调查。《刑事诉讼法》第四十三条规定：“辩护律师经证人或者其他有关单位和个人同意，可以向他们收集与本案有关的材料，也可以申请人民检察院、人民法院收集、调取证据，或者申请人民法院通知证人出庭作证。辩护律师经人民检察院或者人民法院许可，并且经被害人或者其近亲属、被害人提供的证人同意，可以向他们收集与本案有关的材料。”在调查对象拒绝配合的情况下，律师应耐心细致地做好说服动员和法制宣传工作，在经过努力也无法取得案件证据的情况下，应提出依据，申请法院或检察机关收集证据。

（3）同犯罪嫌疑人、被告人会见和通信的权利。根据《律师法》第三十三条的规定：“律师担任辩护人的，有权持律师执业证书、律师事务所证明和委托书或者法律援助公函，依照刑事诉讼法的规定会见在押或者被监视居住的犯罪嫌疑人、被告人。辩护律师会见犯罪嫌疑人、被告人时不被监听。”《刑事诉讼法》第三十九条规定，“辩护律师可以同在押的犯罪嫌疑人、被告人会见和通信”。

（4）辩论、辩护权。《律师法》第三十六条规定：“律师担任诉讼代理人或者辩护人的，其辩论或者辩护的权利依法受到保障。”律师的辩论、辩护权主要包括：有权拒绝法庭的不当询问、发问权、申请权、质证权、参加法庭辩论的权利、申请推迟开庭或延期审理的权利。

（5）代为上诉、代理申诉、控告权。案件审理后，当事人对人民法院的一审判决、裁定不服的，可以授权律师向上一级人民法院上诉。《刑事诉讼法》第二百二十七条第一款规定：“被告人、自诉人和他们的法定代理人，不服地方各级人民法院第一审的判决、裁定，有权用书状或者口头向上一级人民法院上诉。被告人的辩护人和近亲属，经被告人同意，可以提出上诉。”律师的上诉权不是法律直接授予的，而是来自被告人的同意，或当事人的授权。

律师也可以接受当事人的委托代理各类诉讼案件的申诉，为刑事案件的犯罪嫌疑人代理申诉、控告。

（6）获得承办案件诉讼文书和副本的权利。律师承办案件，有权得到人民检察院的起诉书、抗诉书的副本和人民法院的判决书、裁定书和调解书的副本；律师参加仲裁活动，有权得到仲裁机构的裁决书副本。

(7) 为犯罪嫌疑人、被告人申请取保候审或解除强制措施的权利。《刑事诉讼法》第九十七条规定，犯罪嫌疑人、被告人及其法定代理人、近亲属或者辩护人有权申请变更强制措施。律师接受委托参加刑事诉讼后，如果发现司法机关滥用强制措施或者超期羁押，侵犯了犯罪嫌疑人、被告人的人身权利，有权为其申请取保候审或要求解除强制措施。

(8) 刑事辩护豁免权。豁免权又称刑事豁免权，它是指在刑事诉讼中，基于犯罪嫌疑人、被告人的委托，法律赋予辩护律师所拥有的拒绝就其执业行为所得知的委托人有关事项向司法机关作证，以及不因其正当执业行为而为的言论及行为受到相关法律追诉与制裁的权利。刑事辩护豁免权包括作证豁免权和责任豁免权。作证豁免权，是指辩护律师有权就其在其执业活动中所知悉的当事人有关事项及有关交流，拒绝向司法机关作证且不受法律追究。为了避免律师滥用权利，该权利受一定的限制，如律师与其当事人之间的交流是为了实施一项犯罪或是欺诈，那么该律师不享有作证豁免权。责任豁免权，是指辩护律师在执业活动中的言论，不受法律追究。我国《律师法》第三十七条第二款规定：“律师在法庭上发表的代理、辩护意见不受法律追究。但是，发表危害国家安全、恶意诽谤他人、严重扰乱法庭秩序的言论除外。”

(9) 拒绝辩护或代理的权利。《律师法》第三十二条第二款规定：“律师接受委托后，无正当理由的，不得拒绝辩护或者代理。但是，委托事项违法、委托人利用律师提供的服务从事违法活动或者委托人故意隐瞒与案件有关的重要事实的，律师有权拒绝辩护或者代理。”律师拒绝辩护或代理的权利是受到严格限制的，律师不得滥用这一权利逃避应当承担的法律义务，损害当事人的合法权益。

二、律师的义务

(一) 律师的义务概述

律师的义务，是指律师依法应为一定行为或不得为一定行为的范围和限度，是律师在执业活动中应当履行的职责。权利和义务是相对的，律师在享有执业权利的同时，也要承担相应的义务。

(二) 律师的义务的内容

1. 对律师执业的限制。《律师法》第四十一条规定：“曾经担任法官、检察官的律师，从人民法院、人民检察院离任后二年内，不得担任诉讼代理人或者辩护人。”该规定不仅是指不能在其原任职的人民法院、人民检察院审理的案件中担任诉讼代理人或者辩护人，而且也不能在其他法院、人民检察院审理的案件中担任诉讼代理人或者辩护人。案件只限于诉讼案件，从事非诉讼法律事务，则不受此期间的限制。

2. 律师对委托人的义务。律师对委托人的义务主要包括以下几个方面：

（1）律师接受了当事人的委托参与诉讼活动后，无正当理由，不得拒绝辩护或者代理。律师与委托人之间的关系是合同关系，律师作为合同一方当事人，不能随意解除委托合同，否则要承担违约责任。

（2）不得在同一案件中为双方当事人担任代理人。当事人委托律师是因为其与对方当事人之间存在一定的权利、义务冲突，如果律师在同一案件中为双方当事人担任代理人，律师在履行代理职责时，很有可能为了维护一方当事人的利益而损害另一方当事人的利益，在法庭辩论或调解、仲裁、谈判中会出现自己同自己对抗的矛盾局面。《律师法》第三十九条规定，“律师不得在同一案件中为双方当事人担任代理人”。

（3）不得利用提供法律服务的便利牟取当事人争议的权益。律师接受委托后，对双方当事人争议的权益应不为所动，更不能利用提供法律服务的便利条件牟取当事人争议的权益。如果允许律师牟取当事人的权益，律师就有可能利用自己的专业知识和对案件及双方当事人的了解从以为当事人服务为中心转为以为自己争得利益为中心，进而损害委托人的合法权益。

（4）不得接受对方当事人的财物。律师接受一方当事人的委托，只能为代理方提供法律服务，维护代理方的合法权益而不能借与对方当事人交涉之机对对方当事人“高抬贵手”或“照顾”，甚至接受对方当事人的财物。《律师法》第四十条第（三）项规定，律师不得接受对方当事人的财物或者其他利益，不得与对方当事人或者第三人恶意串通，侵害委托人的权益。

（5）应当保守在执业活动中知悉的国家秘密、商业秘密，不得泄露当事人的隐私和在执业活动中知悉的委托人与其他人不愿泄露的情况和信息。《律师法》第三十八条规定：“律师应当保守在执业活动中知悉的国家秘密、商业秘密，不得泄露当事人的隐私。律师对在执业活动中知悉的委托人和其他人不愿泄露的有关情况和信息，应当予以保密。但是，委托人或者其他人准备或者正在实施危害国家安全、公共安全以及严重危害他人人身安全的犯罪事实和信息除外。”

3. 律师对法院、仲裁机构的义务。律师对法院、仲裁机构的义务主要包括：

（1）律师不得提供虚假证据，隐瞒事实或者威胁、利诱他人提供虚假证据，隐瞒事实以及妨碍对方当事人合法取得证据。

证据在案件的审理过程中起着十分重要的作用，有的律师为求得出现有利于自己的结果，向有关部门提供虚假证据或隐瞒事实，如伪造合同、假遗嘱，或收买证人、妨碍对方当事人合法取得证据等，很容易导致出现错判或错裁，严重损害他人的合法权益。因此，《律师法》第四十条第（六）项规定，律师不得故意提供虚假证据或者威胁、利诱他人提供虚假证据，妨碍对方当事人合法取得证据。

（2）不得违反规定会见法官、检察官、仲裁员；向法官、检察官、仲裁员以及其他有关工作人员请客送礼或者行贿，或者指使、诱导当事人行贿。

律师可以依照法律规定会见与案件有关的法官、检察官和仲裁员，但不得有违反规定的行为，处理与法官、检察官与仲裁员的关系时必须严格依法办事。《律师法》第四十条第（四）项、第（五）项规定，律师不得违反规定会见法官、检察官、仲裁员以及其他有关工作人员；不得向法官、检察官、仲裁员以及其他有关工作人员行贿，介绍贿赂或者指使、诱导当事人行贿，或者以其他不正当方式影响法官、检察官、仲裁员以及其他有关工作人员依法办理案件。

（3）不得扰乱法庭、仲裁庭秩序，干扰诉讼、仲裁活动的正常进行。法庭、仲裁庭是审理各类案件的场所，是国家司法权的象征，神圣不可侵犯。律师作为法律工作者，更应遵守法庭或仲裁庭纪律，即便自己的意见与法庭或仲裁庭的意见不一致，也不得扰乱庭审秩序。否则，不仅与律师职业形象不符，情节严重的还会受到法律制裁。

4. 其他义务。

（1）律师在执业过程中，不得私自接受委托、私自向委托人收取费用，收受委托人的财物。为了防止出现非法委托关系，加强律师事务所对律师的管理，保护律师同行间的公平竞争，《律师法》第二十五条规定，律师承办业务，由律师事务所统一接受委托，与委托人签订书面委托合同，按照国家规定统一收取费用并如实入账。《律师职业道德和执业纪律规范》第十五条规定："律师不得以个人名义私自接受委托，不得私自收取费用"。

（2）律师应当在一个律师事务所执业，不得同时在两个以上的律师事务所执业。《律师法》第十条规定："律师只能在一个律师事务所执业。律师变更执业机构的，应当申请换发律师执业证书。律师执业不受地域限制。"律师违法执业或因过错给当事人造成损失的，律师应当予以赔偿，赔偿方法是由律师事务所先赔偿，再由律师事务所根据律师的过错程度向律师追偿。如果律师在两个或两个以上律师事务所履行职务，在各律师事务所相互推卸责任的情况下，就会出现当事人请求赔偿困难的情况。而且律师事务所与律师之间是领导与被领导的关系，在多个律师事务所执业就会存在多方领导的问题，实际上谁都无法领导，也难以确定收费单位。

（3）不得以诋毁其他律师或者支付介绍费等不正当手段承揽业务。个别律师或律师事务所为了承揽业务，采用一些不正当手段，如诋毁其他律师的业务能力和声誉，贬损其他律师事务所的声望，支付介绍费、回扣、手续费，与承办人进行不正当交往等，严重损害了其他律师和律师事务所的利益，败坏律师队伍的声誉，影响律师行业的健康发展。《律师法》第二十六条规定："律师事务所和律师不得以诋毁其他律师事务所、律师或者支付介绍费等不正当手段承揽业务。"

（4）律师必须按国家规定向当事人提供法律援助等义务。国家建立法律援助制度，律师是社会法律工作者，是提供法律援助的主体，不应以各种理由拒绝为受援人提供法律援助。为此，《律师法》第四十二条规定："律师、律师事务所应当按照国家规定履行法律援助义务，为受援人提供符合标准的法律服务，维护受援人的合法权益。”

第二节　律师职业道德

一、律师职业道德概述

（一）律师职业道德的概念

职业道德有广义和狭义之分，广义的职业道德，是指从业人员在职业活动中应遵循的行为准则，涵盖了从业人员与服务对象、职业与职工、职业与职业之间的关系。狭义的职业道德，是指在一定职业活动中应遵循的，体现一定职业特征的，调整一定职业关系的职业行为准则和规范。[①] 根据对职业道德的理解，律师职业道德可以定义为从事社会主义法律工作的律师在从事律师业务，为社会提供法律服务时，所应遵循的行为规范的总称。律师职业道德是律师职业的根基和命脉，是指导律师执业行为的准则，是对违规律师追究职业责任的重要依据。

（二）律师职业道德的特征

律师职业道德具有以下特征：

第一，律师职业道德约束的主体是律师。在律师职业道德的关系中，律师是义务的承担者，是律师职业道德的载体。当事人是律师承受职业道德规范的受益者，他们会体验到律师遵守律师职业道德的益处。受律师职业道德约束的律师包括专职律师、兼职律师和实习律师。

第二，律师职业道德规范的对象主要是律师的执业行为和其他行为。律师职业道德约束的范围主要是律师的执业行为。同时，由于律师与委托人之间的关系是建立在信任的基础之上的，这种信任来源于律师的声誉和信誉。除了律师的业务水平对其声誉和信誉有影响外，律师的一些非执业活动在一定程度上也影响律师的职业形象，如果律师在社会生活中道德水准低下，如存在酗酒、嫖娼、赌博等不良行为，这些行为虽然与律师的执业活动没有直接关系，但会对律师的形象产生极坏的影响，也会降低律师的声誉和信誉。因此，一些与律师的职业形象直接相关的执业以外的其他社会行为，也应受到律师职业道德的约束。

第三，律师职业道德具有约束力。律师职业道德不是纯粹道德范畴的概念，并非自由遵守，违反也不受制裁的规范。律师职业道德是具有约束力的规范，具有强制性，律师必须遵守，否则就要受到处罚，严重的甚至有可能停止执业，或者注销

① 项怀诚．会计职业道德．人民出版社，2003：9.

律师执业证。

二、确定律师职业道德制度的意义

1. 确定律师职业道德制度有利于律师事业的健康发展。在我国，律师执业活动的根本目的是为群众排忧解难，保障法律的正确实施。如果律师没有职业道德，唯利是图，会影响法律的公正实施，所以从促进律师事业健康发展的角度出发，必须对律师进行职业道德约束。一方面，要求律师必须恪尽职守，认真为当事人提供优质的法律服务；另一方面，对违反职业道德的律师严肃处分，从而保持律师队伍的纯洁性，保证律师行业的健康发展。

2. 提倡律师遵守职业道德制度，有利于提高律师的素质。律师工作的特殊性决定律师必须具有多种素质，如为国家的法治建设贡献力量的敬业精神，努力为委托人服务的奉献精神，刻苦学习业务的钻研精神，勇于维护法制、同违法犯罪行为作斗争的精神，等等。这些素质可以综合归纳为思想素质和业务素质，思想素质可以使律师对自己提出更高的标准和要求，无疑有助于律师发挥法律精神，促进自身素质的全面提高。

3. 确立律师职业道德制度是维护法制尊严的需求。律师职业道德水准的高低不仅关系到律师个人和律师行业，而且关系到国家法制建设水平和精神文明程度。如果律师贪图私利、违法乱纪，受损害的不只是委托人的利益，更会使国家的形象和利益受到损害。律师作为中华人民共和国公民，应当通过自己的执业活动树立我国良好的国际形象，使我国的律师以良好的信誉、优质的法律服务和优秀的职业道德水平取信于我国人民乃至世界各国人民，以维护我国法制的尊严，树立我国良好的国际形象。①

三、律师职业道德的内容

中华全国律师协会 2018 年实施的《律师执业行为规范（试行）》第二章对律师职业道德作了详细规定。根据《律师执业行为规范（试行）》第二章的规定，律师职业道德主要包括以下内容：（1）律师应当忠于宪法、法律，恪守律师职业道德和执业纪律。律师不得利用律师身份和以律师事务所名义炒作个案，攻击社会主义制度，从事危害国家安全活动，不得利用律师身份煽动、教唆、组织有关利益群体，干扰、破坏正常社会秩序，不得利用律师身份教唆、指使当事人串供、伪造证据，干扰正常司法活动。（2）律师应当诚实守信、勤勉尽责，依据事实和法律，维护当事人合法权益，维护法律正确实施，维护社会公平和正义。（3）律师应当注重职业修养，自觉维护律师行业声誉。（4）律师应当保守在执业活动中知悉的国家秘密、商业秘密、不得泄露当事人的隐私。律师对在执业活动中知悉的委托人

① 戴群策．律师制度与律师实务．群众出版社，2003：72-73.

与其他人不愿泄露的情况和信息，应当予以保密。但是，委托人或者其他人准备或者正在实施的危害国家安全、公共安全以及其他严重危害他人人身、财产安全的犯罪事实和信息除外。(5) 律师应当尊重同行，公平竞争，同业互助。(6) 律师协会倡导律师关注、支持、积极参加社会公益事业。(7) 律师在执业期间不得以非律师身份从事法律服务。律师只能在一个律师事务所执业。律师不得在受到停止执业处罚期间继续执业，或者在律师事务所被停业整顿期间、注销后继续以原所名义执业。(8) 律师不得在同一案件中为双方当事人担任代理人，不得代理与本人或者近亲属有利益冲突的法律事务。(9) 律师担任各级人民代表大会常务委员会组成人员的，任职期间不得从事诉讼代理或者辩护业务。(10) 律师不得为以下行为：①产生不良社会影响，有损律师行业声誉的行为；②妨碍国家司法、行政机关依法行使职权的行为；③参加法律所禁止的机构、组织或者社会团体；④其他违反法律、法规、律师协会行为规范及职业道德的行为；⑤其他违反社会公德，严重损害律师职业形象的行为。

第三节　律师法律责任

一、律师法律责任的概念

律师法律责任，是指律师在执业过程中违反国家法律和律师职业纪律规范所应承担的法律责任。律师法律责任制度的建立对于督促律师在执业过程中勤勉尽责、恪尽职守，最大限度地维护当事人的合法权益，增强律师执业的自律意识、风险意识，树立律师良好的社会形象都具有十分重要的意义。我国目前已经初步建立了比较完善的律师法律责任制度。

二、律师法律责任的构成要件

律师法律责任的构成要件具体包括：(1) 客观上律师有违反《律师法》《律师执业行为规范（试行）》等法律、法规和规章制度的行为。律师的违法违纪的行为有作为和不作为两种方式。作为，是指律师用积极的行为去实施违法违纪行为。律师违反《律师法》等法律、法规的行为多数是以作为的形式出现的。不作为，是指律师消极地不去履行自己的责任的行为，即应当为某种行为而不为的情况。例如，律师在接受当事人的委托后，无正当理由而拒绝辩护或代理、无正当理由不按时出庭参加仲裁或诉讼，等等。(2) 主观上有故意或过失，即主观上有过错。故意，是指行为人明知自己的行为会发生损害国家或他人利益的后果，而故意实施违法违纪行为；过失，是指行为人因为疏忽大意致使国家或他人的利益受到损害的情况。例如，律师因疏忽大意而遗失了当事人的重要证据，由于言语不慎而泄露了当事人的商业秘密。（3）律师的违法违纪行为发生在律师从事律师业务活动的过程中。如果律师的违法违纪行为与其执业活动无关，则不属于职务行为，不构成律师职业责任。

三、律师法律责任的分类

律师法律责任按照法律责任主体不同，可分为律师法律责任和律师事务所法律责任；按照责任性质不同，可分为刑事法律责任、民事法律责任和行政法律责任。

（一）律师的刑事法律责任

律师刑事法律责任，是指律师在执业过程中，故意或过失违反《律师法》的有关规定，情节严重，依照刑事法律应承担的法律后果。① 律师的刑事法律责任是律师法律责任中处罚最重的责任形式。《律师法》第七条第二款规定，律师受过刑事处罚的，不予颁发律师执业证书，但过失犯罪的除外。由此可知，律师因故意犯罪受到刑事处罚的要被吊销执业证书，而且以后也不能再申领律师执业证书从事律师业务。

1. 律师刑事法律责任的构成要件。从犯罪构成的角度分析，律师刑事法律责任的构成要件为：（1）主体方面，律师刑事法律责任是一种特殊主体的刑事法律责任，其行为主体是律师。（2）主观方面，律师实施行为时，其主观上必须有过错，可以是故意，也可以是过失。（3）客体方面，律师的行为必须是违反了刑事法律的行为，表现为侵犯了刑法所保护的对象和法律关系。（4）客观方面，律师的行为必须是职务行为。律师实施的犯罪行为必须是在执行律师职务的过程中，利用职务之便发生的，是一种违反律师执业纪律的行为，否则只是律师的个人行为，不涉及律师刑事法律责任。

2. 律师刑事法律责任的几种常见情形。结合我国近年来律师受到刑事法律责任追究的情况分析，律师执业中常见的罪名如下：

（1）行贿罪和介绍贿赂罪。行贿罪，是指为谋取不正当利益，给予国家工作人员、集体经济组织工作人员或者其他从事公务的人员财物的行为。介绍贿赂罪，是指向国家工作人员介绍贿赂，情节严重的行为。我国《刑法》第三百九十条和第三百九十二条明确规定了行贿罪和介绍行贿罪的处罚。《刑法》第三百九十条规定：“对犯行贿罪的，处五年以下有期徒刑或者拘役，并处罚金；因行贿谋取不正当利益，情节严重的，或者使国家利益遭受重大损失的，处五年以上十年以下有期徒刑，并处罚金；情节特别严重的，或者使国家利益遭受特别重大损失的，处十年以上有期徒刑或者无期徒刑，并处罚金或者没收财产。行贿人在被追诉前主动交代行贿行为的，可以从轻或者减轻处罚。其中，犯罪较轻的，对侦破重大案件起关键作用的，或者有重大立功表现的，可以减轻或者免除处

① 夏露．律师执业中的刑事法律责任．中国律师，1996（10）：37.

罚。”第三百九十二条规定，向国家工作人员介绍贿赂，情节严重的，处三年以下有期徒刑或者拘役，并处罚金。绍贿赂人在被追诉前主动交待介绍贿赂行为的，可以减轻处罚或者免除处罚。在执业过程中经常发生有部分律师为了赢得诉讼或者达到仲裁的目的，或者为了达到其他不法目的向司法人员进行贿赂，或者诱导当事人向有关人员行贿，使当事人由寻求法律帮助的原始愿望转向寻求不正当关系的保护。我国《律师法》规定，律师在执业中不得向法官、检察官、仲裁员以及其他有关工作人员行贿，介绍贿赂或者指使、诱导当事人行贿。根据《律师法》的规定，律师因行贿受到刑事法律追究的应当吊销其执业证书。

（2）伪证罪。伪证罪，是指在刑事诉讼中，证人、鉴定人、记录人和翻译人对与案件有重要关系的情节，故意作虚假证明、鉴定、记录、翻译，意图陷害他人或者隐匿罪证的行为。我国《刑法》第三百零六条第一款规定：“在刑事诉讼中，辩护人、诉讼代理人毁灭、伪造证据，帮助当事人毁灭、伪造证据，威胁、引诱证人违背事实改变证言或者作伪证的，处三年以下有期徒刑或者拘役；情节严重的，处三年以上七年以下有期徒刑。”证据在诉讼活动中有重要作用，部分律师为达到胜诉的目的实施伪造证据的行为。《律师法》第四十条第（六）项规定，律师不得故意提供虚假证据或者威胁、利诱他人提供虚假证据，妨碍对方当事人合法取得证据。根据《律师法》的相关规定，律师因伪证罪受到刑事法律追究的，应当吊销其执业证书。

（3）泄露国家机密罪。我国《刑法》第三百九十八条第一款规定：“国家机关工作人员违反保守国家秘密法的规定，故意或者过失泄露国家秘密，情节严重的，处三年以下有期徒刑或者拘役；情节特别严重的，处三年以上七年以下有期徒刑。”第二款规定：“非国家机关工作人员犯前款罪的，依照前款的规定酌情处罚。”这种犯罪特殊主体一般是国家机关工作人员。但由于律师职务特点，在执业活动中，有时候也会接触到国家机密文件和资料等信息，并有可能泄露出去。律师对在执业过程中知悉的涉及国家利益的机密文件信息有保密的义务。我国《律师法》第三十八条第一款规定：“律师应当保守在执业活动中知悉的国家秘密、商业秘密，不得泄露当事人的隐私。”本罪在主观方面，既可以是故意，也可以是过失。律师犯本罪的，可根据《刑法》第三百九十八条第二款处理。根据《律师法》的规定，律师因泄露国家机密受到刑事追究的，应当吊销其执业证书。

（二）律师的民事法律责任

律师的民事法律责任，是指律师在执业过程中，因违法执业或者因过错给当事人造成损失所应承担的民事赔偿责任。

律师的民事法律责任的条件包括：（1）律师存在不法行为，主要指违约行为和侵权行为，其中违约行为包括未全面履行合同义务的违约行为和不适当履行合同义务的违约行为，侵权行为包括对委托人的侵权行为和对第三人的侵权行为。对委托人的侵权行为主要包括遗失、损坏重要证据，对第三人的侵权行为主要包括故意泄露第三人的隐私。(2) 有损害事实的存在。(3) 律师的不法行为与损害事实之间具有因果关系。(4) 主观上存在过错。从法律的角度看，过错表现为客观行为是对义务的违反。违反高度注意义务、忠实义务或者保密义务的，即认定为有过错。

我国《律师法》第五十四条规定："律师违法执业或者因过错给当事人造成损失的，由其所在的律师事务所承担赔偿责任。律师事务所赔偿后，可以向有故意或者重大过失行为的律师追偿。"律师事务所行使追偿权的两个基本条件如下：(1) 律师事务所向受害人实际上已经支付了损害赔偿费；(2) 执业律师须有故意或者重大过失。

(三) 律师的行政法律责任

律师的行政法律责任，是指律师和律师事务所违反国家法律法规、律师职业道德与执业纪律规定的义务，实施有关行政违法行为应承担的法律责任。

在我国，律师承担行政责任的方式有：警告、罚款、没收违法所得、停止执业和吊销执业证书五种。律师事务所承担行政责任的方式有：责令改正、罚款、没收违法所得、停业整顿和吊销执业证书五种。律师和律师事务所的行政法律责任的不同之处在于行政处罚的幅度和适用的情节不同。具体如下：

1. 律师个人的行政法律责任。《律师法》第四十七条至第四十九条规定，律师个人的行政法律责任以"停止执业"期限作为标尺，按轻重程度由轻变重划分为以下三个档次：

(1) 律师有下列行为之一的，由设区的市级或者直辖市的区人民政府司法行政部门给予警告，可以处5000元以下的罚款；有违法所得的，没收违法所得；情节严重的，给予停止执业3个月以下的处罚：①同时在两个以上律师事务所执业的；②以不正当手段承揽业务的；③在同一案件中为双方当事人担任代理人，或者代理与本人及其近亲属有利益冲突的法律事务的；④从人民法院、人民检察院离任后2年内担任诉讼代理人或者辩护人的；⑤拒绝履行法律援助义务的。

(2) 律师有下列行为之一的，由设区的市级或者直辖市的区人民政府司法行政部门给予警告，可以处1万元以下的罚款；有违法所得的，没收违法所得；情节严重的，给予停止执业3个月以上6个月以下的处罚：①私自接受委托、收取费用，接受委托人财物或者其他利益的；②接受委托后，无正当理由，拒绝辩护或者代理，不按时出庭参加诉讼或者仲裁的；③利用提供法律服务的便利牟取当事人争议的权益的；④泄露商业秘密或者个人隐私的。

(3) 律师有下列行为之一的，由设区的市级或者直辖市的区人民政府司法行政部门给予停止执业6个月以上1年以下的处罚，可以处5万元以下的罚款；有违法所得的，没收违法所得；情节严重的，由省、自治区、直辖市人民政府司法行政部门吊销其律师执业证书；构成犯罪的，依法追究刑事责任：①违反规定会见法官、检察官、仲裁员以及其他有关工作人员，或者以其他不正当方式影响依法办理案件的；②向法官、检察官、仲裁员以及其他有关工作人员行贿，介绍贿赂或者指使、诱导当事人行贿的；③向司法行政部门提供虚假材料或者有其他弄虚作假行为的；④故意提供虚假证据或者威胁、利诱他人提供虚假证据，妨碍对方当事人合法取得证据的；⑤接受对方当事人财物或者其他利益，与对方当事人或者第三人恶意串通，侵害委托人权益的；⑥扰乱法庭、仲裁庭秩序，干扰诉讼、仲裁活动的正常进行的；⑦煽动、教唆当事人采取扰乱公共秩序、危害公共安全等非法手段解决争议的；⑧发表危害国家安全、恶意诽谤他人、严重扰乱法庭秩序的言论的；⑨泄露国家秘密的。

律师因故意犯罪受到刑事处罚的，由省、自治区、直辖市人民政府司法行政部门吊销其律师执业证书。

除上述规定外，《律师法》还规定了资格罚和“累犯”加重处罚制度，“资格罚”指律师因违法执业行为在受到较重停止执业处罚的，将附加剥夺其在一定期限内参加律师事务所合伙经营的资格。《律师法》第五十三条还规定，受到6个月以上停止执业处罚的律师，处罚期满未逾3年的，不得担任合伙人。被吊销律师执业证书的，不得担任辩护人、诉讼代理人，但系刑事诉讼、民事诉讼、行政诉讼当事人的监护人、近亲属的除外。“累犯”加重处罚制度，律师个人因违反《律师法》的规定已受到行政处罚，在一定期限内再犯应给予行政处罚的违法执业行为时，构成“累犯”，应加重处罚。《律师法》第五十一条第一款规定，律师因违反本法规定，在受到警告处罚后1年内又发生应当给予警告处罚情形的，由设区的市级或者直辖市的区人民政府司法行政部门给予停止执业3个月以上1年以下的处罚；在受到停止执业处罚期满后2年内又发生应当给予停止执业处罚情形的，由省、自治区、直辖市人民政府司法行政部门吊销其律师执业证书。

2. 律师事务所的行政法律责任，律师事务所的行政法律责任也是比较常见的法律责任形式。根据《律师法》第五十条第一款的规定，律师事务所有下列行为之一的，由设区的市级或者直辖市的区人民政府司法行政部门视其情节给予警告、停业整顿1个月以上6个月以下的处罚，可以处10万元以下的罚款；有违法所得的，没收违法所得；情节特别严重的，由省、自治区、直辖市人民政府司法行政部门吊销律师事务所执业证书：①违反规定接受委托、收取费用的；②违反法定程序办理变更名称、负责人、章程、合伙协议、住所、合伙人等重大事项的；③从事法律服务以外的经营活动的；④以抵毁其他律师事务所、律师或者支付介绍费等不正当手段承揽业务的；⑤违反规定接受有利益冲突的案件的；⑥拒绝履行法律援助义务的；⑦向司法行政部门提供虚假材料或者有其他弄虚作假行为的；⑧对本所律师疏于管理，造成严重后果的。

除上述处罚外，《律师法》还规定了“双罚”制，即对律师事务所违反《律师法》的违法执业行为进行行政处罚时既处罚律师事务所，又处罚律师事务所的负责人。《律师法》第五十条第二款规定，律师事务所因前款违法行为受到处罚的，对其负责人视情节轻重，给予警告或者处2万元以下的罚款。

此外，《律师法》第五十一条第二款规定，律师事务所因违反《律师法》规定，在受到停业整顿处罚期满后2年内又发生应当给予停业整顿处罚情形的，由省、自治区、直辖市人民政府司法行政部门吊销律师事务所执业证书。

第五章　律师业务与法律援助

第一节　律师业务

一、律师业务概述

（一）律师业务的概念

律师业务，是指律师工作的内容和范围，即律师所能从事的活动范围。律师是为社会提供法律服务的执业人员，只要公民、法人或其他组织需要法律服务，律师就可以在法律允许的范围内为其提供法律服务。我国《律师法》第二十八条规定，律师可以从事以下业务：（1）接受自然人、法人或者其他组织的委托，担任法律顾问；（2）接受民事案件、行政案件当事人的委托，担任代理人，参加诉讼；（3）接受刑事案件犯罪嫌疑人、被告人的委托或者依法接受法律援助机构的指派，担任辩护人，接受自诉案件自诉人、公诉案件被害人或者其近亲属的委托，担任代理人，参加诉讼；（4）接受委托，代理各类诉讼案件的申诉；（5）接受委托，参加调解、仲裁活动；（6）接受委托，提供非诉讼法律服务；（7）解答有关法律的询问、代写诉讼文书和有关法律事务的其他文书。

（二）律师业务的特征

从《律师法》规定的律师业务的内容和范围看，律师业务具有以下特征：

1. 律师业务的主体是律师。《律师法》第二条规定："本法所称律师，是指依法取得律师执业证书，接受委托或者指定，为当事人提供法律服务的执业人员。律师应当维护当事人合法权益，维护法律正确实施，维护社会公平和正义。"第十三条规定："没有取得律师执业证书的人员，不得以律师名义从事法律服务业务；除法律另有规定外，不得从事诉讼代理或者辩护业务。"

2. 律师业务的依据是委托人的委托或者指定。《律师法》第二十五条规定："律师承办业务，由律师事务所统一接受委托，与委托人签订书面委托合同，按照国家规定统一收取费用并如实入账。律师事务所和律师应当依法纳税。"

3. 律师的业务范围广泛。从诉讼业务看，民事诉讼、刑事诉讼和行政诉讼律师都可以参加。从非诉讼业务看，范围更加广泛，如法律顾问、代书、咨询等，内容涉及社会政治、经济、文化、教育、科技、卫生和环境保护等方面。

4. 服务对象广泛。律师业务的服务对象既可以是公民个人，也可以是法人或者其他组织；既可以是企业事业单位，也可以是国家机关；既可以是守法公民，也可以是犯罪嫌疑人、被告人、正在服刑的罪犯；既可以是中国公民、法人，也可以是外国公民、法人。

二、律师服务收费

在律师管理工作中，律师服务收费是一个重要环节。律师为当事人提供法律服务，付出了劳动，收取一定的律师服务费用，体现的是律师劳动的报酬。律师服务的有偿性为律师业的持续发展提供了经济基础。为维护法律服务市场的秩序，须对律师服务收费的行为进行规范。在西方，特别是英美法系国家，由于法律业务十分复杂，律师职业化的技能程度很高，导致了律师成为收费最高的职业之一，同时也形成了比较规范的律师服务收费制度。我国律师制度实行时间不长，律师行政管理部门一直十分重视律师服务收费管理工作，律师服务收费制度几经变迁，现在已逐步走向规范化。

（一）我国内地律师服务收费制度的沿革与现状

1956 年，司法部首次颁布《律师收费暂行办法》（已失效），这是中华人民共和国第一个有关律师服务收费的规范性文件。该办法规定律师服务收费实行按劳取酬原则，根据当时群众的生活水平和案件的复杂程度确定收费标准，收费方式由法律顾问处统一收取。收据交付当事人，并对免收律师费的情形作了具体规定。改革开放律师收费制度恢复后，1981 年 12 月，司法部、财政部颁布了《律师收费试行办法》（已失效）。确定了新的律师服务收费标准，收费方式除沿用以往的一些做法外，还增加规定在律师办理涉外业务时可与当事人协商，对诉讼标的较大而案情又较复杂的民事案件，允许在规定的收费标准之外同委托人另行协商收费数额。对减收、免收律师服务费用的情形重新作了规定。进入 20 世纪 90 年代，原来的律师服务收费规定显然不能适应社会和律师业发展的形势，1990 年 2 月，司法部、财政部、国家物价局联合下发了《律师业务收费管理办法及收费标准》，规定律师业务收费由律师事务所统一收取，律师不得私自收费；在确定收费数额时，应当考虑律师承办业务的繁简程度、需时长短、标的大小、律师专业职务等级、委托人指定等情况，但不得超过收费标准。由于律师服务收费仍存在诸多问题，1997 年 3 月，国家计划委员会、司法部又发布了《律师服务收费管理暂行办法》（已失效），对律师收费制度进行了较大幅度调整，使律师服务收费制度更加合理，可操作性大大增强，但该办法对律师服务收费的规定仍为原则性规定，并不具有收费的参照性。2000 年 4 月，国家计划委员会、司法部下发了《关于暂由各地制定律师服务收费临时标准的通知》规定律师服务收费标准暂由各省级价格主管部门会同司法行政部门制定。随着我国律师业的快速发展，律师服务收费问题不断，成为当事人反映强烈的问题之一。律师和当事人之间因服务收费问题发生争议并诉诸法庭事例屡见报端，严重影响了律师的职业形象。2006 年 4 月 13 日，国家发展和改革委员会与司法部联合颁布了《律师服务收费管理办法》，该办法自 2006 年 12 月 1 日起实施，该办法从我国国情出发，根据律师服务的特点，对原有律师服务收费制度作了修改和完善，主要包括以下四个方面：（1）明确律师服务收费应当遵循公开公平、诚实信用和便民利民的原则；（2）严格规范律师服务收费环节和收费程序；（3）完善律师收费争议解决机制；（4）进一步加强监督检查。

（二）律师服务收费规范的内容

1. 律师收费的基本原则。《律师服务收费管理办法》第三条规定，律师服务收费遵循公开公平、自愿有偿、诚实信用的原则。律师事务所应当便民利民，加强内部管理，降低服务成本，为委托人提供方便优质的法律服务。

（1）公开、公平原则。《律师服务收费管理办法》第三十二条规定："各省、自治区、直辖市人民政府价格主管部门会同同级司法行政部门，依据本办法制定律师服务收费管理的具体实施办法，报国家发展改革委和司法部备案。"这样，各地根据本地的经济发展和律师法律服务的现状可以制定比较详细的可操作性规则，便于律师事务所公开执行。公平原则强调律师的知识水平、提供法律服务的质量与律师收费之间的正向关系，即律师服务的收费与律师的实际法律服务水平相一致。公平原则主要针对协商收费的案件，律师应当通盘考虑案件的复杂程度和需要的时间等因素，确定合理、公道的价格，禁止利用律师的职业优势，抬高当事人法律服务的支出。

（2）自愿有偿原则。我国律师服务收费实行政府指导价和市场调节价。《律师服务收费管理办法》第九条第一款规定："实行市场调节的律师服务收费，由律师事务所与委托人协商确定。"现今市场上大多数律师事务所的收费方式是采取与当事人协商的方式。协商收费方式是目前世界上最通行的收费方式。

（3）诚实信用原则。《律师执业行为规范（试行）》明确规定，律师事务所和律师应当遵守律师行业公认的行为准则，公平竞争。禁止律师事务所和律师采取不正当方式竞争，要求律师不得采取垄断或竞相压价的方式提高或降低律师服务收费，不得采取欺骗当事人或诋毁他人的方式获得案源，禁止律师通过不正当的价格手段影响法律服务市场公平竞争的环境，严重影响律师行业的健康发展。

（4）降低成本原则。律师事务所在收取案件当事人费用的时候，应当从当事人的利益角度考虑，尽可能帮助当事人降低案件成本。有些案件律师具有特别授权的情况下，可以案外调解的，尽可能帮助当事人与对方当事人协商，争取达成调解。实在调解不成的再到法院或仲裁委进行诉讼或仲裁。律师事务所应当采取必要的措施，在保证提供优质法律服务的前提下，尽可能降低案件的服务成本，减少开支。

2. 律师收费的标准。根据《律师服务收费管理办法》第四条的规定，律师服务收费的标准有两种，即政府指导价和市场调节价。

（1）政府指导价。政府指导价由政府价格主管部门或者其他有关部门，按照定价权限和范围规定基准价及其浮动幅度，指导经营者制定的价格。律师服务收费实行政府指导价的，由政府有关部门依法定职责和程序制定的律师办理法律事务的基准价和浮动幅度。基准价和浮动幅度由省、自治区、直辖市人民政府价格主管部门会同同级司法行政部门制定。根据《律师服务收费管理办法》第七条的规定，政府有关部门制定律师服务收费的基准价和浮动幅度时，应当广泛听取社会各方面意见，必要时可以实行听证。根据该办法第八条的规定，政府有关部门制定的律师服务收费基准价和浮动幅度应充分考虑当地经济发展水平、社会承受能力和律师业的长远发展，收费标准按照补偿律师服务社会平均成本加合理利润与法定税金确定。

《律师服务收费管理办法》第五条第一款规定，律师事务所实行政府指导价的法律服务涉及：①代理民事诉讼案件；②代理行政诉讼案件；③代理国家赔偿案件；④为刑事案件犯罪嫌疑人提供法律咨询、代理申诉和控告、申请取保候审，担任被告人的辩护人或自诉人、被害人的诉讼代理人；⑤代理各类诉讼案件的申诉。

（2）市场调节价。市场调节价，是指由经营者（从事生产、经营商品或者提供有偿服务的法人、其他组织和个人）自主制定，通过市场竞争形成的价格。根据《律师服务收费管理办法》第五条第二款的规定，律师事务所在提供实行政府指导价的法律服务之外的其他法律服务时，收费实行市场调节价。《律师服务收费管理办法》第九条规定，实行市场调节的律师服务收费，由律师事务所与委托人协商确定。律师事务所与委托人协商律师服务收费应当考虑以下主要因素：①耗费的工作时间；②法律事务的难易程度；③委托人的承受能力；④律师可能承担的风险和责任；⑤律师的社会信誉和工作水平等。

3. 律师收费的方式。根据《律师服务收费管理办法》第十条和第十一条的规定，律师服务收费可以根据不同的服务内容，采取计件收费、按标的额比例收费、计时收费和风险代理收费等方式。计件收费一般适用于不涉及财产关系的法律事务；按标的额比例收费适用于涉及财产关系的法律事务；计时收费可适用于全部法律事务；风险代理收费仅适用于涉及财产关系的民事案件。《律师服务收费管理办法》第十一条规定，办理部分涉及财产关系的民事案件时，委托人被告知政府指导价后仍要求实行风险代理的，律师事务所应委托人的要求方可实行风险代理收费，但严格禁止刑事案件、行政案件、国家赔偿案件、群体性案件以及涉及老百姓切身利益的婚姻、继承案件，请求给予社会保险待遇或者最低生活保障待遇的案件，请求给付赡养费、抚养费、扶养费、抚恤金、救济金、工伤赔偿的案件，请求支付劳动报酬等案件实行风险代理收费。实行风险代理收费的，律师事务所应当与委托人签订风险代理收费合同，约定双方应承担的风险责任、收费方式、收费数额或比例。风险代理最高收费金额不得高于合同约定标的额的30%。

此外，《律师服务收费管理办法》不仅对律师事务所只能收取律师服务费、代委托人支付的诉讼费、仲裁费、鉴定费、公证费和查档费与异地办案差旅费，不得以任何名义收取其他费用作了规定，还对律师事务所接受委托、签订合同、收费、结算等环节作了明确规定。

4. 律师服务收费的禁止性规范。综合《律师法》《律师执业行为规范（试行）》《律师服务收费管理办法》等法律法规，律师收费的禁止性规范主要包括：

（1）禁止律师个人私自收费。律师服务收费采取律师事务所统一收费的方式进行，禁止律师私自收费。《律师法》第二十五条规定："律师承办业务，由律师事务所统一接受委托，与委托人签订书面委托合同，按照国家规定统一收取费用并如实入账。律师事务所和律师应当依法纳税。"《律师服务收费管理办法》第二十七条规定，对于违反律师事务所统一接受委托、签订书面委托合同或者收费合同规定的，违反律师事务所统一收取律师服务费、代委托人支付的费用和异地办案差旅费规定的，不向委托人提供预收异地办案差旅费用概算，不开具律师服务收费合法票据，不向委托人提交代交费用、异地办案差旅费的有效凭证的，应当给予处罚。

（2）禁止律师不正当竞争。《律师法》第二十六条规定，律师事务所和律师不得以诋毁其他律师事务所、其他律师或者支付介绍费等不正当手段承揽业务。律师和律师事务所不能向委托人、中介人或者推荐人以许诺兑现任何物质利益或者非物质利益的方式，获得有偿提供法律服务的机会。另外，律师服务收费应当公平公开，根据《律师服务收费管理办法》第二十六条第（五）项的规定，禁止以明显低于成本的收费进行不正当竞争。

（3）禁止违反收费标准和办法。律师事务所应当严格遵守国家的价格政策和收费标准收费，接受社会监督，否则将会受到处罚。根据《律师服务收费管理办法》第二十六条、第二十七条的规定，对于不按规定公示律师服务收费管理办法和收费标准的；提前或者推迟执行政府指导价的；超出政府指导价范围或幅度收费的；采取分解收费项目、重复收费、扩大范围等方式变相提高收费标准的；违反律师事务所统一保管、使用律师服务专用文书、财务票据、业务档案规定的，应当给予处罚。

第二节　法律援助

法律援助是一项扶助贫弱、保障社会弱势群体合法权益的社会公益事业，是社会文明和法治完善的必然产物，是世界上多数国家普遍采用的一种司法救济制度，而对贫弱当事人提供法律援助也是律师的一项重要的法定义务。《律师法》第四十二条规定："律师、律师事务所应当按照国家规定履行法律援助义务，为受援人提供符合标准的法律服务，维护受援人的合法权益。"同样，《法律援助条例》第六条也规定："律师应当依照律师法和本条例的规定履行法律援助义务，为受援人提供符合标准的法律服务，依法维护受援人的合法权益，接受律师协会和司法行政部门的监督。"

一、法律援助概述

（一）法律援助的概念

法律援助，是指在由政府设立的法律援助机构的指导和协调下，律师、公证员、基层法律工作者等法律服务人员为经济困难或特殊案件的人给予无偿提供法律服务以保障其合法权益得以实现的一项法律保障制度。法律援助在一国的司法体系中占有十分重要的地位。它是为了实现"法律面前人人平等"的宪法原则而实施的司法人权保障制度，是实现社会正义和司法公正，保障公民基本权利的国家行为。

法律援助起源于英国，最初是作为一种为穷人提供法律服务的慈善行为出现的，距今已有500多年的历史。资本主义制度建立后，法律援助成为一种政治权利。到19世纪，一些发达的资本主义国家正式建立了法律援助制度。20世纪中叶，法律援助制度已经发展成为一种比较成熟的法律制度，许多发展中国家也建立了法律援助制度。21世纪初，世界上已有140多个国家的宪法将法律援助作为保障公民权利的一项基本原则加以确认。法律援助逐步从个人慈善行为，发展成为面向贫弱者的社会保障体系和保护公民人权的政府行为或政府与社会相结合的行为。

在我国，随着社会主义市场经济体系的建立和社会主义法制的不断健全和完善，法律援助制度也逐步建立起来。1996年3月17日，第八届全国人民代表大会第四次会议通过的《关于修改〈中华人民共和国刑事诉讼法〉的决定》率先规定了法律援助的内容。1997年1月，司法部法律援助中心正式成立，随后又成立了中国法律援助基金会，具有中国特色的法律援助制度正式形成和发展。2003年7月21日，国务院公布了《法律援助条例》，对我国法律援助的性质、任务、组织机构、范围、程序、实施和法律责任等基本问题作出了全面、具体的规定。它的公布实施，标志着我国法律援助工作步入了法制化、规范化的新阶段。2012年4月9日，司法部公布了《办理法律援助案件程序规定》（司法部第124号令），规定了法律援助机构、律师事务所、基层法律服务所、其他社会组织和法律援助人员办理法律援助案件的程序，进一步完善了我国的法律援助制度。

（二）法律援助制度的特征和意义

建立法律援助制度，是新时期我国加强社会主义民主，发展社会主义法治的重要内容，是切实保障公民民主权利的重要举措。相对世界各国法律援助制度的发展，虽然我国的起步较晚，但我国已经初步建立了法律援助制度。

我国的法律援助制度具有以下特征：（1）法律援助是政府行为，由政府设立法律援助机构组织实施，体现了国家和政府对公民应尽的义务；（2）法律援助是法律化、制度化的行为，是国家社会保障制度中的重要组成部分；（3）法律援助受援对象主要为经济困难者、残疾者、弱者或者经人民法院指定的特殊对象；（4）法律援助主要是法律援助机构对受援对象减免法律服务费，法院对受援对象减、免案件受理费及其他诉讼费用；（5）法律援助的形式，既包括诉讼法律服务，也包括非诉讼法律服务。主要采取以下形式：刑事辩护和刑事代理、民事诉讼代理、行政诉讼代理、非诉讼法律事务代理、公证证明。

法律援助制度的意义主要包括以下几个方面：（1）法律援助制度体现了国家对法律赋予公民的基本权利的切实保障，有利于保障公民的合法权益，实现"法律面前人人平等"的宪法原则；（2）法律援助制度为诉讼当事人提供平等的司法保障，有利于实现司法公正，完善社会保障体系，是国家社会公平的一种体现；（3）法律援助制度有利于健全和完善律师法律制度，在更为宽广的领域内实现律师服务的社会价值；（4）法律援助制度有利于社会主义和谐，保障社会稳定，促进经济发展与和谐社会的建设。

（三）法律援助的对象和范围

法律援助的对象和范围，也称为"法律援助的覆盖面"，这个覆盖面的大小、宽窄直接体现一个国家法律援助制度的发达程度，也是衡量一个国家法制文明程度的指标之一。

1. 法律援助的对象。法律援助的对象，是指具备法定条件可以得到法律援助的人，简单地讲，就是指哪些人可以获得法律援助。从各国有关法律援助的法律规定看，多数国家将法律援助的对象规定为具有本国国籍的自然人，而且是社会成员中的经济困难者、生理残疾、精神或智力障碍的特殊群体。在一般情况下，外国人不能享受法律援助，但特殊情况除外。少数国家还将法人作为法律援助的对象。我国在确定法律援助对象时主要从我国的具体国情出发，同时适当借鉴其他国家法律援助制度的经验，具体如下：

（1）具备以下条件的中华人民共和国公民，可以申请法律援助：有充分理由证明为保障自己合法权益需要帮助；确因经济困难，无能力或无完全能力支付法律服务费用。根据《法律援助条例》第十三条的规定，公民经济困难的标准，由省、自治区、直辖市人民政府根据本行政区域经济发展状况和法律援助事业的需要规定。申请人住所地的经济困难标准与受理申请的法律援助机构所在地的经济困难标准不一致的，按照受理申请的法律援助机构所在地的经济困难标准执行。

（2）符合《刑事诉讼法》第三十五条和第二百七十八条规定的犯罪嫌疑人、被告人没有委托辩护人的，公安机关、人民检察院、人民法院应当自发现该情形之日起 3 日内，通知所在地同级司法行政机关所属法律援助机构指派律师为其提供辩护。

（3）符合《刑事诉讼法》第三百零四条规定的被申请人、被告人，人民法院自受理强制医疗申请或者发现被告人符合强制医疗条件之日起3日内，对于被申请人或者被告人没有委托诉讼代理人的，应当向法律援助机构送达通知公函，通知其指派律师担任被申请人或被告人的诉讼代理人，为其提供法律帮助。

（4）刑事案件中外国籍被告人没有委托辩护人的，人民法院应当通知法律援助机构指定辩护律师，该被告人可以获得法律援助。

我国已开展刑事案件律师辩护全覆盖工作。最高人民法院、司法部于2017年10月发布了《关于开展刑事案件律师辩护全覆盖试点工作的办法》，根据该办法第二条的规定，被告人具有刑事诉讼法第三十五条、第二百七十八条规定应当通知辩护情形，没有委托辩护人的，人民法院应当通知法律援助机构指派律师为其提供辩护。除此规定外，其他适用普通程序审理的一审案件、二审案件、按照审判监督程序审理的案件，被告人没有委托辩护人的，人民法院应当通知法律援助机构指派律师为其提供辩护。适用简易程序、速裁程序审理的案件，被告人没有辩护人的，人民法院应当通知法律援助机构派驻的值班律师为其提供法律帮助。在法律援助机构指派的律师或者被告人委托的律师为被告人提供辩护前，被告人及其近亲属可以提出法律帮助请求，人民法院应当通知法律援助机构派驻的值班律师为其提供法律帮助。

2. 法律援助的范围。根据《法律援助条例》第二章的规定，律师法律援助范围包括：

（1）公民对下列需要代理的事项，因经济困难没有委托代理人的，可以向法律援助机构申请法律援助：①依法请求国家赔偿的；②请求给予社会保险待遇或者最低生活保障待遇的；③请求发给抚恤金、救济金的；④请求给付赡养费、抚养费、扶养费的；⑤请求支付劳动报酬的；⑥主张因见义勇为行为产生的民事权益的。⑦省、自治区、直辖市人民政府可以对前款规定以外的法律援助事项作出补充规定。公民可以就第①和第②类事项向法律援助机构申请法律咨询。

（2）刑事诉讼中，有下列情形之一的，公民可以向法律援助机构申请法律援助：①犯罪嫌疑人在被侦查机关第一次讯问后或者采取强制措施之日起，因经济困难没有聘请律师的；②公诉案件中的被害人及其法定代理人或者近亲属，自案件移送审查起诉之日起，因经济困难没有委托诉讼代理人的；③自诉案件的自诉人及其法定代理人，自案件被人民法院受理之日起，因经济困难没有委托诉讼代理人的。

此外，我国已开展刑事诉讼律师辩护全覆盖试点工作，刑事案件审判阶段，律师应根据《关于开展刑事案件律师辩护全覆盖试点工作的办法》的规定通知法律援助机构为被告人提供法律援助。

（3）公诉人出庭公诉的案件，被告人因经济困难或者其他原因没有委托辩护人，人民法院为被告人指定辩护时，法律援助机构应当提供法律援助。

被告人是盲、聋、哑人或者未成年人而没有委托辩护人的，或者被告人可能被判处死刑而没有委托辩护人的，人民法院为被告人指定辩护时，法律援助机构应当提供法律援助，无须对被告人进行经济状况的审查。

二、法律援助的程序

根据我国相关法律规定和实践中的具体做法，法律援助的程序为：

1. 申请和管辖。公民因经济困难按《法律援助条例》第十条规定的事项申请法律援助的，请求国家赔偿，请求给予社会保险待遇、最低生活保障待遇或者请求发给抚恤金、救济金的，由义务机关所在地的法律援助机构受理；请求给付赡养费、抚养费、扶养费和请求给付劳动报酬的，由义务人住所地或者被请求人住所地的法律援助机构依法受理。《法律援助条例》第十一条规定的公民因经济困难申请刑事法律援助的，由办理案件的人民法院、人民检察院、公安机关所在地的法律援助机构受理。申请人就同一事项向两个以上法律援助机构提出申请的，由最先收到申请的法律援助机构受理。

2. 审查。法律援助机构应当审查法律援助申请，并作出是否给予法律援助的决定；法律援助机构认为申请人提交的证件、证明材料需查证的，应当向有关机关、单位查证，可以适当延长审查期限。法律援助机构经审查认为申请人提交的证件、证明材料不齐全可以要求申请人作出必要的补充或者说明。申请人补充材料、作出说明所需的时间不计入审查期限。申请人未按要求补充材料或者作出说明的，视为撤销申请。

3. 先行提供法律援助。根据《办理法律援助案件程序规定》第十条的规定，对于符合申请条件且有下列情形之一的申请事项，法律援助机构可以决定先行提供法律援助：①距法定时效届满不足 7 日，需要及时提起诉讼或者申请仲裁、行政复议的；②需要立即申请财产保全、证据保全或者先予执行的；③其他紧急或者特殊情况。

先行提供法律援助的，受援人应当在法律援助机构确定的期限内补充规定的申请材料。法律援助机构经审查认为受援人不符合经济困难标准的，应当终止法律援助。

4. 决定。法律援助机构经审查，对符合法律援助条件的，应当决定给予法律援助，并制作给予法律援助决定书；对不符合法律援助条件的，应当决定不予法律援助，并制作不予法律援助决定书。不予法律援助决定书应当写明不予法律援助的理由及申请人可以提出异议的权利。给予法律援助决定书和不予法律援助决定书应当发送申请人；被羁押的犯罪嫌疑人、被告人、服刑人员，强制隔离戒毒人员申请法律援助的，法律援助机构还应当同时函告有关人民法院、人民检察院、公安机关及监狱、看守所、强制隔离戒毒所。

5. 终止。根据《法律援助条例》第第二十三条的规定，办理法律援助案件的人员遇有下列情形之一的，应当向法律援助机构报告，法律援助机构经审查核实的，应当终止该项法律援助：①受援人的经济收入状况发生变化，不再符合法律援助条件的；②案件终止审理或者已被撤销的；③受援人又自行委托律师或者其他代理人的；④受援人要求终止法律援助的。

6. 异议。申请人对法律援助机构作出的不予法律援助或者终止法律援助决定有异议的，可以向主管该法律援助机构的司法行政部门提出。司法行政部门应当自收到异议之日起 5 个工作日内进行审查，经审查认为符合法律援助条件的，应当以书面形式责令法律援助机构及时对该申请人提供法律援助，同时通知申请人；认为申请人不符合法律援助条件或者终止法律援助的，应当维持法律援助机构不予援助或者终止援助的决定，并书面告知申请人。

三、律师的法律援助义务

（一）律师的法律援助义务概述

《律师法》第四十二条规定，律师、律师事务所应当按照国家规定履行法律援助义务，为受援人提供符合标准的法律服务，维护受援人的合法权益。可见律师的法律援助义务是强制性义务，不是可履行也可不履行的。法律援助义务也是《律师职业道德和执业纪律规范》要求律师必须履行的义务，律师如果不履行，将受到纪律处分。

律师的性质和职业特点决定了律师是实施法律援助的主要力量。在我国，律师是国家的法律工作者，国家的社会主义性质决定了律师的任务就是对国家机关、企业事业单位、社会团体和公民提供法律帮助，以维护国家、集体和公民的合法权益，保障国家法律的正确实施。律师是为社会提供法律服务的执业人员，是法律服务的主要力量。在当事人确有困难请求国家给予法律援助，需要律师承担法律援助义务时，律师应当积极提供法律援助。

（二）律师提供法律援助的工作程序

法律援助律师是基于委托或者指定提供法律服务的，尽管不收取受援人任何费用，但是可以收取法律援助机构支付的办案补贴，法律援助律师办理法律援助案件和办理普通案件享有一样的权利，承担一样的义务。

律师每年应当接受法律援助机构的指派，办理一定数量的法律援助案件。

1. 指派法律援助案件。根据《办理法律援助案件程序规定》第二十条和第二十二条的规定，对于民事、行政法律援助案件，法律援助机构应当自作出给予法律援助决定之日起 7 个工作日指派律师事务所安排律师承办，或者安排本机构的工作人员承办。对于刑事法律援助案件，法律援助机构应当自作出给予法律援助决定或者收到指定辩护通知书之日起 3 个工作日内指派律师事务所安排律师承办，或者安排本机构的法律援助律师承办。

法律援助机构、律师事务所等应当自指派或者安排法律援助律师之日起5个工作日内将法律援助律师姓名和联系方式告知受援人，并与受援人或者其法定代理人、近亲属签订委托代理协议，但由于受援人的原因无法按时签订的除外。

2. 承办法律援助案件。承办法律援助案件的律师应当根据承办案件的需要，依照律师执业规范的要求，做好会见、阅卷、调查取证、解答咨询、参加庭审等工作，依法为受援人提供法律服务。具体如下：

（1）在委托权限内开展工作。法律援助律师应当在受委托的权限内，通过和解、调解、申请仲裁和提起诉讼等方式依法最大限度地维护受援人的合法权益。法律援助律师代理受援人以和解或者调解方式解决纠纷的，应当征得受援人同意。《办理法律援助案件程序规定》第二十五条还规定，对于民事诉讼法律援助案件，法律援助律师应当告知受援人可以向人民法院申请司法救助，并提供协助。

（2）会见。法律援助律师持律师执业证书、律师事务所证明和法律援助公函要求会见在押的犯罪嫌疑人、被告人的，看守所应当及时安排会见，至迟不得超过48小时。法律援助律师享有《刑事诉讼法》规定的权利。

法律援助律师会见受援人，应当制作会见笔录。会见笔录应当经受援人确认无误后签字或者捺指印；受援人无阅读能力的，法律援助律师应当向受援人宣读笔录，并在笔录上载明。首次会见的会见笔录中应载明犯罪嫌疑人、被告人是否同意法律援助律师为其辩护。犯罪嫌疑人、被告人不同意的，应当书面告知人民法院、人民检察院、公安机关和法律援助机构。

（3）拒绝辩护。对于依申请提供法律援助的案件，犯罪嫌疑人、被告人坚持自己辩护，拒绝法律援助机构指派的律师为其辩护的，法律援助机构应当准许，并作出终止法律援助的决定；对于有正当理由要求更换律师的，法律援助机构应当另行指派律师为其提供辩护。

对于应当通知辩护的案件，犯罪嫌疑人、被告人拒绝法律援助机构指派的律师为其辩护的，公安机关、人民检察院、人民法院应查明拒绝的原因，有正当理由的，应当准许，同时告知犯罪嫌疑人、被告人需另行委托辩护人。犯罪嫌疑人、被告人未另行委托辩护人的，公安机关、人民检察院、人民法院应当及时通知法律援助机构另行指派律师为其提供辩护。

（4）调查取证。法律援助律师承办案件，应当根据需要依法进行调查取证，并可以根据需要请求法律援助机构出具必要的证明文件或者与有关机关、单位进行协调。

法律援助律师认为需要异地调查取证的，可以向作出指派或者安排的法律援助机构报告，作出指派或者安排的法律援助机构可以请求调查取证事项所在地的法律援助机构协作。

（5）发表法律意见。对于人民法院开庭审理的刑事案件，法律援助律师应当做好开庭前准备；庭审中充分陈述、质证；庭审结束后，法律援助律师应当向人民法院提交辩护词或者代理词。对于人民法院决定不开庭审理的指定辩护案件，法律援助律师应当自收到法律援助机构指派函之日起 10 日内以及在接到人民法院不开庭通知之日起 10 日内向人民法院提交辩护词。对于其他不开庭审理的刑事案件，法律援助律师应当按照人民法院规定的期限提交刑事辩护词或者代理词。

（6）通报和报告。法律援助律师应当向受援人通报案件办理情况，答复受援人的询问，并制作通报情况记录。法律援助律师应当按照法律援助机构的要求报告案件承办情况。法律援助案件有下列情形之一的，应向法律援助机构报告：①主要证据认定、适用法律等方面有重大疑义的；②涉及群体性事件的；③有重大社会影响的；④其他复杂、疑难的情形。

（7）更换法律援助律师。受援人有证据证明法律援助律师不依法履行义务的，可以请求法律援助机构更换法律援助律师。法律援助机构应当自受援人申请更换之日起 5 个工作日内决定是否更换。决定更换的，应当另行指派律师承办。

（8）终止法律援助。有下列情形之一的，法律援助机构应当作出终止法律援助决定，制作终止法律援助决定书发送受援人，并自作出决定之日起 3 日内函告公安机关、人民检察院、人民法院：①受援人不再符合法律援助经济困难标准的；②案件依法终止审理或者被撤销的；③受援人自行委托其他代理人或者辩护人的；④受援人要求终止法律援助的；⑤受援人利用法律援助从事违法活动的；⑥受援人故意隐瞒与案件有关的重要事实或者提供虚假证据的；⑦法律、法规规定应当终止的其他情形。

有上述情形的，法律援助律师应当向法律援助机构报告。法律援助机构经审查核实，决定终止法律援助的，应当制作终止法律援助决定书，并发送受援人，同时函告法律援助律师事务所和有关机关、单位。法律援助律师事务所应当与受援人解除委托代理协议。受援人对法律援助机构终止法律援助的决定有异议的，按照对不予法律援助的异议程序办理。

3. 办结法律援助案件。

（1）提交材料。律师应当自法律援助案件结案之日起 30 日内按指派案件的法律援助机构的要求提交主卷材料，接受法律援助机构的审查。

诉讼案件以法律援助律师收到判决书、裁定书、调解书之日为结案日；仲裁案件或者行政复议案件以法律援助律师收到仲裁裁决书、行政复议决定书原件或者复印件之日为结案日；其他非诉讼法律事务以受援人与对方当事人达成和解、调解协议之日为结案日；无相关文书的，以义务人开始履行义务之日为结案日；法律援助机构终止法律援助的，以法律援助律师事务所收到终止法律援助决定函之日为结案日。

（2）审查材料、支付办案补贴。法律援助机构应当自收到法律援助律师提交的立卷材料之日起 30 日内进行审查。对于立卷材料齐全的，法律援助机构应当按照当地人民政府制定的法律援助办案补贴标准，自收到结案材料之日起 30 日内，向承办法律援助案件的律师支付办案补贴。作出指派的法律援助机构应当对法律援助律师提交的立卷材料及受理、审查、指派等材料进行整理，一案一卷，统一归档管理。法律援助机构应当采取对结案材料审查、办案质量反馈、评估等方式，督促律师尽职尽责地开展法律援助工作，确保法律援助服务的质量。

（3）奖惩。对于法律援助工作中作出突出贡献的律师和律师事务所，司法行政机关、律师协会应当给予表彰、奖励。律师和律师事务所违反《法律援助条例》等有关法律、法规以及《律师和基层法律服务工作者开展法律援助工作暂行管理办法》规定的，由司法行政机关、律师协会依照有关规定给予行政处罚或者行业处分。

第六章　律师办理刑事诉讼业务

第一节　律师办理刑事诉讼业务概述

一、律师办理刑事诉讼业务的内容

刑事诉讼是律师的主要业务活动之一。律师在刑事诉讼活动中应当通过深入了解、分析案情、细致调查、收集证据，履行自己的职责。

律师办理刑事诉讼业务的内容有：

（1）提供刑事法律帮助。

（2）进行刑事辩护。

（3）进行刑事代理。

二、律师在刑事诉讼中的地位和作用

（一）律师在刑事诉讼中的地位

律师在刑事诉讼中应该具有怎样的诉讼地位，在我国仍然是一个颇有争议的问题。法律界主要有两种观点：一种观点认为，律师在刑事诉讼中的诉讼地位是从属于辩护权的，律师在刑事诉讼中既不享有诉讼主体的完整权利，也不承担特定的义务，不是独立的诉讼主体，不具有独立的诉讼地位；另一种观点认为，律师在刑事诉讼中具有独立的诉讼地位，律师有自己特定的身份和职责，享有被告人和其他辩护人所不享有的特别权利，在诉讼中提出自己的法律意见并不受被告人的左右，因此，律师在刑事诉讼不是从属于被告人的。

笔者认为第二种观点是正确的。其理由如下：

1. 从律师的身份和职责来看，律师本身是具有特定法律身份的人，是依法为被告人或其他当事人进行辩护和代理的人。其职责是根据法律和事实，提出有利于当事人的材料和意见，而不是单纯为被告人开脱罪责。律师不仅要保障当事人的合法权益，而且要维护国家法律的正确实施。

2. 从律师在刑事诉讼中享有的诉讼权利来看，律师在刑事诉讼中享有特殊的、独立的诉讼权利。辩护律师可以依据事实和法律独立进行辩护活动，不受任何机

关、团体和个人的非法干预和限制。律师可以查阅、摘抄、复制本案材料，可以同在押的犯罪嫌疑人会见和通信，可以进行必要的调查取证活动，而被告人和其他辩护人不具有这些权利。

3. 从律师在刑事诉讼中与当事人的相互关系来看，律师参加刑事诉讼是为了维护当事人的合法权益，当然应当是当事人信任的人，而不仅是当事人的代言人。律师在为被告人进行辩护时，其法律意见是根据事实和法律独立形成的，不受被告人的左右，决不能一味地按照被告人的要求进行辩护。

4. 从律师在刑事诉讼中与公诉人的相互关系来看，律师行使辩护职能与公诉人行使控诉职能，其法律地位是平等的。

（二）律师在刑事诉讼中的作用

1. 律师具有系统的法律知识和丰富的司法实践经验，可以充分有效地维护当事人实体上和程序上的权利。

2. 律师行使辩护职能有组织纪律的保证。我国《律师法》为律师队伍规定了严格的组织纪律和规范的职业道德，是律师尽职尽责、充分发挥律师职能作用的保障。同时，律师事务所和律师协会、司法行政机关的有效管理是律师履行职责的组织保障。

3. 律师可以发挥集体的智慧和群体的优势。律师是接受律师事务所的委派而参加刑事诉讼的，律师执行职务可以发挥律师事务所集体的智慧和作用，集思广益、博采众长。律师依法提出辩护意见或者代理意见，确有道理而未被人民法院采纳的，可以通过律师事务所、律师协会向人民法院或上级有关部门反映。

4. 律师在刑事诉讼活动中执行职务有法律的充分保障。律师参加刑事诉讼受国家法律的保护，任何单位和个人不得干涉。因而律师履行法定职责，不必担心因辩护而受到牵连，避免了害怕打击报复的后顾之忧。

5. 律师在刑事诉讼活动中享有广泛的诉讼权利。律师具有广泛的诉讼权利，有条件充分、全面地了解案件，因而能够提供充分、有力的材料和有理有据的意见以维护委托人的合法权益。

三、律师办理刑事诉讼业务的基本要求

律师在刑事辩护和刑事代理活动中，应当符合以下要求：

（1）以事实为根据，以法律为准绳。

（2）恪守律师职业道德和执业纪律。

（3）维护当事人的合法权益。

（4）保守参加刑事诉讼中所了解或者接触到的国家秘密、商业秘密和当事人的个人隐私。

四、律师办理刑事诉讼业务的责任

我国《律师法》和《刑事诉讼法》对律师参加刑事诉讼活动的责任作了比较原则的规定，如《律师法》第三十一条规定："律师担任辩护人的，应当根据事实和法律，提出犯罪嫌疑人、被告人无罪、罪轻或者减轻、免除其刑事责任的材料和意见，维护犯罪嫌疑人、被告人的诉讼权利和其他合法权益。"《刑事诉讼法》第三十七条规定："辩护人的责任是根据事实和法律，提出犯罪嫌疑人、被告人无罪、罪轻或者减轻、免除其刑事责任的材料和意见，维护犯罪嫌疑人、被告人的诉讼权利和其他合法权益。"依照法律的有关规定，律师参加刑事诉讼活动的主要责任有：

(一) 帮助刑事诉讼当事人实现其诉讼权利

依据法律的规定，刑事诉讼当事人在参加刑事诉讼活动的过程中享有广泛的诉讼权利，但由于法律知识的欠缺以及刑事当事人在刑事诉讼活动中所处的地位的限制，并非每一个刑事诉讼当事人都能了解自己的诉讼权利，因而也就难以充分行使、实现自己的诉讼权利。刑事诉讼当事人委托律师参加刑事诉讼活动也就赋予了律师帮助刑事诉讼当事人实现其诉讼权利的责任。

(二) 依据事实和法律维护委托人的合法权益

律师参加刑事诉讼活动，必须自始至终地维护委托人的合法权益。当然，维护委托人的合法权益不能离开事实和法律依据，即尊重案件的客观事实，依法履行律师职责。例如，律师在刑事案件法庭审理的过程中必须依据事实和法律为被告人进行辩护，提出具有充分事实证据和法律依据的辩护意见，维护被告人的合法权益，而决不能违背事实和法律，更不能为了迎合被告人的意愿任意歪曲事实和法律。

(三) 监督法律的实施，维护法律的公正

律师参加刑事诉讼活动的职责之一，就是要使国家刑事法律在刑事诉讼活动中得到正确的贯彻实施。因此，律师在刑事诉讼活动中，不仅要严格遵守法律、执行法律，还应当配合国家有关机关监督国家法律的正确实施，对发生的违法现象及时向有关单位和上级组织反映，使这类违法现象及时得到纠正。例如，律师在侦查阶段为犯罪嫌疑人提供法律帮助时，如果发现或者了解到侦查人员有非法侵犯犯罪嫌疑人人身权利的行为发生，在征得犯罪嫌疑人同意后应当代其向有关部门控告，使犯罪嫌疑人的合法权利得到保护，维护法律的公正性和权威性。

五、律师办理刑事诉讼业务的收案与结案

(一) 收案的范围

律师事务所可以接受犯罪嫌疑人、被告人，或者他们的法定代理人、亲属或者犯罪嫌疑人、被告人委托的人的委托；或者接受人民法院的指定，指派律师为犯罪

嫌疑人或被告人提供法律帮助或担任辩护人；可以接受被害人及其法定代理人或者近亲属、附带民事诉讼的当事人及其法定代理人、自诉案件的自诉人及其法定代理人的委托，指派律师担任诉讼代理人；可以接受刑事案件当事人及其法定代理人、近亲属的委托，指派律师担任申诉案件的代理人；可以接受被起诉人及其法定代理人、近亲属的委托，指派律师代为申诉；在公安机关、人民检察院作出不立案或撤销案件的决定后，可以接受被害人及其法定代理人、近亲属的委托，指派律师代为申诉或起诉。律师事务所应当尽可能满足委托人指名委托的要求。

（二）收案的条件

律师收案应符合下列条件：

1. 为犯罪嫌疑人提供法律帮助，必须在侦查机关第一次讯问后或者采取强制措施之日起。

2. 担任辩护人，必须在犯罪嫌疑人已被人民检察院审查起诉或者被告人已被提起公诉或者被告人涉及的自诉案件被受理之后。

3. 担任公诉案件被害人或者附带民事诉讼当事人的诉讼代理人，必须自案件移送审查起诉之日起。

4. 担任自诉案件的自诉人、附带民事诉讼的当事人的诉讼代理人，可以随时接受委托。

5. 担任二审辩护人或诉讼代理人，必须在一审判决宣告以后。

6. 担任申诉案件的代理人须在人民法院的判决、裁定发生法律效力后，或者公安机关、人民检察院撤销案件、不起诉的决定作出之后。

7. 涉及国家秘密的案件，在侦查阶段聘请律师的，必须取得侦查机关的批准。

8. 犯罪嫌疑人、被告人的亲属或者其他人代为委托的律师，必须在会见时得到犯罪嫌疑人、被告人的确认。

（三）收案的手续

律师受理刑事案件，可以在侦查、审查起诉、一审、二审、申诉各阶段分别办理委托手续，可以分开各个阶段委托协议，也可以一次性签订多个阶段的委托协议，但应分阶段签署授权委托书。律师办理案件须办理以下手续：

1. 委托人与律师事务所签署委托协议。

2. 委托人签署授权委托书。

3. 律师事务所开具所函。

对法律援助机构指派的，需要提供法律援助的案件，律师事务所可以指派律师承办，但同样需要依照规定办理委托手续。

（四）收案的法律效力

律师事务所依照规定办理委托手续后，委托即发生法律效力，对双方均有约束力。律师接受委托后，无正当理由，不得拒绝辩护或者代理。但委托事项违法，当事人利用律师提供的法律服务从事违法活动或者当事人隐瞒事实，或者当事人提出其他不合理要求，致使律师无法正常履行职务的，律师有权拒绝辩护或者代理。委托人无正当理由，不得随意解除委托关系，委托人随意解除委托关系的，对所收取费用，律师事务所有权不予退还。

律师由于以上事由解除委托关系，应经律师事务所主任或主任授权的负责人同意，并记录在案。

（五）结案

律师承办刑事案件结案时，应当写出办案总结，整理案卷归档。办案中提前解除委托关系的，律师应写出办案总结，说明原因，并附上相关手续，整理案卷归档。

第二节 律师提供刑事法律帮助

一、律师在侦查阶段提供刑事法律帮助的依据和性质

根据《刑事诉讼法》第三十八条的规定，辩护律师在侦查期间可以为犯罪嫌疑人提供法律帮助；代理申诉、控告；申请变更强制措施；向侦查机关了解犯罪嫌疑人涉嫌的罪名和案件有关情况，提出意见。

二、律师提供刑事法律帮助的主要工作

律师在侦查阶段为犯罪嫌疑人提供法律帮助，主要有以下几项工作：

（一）会见犯罪嫌疑人

承办律师接受委托后，应及时与侦查机关取得联系，向其提交授权委托书、律师事务所信函，并出示律师执业证。承办律师应向侦查机关了解犯罪嫌疑人涉嫌的罪名，及时提出会见犯罪嫌疑人的具体要求。律师会见未在押的犯罪嫌疑人，可以在其住所或者律师事务所进行。会见时其他人不应在场。犯罪嫌疑人是未成年人或者盲、聋、哑人的，律师会见时其法定代理人或者近亲属应当在场。对于不涉及国家秘密的案件，律师提出会见在押犯罪嫌疑人的，不需要经过批准。律师有权要求侦查机关在48小时内安排会见。对于组织、领导、参加黑社会性质组织犯罪、贪污贿赂犯罪等重大复杂的两人以上的共同犯罪案件，律师提出会见犯罪嫌疑人的，应当在5日内安排会见。侦查机关不安排会见的，律师有权向有关部门反映，要求纠正。对于涉及国家秘密的案件，律师会见在押犯罪嫌疑人，应向侦查机关提出书面申请并得到批准。侦查机关不批准会见的，律师应当要求其出具书面决定；如果不是案情或者案件性质本身涉及国家秘密的，律师可以提出复议或向有关部门

反映。

律师会见在押的犯罪嫌疑人时，应首先征询其是否同意该聘请律师。犯罪嫌疑人表示同意的，应要求其在授权委托书上签字确认；犯罪嫌疑人表示不同意的，应要求其书面表明意见。律师会见犯罪嫌疑人，应当遵守羁押场所依法作出的有关规定，不得私自为犯罪嫌疑人传递物品、不得通过传递信函为犯罪嫌疑人串供创造条件，不得将通信工具借给犯罪嫌疑人使用，不得进行其他违反法律规定的活动。律师会见完毕后，应与羁押场所办理犯罪嫌疑人交接手续。

律师会见犯罪嫌疑人，应当制作会见笔录，并交犯罪嫌疑人阅读或者向其宣读。如果记录有遗漏或者差错，应当允许犯罪嫌疑人补充或者改正。在犯罪嫌疑人确认无误后要求其在笔录上签名。会见时侦查机关派员在场的，应在笔录中注明。

律师可根据案件情况和需要，决定会见在押犯罪嫌疑人的时间和次数，要求侦查机关予以安排，律师会见犯罪嫌疑人不受非法干涉。

（二）办理申请取保候审

犯罪嫌疑人被逮捕的，在押的犯罪嫌疑人或者其法定代理人、近亲属要求律师为犯罪嫌疑人申请取保候审，承办律师认为符合法定条件的，可以代为申请取保候审，或者协助其直接向侦查机关申请取保候审。律师为犯罪嫌疑人申请取保候审的，应向有关机关提交申请书。律师为在押的犯罪嫌疑人申请取保候审后，应当要求侦查机关在7日内作出同意或者不同意的答复。对于不同意取保候审的，律师有权要求其说明不同意的理由，并可以提出复议或向有关部门反映。

（三）代理申诉和控告

律师了解案情后，认为犯罪嫌疑人不构成犯罪、涉嫌罪名不当或者有《刑事诉讼法》第十六条所规定的不追究刑事责任情况的，可以代理犯罪嫌疑人向有关机关提出申诉，要求予以纠正。律师发现侦查机关有侵犯犯罪嫌疑人人身权利、诉讼权利或其他合法权益，或者发现有管辖不当、非法搜查、扣押及其他违反法律规定情况的，可以代理犯罪嫌疑人向有关部门提出控告。

第三节　律师刑事辩护

一、刑事辩护概述

（一）辩护制度的概念

刑事诉讼中的辩护，是指刑事诉讼中犯罪嫌疑人、被告人及其辩护人根据事实和法律反驳控诉人的一项诉讼活动。辩护主要是针对控诉提出的，有控诉就有辩护，只有犯罪嫌疑人、被告人被指控犯罪后，犯罪嫌疑人、被告人及其辩护人才能进行辩护。但是，辩护除了针对控诉进行之外，有时也针对审判进行，这主要是指被告人及其辩护人在二审审判、审判监督程序和死刑复核程序中的辩护。辩护在诉讼中有两层含义：一是指与控诉相对的职能，是对控诉进行反驳、制约；二是指诉讼行为，即基于辩护职能，依据事实和法律论证犯罪嫌疑人、被告人无罪、罪轻或者说明具有从轻、减轻或免除刑事责任情节的一种诉讼行为。

我国《宪法》第一百三十条规定，“被告人有权获得辩护”。根据这一规定，《刑事诉讼法》第十一条将“被告人有权获得辩护”确立为刑事诉讼法的基本原则。辩护权具有以下特征：一是辩护权专属于诉讼中的犯罪嫌疑人、被告人；二是辩护权以被指控犯罪为其存在的前提；三是辩护权是以事实和法律为论证根据进行辩解，以达到维护犯罪嫌疑人、被告人合法权益的目的。

辩护制度，是指法律规定的关于保障犯罪嫌疑人、被告人辩护权等一系列规则的总称。辩护制度包括辩护权的行使、辩护的种类、辩护的方式、辩护人的范围、辩护人的责任和辩护人的权利义务内容。辩护制度是宪法确立的被告人有权获得辩护原则在诉讼程序上的体现和保障，是现代刑事司法制度中的重要组成部分。

（二）辩护权的内容和行使

1. 针对指控进行辩解。被告人从开始被指控犯罪时起，就享有辩护权。在侦查阶段，被告人应该知道自己被控告犯了什么罪，有权提出反证，证明自己无罪或罪轻，有权申请侦查人员和鉴定人回避，并有权申请补充鉴定或者重新鉴定。

2. 针对起诉进行辩驳。在检察机关提起公诉阶段，被告人有权要求检察人员回避，提出无罪或罪轻的辩解，有权控告侦查阶段的违法行为。

3. 针对公诉人的起诉或其他当事人的指控进行辩论。在审判阶段，被告人有权申请法庭组成人员和公诉人、鉴定人或翻译人员回避；有权申请对证人、鉴定人发问；有权辨认物证，申请重新鉴定或者勘验。在法庭辩论阶段，被告人有权针对指控进行辩解，与公诉人、被害人进行辩论。

4. 法庭辩论终结后，被告人有权针对全案涉及的各项重要问题作最后陈述。被告人可以依据事实、自己犯罪的原因、对犯罪的认识以及定罪量刑方面的要求和意见作最后发言。

在刑事诉讼的各个阶段，犯罪嫌疑人、被告人有权自行辩护。自公诉案件进入人民检察院审查起诉阶段开始，犯罪嫌疑人、被告人有权委托辩护人进行辩护；自诉案件的被告人有权自人民法院受理案件后委托辩护人进行辩护。

被告人行使法律赋予的辩护权可以通过三种方式：一是自行辩护，即犯罪嫌疑人、被告人自己行使辩护权，自己为自己辩护；二是委托辩护，即犯罪嫌疑人、被告人或其法定代理人委托律师或其他公民代为辩护；三是指定辩护，即出现法律法规规定的情况时，人民法院通知法律援助机构为没有委托辩护人的被告人指定承担法律援助义务的律师为其提供辩护。自己进行辩护不影响委托他人为其辩护，自己的辩护和辩护人的辩护可以同时进行。

（三）辩护人的范围

辩护人，是指受犯罪嫌疑人、被告人的委托或者法律援助机构的指定，帮助犯罪嫌疑人、被告人行使辩护权以维护其合法权益的人员。根据《刑事诉讼法》第三十三条的规定，在我国可以被委托为辩护人的人员有：

1. 律师。
2. 人民团体或者犯罪嫌疑人、被告人所在单位推荐的人。
3. 犯罪嫌疑人、被告人的监护人、亲友。

但正在执行刑罚或者依法被剥夺、限制人身自由的人，不得担任辩护人。

二、辩护制度的意义

（一）有利于司法机关客观全面地了解案情，正确适用法律，公正处理案件

法律明确规定了控辩双方不同的权利、职能分工，控辩双方对案件中某些问题的看法必然产生分歧和矛盾。这种分歧有利于司法机关兼听则明，正确处理案件，防止办案人员的主观性、片面性。而且通过辩护律师在法庭上对指控的辩护，能够检验指控的事实的真实性，从客观上提高办案质量。

（二）有利于保护犯罪嫌疑人、被告人的合法权益

实行辩护制度可以促使和保障犯罪嫌疑人、被告人充分提出其主张，从而使人民法院有可能全面了解案情，防止在诉讼过程中发生刑讯逼供、非法取证等违法现象。

（三）有利于实现法治宣传教育的任务

被告人对辩护律师是比较信任的，律师从法律上对其犯罪行为进行有根有据的解释，有利于被告人认罪服法，接受改造。在法庭审理过程中，通过控辩双方的辩论，可以使旁听群众全面了解案情，明辨是非。

三、辩护律师在刑事诉讼中的责任和权利义务

（一）辩护律师的责任

根据《刑事诉讼法》第三十七条及《律师法》第三十一条的规定：辩护律师的责任是根据事实和法律，提出犯罪嫌疑人、被告人无罪、罪轻或者减轻、免除其刑事责任的材料和意见，维护犯罪嫌疑人、被告人的诉讼权利和其他合法权益。具体理解包括以下几个方面：

1. 辩护律师进行辩护时，一方面，从案件事实和证据方面提出对犯罪嫌疑人、被告人有利的材料；另一方面，从适用法律的角度发表对犯罪嫌疑人、被告人有利的意见。

2. 辩护律师为犯罪嫌疑人、被告人辩护应当依据事实和法律进行。辩护律师辩护的只是犯罪嫌疑人、被告人的诉讼权利和其他合法权益。辩护律师不得受犯罪

嫌疑人、被告人的意志左右，捏造事实，歪曲法律，为被告人的犯罪行为开脱罪责。

3. 律师辩护的目的是维护犯罪嫌疑人、被告人的合法权益。无论犯罪嫌疑人、被告人实施的犯罪性质多么严重，情节多么恶劣，辩护律师都必须尽职尽责地辩护，不能随意放弃辩护义务，更不能以维护法治为名站在控诉的一方指控犯罪，侵犯犯罪嫌疑人、被告人的诉讼权利和其他合法权益。

（二）辩护律师的权利和义务

1. 律师刑事辩护的权利。

（1）收集、调取与本案有关材料的权利。《律师法》第三十五条规定：“受委托的律师根据案情的需要，可以申请人民检察院、人民法院收集、调取证据或者申请人民法院通知证人出庭作证。律师自行调查取证的，凭律师执业证书和律师事务所证明，可以向有关单位或者个人调查与承办法律事务有关的情况。”

（2）查阅、摘抄、复印与本案有关材料的权利。《律师法》第三十四条规定：“律师担任辩护人的，自人民检察院对案件审查起诉之日起，有权查阅、摘抄、复制本案的案卷材料。”

（3）与在押的犯罪嫌疑人、被告人会见或通信的权利。公诉案件中辩护律师自人民检察院对案件审查起诉之日起可以同在押的犯罪嫌疑人会见和通信；自诉案件辩护律师自人民法院受理案件之日起，可以同在押的被告人会见和通信。

（4）出席法庭、参加诉讼的权利。《刑事诉讼法》第一百八十七条规定，人民法院确定开庭日期后，应当将开庭的时间、地点通知人民检察院，传唤当事人，通知辩护人、诉讼代理人、证人、鉴定人和翻译人员，传票和通知书至迟在开庭3日以前送达。根据《刑事诉讼法》第一百九十四条的规定，辩护律师经法庭许可，可以对证人、鉴定人发问。根据第一百九十七条的规定，辩护人有权申请通知新的证人到庭，调取新的物证，申请重新鉴定或者勘验。

（5）质证权和辩护权。在法庭审理过程中，辩护律师经审判长许可，可以向证人、鉴定人发问；对当庭宣读的书证和未出庭的证人证言等，有权发表意见。在法庭审理过程中，经审判长许可，辩护律师可以对证据和案件情况发表意见并且与控诉方互相辩论。律师的质证权和辩护权有利于审判人员客观全面认定事实，正确适用法律，公正裁判。

（6）拒绝辩护的权利。《律师法》第三十二条规定，委托的事项违法，委托人利用律师提供的服务从事违法活动或者委托人故意隐瞒与案件有关的重要事实的，律师有权拒绝辩护或代理。

（7）其他诉讼权利。律师经被告人许可，有权为被告对一审判决、裁定提起上诉；对生效判决、裁定提出申诉；对司法机关采取强制措施超过法定限期的，有权要求司法机关解除强制措施，等等。

2. 律师刑事辩护的义务。

(1) 维护犯罪嫌疑人或被告人的诉讼权利和其他合法权益。

(2) 保守执业活动中知悉的国家秘密、当事人的商业秘密以及当事人的隐私。

(3) 按时出庭，遵守法庭规则。

(4) 不得妨害作证。

(5) 会见在押的犯罪嫌疑人、被告人时，应严格遵守监所的有关规定。

四、审查起诉阶段的律师辩护

(一) 接受委托

《刑事诉讼法》第三十四条第二款规定，“人民检察院自收到移送审查起诉的案件材料之日起三日以内，应当告知犯罪嫌疑人有权委托辩护人”。律师接受委托后，应开具律师事务所信函，连同授权委托书提交人民检察院。

(二) 辩护律师在审查起诉阶段的工作

1. 会见在押犯罪嫌疑人。在审查起诉阶段，辩护律师会见犯罪嫌疑人不需要经过检察机关批准，会见时检察机关也不应派员在场。辩护律师与犯罪嫌疑人通信应注明自己的律师身份、通信地址，并加盖律师事务所公章。通信内容应限于与本案有关的问题。辩护律师与犯罪嫌疑人通信，不得提及可能妨碍侦查的有关同案犯罪嫌疑人及其亲友的情况。辩护律师与犯罪嫌疑人通信，应保留信函副本及犯罪嫌疑人来信的原件，并附卷备查。

2. 查阅、摘抄、复制与案件有关材料。律师到人民检察院查阅、摘抄、复制案件材料，应当持律师事务所信函、授权委托书及律师执业证。

查阅、摘抄、复制的有关材料是本案的诉讼文书和技术性鉴定材料，摘抄、复制时应保证相关材料的准确性和完整性。

3. 调查和收集与案件有关材料。律师调查取证时，应持律师事务所信函和律师执业证，一般由 2 人进行。辩护律师向被害人或者其近亲属、被害人提供的证人收集与案件有关的材料，应事先向人民检察院提出书面申请取得同意，并征得被调查人同意。律师向证人或者其他单位和个人收集与案件有关的材料，应征得他们同意，并在调查笔录上记明。

律师调查取证时应当制作律师调查笔录。律师调查笔录应当载明调查人、被调查人、记录人的姓名，调查的时间、地点；笔录内容应当有律师身份的介绍，被调查人的基本情况，律师对证人如实作证的要求，作伪证或隐匿罪证要负法律责任的说明，以及被调查事项的基本情况。律师制作调查笔录时，应全面、准确地反映调查内容，并经被调查人核对或向其宣读。被调查人有修改、补充的，应在修改处签字盖章或者捺指纹确认。调查笔录经被调查人核对后，应让其在每一页上签名并在笔录的最后签署记录无误的意见。律师调查、收集证据材料时，根据需要可邀请有关人员在场见证，并在调查笔录上签名。

律师收集物证、书证和视听材料，应提取原件。无法提取原件的，可以复制、拍照或者录像，但对复制件、照片或录像应附有证据提供者的证明。律师在调查、收集案件材料时，可以录音、录像。对被调查人录音、录像的，应征得其同意。

在审查起诉阶段，辩护律师认为必要时，可以申请人民检察院收集、调取证据。

4. 提出辩护意见。律师担任辩护人，可根据《刑事诉讼法》第一百七十三条的规定，向人民检察院提出关于本案的辩护意见。

律师在审查起诉阶段的辩护意见主要包括以下内容：本案犯罪嫌疑人应否提起公诉的意见；侦查机关所移送审查起诉的材料是否确实充分；侦查活动是否合法；认定犯罪嫌疑人构成犯罪的证据是否有效；等等。

5. 代理控告和申诉。犯罪嫌疑人人身权利受到侵害或人格受到侮辱的，辩护律师有权代理其提出控告。人民检察院作出不起诉决定，被不起诉人不服，要求申诉的，辩护律师可以在被不起诉人收到不起诉决定书后，代为提起申诉。

犯罪嫌疑人在审查起诉阶段被超期羁押的，辩护律师有权要求对犯罪嫌疑人依法释放或变更强制措施为取保候审或监视居住。

五、审判阶段的律师辩护

（一）接受委托或指定辩护律师出庭前的准备工作

1. 接受委托。《刑事诉讼法》第三十四条规定，人民法院自受理案件之日起3日以内，应当告知被告人有权委托辩护人。律师接受委托后，应注意审查该案是否属于受案法院管辖。发现管辖不当的，应及时提出书面管辖异议。

2. 接受指派。律师事务所可以接受法律援助机构的指派，指派律师担任被告人的辩护人，但应征得被告人的同意。

（二）辩护律师在法庭审判中的工作

1. 审阅起诉书和本案指控犯罪的材料。在审判阶段，律师有权到人民法院查阅、摘抄、复制案件材料。

案件材料应当包括起诉书、证据目录、证人名单和主要证据的复印件或者照片等。缺少上述材料的，律师可以申请人民法院通知人民检察院补充。

在审判阶段，辩护律师可以向侦查、审查起诉阶段的承办律师了解案件有关情况，调取有关材料。侦查、审查起诉阶段的承办律师应当给予协助。

2. 会见在押被告人。律师会见在押被告人，应当持授权委托书、律师事务所会见被告人专用介绍信和律师执业证。

律师在审判阶段会见被告人应重点了解以下情况：（1）被告人的身份及其收到起诉书的时间；（2）被告人是否承认起诉书所指控的罪名；（3）指控的事实、情节、动机、目的是否清楚、准确；（4）起诉书指控的从重情节是否存在；

（5）被告人的辩解理由；（6）有无从轻、减轻、免予处罚的事实、情节和线索；（7）有无立功表现；（8）有无超期羁押及合法权益受到侵害等情况。

律师应向被告人介绍法庭审理程序，告知被告人在庭审中的诉讼权利、义务及应注意的事项。

3. 调查核实。在审判阶段，律师可以根据需要依法调查、收集与案件有关的证据材料，并对阅卷时所掌握的案件材料进行核实。

律师向被害人或者其近亲属、被害人提供的证人收集与本案有关的材料时，应取得人民法院的许可和被害人或者其近亲属、证人的同意。律师向证人调查取证有困难的，可以申请人民法院通知证人出庭作证。律师在必要时，可以申请人民法院收集、调取证据，并参加有关调查取证活动。律师对所收集的证据材料应进行整理、复制，并妥善保管。

调查核实的主要内容包括：案件中的专门技术问题；涉及可能证明被告人无罪或罪轻的证据；对阅卷所掌握的有疑点的证据；对司法机关没有调查的证据；其他需要调查的证据。

律师调查的主要手段包括：会见、访问、座谈和制作询问笔录；对可用作证据的材料可以复制、抄录、拍照和录音录像；对应鉴定而未鉴定或卷宗鉴定结论有疑点的专门技术性问题，可以请专家进行鉴定或重新鉴定；对犯罪现场和相关场所进行勘验；等等。

4. 出庭准备。律师申请人民法院通知证人、鉴定人、勘验检查笔录制作人出庭作证的，应制作上述人员名单，注明身份、地址、通信方式等，并说明拟证明的事实，在开庭前提交人民法院。律师对于拟当庭宣读、出示的证据，应制作目录并说明所要证明的事实，在开庭前提交人民法院。律师接到开庭通知书后应按时出庭，因故不能出庭的，应及时与法院联系，申请延期开庭。延期开庭申请未获批准，又确实不能出庭的，应与委托人协商，妥善解决。律师在开庭前 3 日内才收到出庭通知的，有权要求法院变更开庭日期。

开庭前律师应向法院了解通知证人、鉴定人、勘验检查笔录制作人出庭作证的情况，如发现有未予通知或未通知到的情况，应及时与法庭协商解决。律师应了解公诉人、法庭组成人员的情况，协助被告人确定有无申请回避的事由及是否回避的申请。律师发现案件审理违反公开审判规定的，应向法庭提出异议。

5. 确定辩护方案，撰写辩护材料。律师需要确定辩护方案、构思辩护要点、撰写辩护材料。辩护材料包括法庭调查发问提纲、辩护词、口头答辩提纲以及法庭中需要引证的材料备忘录。

律师辩护方案一般可以从以下几个角度进行：（1）无罪辩护。无罪辩护的情形有：有罪指控证据不足的；被告人未实施被指控的罪行的；被告人的行为依法不构成犯罪的；被告人危害社会的行为情节显著轻微、危害不大的等。对于被告人具有《刑事诉讼法》第十六条规定的不追究刑事责任的情形之一的，如犯罪已过追诉时效的，辩护律师应当作无罪辩护，要求法院终止审理或作无罪判决。(2) 罪轻辩护。罪轻辩护的情形有：认为被告人实际犯罪的性质比被指控犯罪的性质轻的；指控的罪名不恰当的；混淆了此罪与彼罪的界限的。(3) 从轻、减轻或免除刑罚的辩护。被告人需具有法律规定的应当或者可以从轻、减轻或者免除刑罚的情节，如自首、立功、从犯、胁从犯、终止犯、预备犯等。(4) 程序违法的辩护。对诉讼过程中存在的违反法定程序、侵犯被告人合法权益的情况，辩护律师予以指出。

(三) 一审程序中的律师辩护

1. 开庭阶段。律师出庭应当遵守法庭规则和法庭秩序，听从法庭指挥。两名以上被告人的案件有多名律师出庭的，辩护律师应按被告人的顺序依次就座。

在开庭阶段，辩护律师的主要工作是：(1) 注意合议庭组成人员是否符合法律的规定，如有不合法的，应向法庭提出另行组成合议庭，或者申请不符合条件的合议庭成员回避；(2) 注意合议庭告知被告人享有的诉讼权利是否全面清楚，如不完整或不清楚的，应向法庭提出；(3) 注意审判是否公开进行，不公开的理由是否成立，对应当公开而未公开或者不应公开却公开审理的，应当要求法庭予以纠正；(4) 注意相关诉讼参与人和证人是否到庭，如果对正确审判有直接影响的证人未到庭的，应当要求法庭延期审理；(5) 注意法庭对被告人的年龄、身份、有无前科劣迹等情况核对是否有误，可能影响案件审理结果的，律师应认真记录，在法庭调查时予以澄清。

2. 法庭调查。辩护律师在法庭调查阶段的主要工作包括：认真听取公诉人、自诉人宣读起诉书或自诉状，注意指控的内容是否有变化，并根据实际情况对辩护方案作相应调整，对辩护词的内容进行适当修改。

在法庭调查过程中，律师应当认真听取各方对被告人的讯问、发问，并做好发问准备。辩护律师经审判长许可，可向被告人发问。被告人不承认指控犯罪的，应问明情况和理由。公诉人以威胁、引诱等方式讯问被告人或提出与本案无关的问题的，辩护律师有权提出反对意见。公诉人对律师的发问提出反对意见的，律师可以进行争辩。法庭支持公诉人意见的，律师应尊重法庭的决定，注意自己的发问方式。

在法庭调查中，辩护律师可以请求人民法院向人民检察院调取其收集的能够证明被告人无罪或者罪轻的证据材料。在法庭审理过程中，有权申请通知新的证人到庭，调取新的物证、书证，申请重新鉴定或勘验。对每项指控事实举证、质证完毕后，可以发表综合性意见。在法庭调查中，发现有程序违法的情况时，应及时提出异议，要求法庭予以纠正。

3. 法庭辩论阶段。法庭辩论是在法庭调查的基础上控辩双方就本案的事实、证据和适用法律提出观点、发表意见、进行争论和辩驳的活动。

法庭辩论阶段，辩护律师应认真听取控诉方的控诉意见，记录要点，并做好辩论准备。辩护意见应针对控诉方的指控，从事实是否清楚、证据是否确实充分、适用法律是否准确无误、诉讼程序是否合法等方面进行分析论证，并提出关于案件定罪量刑的意见和理由。

辩护律师为被告人作无罪辩护的，应从以下几个方面进行论证：（1）被告人行为系合法行为；（2）被告人行为情节显著轻微，危害不大，不认为是犯罪；（3）被告人没有实施控诉方指控的犯罪行为；（4）指控方指控的证据不足，不能认定被告人有罪；（5）其他依法认定被告人无罪的情况。

辩护律师为被告人作有罪辩护的，应着重从以下两个方面进行论证：（1）指控被告人的罪名不当，应认定为法定刑较轻的其他罪名；（2）被告人有无从轻、减轻或免除刑罚的情节。

在法庭辩论和被告人的最后陈述中，律师发现有新的或遗漏的事实、证据需要质证的，可以申请恢复法庭调查。在法庭审理过程中，被告人当庭提出拒绝或更换律师的，辩护律师可依法与之解除委托关系。在法庭审理过程中，出现律师拒绝辩护的法定事由，可以请求休庭。在法庭辩论中，辩护律师发现有程序违法情况的，应当及时提出异议并要求予以纠正。

4. 被告人最后陈述阶段。辩护律师应当监督法庭依法保障被告人的最后陈述权。对于被告人的最后陈述权被剥夺或受到无理限制的，应当建议法庭给予被告人再次最后陈述的机会。对于公诉人驳斥被告人最后陈述的，应当建议法庭予以制止。对于被告人在最后陈述中提出新的事实或证据，应当建议法庭恢复法庭调查，待查明核实新的事实或证据后，再行辩论和最后陈述。

5. 宣判阶段的辩护。宣判阶段，律师有权参加法庭宣判，听取宣判内容，了解公诉人和被告人对判决的意见，注意审判长是否完整明确地向被告人交代上诉权利、上诉方式和上诉期限。一审判决后，律师有权获得判决书。在上诉期间内，律师可会见被告人，听取其对判决书的意见。

（四）二审、再审程序中的律师辩护

1. 二审程序中的律师辩护。辩护律师接受二审公诉案件委托后，可向一审律师了解案件有关情况，请求提供有关资料。原审被告人请求律师代为上诉的，律师应当在法定上诉期限内代其撰写上诉状，经原审被告人签名后，向原审法院提交或向二审法院直接上诉。二审辩护律师阅卷、会见被告人、调查取证等活动，可以参照有关一审相关活动的规定进行。

律师担任二审程序的辩护人应针对二审程序的特点，做好以下几项工作：（1）对一审判决认定的事实是否准确，适用的法律是否正确，判处的刑罚是否适当作出评价，如果二审的提起是由于检察机关的抗诉，还要针对检察机关的抗诉意见进行辩护；（2）对一审的辩护意见应加以认真研究，正确的要坚持，错误的要修正，不足的要补充；（3）二审辩护不受上诉或抗诉范围的限制，辩护律师可就案件存在的问题全面完整地进行辩护；（4）切实维护被告人上诉不加刑的法定权利，防止二审法院对提出上诉的被告人加重或变相加重刑罚；（5）二审案件不开庭审理的，律师应向法院提交书面辩护意见，并可提供新的证据。

律师认为一审判决事实不清或证据不足的，应要求二审法院开庭审理或要求发回原审法院重审。对于二审法院裁定发回重审的案件，如果被告人继续委托的，应重新与其办理委托手续。

2. 再审程序中的律师辩护。再审程序的提起，主要因当事人或其他诉讼参与人的申诉而引起。因此，律师在再审程序中的主要工作，就是代理被告人对生效判决和裁定进行申诉。

申诉可以向作出生效判决的人民法院提出，也可以向人民检察院提出。申诉引起审判监督程序后，律师可以接受委托，在再审程序中担任辩护人，为被告人进行辩护。具体辩护工作则根据再审为第一审程序还是第二审程序分别采用不同的办法。

六、涉外刑事诉讼的律师辩护

（一）涉外刑事诉讼律师辩护的原则

涉外刑事诉讼，是指具有涉外因素的刑事诉讼。其案件范围包括：外国人犯罪；我国公民侵犯外国人合法权益的犯罪；我国领域外外国人对我国国家或公民的犯罪；我国公民在国外的犯罪；根据我国缔结或参加的国际条约行使管辖权的国际犯罪。

涉外刑事诉讼的律师辩护，除遵守律师职业的基本原则以外，应遵循以下基本原则：主权原则；诉讼权利同等原则；信守有关国际条约的原则；使用我国通用的语言文字进行诉讼的原则；指定或委托中国律师辩护的原则。

（二）关于外国犯罪嫌疑人、被告人委托我国律师的手续

根据《公安机关办理刑事案件程序规定》（2020 修正）（公安部令第 159 号）第三百六十九条的规定，外国籍犯罪嫌疑人委托辩护人的，应当委托在中华人民共和国的律师事务所执业的律师。根据 2021 年 3 月 1 日生效的《最高人民法院关于适用〈中华人民共和国刑事诉讼法〉的解释》（法释〔2021〕1 号）第四百八十五条第一款的规定，外国籍被告人委托律师辩护，或者外国籍附带民事诉讼原告人、自诉人委托律师代理诉讼的，应当委托具有中华人民共和国律师资格并依法取得执业证书的律师。可见，外国人在华涉嫌犯罪只能聘请具有中国律师执业资格并在中国律师事务所执业的律师为其辩护。

根据上述司法解释第四百八十五条和第四百八十六条的规定，外国籍被告人在押的，其监护人、近亲属或者其国籍国驻华使领馆可以代为委托辩护人。其监护人、近亲属代为委托的，应当提供与被告人关系的有效证明。外国籍被告人没有委托辩护人的，人民法院可以通知法律援助机构为其指派律师提供辩护。被告人拒绝

辩护人辩护的，应当由其出具书面声明，或者将其口头声明记录在案；必要时，应当录音录像。外国籍当事人从中华人民共和国领域外寄交或者托交给中国律师或者中国公民的委托书，以及外国籍当事人的监护人、近亲属提供的与当事人关系的证明，必须经所在国公证机关证明，所在国中央外交主管机关或者其授权机关认证，并经中华人民共和国驻该国使领馆认证，或者履行中华人民共和国与该所在国订立的有关条约中规定的证明手续，但我国与该国之间有互免认证协定的除外。

第四节　律师刑事代理

一、刑事诉讼代理的概述

（一）刑事诉讼代理的概念

刑事诉讼代理，是指律师受刑事公诉案件的被害人、刑事自诉案件的自诉人、刑事附带民事诉讼的双方当事人，及其法定代理人的委托，担任其代理人，在刑事诉讼中维护其合法权益。

我国《刑事诉讼法》第四十六条规定，公诉案件的被害人及其法定代理人或者近亲属，附带民事诉讼的当事人及其法定代理人，自案件移送审查起诉之日起，有权委托诉讼代理人。自诉案件的自诉人及其法定代理人，附带民事诉讼的当事人及其法定代理人，有权随时委托诉讼代理人。《律师法》也规定律师可以接受自诉案件自诉人，公诉案件被害人或者近亲属的委托，担任代理人。

律师刑事代理具有以下特点：

1. 被代理人是刑事案件的当事人或其法定代理人；

2. 刑事代理只能发生在刑事诉讼过程中；

3. 刑事代理活动必须办理委托手续，以被代理人的名义在委托权限内进行才有效力；

4. 刑事代理的目的是维护被代理人的合法权益，代理的法律后果由被代理人承担。

（二）刑事诉讼代理的种类

1. 根据授予的代理权限的不同，刑事诉讼代理可分为一般授权代理和特别授权代理。一般授权代理指委托人仅授予代理人纯粹的诉讼权利，而不授予其处分实体问题的权利。特别授权代理，是指委托人把一般诉讼权利和处分实体问题的权利均授予代理人行使。

2. 根据代理性质的不同，刑事诉讼代理可分为公诉案件被害人的委托代理、自诉案件当事人的委托代理和附带民事诉讼当事人的委托代理三种。

（三）律师代理刑事诉讼的权利和义务

1. 代理律师的权利。代理律师除享有阅卷、调查、拒绝代理等权利外，还享有以下权利：（1）有权向人民检察院发表意见；（2）有权向被告人、证人、鉴定人发问；（3）有权发表质证意见；（4）有权参加法庭辩论；（5）对不开庭审理的上诉案件，有权发表书面意见。

2. 代理律师的义务。代理律师的主要义务有：（1）代理权的产生必须基于委托人的委托；（2）必须以委托人的名义在授权范围内行使代理权；（3）必须认真履行职责，维护委托人的合法权益，无正当理由，不得拒绝代理；（4）不得在同一案件中为双方当事人担任代理人；（5）不得滥用代理权，不得泄露当事人的隐私；（6）严格遵守律师执业纪律的有关规定。

二、自诉案件的律师代理

（一）自诉案件律师代理的概念和范围

自诉案件的律师代理，是指律师接受自诉案件自诉人或反诉人的委托，担任代理人，在代理权限内所进行的诉讼活动。在我国，自诉案件有三类：一是告诉才处理的案件；二是被害人有证据证明的轻微的刑事案件；三是被害人有证据证明对被告人侵犯自己人身、财产权利的行为，应当追究刑事责任，而公安机关或检察院不予追究被告人刑事责任的案件。

自诉案件的被害人或其法定代理人提起诉讼被人民法院受理后即成为自诉人，以原告人身份进行诉讼活动。自诉案件的被告人在诉讼过程中可以对自诉人提起反诉。反诉成立后，当事人双方互为原告人和被告人，反诉人是反诉案件的原告人，与自诉人的诉讼地位和权利义务相同。

在自诉案件中，律师既可以接受自诉人的委托，也可以接受反诉人的委托，担任代理人参加诉讼。

（二）自诉案件律师代理的步骤和方法

1. 审查收案。律师接受自诉人、反诉人及其法定代理人的委托前，应审查案件是否符合法定的自诉案件范围和立案条件。对于反诉案件应查明是否符合反诉的法定条件。

2. 撰写自诉状或反诉状。提起诉讼代理律师应帮助自诉人分析案情，确定被告人和管辖法院，调查、了解有关事实和证据，为自诉人或反诉人代写刑事起诉状或反诉状。

3. 做好开庭前的准备工作。代理律师在自诉案件开庭前，应做好以下几项准备工作：（1）代理律师应向自诉人告知有关自诉案件开庭的法律规定，避免因自诉人拒不到庭或擅自中途退庭，导致法院按自动撤诉处理的法律后果；（2）协助自诉人履行指证责任；（3）注意有无和解息讼的可能，法律规定，自诉人在宣告判决前，可以同被告人自行和解或撤回起诉，律师发现自诉人有和解愿望的，应努力促成和解息讼；（4）撰写代理词。

4. 出庭参加诉讼活动。代理律师应按时出庭履行职责，应着重做好以下几项工作：（1）在法庭调查中，协助自诉人充分行使控诉职能；（2）在法庭辩论阶段，发表代理词，并与被告人进行辩论；（3）被告人提起反诉的，代理律师可以代理自诉人行使辩护职能；（4）积极参与法庭的调解活动；（5）在一审判决或裁定后，征得委托人同意，协助或代理自诉人上诉。

三、公诉案件中的律师代理

（一）公诉案件中律师代理的概念和特点

公诉案件中的律师代理，是指律师接受公诉案件被害人或者其法定代理人、近亲属的委托，担任代理人，在代理权限内为维护被害人的合法权益而进行的诉讼活动。律师可以接受公诉案件被害人（包括公民、法人和其他组织）、已死亡被害人的近亲属、无行为能力或限制行为能力被害人的法定代理人的委托，担任其诉讼代理人。

律师担任公诉案件被害人的代理人，既不同于担任自诉人的代理人，也有别于公诉人或辩护人。律师担任自诉人的代理人，代为行使诉讼权利，必须要在自诉人的授权范围内进行；担任公诉案件受害人的代理人，目的是帮助被害人行使各项诉讼权利，其代理活动不受被害人意志的约束。律师担任被害人的代理人，虽然也执行一定的控诉职能，但只是对公诉权的补充，无起诉、撤诉和上诉权；而公诉人是代表国家执行控诉职能，行使控诉权，有权起诉、撤诉和提出抗诉。被害人的代理人虽然和被告人的辩护人一样同为诉讼参加人，且均不受委托人意志的约束，但前者行使的是控诉职能，后者行使的是辩护职能。

（二）公诉案件律师代理的权限

律师担任公诉案件被害人的代理人，在诉讼中的权限有两部分：一是律师法规定的权利；二是被害人授予的权利。

在公诉案件中的被害人，享有以下诉讼权利：控告权；申请回避权；法庭调查中的陈述权和质证权；法庭辩论中的辩论权；委托诉讼代理人的权利；审查起诉中提出意见的权利；请求提起公诉的权利；不服一审判决裁定请求人民检察院提起抗诉的权利；对生效判决提起申诉的权利；对公安机关或人民检察院不予追究的案件，提起自诉的权利。

公诉案件的被害人应承担的诉讼义务主要有如实陈述案件事实；接受司法机关的人身检查；接受传唤，按时出庭；遵守法庭秩序。

（三）公诉案件律师代理的步骤和方法

1. 审查收案。对于被害人及其法定代理人或者其近亲属的委托，律师应注意审查是否在法定的诉讼阶段委托，委托人的身份是否合法，委托人是否有不合理不合法的要求。

2. 进行出庭前的准备工作。公诉案件被害人和代理律师在开庭前3日内收到出庭通知的，代理律师有权要求法院变更开庭日期。法院已决定开庭而不通知被害人及其代理律师出庭的，代理律师有权要求法院依法通知，保证被害人及其代理律师出庭。代理律师应在开庭前向人民法院了解案件是否公开审理。如果案件涉及被害人的隐私，可以要求人民法院不公开审理。

代理律师出庭参加诉讼之前，应做好充分的准备工作：（1）查阅本案的有关材料；（2）与被害人及其法定代理人或者其近亲属谈话，了解有关案情；（3）调查收集和审查证据；（4）撰写代理词。

3. 出庭参加诉讼，履行代理职责。在法庭审理中，代理律师应与公诉人互相配合，依法行使控诉职能，与被告人及其辩护人展开辩论。代理意见与公诉意见不一致的，代理律师应从维护被害人的合法权益出发，独立发表代理意见，并可与公诉人展开辩论。休庭后，代理律师应告知委托人核对庭审笔录，补充遗漏或修改差错，确认无误后再签名或盖章。

4. 征询委托人对一审判决的意见。在人民法院对公诉案件作出一审判决后，代理律师应征询被害人对判决的意见。被害人及其法定代理人不服一审判决的，代理律师可协助或代理委托人，在其收到判决书后5日内，请求人民检察院提起抗诉。公诉案件进入二审程序后，律师的代理工作参照关于一审的相关规定进行。

四、刑事附带民事诉讼的律师代理

（一）刑事附带民事诉讼的概念

刑事附带民事诉讼，是指在刑事诉讼过程中，人民法院根据被害人的申请，为处理由于被告人的犯罪行为所造成的人身损害的赔偿问题而进行合并审理的诉讼活动。律师可以接受公诉案件被害人、自诉案件自诉人及其法定代理人的委托，担任附带民事诉讼原告人的诉讼代理人。可以授权委托律师提起附带民事诉讼的人，包括因犯罪行为遭受人身损害的被害人（公民、法人和其他组织），已死亡被害人的近亲属，无行为能力或者限制行为能力的被害人的法定代理人。

（二）律师代理附带民事诉讼应注意的问题

1. 了解提起附带民事诉讼的条件，以便决定是否接受被害人的委托。律师接受委托前，应审查下列内容：（1）作为提起附带民事诉讼前提的刑事诉讼是否已经提起；（2）附带民事诉讼的被告人是否符合法定条件（附带民事诉讼的被告人除刑事被告人外，还包括未被追究刑事责任的其他共同致害人、未成年刑事被告人的监护人、已被执行死刑的罪犯的遗产继承人、审结前已死亡的被告人的遗产继承人、对刑事被告人的犯罪行为依法应当承担民事赔偿责任的单位和个人等）；

(3) 被害人的人身损害是否由被告人的犯罪行为所引起；(4) 附带民事诉讼提起的时间是否在刑事案件立案之后、第一审判决宣告之前。

律师决定接受委托的，应签订委托代理协议并由附带民事诉讼当事人出具授权委托书。

2. 撰写附带民事起诉状和答辩状。对于人民法院不予受理的附带民事诉讼，代理律师可以建议委托人另行提起民事诉讼。在提起附带民事诉讼时，代理律师可以建议或协助委托人申请人民法院对被告人的财产予以扣押或查封。代理律师应注意并告知委托人，经人民法院两次合法传唤无正当理由不到庭，或者未经法庭许可中途退庭，将导致自动撤诉的后果。

作为附带民事诉讼被告人的代理律师，应帮助被告人撰写答辩状。

3. 调查、收集、审查证据，撰写代理词。

4. 出庭参加诉讼，举证质证，进行辩论，履行代理职能。

代理律师应指导委托人参加调解，准备调解方案。原告人对于一审判决、裁定中附带民事诉讼部分不服的，代理律师可协助其提起上诉。附带民事诉讼进入二审程序后，律师可以接受附带民事诉讼原告人的委托，担任二审诉讼代理人。

第七章　民事诉讼中的律师代理

第一节　律师民事诉讼代理概述

一、律师民事诉讼代理的概念及特征

律师民事诉讼代理，是指在民事诉讼活动中，律师接受当事人或其法定代理人、指定代理人的委托或者人民法院的指定，以被代理人的名义、在授权范围内，代理被代理人进行诉讼行为的活动。

作为委托代理的一种，律师民事诉讼代理活动，除受《民法典》调整外，还受《律师法》《民事诉讼法》的规范调整。因此，律师的民事诉讼代理具有以下主要特征：

（一）代理人与被代理人必须符合法定的条件

我国《民事诉讼法》第五十八条规定，当事人、法定代理人可以委托1~2人作为诉讼代理人。该条第二款规定，可以被委托为诉讼代理人的是律师、基层法律服务工作者；当事人的近亲属或者工作人员；当事人所在社区、单位以及有关社会团体推荐的公民。《律师法》第二十八条第（二）项规定，律师可以接受民事案件、行政案件当事人的委托，担任代理人，参加诉讼。

（二）律师必须在被代理人的授权范围内进行诉讼活动

根据《律师法》第三十条的规定，律师担任诉讼法律事务代理人或者非诉讼法律事务代理人的，应当在受委托的权限内，维护委托人的合法权益。即律师代理民事诉讼活动只能在代理权限范围内进行。没有代理权、超越代理权或者代理权终止后仍然实施的诉讼代理行为，被代理人都不承担责任，但是为了维护当事人权益、经过被代理人追认的代理行为除外。

（三）律师必须以被代理人的名义进行诉讼活动

律师代理民事诉讼必须以被代理人的名义进行，而不是以自己的名义进行。律师并不享有当事人的实体权利，也不承担当事人的实体义务，律师享有的是诉讼代理权，即只能代理当事人实施民事诉讼行为。

（四）律师合法代理的一切法律后果均由被代理人承担

《民法典》第一百六十二条规定，代理人在代理权限内，以被代理人名义实施的民事法律行为，对被代理人发生效力。代理人在代理权限内所实施的行为，在法律上视为被代理人自己的行为，由此产生的法律后果也就应当由被代理人承担。代理活动的法律后果不仅指作为诉讼结果的胜诉或败诉，而且包括由于代理人在执行代理任务中所造成的损失责任。但是，代理人不履行或者不完全履行职责，造成被代理人受到损害的，应当承担民事责任。代理人和相对人恶意串通，损害被代理人合法权益的，代理人和相对人应当承担连带责任。代理人知道或者应当知道代理事项违法仍然实施代理行为，或者被代理人知道或者应当知道代理人的代理行为违法未作反对表示的，被代理人和代理人应当承担连带责任。

二、律师民事诉讼代理的权利义务和作用

（一）律师民事诉讼代理的权利

律师民事诉讼代理的权利可以分为两个部分：一是依代理关系而取得的权利，即律师的继受权利；二是依法直接享有的权利，即律师的法定权利。

律师的继受权利，是指律师在业务活动中，根据委托人的授权而取得的权利。继受权利的基础是当事人的委托授权。因此，继受权利的范围、内容及行使权利的期限由作出委托的当事人决定。

律师的法定权利，又称律师的原始权利，是指律师在代理民事诉讼活动中所固有的，由法律直接赋予的权利。律师行使这些权利，不需要其他机关、团体或公民的许可或者另行授权，也不受当事人授权范围的限制。根据《律师法》第二十九条、第三十五条至第三十七条和《民事诉讼法》第六十一条、第一百四十一条的规定，律师代理民事诉讼主要享有以下几项法定权利：

1. 人身权利不受侵犯。

2. 调查取证权。

3. 查阅案卷材料权。

4. 出庭参加诉讼权。律师有权知道所代理案件的开庭时间。在庭审中，有权申请证人出庭作证，有权向证人、鉴定人、勘验人发问，有权要求法院重新进行调查、鉴定或勘验，有权进行辩论。

5. 拒绝代理权。律师接受委托后，对于委托事项违法、委托人利用律师提供的服务从事违法活动或者委托人隐瞒与案件有关的重要事实的，有权拒绝代理，与委托人解除代理关系。拒绝代理权只有在上述法定情况出现时才能行使。

（二）律师民事诉讼代理的义务

根据《民法典》《律师法》和《民事诉讼法》的有关规定，律师民事诉讼代理主要应履行以下几项义务：

1. 必须以事实为根据，以法律为准绳；

2. 接受委托后，无正当理由的，不得拒绝代理；

3. 应当保守在诉讼中知悉的国家秘密和当事人的商业秘密，不得泄露当事人的隐私；

4. 代理人知道或者应当知道代理事项违法仍然实施代理行为，代理人应当承担连带责任；

5. 不得在同一案件中为双方当事人担任代理人，不得代理与本人或者其近亲属有利益冲突的法律事务，不得以被代理人的名义与自己实施民事法律行为，但是被代理人同意或者追认的除外；

6. 不得故意提供虚假证据，隐瞒事实或者威胁、引诱他人提供虚假证据，隐瞒事实以及妨碍对方当事人合法取得证据；

7. 不得煽动、教唆当事人采取扰乱公共秩序、危害公共安全等非法手段解决争议；

8. 不得扰乱法庭秩序，干扰诉讼活动正常进行。

（三）律师民事诉讼代理的作用

律师是专业法律服务工作者，有相当的诉讼经验。律师民事诉讼代理有独特的优势和作用，具体表现在以下几个方面：

第一，有利于更好地维护当事人的合法权益。根据《宪法》及相关法律的规定，我国公民享有广泛的民事权利。当权利受到侵害时，公民受到知识水平、诉讼行为能力以及时空条件等主客观因素的限制，不可能每个人都能有效地进行诉讼活动。律师精通法律，能够区分客观事实与法律事实①的界限，使证据有足够的说服力。当事人聘请律师担任代理人进行诉讼，可以及时、正确地提出合理的诉讼请求，履行举证责任，及时发现人民法院的不当审判行为等，帮助委托人有效地行使诉讼权利，更好地维护当事人的合法权益。

第二，有利于人民法院正确处理民事案件，提高审判质量。法官作为民事纠纷的裁判者，由于各种原因，难免产生错误的判断、片面的认识，甚至枉法裁判，使裁判背离事实和法律，损害了当事人的合法权益。律师熟识诉讼业务，在诉讼中享有广泛的权利，为维护当事人的合法权益可以从不同角度提出问题和意见，便于法院全面了解案情，正确适用法律，对案件作出公正判决。对于可能错误的判决和裁定，律师还可以协助当事人提出上诉或申诉，通过二审、再审程序予以纠正。因

① 法律事实命题立基于法律与事实的关系而存在。所谓“法律事实，就是法律规范所规定的、能够引起法律关系演变的客观情况或现象”，单纯的“客观情况或现象”是客观事实。显然，客观事实是法律事实的基础，但客观事实却难以转化为法律事实。从诉讼以解纷角度，客观事实须经由当事人收集整理，固定为证据事实（有证据可证实的事实），经过一定的法律程序后为法庭所采纳，客观事实才转化为法律事实。参见：张文显．法理学．高等教育出版社，2011：118，214.

此，律师代理民事诉讼，有助于提高审判质量。

第三，有利于提高诉讼效率。当事人将争议诉诸法院，往往矛盾已深，双方很难心平气和地解决问题，但如果双方或一方聘请了律师担任代理人，则律师虽是各任其事但立场相对超脱，可以说服双方互谅互让，促成和解或调解协议。即使不能调解争议，也能够针对诉讼焦点提供证据、辨析事实和法律问题，提高诉讼效率。

第二节　律师民事诉讼代理的种类和范围

一、律师民事诉讼代理的种类

根据我国《民事诉讼法》的规定，民事诉讼代理可以分为以下三种：

（一）法定代理

法定代理是根据法律规定而直接产生的代理关系。法定代理是为无行为能力或限制行为能力人设立的。行使法定代理权的人，称为法定代理人。《民法典》第二十三条规定，无民事行为能力人、限制民事行为能力人的监护人是其法定代理人。法定代理人只能对被代理人享有亲权的监护人，这种代理关系是以特定的身份关系为基础。《民事诉讼法》第五十七条规定，“无诉讼行为能力人由他的监护人作为法定代理人代为诉讼，法定代理人之间互相推诿责任的，由人民法院指定其中一人代为诉讼。”法定代理人在诉讼中的地位与当事人相同，享有当事人的诉讼权利，承担当事人的诉讼义务，其意思表示为当事人的意思表示，其诉讼行为视为当事人的诉讼行为。

（二）指定代理

指定代理是无行为能力或限制行为能力人没有法定代理人或者其法定代理人不能行使代理权时，由人民法院为其指定代理人的一种代理。指定代理人可以由律师、当事人近亲属或其他适当的公民担任，在诉讼中其地位与法定代理人相同。

（三）委托代理

委托代理是因被代理人的委托而发生的代理关系。被代理人以委托的意思表示将代理权授予代理人，故委托代理又称授权代理或意定代理。《民事诉讼法》第五十九条规定，“委托他人代为诉讼，必须向人民法院提交由委托人签名或者盖章的授权委托书。授权委托书必须记明委托事项和权限”。作为委托人的当事人或法定代理人只要向人民法院提交了亲自签名或者盖章的授权委托书，经人民法院审查同意后代理人即取得委托代理权。

除以上基本分类外，按其他不同标准尚可作其他分类，如按代理权限划分，分为一般授权代理和特别授权代理；按诉讼阶段和目的划分，分为诉前代理、一审程序代理、二审程序代理、执行程序代理和再审程序代理；按当事人人数划分，分为单独律师代理和共同律师代理；按案件是否具有涉外因素划分，分为涉外民事诉讼代理和非涉外民事诉讼代理。

二、律师民事诉讼代理的范围

（一）律师民事诉讼代理的案件范围

凡是公民、法人或者其他组织主张权利并有授权委托，且是属于人民法院立案范围的民事经济案件，都可以由律师代理进行诉讼。根据最高人民法院发布的相关规定，这些案件包括十大类：

1. 人格权纠纷案件。
2. 婚姻家庭继承纠纷案件。
3. 物权纠纷案件。
4. 合同、无因管理、不当得利纠纷案件。
5. 劳动争议与人事争议案件。
6. 知识产权与竞争纠纷案件。
7. 海事海商纠纷案件。
8. 与公司、证券、保险、票据等有关的民事纠纷案件。
9. 侵权责任纠纷案件。
10. 适用特殊程序案件。

但应注意，以下几种情况不属于律师民事诉讼代理的案件范围：

1. 争议应由人民法院以外的部门处理，或最高人民法院明文规定全国各地法院暂不予受理的民事案件因而不属于司法程序处理的。

2. 依法在一定时期内不得诉请法院解决的。例如，《民法典》第一千零八十二条前段规定：“女方在怀孕期间，分娩后一年内或者终止妊娠后六个月内，男方不得提出离婚。”

（二）律师民事诉讼代理的对象范围

1. 当事人。所谓当事人，是指因民事权利义务关系发生争议，以自己的名义进行诉讼，要求法院行使民事裁判权并受法院裁判拘束的人及相对人。狭义的当事人仅指讼案的原告和被告。从广义的角度来说，原告、被告、第三人、共同诉讼人、诉讼代表人都是当事人。

2. 第三人。第三人，是指在原告与被告进行的诉讼中，对诉讼标的具有独立请求权，或者虽无独立请求权，但案件的处理与其有法律上的利害关系时，参加到诉讼中的人。第三人分为有独立请求权的第三人和无独立请求权的第三人。

3. 共同诉讼人。共同诉讼人，是指同一程序中原告或被告一方或者原、被告双方各为 2 人以上的诉讼时的原、被告。共同诉讼人分为共同原告和共同被告。

4. 诉讼代表人。诉讼代表人，是指原告或被告一方人数众多的共同诉讼中，由原、被告当事人推举的诉讼代表。在实践中，当事人一方人数众多一般指 10 人以上。

5. 法定代表人。指依法登记成立的企、事业单位的法定代表人。

6. 其他组织的代表。

（三）律师民事诉讼代理的程序范围

律师可代理的民事诉讼的程序范围包括：

1. 审判程序。包括第一审普通程序、简易程序、第二审程序、特别程序、审判监督程序、督促程序、公示催告程序和企业法人破产还债程序。

2. 执行程序。

第三节　律师民事诉讼代理的代理权限

一、民事诉讼代理权限的形成

代理权限，是指代理律师行使诉讼代理权的范围，即代理律师对哪些事项有资格进行代理。

我国《律师法》第二十五条规定，“律师承办业务，由律师事务所统一接受委托，与委托人签订书面委托合同”。《民事诉讼法》第五十九条规定，“委托他人代为诉讼，必须向人民法院提交由委托人签名或者盖章的授权委托书。授权委托书必须记明委托事项和权限。诉讼代理人代为承认、放弃、变更诉讼请求，进行和解，提起反诉或者上诉，必须有委托人的特别授权”。可见，律师的民事诉讼代理权是依据当事人的委托而形成，委托代理合同和授权委托书，既是诉讼代理权形成的标志，又是代理权限的依据。律师的代理活动是否有效，取决于其是否在委托人的授权范围内进行代理活动。

委托合同与授权委托书是有区别的：委托合同是当事人委托律师时，与律师事务所签订的合同，其内容除约定诉讼委托事项外，还涉及双方的权利和义务，由当事人和律师事务所留存。授权委托书，是具体记明诉讼委托事项和权限，由委托人签名或者盖章并向法院提交以证明律师代理权限的文书。

二、律师在民事诉讼中代理权限的分类

根据《民法典》第一百六十五条、《民事诉讼法》第五十九条的规定，律师的诉讼代理权限可分为一般授权代理和特别授权代理两种；另据实际需要，还有

“转托代理”，在此一并介绍。

（一）一般授权代理

一般授权代理，是指律师根据委托人的一般授权，依据委托当然享有程序性的诉讼权利，但不能享有具有处分实体权利性质的诉讼权利的代理。这种“一般代理”的权限具体包括：代为起诉、应诉；代理申请财产、证据保全；申请回避；向法庭提供证据，询问证人、鉴定人或勘验人，要求重新鉴定、调查勘验，发表代理意见；申请延期审理，申请执行等。

（二）特别授权代理

特别授权代理，是指律师根据委托人的特别授权，在代理当事人行使程序性诉讼权利的同时，又可代为处分实体权利性质的诉讼权利的代理。这种“特别授权代理”的权限包括：代为承认、放弃、变更诉讼请求；进行和解；提起反诉或者上诉；申请撤回上诉等。根据《民事诉讼法》第五十九条第二款的规定，特别授权代理的授权委托书，必须载明上述具体授权的内容、项目。

当事人向人民法院提交的授权委托书，应当在开庭审理前送交法院。授权委托书载明“一般代理”的，或者仅写“全权代理”而无具体授权的，诉讼代理人即无权代为承认、放弃、变更诉讼请求，进行和解，提起反诉或者上诉。

（三）转托代理

律师接受委托，取得代理权后，一般应亲自参加诉讼活动，完成代理任务，而不得单方面终止委托代理关系。但是，如果遇到特殊情况，则可以依法转托代理，即第一代理人将被代理人委托的代理权限的一部分或全部转托第三人代理。在这种转托代理关系中，接受转托的第三人称为转托代理人。由于代理关系具有严格的人身性质，因此根据我国《民法典》第一百六十九条的规定精神，转托代理必须符合一定条件。

1. 转托代理的条件：一是须由第一代理人转托；二是转托前应征得被代理人同意，但在紧急状况下，为了保护被代理人的利益而转托他人代理的除外；三是代理人应当在被代理人授权范围内转托，超越被代理人授权范围的转托，视为无效，因此而造成的后果由代理人承担。

2. 转托代理的情形：一是代理律师与委托人的相对距离较远，为节省当事人的费用或者代理律师对当地情况不熟悉，转托当地律师代理更为适宜；二是代理律师受某些专业知识的限制，转托具有这方面专业知识的律师代理更能维护当事人权益；三是代理律师因故不能亲往代理，如代理律师因病或发生其他事故无法到场，只得转托其他律师代理；四是受法定条件限制。我国《民事诉讼法》第二百六十三条规定：“外国人、无国籍人、外国企业和组织在人民法院起诉、应诉，需要委托律师代理诉讼的，必须委托中华人民共和国的律师。”因此，涉外案件的外国当事人的代理人在我国进行诉讼，需要委托律师就必须转托中国律师进行代理。同样，我国律师如在有类似规定的外国进行诉讼，也要转托外国律师进行代理。

三、律师民事诉讼代理权限的成立、变更和终结

（一）民事代理权限的成立

1. 法律援助机构指定律师担任代理人，被指定的律师接到法律援助机构的指定通知，其诉讼代理权限即成立。

2. 当事人委托律师担任代理人的，应向人民法院提交由当事人签名或者盖章的授权委托时，律师的诉讼代理权限即成立。在此需注意，根据我国《民事诉讼法》第五十九条第三款的规定："侨居在国外的中华人民共和国公民从国外寄交或者托交的授权委托书，必须经中华人民共和国驻该国的使领馆证明；没有使领馆的，由与中华人民共和国有外交关系的第三国驻该国的使领馆证明，再转由中华人民共和国驻该第三国使领馆证明，或者由当地的爱国华侨团体证明。"

（二）民事代理权限的变更

委托代理权成立后的代理权限的变更，无非有增大代理权限或者缩小代理权限两种情况。

1. 增大代理权限。例如，原委托代理合同只约定代理律师为一般授权代理，只行使诉讼权利履行诉讼义务，委托人又将可与对方和解的权利等特别授权事项也授予代理律师，代理权限即增大了。

2. 缩小代理权限。例如，原委托代理合同约定当事人因故不能出庭，而由代理律师作特别授权代理。但在诉讼过程中，当事人能出庭了，双方协商后代理律师只代为诉讼行为，对实体性权利处分的权利由当事人自己行使，代理权限即缩小了。

（三）民事代理权限的终结

律师的民事诉讼代理权限一般是在法院审理案件结束后，或者对案件的判决、裁定、调解协议生效之后而告终结。但在诉讼过程中，也可能由于委托人解除委托、诉讼代理律师辞去委托而终结。因此，律师代理权限终结，有结案、解除和辞去委托三种原因。

我国《民事诉讼法》第六十条规定："诉讼代理人的权限如果变更或者解除，当事人应当书面告知人民法院，并由人民法院通知对方当事人。"

第四节　律师民事诉讼代理的步骤和方法

律师民事诉讼代理，一般有以下环节：委托前的接待、接受委托、阅卷、调查、代书、庭审、执行、上诉等。

一、审查收案和接受委托

（一）对案件材料的审查

如果民事案件已经由人民法院受理，律师可以立即接受委托，因为该案的诉讼程序已经开始。但如果委托人是准备向人民法院起诉而寻求律师代理的，则律师应首先向委托人了解案件事实，审查委托人提供的有关证据材料，依法剖析案件，确定是否代理。如果委托人暂时无法提供现成的证据材料，但有重要线索和取证渠道的，律师也可以接受委托。具体来说，律师在接受原告的委托前应审查并弄清以下事项：

1. 委托人与本案争议有无直接利害关系，是否具有起诉权；有无明确的被告，其请求是否合法，有无相关的证据予以证明。

2. 该案是否归法院管辖。

3. 该案是否有超过诉讼时效，及诉讼时效中止、中断、延期等情形，能否取证等。

4. 是否属于依法在一定时间内不得起诉的案件，是否属于法律特别规定的情形。

5. 是否属于应由仲裁解决的案件。

6. 是否属于已经裁判解决的案件。对于经判决、裁定，已发生法律效力的民事案件，可告知当事人按申诉处理。

委托人是被告、被上诉人或者第三人，律师对案件材料的审查，就要围绕起诉状及证据材料展开。

通过对案件材料的审查，确定接受代理的，办理有关委托手续。

（二）签订委托代理合同

律师决定接受委托后，应依法签订委托代理合同。委托代理合同应当包括以下内容：

1. 委托人和受托人的基本情况，包括名称、地址、电话等。

2. 代理事项。记明“××纠纷”，如不动产物权确认纠纷、不当得利纠纷、遗产继承纠纷、债权债务纠纷等。

3. 代理权限。

4. 双方的权利义务。

5. 代理的有效期限。通常是从接受委托开始，至一审法院作出判决为止。如果一审判决后，委托人继续委托律师代理二审阶段，应另行协商，签订新的委托合同。

6. 代理费用及支付费用的方式。

（三）出具和提交授权委托书、律师事务所函

我国《民事诉讼法》第五十九条第一款规定："委托他人代为诉讼，必须向人民法院提交由委托人签名或者盖章的授权委托书。"授权委托书和律师事务所所函应当在开庭审理前送交法院。

二、准备起诉或应诉

律师接受委托后，应对案件事实作深入了解，并根据需要开展相应的调查活动，具体事项有：

1. 与委托人交谈，仔细听取委托人对案情的叙述。同时制作谈话笔录，记录重点最好请委托人确认无误后签字。

2. 阅卷。阅卷，是指律师接受当事人委托后，为完成代理诉讼事务，了解案情而查阅、摘抄、复制与案件有关诉讼材料的职务活动。阅卷的途径通常分为以下两种：

（1）通过各方当事人的举证，可以查阅到当事人提供的案件相关材料。例如，原告已交付的案件材料及补充材料，被告、被上诉人或第三人答辩状及证据材料副本等。这种阅卷途径，借由诉讼过程中双方当事人的举证得以实现，一般适用于现行民事诉讼制度中的一审程序和部分二审程序。

（2）通过到法院查阅案件相关材料。《民事诉讼法》第六十一条规定："代理诉讼的律师和其他诉讼代理人有权调查收集证据，可以查阅本案有关材料。查阅本案有关材料的范围和办法由最高人民法院规定。"《最高人民法院关于诉讼代理人查阅民事案件材料的规定》司法解释核心要点是：规定查阅案件材料的范围限于审判卷和执行卷的正卷，包括起诉书、答辩书、庭审笔录，各种证据材料如双方的举证材料及证据清单、法院调查或者鉴定而来的证据等。不可查阅案件副卷的内容。规定可以查阅的主体仅限于当事人及其诉讼代理人，而不是面向所有人或者任何人。到法院查阅案件相关材料的途径，一般适用于二审程序、申请再审程序和执行程序。

无论哪种途径阅卷，律师都应做到：第一，注意围绕诉讼请求和证据材料，发现案件的争议焦点；第二，审查双方证据的三性，即真实性、关联性和合法性；第三，审查证据的完整性；第四，注意保守诉讼过程中知悉的国家秘密、当事人的商业秘密和当事人的隐私。

3. 调查取证。律师接受委托后要注意收集案件所需的各种证据，需要向有关单位和个人调查，要制作调查笔录，要求被调查者确认无误后签字。律师办理业务可以自行调查取证，即持律师事务所介绍信、律师执业证和授权委托书，向有关单位和个人进行调查。在调查开始之前，律师应当告知有关人员作伪证的法律责任并记录在调查笔录当中，采取措施尽可能地固定证据。在调查取证过程中，律师要注意取证的方法技巧，也应注意自我保护。条件允许的可以对调查过程进行录音

录像。

4. 申请法院收集证据。《最高人民法院关于民事诉讼证据的若干规定》（以下简称《民诉证据规定》）第二十条规定了申请调查取证的时间期限，即于举证期限届满前。

5. 庭前和解。对于有和解希望的，代理律师在查明事实，分清是非，明确责任的基础上，对双方当事人晓之以理，动之以情，耐心做好思想工作，促使双方互让互谅，达成和解协议，最大限度地化解矛盾。

6. 撰写诉讼所需的各类诉讼文书。诉讼文书按内容分为涉及程序方面与涉及实体方面的文书。前者如“管辖异议申请书”“延期审理申请书”“诉讼保全申请书”和“委托鉴定（评估）申请书”等，后者则包括“起诉状”“上诉状”“答辩状”“代理词”和“和解协议”等。另外，还有一些律师自行制作、便于庭审时自己使用的文书，如“开庭质证提纲”“辩论意见”等。

（1）起诉状的撰写。《民事诉讼法》第一百二十条规定，起诉应向人民法院递交起诉状，并按被告人数提交副本。

《民事诉讼法》第一百二十一条规定：“起诉状应当记明下列事项：（一）原告的姓名、性别、年龄、民族、职业、工作单位、住所、联系方式，法人或其他组织的名称、住所和法定代表人或者主要负责人的姓名、职务、联系方式；（二）被告的姓名、性别、工作单位、住所等信息，法人或者其他组织的名称、住所等信息；（三）诉讼请求和所根据的事实与理由；（四）证据和证据来源，证人姓名和住所。”根据该规定，起诉状还需写明受诉法院的名称、起诉人签名或印章以及起诉的时间。

撰写起诉状，要求内容上的准确性，而这在技术上的基本要求就是应当做到：陈事则重点突出，简当为佳；引法必适事适案，准确无误；陈状必有事据，撰状时“证据清单”一并写成。

（2）答辩状的撰写。答辩状的结构形式与起诉状基本相同，但要符合《民事诉讼法》第一百二十五条的要求，即“答辩状应当记明被告的姓名、性别、年龄、民族、职业、工作单位、住所、联系方式；法人或者其他组织的名称、住所和法定代表人或者主要负责人的姓名、职务、联系方式”。

答辩状的内容特点是具有针对性，即针对原告起诉状的内容进行反驳和辩解，并就这些反驳意见提出己方的事实和理由。

《民事诉讼法》第一百二十五条规定：“人民法院应当在立案之日起五日内将起诉状副本发送被告，被告应当在收到之日起十五日内提出答辩状。……人民法院应当在收到答辩状之日起五日内将答辩状副本发送原告。被告不提出答辩状的，不影响人民法院审理。”因此，提交答辩状应在法定期限内。如果被告方基于案件实际或诉讼策略而不在庭前提交答辩状也并不影响被告参与法庭审理。

（3）代理词的撰写。代理词是对委托人主张的事实和理由进行全面而系统的论证，是对对方当事人所主张的事实和理由进行全面而系统的反驳。撰写代理词时，应注意以下问题：

①根据案件具体情况，鲜明地提出代理意见。

②以事实为依据，以法律为准绳，详尽地论述、支持其诉讼请求。

③随着诉讼的进行，及时修改、充实原代理。

④代理词的语言应当生动、简练，具有说服力。代理词讲究法言法语，但绝不是八股文，无论是当庭口头发表代理意见还是庭后提交的书面代理词，语言都应当丰富生动、精确严谨，恰当运用修辞手法，使代理意见具有法律说服力。

⑤要有发挥代理词最大效用的意识。代理词是法官裁判的重要参考，在庭审后会入卷存档。同时，律师并不能够预见案件将要经历的诉讼程序。因此，律师撰写代理词，要意识到是在为可能进行下去的诉讼、为后来的没有听到过自己口头论辩的法官提供一份有说服力的意见。

（4）和解协议、诉讼保全申请书、先行给付申请书等法律文书的撰写。双方当事人庭前和解的，代理律师可以帮助撰写和解协议。和解协议的主要内容一般包括：①双方当事人的基本情况；②纠纷产生的原因、经过以及双方各自应当承担的责任；③纠纷和解的最后结果，双方各自应享有什么权利，应尽什么义务；④和解的时间、地点、双方当事人签字或盖章。

庭审前，对于当事人申请财产保全或先行支付的，律师还应撰写诉讼保全申请书、先行给付（或先予执行）申请书等法律文书。

三、出庭代理

（一）律师在开庭阶段的代理工作。

1. 协助当事人行使申请回避的权利。代理律师告知当事人民事诉讼法对申请回避的有关规定，帮助其正确行使申请回避的权利，如果当事人没有到庭，经当事人同意后代理律师可代替其行使回避申请权。

2. 及时提出有关申请事项或反驳对方的申请事项。如申请新的证人出庭作证；申请鉴定、勘验等。对于对方当事人提出的申请，应考虑有无法律依据和与案件事实是否有关联，对诉讼结果将发生何种影响等，如果对方提出的申请没有合法依据，代理律师应立即反驳，以使法庭拒绝对方的申请。

（二）律师在法庭调查阶段的代理工作。

代理律师在法庭调查阶段应主要做好以下几项工作：

1. 听。认真听取双方当事人的陈述，证人的证言、鉴定人的陈述及结论性的意见、勘验人陈述的勘验过程和结果，认真听取其他诉讼参与人的陈述。

2. 说。代委托人进行陈述和举证。委托人到庭的由委托人自己陈述，委托人陈述有困难的由律师进行陈述。出示证据说明情况，由对方当事人辨认，对对方当事人的质疑予以解答。

3. 问。代理律师经法庭许可，可以向对方当事人、证人、鉴定人、勘验人发问，发问时持客观的态度，坚持从实际出发，不诱问、指问，对法庭已确认的事实，不再发问。

4. 看。代理律师在法庭上要纵观全局，注意观察，以便掌握案情的发展变化；认真查看对方当事人及其诉讼代理人出示的证据，分辨其真伪和可靠程度。对不真实的、伪造的证据，应及时提出。仔细观察对方当事人在法庭上的态度和表情变化，以便做出正确的应对。

5. 记。代理律师对于法庭的主要活动以及有关重要情况，和原来掌握的案件事实有出入的情况记录下来，以便及时作出处理或供法庭辩论使用。

（三）律师在法庭辩论阶段的代理工作。

代理律师在法庭辩论阶段应注意几个问题：第一，代理律师无论发言、答辩或反驳，都必须依据法庭已查明的事实和核对证据，而不要引用未经法庭确认的事实和证据。第二，辩论时互相尊重，发言中不摆事实，讲道理，尊重对方人格，不能意气用事，恶语伤人。第三，要明确辩论的目的和对象，紧紧围绕争议焦点进行。要抓住要害，不要纠缠枝节。要扼要概括事实，准备引用法律。第四，讲求效果。代理律师辩论发言要言简意赅，通俗易懂，切忌冗长空洞，华而不实。

四、收到判决书后的工作

（1）了解当事人对一审判决的意见，征询当事人是否需要提起上诉、启动再审程序；根据当事人要求，办理委托手续。二审、再审阶段代理律师的工作参照一审程序。

（2）律师可以根据当事人的请求，代其书写上诉状或上诉答辩状、再审申请书，并在法定期间提交法院。

（3）没有参加一审诉讼的律师担任二审程序的代理人，应通过到法院查阅案卷，与一审律师取得联系等方式，全面了解案件一审阶段情况。律师应根据案件情况，做好证据补充工作，收集新的证据。

五、执行程序中的律师工作

1. 审查案件情况，对于符合执行条件的，可以接受委托，办理委托手续。审查案件情况时，主要审查以下内容：（1）申请执行依据的法律文书是否已经发生法律效力；（2）申请执行依据的法律文书是否具有可执行的内容；（3）委托人是否有权申请执行；（4）是否在法律规定的期限内。接受法院已立案的被执行人的委托的，可直接办理委托手续。

2. 律师接受执行申请人的委托后，应为委托人制定执行方案，为其代书申请执行书。接受被执行人的委托的，接受委托后应展开代理和解工作。

3. 执行案件中出现可变更和可追加的执行主体时，律师在征得委托人的同意后，可代其向执行法院申请变更和追加执行主本，以保证执行程序的进行，也可代委托人对变更、追加执行主体的裁定向上一级法院提出复议。

4. 被执行人为企业法人，生产经营正常，有能力偿还债务却拒不履行时，申请执行人的律师可请求法院宣告被执行人破产还债。如果作为企业法人的被执行人，其财产不足以清偿全部债务的，律师应征询委托人是否提出破产申请。

5. 被执行人的全部财产或主要财产已被其他法院查封、扣押或者冻结，无其他财产可供执行或其他财产不足以清偿全部债务的，根据《最高人民法院关于人民法院执行工作若干问题的规定》第五十六条“对参与被执行人财产的具体分配，应当由首先查封、扣押或冻结的法院主持进行”的规定，在被执行人的财产被执行完毕前，申请执行人的律师可以向法院提出将案件移送其他法院执行或者申请参与分配。

6. 在执行程序中，案外人提出异议的，申请执行人的律师应审查异议是否成立，经审查认为异议不能成立的，律师应向人民法院提供异议不能成立的意见和理由。律师接受被执行人、案外人以及被强制执行财产的第三人的委托的，如果认为确认法定事由可以提出执行异议的，可向执行法院提出执行异议。

7. 被执行人不能清偿到期债务，但对案外第三人享有到期债权的，律师在征得申请执行人同意后，可代委托人向法院提出申请，请求人民法院向第三人发出履行到期债务的通知。

8. 被执行人在达成和解协议后又不履行或不完全履行和解协议的，律师应当在规定的期限内代申请执行人申请恢复执行原生效法律文书。

9. 代理律师还可向法院申请将拒不执行判决的被执行人列入失信被执行人名单，将被执行人的相关信息在网络上、报纸上公布，从而迫使被执行人主动履行判决。

第八章　行政诉讼中的律师代理

行政诉讼制度是从民事诉讼中分离出来的，在其发展的初期，适用民事诉讼程序。1990 年 10 月 1 日《行政诉讼法》生效之后，行政诉讼才从民事诉讼中独立出来。随着 2017 年 7 月 1 日修正的《行政诉讼法》的实施，行政案件的数量比以往大幅增加，由于行政诉讼的案件具有专业性、复杂性，涉及的法律法规繁杂，牵涉问题广泛，非专门从事法律专业的人很难全面了解其中的法律问题，因此，行政诉讼的参加者迫切需要有效的法律帮助，而作为掌握有专业法律知识和技能，以维护公民的合法权益和国家法律正常实施为职责的律师队伍，应当成为为行政诉讼参加者提供有效法律帮助的主要力量。

第一节　律师代理行政诉讼概述

一、律师代理行政诉讼的概念和特征

（一）律师代理行政诉讼的概念

《行政诉讼法》第二条第一款规定："公民、法人或者其他组织认为行政机关和行政机关工作人员的行政行为侵犯其合法权益，有权依照本法向人民法院提起诉讼。"因此可见，行政诉讼是指人民法院依行政管理相对人的申请，依法对行政机关及其工作人员的具体行政行为的合法性、适当性进行审查的活动。具体来讲，行政诉讼，是指人民法院受理公民、法人和其他组织不服行政机关及其工作人员的具体行政行为而提起的诉讼，在双方当事人及其他诉讼参与人的参加下，依法对行政机关及其工作人员的具体行政行为的合法性、适当性进行审查、裁判以及执行等诉讼活动的总称。

律师代理行政诉讼，是指在行政诉讼活动中，律师接受当事人的委托担任代理人，在代理权限范围内代理诉讼，以维护委托人合法权益，保证国家法律正确实施的诉讼行为。关于律师代理行政诉讼的法律依据，《行政诉讼法》第三十一条规定，"经人民法院许可的其他公民，可以受委托为诉讼代理人"。《律师法》第二十八条第（二）项也规定了律师可以接受行政案件当事人的委托，担任代理人，参加诉讼。

（二）律师代理行政诉讼的特征

律师受行政诉讼当事人的委托，以被代理人的名义，在受委托的权限范围内参加行政诉讼活动有以下特点：

1. 被代理主体地位的转化性。行政诉讼是因公民、法人或者其他组织认为行政机关和行政机关的工作人员的具体行政行为侵犯自己的合法权益向人民法院起诉并由人民法院受理而形成的。行政诉讼的双方当事人中，一方当事人恒定是作出具体行政行为的行政机关，而另一方当事人是国家行政机关行使管理权的对象，即管理相对人只能是公民、法人或者其他组织。双方在行政法律关系中，处于管理与被管理的不平等地位。当这种关系发生纠纷而诉诸人民法院时，这种行政管理中的不平等关系则转化为行政机关同管理相对人之间的平等地位和权利关系。《行政诉讼法》第八条规定："当事人在行政诉讼中的法律地位平等。"

2. 代理人权限的差异性。律师代理行政诉讼，既可代理原告，又可代理被告，代理对象的不同决定了其代理权限的差异性。律师的代理权来源于当事人的授权，当事人的授权来源于当事人的诉权，而当事人的诉权又来源于法律的规定。作为原告方的代理律师，享有一般律师代理的诉讼权利，而作为被告方的代理律师，因行政诉讼对被告方诉讼权利作了限制，故其代理律师的权利也受此限制，被告代理律师无起诉权，无反诉权，无收集证据权，无提请和解权等。

3. 代理方法和程序的特殊性。律师在行政诉讼中，因代理对象的不同而在工作方法和程序上有很大差别。例如，举证责任，在民事诉讼中实行"谁主张，谁举证"的原则，在行政诉讼中则实行倒置原则。作为原告方，只要举出具体行政行为和侵害事实存在的证据即可，而作为被告方，必须就该行政行为的合法性、适当性加以举证，否则即承担败诉责任。又如，民事案件可以进行调解，但行政案件不适用调解。这与民事诉讼中双方当事人在诉讼活动中权利义务基本相同的特点是有差异的。

4. 代理行政诉讼涉及法律法规的广泛性。行政行为作出的法律依据大多是行政法规、规章，涉及各行各业。法院审理、裁判行政诉讼案件也应适用或参照法律、行政法规及大量的各部门、各级政府颁布的行政规章。随着行政管理法治化程度的提高，今后行政管理方面的法规、规章还会不断增加，律师要做好行政诉讼代理工作，必须掌握丰富的法律、行政法规、规章知识，才能有效地维护当事人的合法权益。

二、律师代理行政诉讼的范围

（一）律师行政诉讼代理的案件范围

根据《行政诉讼法》第十二条的规定，行政诉讼的受案范围共十二项，具体如下：

1. 对行政拘留、暂扣或者吊销许可证和执照、责令停产停业、没收违法所得、没收非法财物、罚款、警告等行政处罚不服的；

2. 对限制人身自由或者对财产的查封、扣押、冻结等行政强制措施和行政强制执行不服的；

3. 申请行政许可，行政机关拒绝或者在法定期限内不予答复，或者对行政机关作出的有关行政许可的其他决定不服的；

4. 对行政机关作出的关于确认土地、矿藏、水流、森林、山岭、草原、荒地、滩涂、海域等自然资源的所有权或者使用权的决定不服的；

5. 对征收、征用决定及其补偿决定不服的；

6. 申请行政机关履行保护人身权、财产权等合法权益的法定职责，行政机关拒绝履行或者不予答复的；

7. 认为行政机关侵犯其经营自主权或者农村土地承包经营权、农村土地经营权的；

8. 认为行政机关滥用行政权力排除或者限制竞争的；

9. 认为行政机关违法集资、摊派费用或者违法要求履行其他义务的；

10. 认为行政机关没有依法支付抚恤金、最低生活保障待遇或者社会保险待遇的；

11. 认为行政机关不依法履行、未按照约定履行或者违法变更、解除政府特许经营协议、土地房屋征收补偿协议等协议的；

12. 认为行政机关侵犯其他人身权、财产权等合法权益的。

除前款规定外，人民法院受理法律、法规规定可以提起诉讼的其他行政案件。

而关于律师不能代理的行政诉讼案件，根据《行政诉讼法》第十三条的规定，管理相对人就以下事项向人民法院提起行政诉讼的，人民法院不予受理，因此，律师亦不能代理：

1. 国防、外交等国家行为；

2. 行政法规、规章或者行政机关制定、发布的具有普遍约束力的决定、命令；

3. 行政机关对行政机关工作人员的奖惩、任免等决定；

4. 法律规定由行政机关最终裁决的行政行为。

（二）律师代理行政诉讼的程序范围

《行政诉讼法》规定的一审程序、二审程序、审判监督程序，律师均可以作为代理人参与行政诉讼。在具体行政行为的执行中，原告的代理律师可以申请停止执行具体行政行为，《行政诉讼法》第五十六条规定，诉讼期间，不停止行政行为的执行。但有下列情形之一的，裁定停止执行：1. 被告认为需要停止执行的；2. 原告或者利害关系人申请停止执行，人民法院认为该行政行为的执行会造成难以弥补的损失，并且停止执行不损害国家利益、社会公共利益的；3. 人民法院认为该行政行为的执行会给国家利益、社会公共利益造成重大损害的；4. 法律、法规规定停止执行的。当事人对停止执行或者不停止执行的裁定不服的，可以申请复议一次。

（三）律师代理行政诉讼的对象范围

根据《行政诉讼法》第三十一条的规定，当事人、法定代理人可以委托律师作为代理人参加诉讼。这里的当事人指的是广义的当事人，包括原告、被告、共同诉讼人、第三人。

1. 原告。《行政诉讼法》第二十五条规定，行政行为的相对人以及其他与行政行为有利害关系的公民、法人或者其他组织，有权提起诉讼，即认为行政机关及行政机关工作人员的具体行政行为侵犯了其合法权益，而依法向人民法院提起行政诉讼，请求人民法院对具体行政行为的合法性、适当性进行审查的公民、法人或其他组织。

2. 被告。被原告起诉的，由人民法院通知应诉的行政机关。行政诉讼中被告恒定为行政管理中作出具体行政行为的行政机关。

3. 共同诉讼人。《行政诉讼法》第二十七条规定，当事人一方或者双方为二人以上，因同一行政行为发生的行政案件，或者因同类行政行为发生的行政案件、人民法院认为可以合并审理并经当事人同意的，为共同诉讼。在这类案件中，当事人一方或双方为二人以上的，有共同原告或共同被告的，双方均可委托律师代为诉讼。

4. 第三人。《行政诉讼法》第二十九条规定，公民、法人或者其他组织同被诉行政行为有利害关系但没有提起诉讼，或者同案件处理结果有利害关系的，可以作为第三人申请参加诉讼，或者由人民法院通知参加诉讼。

三、律师在行政诉讼代理中的法律地位、权利与义务、作用

（一）律师在行政诉讼代理中的法律地位

1. 律师代理行政诉讼具有从属性。所谓从属性，是指律师的代理权限在很大程度上受制于其委托人本身的诉讼权利。律师的行政诉讼代理是一种委托代理，律师在行政诉讼中的代理权限从属于被代理人的诉权。在行政诉讼过程中，律师既可担任作为原告的公民、法人或其他组织的代理人参加诉讼，也可以担任作为被告的行政机关的代理人参加诉讼。所不同的是，律师担任作为被告的行政机关参加诉讼时，其代理权会受到一定限制，如没有起诉权和反诉权，没有自行收集证据权，没有和解权等。律师担任作为原告的公民、法人或其他组织的代理人时，其代理权限相对较为广泛。

2. 律师在行政诉讼代理中具有相对独立性。律师代理行政案件，首先是以自己独立的身份参加行政诉讼，是独立的诉讼参与人，具有相对的独立性。虽然律师是应聘代理诉讼案件，代理目的是维护被代理人的合法权益，但不受被代理人或者

其他任何人的意志左右，只是根据案件的客观事实和有关法律、法规独立进行意思表示，独立提出有利于被代理人的代理意见。律师参与行政诉讼并非完全依委托人的意志而进行的，律师除了享有委托人的授权外，还享有《律师法》《行政诉讼法》等法律、法规中规定的权利。但律师只能在被代理人授权的范围内享有独立的意思表示的权利。

（二）律师在行政诉讼代理中的权利与义务

1. 根据《律师法》《行政诉讼法》及有关法律、法规的规定，律师代理行政诉讼享有下列诉讼权利：

（1）查阅、复印权。代理行政诉讼的律师就自己承办的案件有按照规定查阅、复印案件有关材料的权利。

（2）调查取证权。根据案情的需要，原告的代理律师可以申请人民检察院、人民法院收集、调取证据或者申请人民法院通知证人出庭作证，也可以向有关组织和公民自行调查取证，有权收集与本案有关的证据。

（3）出庭辩论权。律师有权出庭，参加庭审活动，在法庭上经法官许可，律师有权向原告、被告、证人、鉴定人直接发问，有权申请重新鉴定或勘验，有权进行辩论等。

（4）豁免权。律师在法庭上发表的代理、辩论意见不受法律追究。

2. 在行政诉讼中，作为被告的行政机关，在诉前行政管理法律关系中，处于管理、监督的地位，强于管理相对人，其行政行为具有强制性。诉讼程序开始后，虽然行政机关与管理相对人的诉讼地位平等，但由于行政机关先前的具体行政行为具有预决效力，在人民法院判定违法、不当之前，均推定为合法。为了保护管理相对人的合法权益，行政诉讼中对行政机关的诉讼权利进行了一定限制，作为被告行政机关的代理律师的权利亦因此受到相应的限制，具体如下：

（1）没有起诉权和反诉权。行政机关在行政诉讼中恒定为被告，故律师不具有起诉权。

（2）收集证据权受到限制。行政机关作出具体行政行为时，理应有确实、充分的证据，否则即为违法。故进入诉讼程序后，人民法院审查的对象之一就是作出具体行政行为依据的证据的确实充分性。为防止“事后取证”来证明具体行政行为的合法性、适当性，在诉讼中不允许被告自行向原告和证人收集证据，被告代理律师的代理权限来源于被告的诉权，故被告代理律师同样不得向原告和证人收集证据。

（3）没有调解申请权、和解权。行政法律关系中的权利义务，是国家法律明确规定的，带有一定的公益性，作为被告的行政机关不得任意放弃国家权力或免除对方义务。

3. 根据《律师法》和《行政诉讼法》的规定，律师代理行政诉讼中应履行以下义务：

（1）接受委托后，无正当理由不得拒绝代理。

（2）律师应当保守在执业活动中知悉的国家秘密、商业秘密，不得泄露当事人的个人隐私。但是，委托人或者其他人准备或者正在实施的危害国家安全、公共安全以及其他严重危害他人人身、财产安全的犯罪事实和信息除外。

（3）不得在同一案件中担任双方当事人的代理人。

（4）不得提供虚假证据、隐瞒事实或者威胁、引诱他人提供虚假证据、隐瞒事实以及妨碍对方当事人合法取得证据。

（5）应当遵守法庭纪律，不得干扰诉讼活动的正常进行。

（三）律师在行政诉讼代理中的作用

律师作为法律工作者，其职责是维护委托人的合法权益，维护法律的尊严，维护国家法律的正确实施，促使有关国家行政机关依法行使职权。一般来说，律师代理行政诉讼的作用如下：

1. 就管理相对人而言，作为公民、法人或者其他组织的起诉人其在行政管理中处于弱者地位，其在专业的法律知识和诉讼经验方面都有所欠缺，若行政机关侵犯了其合法权益，进行诉讼的目的是通过诉讼活动，请求人民法院审理行政争议，确认行政处理行为是否合法、恰当。公民、法人或者其他组织由于种种因素制约，诉讼权利往往受到限制或阻碍，加上缺乏法律知识，权利更难充分行使，他们迫切需要司法保护和救济。律师代理行政诉讼可以有助于当事人克服上述局限，律师在忠于事实和法律的前提下可以帮助当事人了解诉讼程序，行使各项诉讼权利，有力地保护管理相对人的合法权益，给当事人以法律上的帮助，实现双方当事人在诉讼能力上的平等。

2. 对行政机关而言，有助于督促其依法行政，提高其行政执行水平。律师参与行政诉讼，既有利于纠正行政机关的违法行为，也可以协助行政机关维护其合法行政行为；既可以发挥法律监督作用，又可以发挥法律服务作用。

3. 对人民法院而言，律师代理行政诉讼可以协助法庭做好审理工作，有助于人民法院正确、及时地审理行政案件。行政诉讼案件的时间性很强，必须在有限的时间内尽快确认当事人的权益，作出判决。律师掌握专门法律知识和丰富的实践经验，可以帮助人民法院正确适用繁多的行政法规、规章，因此，律师在行政诉讼案件中可以给予法院积极配合和支持。如果发现事实错误、证据不足或证据矛盾等情况，律师可以及时与法庭交换意见，或提供证据和调查情况，以便法院作出公正的判决。在实践中，有时起诉人对法律不了解，或对法庭判决的公正性表示怀疑，律师也可以协助法庭向起诉人讲解事实和道理，对审理工作按时保质顺利进行是很有必要的。

4. 对立法体制而言，有利于促进行政立法的规范性和合理性。律师通过行政诉讼代理，研究个案，剖析法理，有助于对行政机关有关规范性文件和抽象性行政行为的合法性、合理性进行检讨，从而推进行政立法的规范性和合理性。

同时，律师能够通过自己的行政诉讼代理实践活动和理论研究，为我国有关立法部门和各级法院的行政审判庭业务建设提供理论和实践的根据，有助于逐步健全和完善我国的行政审判法律制度。

第二节 律师行政诉讼代理的工作程序

一、通过合法性审查判断是否接受当事人的委托

律师在接受当事人的委托，确定是否代理之前，应全面、细致地了解审查以下内容：

（一）是否为具体行政行为

具体行政行为，是指国家行政机关及其工作人员、法律法规授权的组织、行政机关委托的组织或者个人在行政管理活动中行使行政职权，针对特定的公民、法人或者其他组织，就特定的具体事项，作出的有关该公民、法人及其他组织权利义务的单方行为。具体行政行为是针对抽象行政行为而言的，抽象行政行为不属于人民法院审查的对象。当然，随着《国家赔偿法》以及有关司法解释的出台，人民法院审查的对象也在逐渐扩充，部分事实行为也被纳入司法审查的范围，如非法拘禁、殴打等。

（二）所争议的具体行政行为是否属于法院司法审查的范围

我国《行政诉讼法》第十二条规定了人民法院受理的各类行政诉讼，第十三条规定了人民法院不能受理的行政诉讼，《国家赔偿法》规定了可以提起行政诉讼的几类事实行为，最高人民法院的有关司法解释也对行政诉讼的受案范围作出了更为具体的规定。律师在接触当事人的时候，应当对争议行政行为的可诉性作出判断。

在有些情况下，判断行政行为的属性并不是一件简单的事情，当事人和律师的认识可能产生分歧，律师和法院的认识可能产生分歧，一般情况下，律师事务所与当事人签订的代理合同中，可以设立专门的条款表明：律师已经向当事人揭示了争议的行为可能不被法院受理的风险，委托人表示理解和接受，并自行承担法院不受理或者被法院裁定驳回起诉的风险。

二、审查当事人是否具备诉讼主体资格

（一）审查原告资格

不是任何人均有权对行政机关的某一个具体行政行为提起诉讼。在行政诉讼中，律师需要判断当事人是否具备原告资格。《行政诉讼法》第二条规定，“公民、

法人或者其他组织认为行政机关和行政机关工作人员的行政行为侵犯其合法权益，有权依照本法向人民法院提起诉讼”。行政诉讼制度在目前的立法框架下，仍然属于自益诉讼的范畴，即当事人仅能够为自己的利益提起行政诉讼，而不能为他人的利益提起诉讼。律师在考虑是否接受当事人的委托时，应考察当事人的原告资格，需要审查的内容包括：

1. 当事人的利害关系是否受到争议的具体行政行为的影响。主要包括：当事人的权利义务是否受到影响；当事人的法律地位是否受到影响；当事人的法律状况是否受到影响等。

2. 争议的具体行政行为是否影响了当事人自己的利害关系，而不是他人的权利义务或者公共利益。

3. 当事人主张的权益受到侵犯，在判断诉权的时候，更大程度上属于主观的权益，而不是客观上的实际侵犯。如果主观上根本就没有任何权益主张，其原告资格就很难保障。

（二）审查被告资格

行政诉讼的被告是经原告认为其具体行政行为侵犯了自己的合法权益，并被法院通知应诉的作出该具体行政行为的行政机关和其他行政主体。《行政诉讼法》第二十六条规定了按以下六种情况确定具体的被告：

1. 公民、法人或者其他组织直接向人民法院提起诉讼的，作出行政行为的行政机关是被告。

2. 经复议的案件，复议机关决定维持原行政行为的，作出原行政行为的行政机关和复议机关是共同被告；复议机关改变原行政行为的，复议机关是被告。

3. 复议机关在法定期限内未作出复议决定，公民、法人或者其他组织起诉原行政行为的，作出原行政行为的行政机关是被告；起诉复议机关不作为的，复议机关是被告。

4. 两个以上行政机关作出同一行政行为的，共同作出行政行为的行政机关是共同被告。

5. 行政机关委托的组织所作的行政行为，委托的行政机关是被告。

6. 行政机关被撤销或者职权变更的，继续行使其职权的行政机关是被告。

（三）审查第三人资格

在行政诉讼中，除原、被告可以委托律师作为诉讼代理人外，行政诉讼第三人也有资格委托律师代理诉讼。行政诉讼的第三人要具备两个基本要件：

1. 同被诉的具体行政行为有直接的利害关系，或者同案件处理结果有利害关系。

2. 其参加诉讼的时间是行政诉讼已经开始、尚未裁决之前；参加诉讼的目的是维护自身的合法权益，可以申请参加或被人民法院通知参加。在诉讼过程中有权提出与本案有关的诉讼请求，对人民法院判决其承担义务或减损其权益时，有权提出上诉。同时，律师应审查第三人资格，以全面了解案件，也可以接受第三人委托代理诉讼。

（四）审查法定代理人资格

对于未成年人、精神病患者等无诉讼行为能力的公民不能参加诉讼的，应由其法定代理人代为诉讼，委托律师也只能通过法定代理人进行。法定代理人必须符合两个条件：（1）代理权基于法律规定产生；（2）被代理人必须是无诉讼行为能力的公民。律师应审查法定代理人的身份和资格，方可接受委托。

三、审查是否属于法律、法规规定应当复议前置的行政争议

根据目前的法律、法规，属于复议前置的争议主要有：依据 2017 年修订的《行政复议法》第三十条规定的自然资源所有权、使用权确认争议；《税收征收管理法》第八十八条规定的纳税争议等。这类案件，律师审查后，如果是属于复议前置的，则应告知当事人向行政机关申请复议，不服复议决定再起诉；如果是属于可以申请行政复议，又可直接起诉的，则与当事人共同商定是先行复议还是直接起诉；律师还应注意有些行政复议决定是终局裁决，对其不服也不能起诉。

如果不属于复议前置的争议，律师还应审查其是否已经申请了行政复议。根据最高人民法院的司法解释，法律、法规未规定行政复议为提起诉讼的必经程序，公民、法人或者其他组织既提起行政诉讼又申请行政复议的，应由先受理的机关管辖；同时受理的，由公民、法人或者其他组织选择。公民、法人或者其他组织已经申请行政复议，在法定期限内又向人民法院起诉的，人民法院不予受理。但是在复议后经过复议机关同意撤回复议申请，在法定期限内对原具体行政行为起诉的，法院应当受理。

四、审查争议的行政行为是否属于行政终局裁决行为

根据法律规定，如果争议行为属于行政机关终局裁决（一般表现为复议为终局裁决），且相对人已经申请复议由复议机关作出裁决的，则律师亦不能代理其提起行政诉讼。

五、审查争议是否在法定的起诉期限内

关于行政诉讼的起诉期限，《行政诉讼法》规定了不同的情况：（1）申诉人不服复议决定的，可以在收到复议决定书之日起 15 日内向人民法院起诉；（2）复议机关逾期不作决定的，申诉人可以在复议期满之日起 15 日内向人民法院起诉；（3）公民、法人或者其他组织直接向人民法院起诉的，应当在知道作出具体行政行为之日起 6 个月内起诉，法律另有规定的除外；（4）因不动产提起诉讼的案件自行政行为作出之日起超过 20 年，其他案件自行政行为作出之日起超过 5 年提起

诉讼的，人民法院不予受理。

六、审查当事人拟起诉的争议，是否存在重复起诉、撤诉或者诉讼标的已经为生效判决的效力羁束的情形

(一) 重复起诉

人民法院的司法审查权一旦开始行使，应当是排他的和唯一的，其他法院不得再立案受理。很多时候原告已经在一个法院立案，又聘请律师在其他法院立案，这样容易给律师的工作造成困难，也扰乱司法秩序。律师在接待当事人的过程中要对是否已经提起诉讼的情况进行了解。如果已经提起诉讼，律师可代理已经进入诉讼程序的案件。如果已经立案的起诉存在瑕疵，可以和当事人讨论采取补救措施。

(二) 撤诉

根据有关司法解释，行政诉讼中法院裁定准许原告撤诉，原告以同样的事实和理由再次起诉的，法院一般不予受理。因此，如果存在撤诉的情形，就要考虑能否变更诉讼事实和理由，否则律师无法接受其代理。

(三) 诉讼标的是否已经为生效判决效力羁束

根据诉讼的证据规则，人民法院生效判决认定的事实，不需要当事人再举证证明，属于法院可以直接认定的事实。如果争议的具体行政行为的效力已经为生效判决认定，如在民事审判活动中，法院已经对争议涉及的行政决定的效力进行了审查和认定，明确该决定是一个合法有效的行政行为，再对具体行政行为起诉，法院有可能不受理，或者受理后驳回起诉。正确的做法是应当首先解决生效法律判决的效力问题。

第三节　律师代理行政诉讼的工作内容

律师接受当事人的委托后，应依据当事人的授权开展有关工作。

一、律师代理原告的工作内容

(一) 证据调查、证据准备和证据提供

首先，律师应先向行政机关申请，查阅行政机关的案卷材料，复制有关的证据材料。行政机关在作出具体行政行为前，应当有充分的证据予以支持。根据行政公开的原则，行政机关的案卷材料，应当向当事人公开，行政机关拒绝公开的，当事人可以申请政府信息公开。因此，律师在接受委托后，应首先到相关的行政机关查阅有关的案卷材料，掌握行政机关据以作出具体行政行为的事实依据和法律依据，

着重审查证据是否真实可靠，适用法律的有关问题是否清楚以及适用法律是否恰当等诸方面的问题。在司法实践中，相当一部分的行政机关不一定愿意配合律师的调查工作，或者公开的内容并不全面，这时律师应尽可能地通过更多途径了解行政机关的观点和依据。

其次，律师应着重围绕行政机关证据的真实性、合法性，及具体行政行为造成的侵害事实展开举证工作。律师收集了证据材料后，应根据《行政诉讼法》和最高人民法院规定的证据规则的要求对证据进行分类编号，制作证据清单，对证据材料的来源、证明内容作简要说明，签字或盖章，注明提交日期，提交给法院。

从程序上分析，证据的提交一般分为两个阶段：第一阶段是立案阶段，原告应当提交符合立案条件的证据。立案阶段的证据至少应当包括证明具体行政行为发生的证据，证明原告与具体行政行为有利害关系的证据等。第二阶段是立案后的举证期，法院会在立案后给双方当事人发出举证通知书，实践中大部分法院的做法是原告现场立案同时向起诉人送达立案通知书和举证通知书，要求原告在一定的期限内提供与案件有关的证据。原告应当按照法庭的要求提供其需要补充提交的全部证据材料。

（二）代为草拟法律文书

律师代为草拟行政诉讼的法律文书，是律师代理工作的一项基本内容。代为草拟行政诉讼的法律文书主要分为两类：

1. 代为草拟起诉状。律师在接受委托后，应该向委托人了解具体案件情况，向行政机关调取相关材料后对案件进行研究分析，在全面掌握案情的基础上草拟起诉状。起诉状的内容包括：原告和被告的基本信息、诉讼请求以及事实与理由。代理律师草拟完行政起诉状后要交原告审阅，原告确认无误后由原告签字。然后把有原告签字的起诉状和证据材料递交给有管辖权的法院，管辖是人民法院之间受理第一审行政案件的权限和分工。根据《行政诉讼法》第十五条、第十八条的规定：（1）行政案件由最初作出具体行政行为的行政机关所在地的人民法院管辖；经过复议的案件，复议机关改变原具体行政行为的，也可以由复议机关所在地的人民法院管辖。（2）中级人民法院管辖对国务院部门或者县级以上地方人民政府所作的行政行为提起诉讼的案件，海关处理的案件，本辖区内重大、复杂的案件，其他法律规定由中级人民法院管辖的案件。

2. 代为草拟其他法律文书。律师代理行政诉讼过程中，应根据案件的实际需求，经与当事人商定，取得当事人的同意后，为当事人草拟其他法律文书，如停止执行申请书、财产保全申请书、调取证据申请书、保全证据申请书，等等。草拟的法律文书可交当事人查阅，当事人同意后提交给人民法院。

（三）立案、出庭等的代理工作

律师在代理当事人办理立案手续时，应携带以下基本材料：原告的身份材料、被告的登记材料、起诉状、证明被诉具体行政行为发生的证据、当事人给律师的授权委托书和律师事务所致法院的所函。

法庭一般在开庭前 3 日通知开庭审理的时间。律师如果出现与现有案件开庭时间冲突的情况，应向法庭提交变更开庭时间申请书和冲突案件的开庭传票。律师代理当事人出庭参加诉讼，应当做好如下准备工作：（1）认真研究分析原、被告双方提供的证据和法律依据；（2）准备有效反驳被告的依据；（3）归纳、分析案件的争议焦点，为法庭质证和辩论做好准备。

二、律师代理被告的工作内容

行政诉讼的被告恒定是行政机关，由于被告的诉权受到一定的限制，故律师代理被告的工作与代理原告会有一些不同，具体如下：

（一）建议行政机关积极应诉

国务院《全面推进依法行政实施纲要》指出，“接受人民法院依照行政诉讼法的规定对行政机关实施的监督。对人民法院受理的行政案件，行政机关应当积极出庭应诉、答辩”。故律师在接受行政机关的委托后，应当建议行政机关积极应诉和答辩。

（二）了解案件事实，查阅全部案卷材料

行政诉讼法律业务，除了涉及行政法律的基本问题以外，主要还涉及该部门法的专门问题，以及该行政机关处理行政事务的专业知识和经验等。因此，律师接受委托后，还要处理以下问题：（1）听取负责具体行政行为的工作人员介绍案件的事实背景和处理过程，了解行政机关处理该行为的基本思路；（2）了解行政机关作出具体行政行为的材料，行政机关作出具体行政行为的全部案卷材料，对专门问题与行政机关进行讨论；（3）对证据的来源、取得方式等与行政机关进行核对。

由于行政行为的涉及面广，每一个具体行政行为均可能涉及该行政领域的专门问题。代理律师有必要对案件的事实情况、涉及的专业问题、技术环节等进行全面细致的了解，并应对有关证据的证明内容、证明效力等进行充分的沟通和讨论，以便确定答辩的思路和证据的范围。

（三）研究原告的起诉状和证据材料

律师应认真研究原告的起诉状和证据材料，仔细审查原告的起诉是否符合起诉的条件，受理案件的人民法院是否有管辖权。如果受理案件的法院不具有管辖权，被告的代理律师应当提出管辖权异议。如果原告不符合起诉条件，被告的代理律师应提请人民法院驳回起诉。

（四）收集、整理法律依据

在律师代理被告的行政诉讼案件中，律师应注意：（1）收集具体行政行为的法律依据，研究法律适用是否准确。代理律师须慎重考虑法律、法规是否对该具体

行政行为实施有明文规定，有明文规定的，应严格执行作为答辩的依据；没有明文规定的，应当综合适用其他法律、法规。(2) 听取行政机关工作人员对具体行政行为实施依据的理解。

（五）整理答辩证据、草拟答辩状

答辩状是行政诉讼中作为被告的行政机关针对原告提出的诉讼请求及事实理由进行答复和辩驳的诉讼文书。在全面了解案件情况后，要整理案件中双方的证据材料，综合研究和分析证据及法律依据后确定答辩策略，代为草拟答辩状。

（六）提交答辩状和证据材料、代为出庭应诉

律师将起草的答辩状提交行政机关审阅，经过修改、确认无误后，由行政机关盖章确认。在行政诉讼中，实行举证责任倒置，即由被告行政机关就具体行政行为的合法性提交证据。故作为被告行政机关的代理律师应注意在法定期限内把答辩状和证据材料提交给人民法院。在庭审过程中，法庭调查和法庭辩论的重点在于行政机关作出的具体行政行为是否合法有效。律师的主要工作要围绕被诉具体行政行为的合法性展开，主要包括：行政相对人是否有违反行政法律、法规或需要行政机关予以管理的事实；作出该具体行政行为的行政机关是否为拥有此项法定职权或授权的合法主体；该行政主体是否超越职权、违反法定职责或滥用职权；行政机关作出具体行政行为的证据是否确实、充分；行政机关作出具体行政行为有无法律、法规依据及所适用的法律、法规是否正确等。核心的工作程序集中在质证、说明法律依据和辩论上。代理律师需要注意在法庭充分陈述被诉具体行政行为涉及的事实和法律问题。最后围绕当事人争议的焦点或者法庭关注的问题撰写代理词并向法庭提交。在行政诉讼中，被告提交答辩状和律师提交代理意见是相辅相成的。

第九章　律师非诉讼业务

第一节　律师非诉讼业务概述

一、律师非诉讼业务的概念和特征

（一）律师非诉讼业务的概念

律师非诉讼业务，是指律师接受公民、法人或者其他组织的委托，代理无争议的法律事务，或者是已经发生纠纷，但不通过诉讼途径解决，而是通过律师提供法律帮助，直接协商、诉讼外调解或提请仲裁解决的法律事务，即律师代理各种非诉讼法律事务。这里所指的非诉讼法律事务，十分广泛，可以概括为：已经形成权益争议或纠纷，但不到法院诉讼，而是在当事人之间通过调解、仲裁或循诉讼外其他途径解决的事务；或者不存在争议，只为确立某种法律关系或实现某种民事权利，在诉讼之外而为的法律行为。

（二）律师非诉讼业务的特征

律师非诉讼业务具有以下特征：

1. 律师代理的非诉讼法律事务必须是真实、合法、具有法律意义的。

2. 律师代理的非诉讼法律事务应当是适合于律师代理的事务。有些事务虽具法律意义，但法律规定只能由相应专业人员职责所为的，则不属于律师业务范围，如会计、审计、工程技术鉴定、法医学鉴定等事务。

3. 律师办理非诉讼法律事务，其身份具有多样性。

4. 律师办理非诉讼法律事务，是在诉讼程序外进行。这一特征，一方面意味着不受诉讼程序和期限的约束；另一方面要求律师不能像在诉讼业务中的司法程序那样节奏稳定缓慢地工作，必须跟上委托人的快节奏，体现律师工作的专业、高效。

二、律师办理非诉讼业务的意义

律师办理非诉讼法律事务有利于及时解决和防止各种纠纷，可以直接为市场经济提供法律服务，对缓解司法机关的诉讼压力、维护社会正常秩序和律师个人职业发展等方面，均有积极的意义。

（1）律师非诉讼业务，是对中外当事人最为普遍的法律服务，也是发展最快的业务领域。在现代各国律师实务中，最为普遍的法律服务，就是代理非诉讼法律事务。改革开放以来40多年实践，显示我国律师在非诉讼业务领域拓展很快，业务水平、服务质量较快提高，特别是在高端专项法律服务领域，如公司专项法律服务，建筑与房地产专项法律服务，金融、证券、保险专项法律服务，知识产权专项法律服务等，正迅速接近国际水准。

（2）有利于维护国家、集体和公民的合法权益。由于非诉讼法律事务不涉及或不介入诉讼程序，符合中国百姓不愿"打官司"的心理，加上手续简便、处理及时，有省时省力、减少人情内耗、减少经济损失之利，更有利于经济、民事流转及工作、社会生活的正常运行。可见，律师的非诉讼业务在维护国家、集体和公民的合法权益方面的作用是很大的。

（3）有利于缓解司法机关的工作压力。依法治国，建设法治国家，并不是什么事情都靠法院审判。在"诉讼爆炸"几成常态的现代社会，律师代理各种非诉讼法律事务，能有效预防和减少纠纷案件，意义十分重大。

（4）有助于律师多方面地深入社会生活的各项领域和层面，广泛接触实际、拓展业务，在提供法律服务实践中增长才干、提高素质，为律师职业生涯的提升打下坚实基础。

第二节　律师非诉讼业务的范围及分类

一、律师非诉讼业务的范围

律师非诉讼业务的范围主要包括：提供法律咨询；担任常年法律顾问；接受委托对某一专门问题进行调查并提供解决方案；办理交涉和谈判；主持调解和参与和解；代为书写法律文书；代理委托人参与仲裁活动。

二、律师非诉讼业务的分类

根据不同的标准，可以将律师代理的非诉讼业务进行不同分类。

（1）根据非诉讼法律事务是否存在纠纷，可以分为解决纠纷的非诉讼法律事务和办理无争议的法律事务。

（2）根据非诉讼法律事务的工作方式的不同，可以分为代理类、调查类、见证类和咨询类法律事务。

（3）根据非诉讼法律事务的内容的不同，分为财产权益方面的法律事务和非财产权益方面的法律事务。

（4）根据非诉讼法律事务的当事人性质的不同，分为公民委托办理的非诉讼法律事务、法人委托代理的非诉讼法律事务和其他组织委托代理的非诉讼法律事务。

（5）根据是否具有涉外因素，分为：国内的非诉讼法律事务和涉外的非诉讼法律事务。

第三节　律师代理参与仲裁

一、仲裁的概念

仲裁是指发生纠纷、争议的双方当事人在争议发生前或争议发生后达成一致协议，自愿将争议的事项交由专门的仲裁机构裁决，从而解决双方争议事项的活动。

律师代理参与仲裁，属于解决纠纷的非诉讼业务，律师代理仲裁业务面广量大，因此本书专辟一编“仲裁制度”系统解析。本节只从其律师非诉讼业务角度简介概况。

二、仲裁的特征

1. 仲裁不实行级别管辖和地域管辖，仲裁机构应当由当事人协议选定。

2. 下列纠纷不能仲裁：（1）婚姻、收养、监护、扶养、继承纠纷；（2）依法应当由行政机关处理的行政争议。

3. 裁决书自作出之日起发生法律效力，不服仲裁裁决不能向法院提起诉讼，也不能向其他仲裁机构申请重新仲裁。

4. 仲裁机构依法组建。仲裁委员会可以在直辖市和省、自治区人民政府所在地的市人民政府组织有关部门和商会统一组建设立，也可以根据需要在其他设区的市设立，不按行政区划层层设立。设立仲裁委员会，应当经省、自治区、直辖市的司法行政机关登记。

三、律师代理仲裁的程序及工作内容

（1）程序：接受委托，庭前准备，参与庭审和庭后的工作。

（2）工作内容：准备文件，选择仲裁员，行使回避申请权，举证质证，仲裁辩论，向法院申请执行仲裁裁决（或申请法院裁定不予执行、撤销仲裁裁决）等。从代理仲裁的程序和工作内容上看，熟悉的诉讼业务素质也是必要的。

四、律师代理劳动争议的协商、调解、仲裁和诉讼

劳动争议仲裁，是指劳动者与劳动的使用者之间发生劳动争议，并将争议交由专门设立的劳动争议人事仲裁委员会裁决，从而解决双方争议的活动。

根据《劳动争议调解仲裁法》（2008 年 5 月 1 日生效）、《劳动人事争议仲裁办案规则》（2008 年 12 月 17 日生效）和《企业劳动争议协商调解规定》（2012 年 1 月 1 日生效）等法律、法规，劳动争议发生后，当事人可自行协商，可向调解组织申请调解；不愿协商、不愿调解、协商调解不成或调解协议未获履行的情况下，可向劳动人事争议仲裁委员会申请仲裁，对仲裁裁决不服的还可依法向人民法院起诉。

律师可以代理劳动争议双方当事人的协商、调解，劳动争议的仲裁以及诉讼。为胜任这项工作，律师对解决劳动争议的相关制度及流程应深入研究，熟练掌握。

第四节　律师见证

一、律师见证的概念和特点

根据中华全国律师协会制定的《律师见证业务细则》第二条的规定，律师见证是指律师应客户的申请，根据见证律师本人亲身所见，以律师事务所的名义依法对具体的法律事实或法律行为的真实性、合法性进行证明的一种活动。

律师见证的特点：律师见证的主体必须是律师及律师事务所；见证的事项必须是发生之时律师亲眼所见；必须基于当事人的委托；见证书以律师事务所名义出具，具有证明效力。

二、律师见证应遵循的原则

律师见证应遵循自愿原则；直接原则；公平原则；回避原则；以事实为根据，以法律为准绳原则和保密的原则。

三、律师见证的业务范围及程序

根据《律师见证业务细则》的规定，律师可以承办下列见证业务：1. 各类经济合同的签订与履行行为；2. 企业章程、董事会决议、转股协议等法律文书；3. 继承、赠与、转让、侵害等民事行为；4. 各种委托代理关系。凡是法律法规行政规章规定不应由律师见证的不得见证。律师办理见证业务时，应先与申请见证的当事人谈话，应当制作笔录；同意受理的应当与客户签订见证委托合同，重大疑难见

证业务必须经所主任审批。律师事务所接受客户委托后，应指派两名律师进行见证工作。

承办律师办理见证时应先审查以下主要内容：1. 客户是否具有民事权利能力和民事行为能力；2. 客户的意思表示是否真实；3. 客户所要求见证的事项是否合法；4. 客户提供的证明材料和其他文件是否具有真实性、合法性、完整性和有效性。承办律师审查无误后，出具《律师见证书》，《律师见证书》主要内容包括：1. 客户委托见证事项；2. 律师见证的过程；3. 律师见证的法律依据；4. 律师见证的结论；5. 见证律师的签字，并由律师事务所盖章；6. 律师见证的时间。《律师见证书》由所统一编号后打印、盖章。见证业务办理完毕后，承办律师应按档案管理的要求立卷归档，送办公室统一保管。

四、律师见证的法律责任

律师见证的法律文书发生纠纷时，律师有责任证明见证文书的内容，并承担一定的法律责任，如督促履行、出庭作证等。

第五节　律师代办单项法律行为

一、商业资信调查

资信调查，亦称信用调查，是指委托人为控制风险，对往来客户的资金能力、商业信誉所进行的调查，包括房产登记、船舶登记、抵押登记、工商登记、工商年检、分支机构、投资方、债权、债务、投资和资产等情况的调查。

资信调查一般委托律师进行，律师通过工商、税务、土地登记部门、银行和相关企业等各种渠道获取资料，综合分析利用，形成书面的资信调查报告交给委托人。

二、法律顾问业务

律师接受委托担任个人、法人和其他组织的法律顾问，主要负责的还是非诉讼事务。公民个人、法人和其他组织之所以聘请法律顾问，就是为了避免诉讼事务的产生，使自身的行为更加符合法律规定。

（一）律师担任企业法律顾问

律师担任企业的法律顾问，业务范围涵盖了企业的生产、经营和管理的方方面面。主要工作职责如下：1. 就企业生产、经营和管理方面的有关问题提出法律意见，从法律上进行论证，提供法律依据。2. 为企业草拟、审查各类法律文书，如合同、催款通知书等。3. 代理企业参与诉讼、仲裁、调解等活动。4. 办理企业的非诉讼法律事务。如办理工商登记；税务处理；商标注册；专利申请；企业进行股份制改组、筹备股票上市发行、进行转产、兼并或转让的工作中提供法律帮助等等。5. 参与经济项目谈判，审查或准备谈判需要的各类法律文书。6. 协助企业完善法治化管理，为企业制定章程、各项规章制度等。7. 提供有关法律信息，为企业开展法制宣传。8. 对企业内部的法律工作人员进行指导。

（二）律师担任政府法律顾问

律师担任政府法律顾问是指律师事务所指派律师依法为政府机关及其领导人提供法律服务和法律帮助的一种业务活动。律师担任政府法律顾问的主要职责如下：1. 对政府的各种决策提供法律意见。2. 协助政府草拟、审查各种规范性文件。3. 协助政府依法管理经济事务。4. 代理政府机关参与诉讼、仲裁和调解活动。协助政府进行法制宣传教育。5. 向政府提供国家有关法律信息。6. 办理政府委托办理的其他法律事务。

（三）律师担任事业单位和社会团体的法律顾问

律师担任事业单位和社会团体的法律顾问，有利于事业单位和社会团体运用法律手段管理本单位和团体的工作及开展对外关系。顾问律师帮助事业单位和社会团体将日常管理工作制度化，并逐步纳入社会主义法制舅道，可以帮助其提高管理效率。代理事业单位和社会团体参与诉讼、仲裁和调解活动。在对外关系中，顾问律师可以依法保护事业单位和社会团体的合法权益。

五、代理发送律师函，或发表有法律意义的声明

律师函，是指应当事人之委托，以律师事务所或律师的名义，向委托人指定的当事人发送就相关事务进行声明、敦促为或不为一定法律行为的函件。若就相关事务在媒体向社会不特定人发布，即为律师声明。

第六节 法律咨询

一、法律咨询的概念和意义

（一）法律咨询的概念

法律咨询，是指律师就公民、法人或者其他组织提出的法律问题，给予解答、作出说明、提出建议以及提供建议与解决方案的一种业务活动。

解答好法律咨询，既要求律师具备深厚的法律功底，又要求律师丰富的实践经验，否则，可能给当事人带来误导，也会影响自己的声誉与前程。因此，要把法律咨询当作自己的律师事务予以充分重视，当事人的咨询，当然是指望律师解疑析

难，但潜意识里会希望律师附合支持自己的想法，难免有一厢情愿，对此律师要像司法者听取诉讼当事人的陈述一般，详细、全面，有利与不利的情况均应予以考虑、说明，避免遗漏关键而产生误判误导。

（二）法律咨询的意义

法律咨询的意义，可概括表述为：

1. 带普通性，为公民和法人排忧解难，亦收案第一步。

2. 普及法律知识，宣传法治，增强公民的法律意识。

3. 是律师理论联系实际、了解社会的重要窗口，可积累一手资料，钻研法学理论，丰富法律知识。

4. 全面锻炼律师，提高业务素质，增长才干。

二、律师解答法律咨询的方式

律师解答法律咨询的方式主要有口头解答和书面解答两种。口头解答是律师解答法律咨询时采用最普遍的一种方式，一般是由律师当面听取咨询者的陈述和提问，当面给予解答析疑。书面解答是律师根据咨询者提出的法律问题，以书面的形式回复解答。书面解答主要包括复信、出具法律意见书等形式。

三、律师解答法律咨询的步骤

律师解答法律咨询，应当遵循如下步骤：

第一，做好登记工作。登记询问人基本情况（如姓名、性别、年龄、民族、籍贯等）。对某些重大问题或案件的咨询，如询问人拒绝公开身份不同意登记的，律师可以不予解答。

第二，认真听取询问人陈述。律师在倾听询问人的陈述时，要注意耐心弄清问题的来龙去脉；对询问人关于关键情节和细节的陈述要做必要记录；要听准问题的焦点和关键。当询问人词不达意时，可适当加以引导。

第三，注意观察询问人精神状态。当询问人感情过激者时要注意稳定其情绪，弄清其真实意图，找出问题症结所在。

第四，仔细审阅相关材料。仔细审阅询问人提供的有关材料，掌握咨询问题涉及的主要事实。注意询问人叙述有无相关依据，与询问人提供的相关材料能否印证、核实。

第五，有针对性地提问。有效的提问可以使询问人省去不必要的陈述，认真回忆有关的具体情节。

第六，综合分析。通过倾听、审阅和提问，对获得的信息综合分析，判断出具体问题实质，找出关键，确定相关法律依据。

第七，正确解答。律师解答法律咨询时要有针对性，通俗性。要以法律为依据，用语要考虑到询问人的接受水平，文字清晰明确，语言通俗易懂。对提问的解答合理合法明确可行；对不合理的要求要做劝说工作，不可激化矛盾。

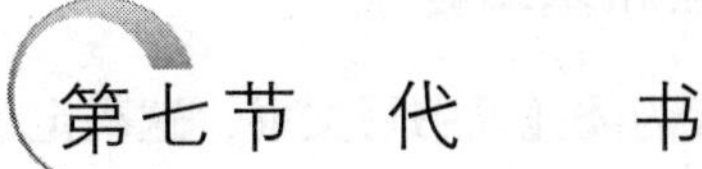

第七节　代　书

一、律师代书的概念和意义

律师代书是律师接受委托，就委托人指定的事件，以委托人的名义，根据事实和法律，为委托人书写诉讼文书和其他法律事务文书的一项业务活动。

法律文书一般都有严格的格式规定，欠缺法定要素的法律文书可能会被人民法院判决无效或撤销；依照法定程序向有关部门申请办理行政许可的法律文书可能会因格式的不对被发回，所以接受委托代理当事人拟定涉及法律事务的文书，是律师工作的内容之一。

律师代书的意义如下：

第一，能够为委托人提供法律帮助，保障其更好地行使诉讼权利，维护其合法权益。

第二，有助于宣传社会主义法治，普及法律知识，增强公民的法律意识，教育公民遵纪守法。

第三，可以为人民法院立案和审判工作顺利进行创造条件，为诉讼的顺利进行提供有利条件。

第四，由律师代书合同、章程等文书，对预防纠纷或者对纠纷的正确处理，有重要的意义，从而有利于维护当事人的合法权益，促进社会的稳定。

二、律师代书的范围

律师代书包括：诉讼文书；非诉讼文书；非法律事务文书。

（一）诉讼文书

诉讼文书是在各个诉讼阶段为完成一定的诉讼行为而制作的有关法律文书，适用于刑事、民事和行政诉讼的各个阶段。例如，起诉状，答辩状，上诉状，申诉状，反诉状，回避申请书，财产保全、证据保全申请书等。

（二）非诉讼文书

非诉讼文书，是指诉讼文书以外的其他有关法律事务的文书。例如，复议申请书，仲裁申请书，收养协议书，遗嘱，析产协议书，声明书，合同、公司章程，谈判备忘录等，内容庞杂。

（三）非法律事务文书

非法律事务文书，是指根据实际需要而代为书写的文函，如为没有书写能力的当事人代写陈情书、信函等。

三、律师代书的特点和基本要求

代书的特点是由律师代为委托人书写文书，这决定了不仅要以委托人的名义书写，而且措辞、语气也应是委托人的，符合委托人的身份和需要。正因如此，律师代书必须要事、理、据、法四个要素具备且文字通顺，其基本要求是：

（一）主体清楚，格式规范

从委托人立场出发以其名义和语气撰写。各类法律文书一般都有较明确的格式要求，律师代书在制作形式上要规范化，对法律事务文书固定的各部分结构，不能随意变动、倒置。

（二）叙事全面，客观真实

这是代书的基本要求，律师要沿循案件发生、发展、变化的线索，把事实的来龙去脉、前因后果叙述清楚。对涉及双方当事人责任、是非问题，要摆事实讲道理，事据充分，以理服人。

（三）观点明确，以法服人

对文书所要解决的实质性问题必须明确、肯定。要把握住案情、事件或者问题的关键所在，从而明确目的、确立论点、突出中心，避免在枝节上做文章。代书中阐明诉讼请求和理由时，应引用有关法学理论和法律规定论证当事人诉讼请求的正当性、合法性，这样才能有助于法庭考虑当事人的要求，进而作出公正的裁决。

（四）文字简练，语言朴实

律师代写的法律事务文书，要求逻辑严密、有理有据，文字简练、语言朴实，绝不可主观臆断，自相矛盾，其余诸如形容词的堆砌、华丽辞藻渲染修饰都是不必要的。

参考文献

[1] 左卫民. 中国司法制度. 中国政法大学出版社，2012.
[2] 戴群策. 律师制度与律师实务. 群众出版社，2003.
[3] 邓建民. 律师法学与公证法学. 四川大学出版社，2004.
[4] 李正华，牛余凤. 律师与公证实务. 武汉大学出版社，2009.
[5] 王进喜. 律师与公证制度. 中国人民大学出版社，2013.
[6] 时显群，刘国涛. 律师与公证学. 重庆大学出版社，2005.
[7] 王铁崖. 国际法. 法律出版社，1981.

[8] 程险峰，寂湛．略谈行政诉讼中的律师代理．当代法学，1989 (1).

[9] 范愉．当代世界多元化纠纷解决机制的发展与启示．中国应用法学，2017 (3).

[10] 腾文飞．律师执业规范性研究．法制博览，2017 (2).

[11] 夏露．律师执业中的刑事法律责任．中国律师，1996 (10).

[12] 谢海清．律师违反律师法的法律责任．律师世界，1996 (8).

[13] 周章金．论律师执业的行政法律责任．福建师范大学学报，2010 (2).

[14] 詹正勇．律师职业道德浅论．云南省首届青年律师论坛论文集，2018.

中　编

第十章　公证制度概述

第一节　公证制度的概念、特征和作用

一、公证制度的概念

公证，是公证机构根据自然人、法人或者其他组织的申请，依照法定程序对民事法律行为、有法律意义的事实和文书的真实性、合法性和可行性予以证明的非诉讼活动。

公证制度是国家为了保证法律正确实施，稳定社会经济以及民事流转秩序，规范公证活动，预防纠纷，保护自然人、法人和其他组织的合法权益而设立的一种预防性的证明制度。

二、公证的特征

公证的特征，是指公证内在固有的规律性，其特征如下：

（一）公证主体的特定性

公证的主体包括申请主体和出证主体。公证的出证主体只能是公证机构。而公证是在当事人提出申请后才开始办理的，这种提出申请的行为是公证的前提。

（二）公证证明的特殊性

公证是依据当事人的申请，由公证机构和公证人员办理的一种特殊的证明活动，且公证机构所出具的公证书也因其可靠性、权威性而同时具备了适用上的广泛性与通用性的特点，即其证明力不受地域、行政级别和行业等限制而可通行使用，因而有别于其他机构的证明。

（三）公证证明具有特殊的法律效力

公证证明不同于一般证明，只要没有相反证据足以推翻其所证明的内容，就应当确认其证明效力。根据法律的规定，公证机构出具的公证文书，人民法院在审理案件时应当作为认定事实的依据。是否办理公证通常取决于个人意愿，但部分法律行为在办理公证后才具有法律效力。

（四）公证证明的非商业性

公证活动关系到公共利益，是一种预防性的法律制度。通过公证活动，可预防、减少纠纷的发生，保护自然人、法人和其他组织的合法权益不受侵害，公证机构承担了一定的社会公益性职能。

三、公证与其他活动的区别

（一）公证证明与一般证明的区别

公证书具有特殊的证据效力，这是国家立法所肯定的。同时公证书被国际社会普遍接受和认可。而一般的证明文书，包括一般的私证和官方证明，则不具有公证书的特点，因而它的证据效力是具有多方面的局限性的。目前，我国的公证文书已得到世界上 100 多个国家的承认和接受，一般证明文书不具有这一普遍适用的特征。

（二）公证与认证的区别

认证，是指根据一国法律规定，由国家授权的机构，或者根据当事人的协商，确认某一行为或者事项为真实的活动。在我国，认证主要指的是外交使（领）馆的认证。公证与认证是两个不同的概念，但又有密切的联系：公证是认证的前提和基础，认证是对公证的证实和鉴别；没有公证，便没有认证；没有认证，公证则无法在国外发生证明效力。公证在本国可以直接发生证明效力，但如果是在外国使用的公证书，公证使用国要求认证的，就必须先经过出具公证书的国家的外事部门认证公证机构和公证员的签名和盖章属实，再经使用国的外事部门认证出具公证书的国家的外事部门的签名和盖章属实后，方可在使用国具有效力。

（三）公证活动与行政活动的区别

公证是由公证机关行使证明权的一项专项职能，公证活动不具有管理职能的性质；而行政活动是通过各级政府和法律、法规授权的组织实施管理职能来实现的。公证机关是为申请公证的当事人提供法律服务的，而行政机关与相对人之间则是管理与被管理的关系。

第二节　公证制度的起源及其发展

一、外国公证制度的历史发展

（一）公证制度在罗马奴隶制国家的发源

公证制度最早可追溯到奴隶制时代的古罗马时期的“诺达里”。“诺达里”即

"书写人"，是奴隶主从奴隶中指定的为奴隶主起草各种文书、契约的人。罗马共和国末期，在罗马法与罗马形式主义诉讼程序的适用下，为了适应广大罗马居民办理某些法律事务的需要，罗马社会上又出现了一种专职代写法律文书的人，叫"达比伦"。这种人不但为当事人提供法律服务，而且在代写的文书上签字作证，然后按国家规定向当事人索取酬金。"达比伦"的出现逐步代替了"诺达里"，古代公证制度开始萌芽。

公元4世纪后，罗马帝国的皇帝君士坦丁将基督教宣布为罗马帝国国教，在帝国内部推行宗教公证，从此，公证制度正式诞生。

（二）欧洲封建制国家公证制度的产生与发展

公元476年，罗马帝国衰亡，西欧开始由奴隶社会向封建社会过渡。这时，已经巩固的宗教公证制度得到了较大的发展。直到7世纪末期，宗教公证已延伸到世俗民事关系范围之中。9世纪到15世纪，随着封建社会的发展，皇权势力日益扩张，宗教公证制度逐步被限制直至被法国皇室、诸侯的公证人制度取代。国家第一次正式设立了公证处，公证人成为由国家最高权力机关或封建主任命的公职人员，国家法律确认了公证人员的社会地位，公证人员的职权和活动范围不断扩大。

（三）资本主义国家的公证制度

17、18世纪，随着商品经济的发展，欧美一些国家普遍沿用和发展了公证制度。随后欧洲国家进入了辉煌时期，现代公证制度也发展为英美公证制度和拉丁公证制度。拉丁公证制度发轫于大陆法系诸国中，公证人是国家体制下重要的公职人员，公证人代理国家进行公证，公证文书具有绝对的证据效力和执行力。相比拉丁公证制度，英美的公证制度相对不那么显著，主要是公证权的行使主体逐步拓宽，英国除了公证人，审判机关和行政机关也能依据合同和文书的不同性质办理公证事务，美国很多州的法令也指定某些其他官员执行公证人的任务，但英美的公证制度仅在法律上证明双方当事人在合同上的签字和完成的正式文书，即当事人在民事法律文书上签字的真实性，而不论文书内容本身真实与否，故英美公证人的文书内容的真实性不具有公证力。

二、外国公证制度的类型

到20世纪，在资本主义国家出现了多种类型的公证制度。概括说来，大致可分为大陆法系国家的公证制度和英美法系国家的公证制度。

（一）大陆法系国家的公证制度

1. 法国的公证制度。法国的公证制度是将非争议事项与争议事项的管辖权分开，前者属于公证管辖，后者则属于法院管辖。公证处是在各方当事人意思表示一致的前提下作出证明，而法院则是通过审判活动解决当事人之间的争议事项。公证人制作的公证文书，与法院裁判文书具有同等意义。对于经过公证证明的金额或财产请求，无须法院判决即可交付执行。法国公证人由司法部部长任命，实行终身制，在指定的公证业务范围内执业，按国家规定领取薪金，但不禁止当事人与公证人之间另定给付协议。在法国，公证人的职业是双重属性。其既是公职人员，又是面向社会独立执业的法律工作者，具有混合身份。公证人为了维护其合法权益，成立了公证人理事会。理事会为规范公证活动，有监督公证活动的职责和惩戒公证人的权力。

2. 德国的公证制度。德国的公证制度与审判机关是紧密相连的。公证人从属于审判机关，依附于法院，公证人与法官都可以办理公证事务。原则上法律规定是由公证人统一行使公证权，但在某些地方，公证事务专门由法官办理，公证人无权参与公证。德国关于公证的单独立法为《德意志联邦共和国公证人法》，它是全国境内统一实行的公证法，主要内容为公证人的性质和任务，担任公证人的条件，公证人的执业区域，公证人的职责和义务，公证业务范围，公证人职务的终止、监督和惩戒。

（二）大陆法系国家公证制度的特点

1. 公证是预防性的法律制度。公证的宗旨是从法律角度引导当事人正确实施民商法律行为，平衡契约双方的利益，为民商事活动提供安全保障，为司法机关和社会提供准确、可靠的法律文件，以达到维护法律秩序、预防纠纷、疏减诉源的目的。

2. 有比较完备的公证法律。大陆法系各国以公证法为基础，主要规定公证的原则、任务、效力、业务范围、组织机构、任职条件、公证程序、法律责任、监督管理等内容；另在民商实体法中规定了法定公证事项，在程序法中对公证效力及其实现的程序作出规定。

3. 公证一般具有双重属性。大陆法系的公证既是一种自由职业，也是一种公共服务。大陆法系的公证人是独立的法律职业者，不隶属于任何组织，自主独立地办理公证，自负盈亏，独立承担法律责任。大陆法系的公证制度享有独立性的同时，又是国家管理社会的手段，被国家赋予了一定的法律地位。公证机构接受国家公权力的委托，以国家名义办理公证，行使国家证明权，收费标准由国家统一制定，接受国家的监督。

4. 公证业务以“必须公证”为主。“必须公证”又称法定公证或者强制公证，从字面上看，是指在社会生活中，某些重大的法律行为、法律事件和文书，法律明文规定为必须公证事项的，均必须进行公证，否则将不发生法律效力。大陆法系国家必须公证业务涉及面比较广泛，层次比较深，主要涉及收养、继承、某些婚姻家庭事项、公司活动、不动产事项等日常生活和工作的各个方面。

5. 公证书具有证据效力和强制执行力。在大陆法系国家，公证书作为一种单独的证据形式，是法院审判、民事登记、处理公私事务的重要依据。经过公证的具有可强制执行内容的公证文书，可不经法院审理判决而直接具有强制执行效力。

6. 公证行业的准入门槛较高。大陆法系重视公证事业，国家对公证人员的任职条件要求比较高，要求必须品行良好，熟悉法律，是社会精英，对任职人员的聘用有严格的程序要求。

（三）英美法系国家的公证制度

1. 英国的公证制度。英国公证制度的历史相对悠久。在英国，公证人在性质上属于国家公职人员，其职权是办理公证。但根据契约和文书性质的不同，审判机关和行政机关也有办理公证的职权。公证人的活动范围包括拟定各种民事文书、保存文书的原本、证明具有法律意义的日期与事实等，为了满足在英国领土以外进行诉讼的需要，公证人也可以保全证据。

2. 美国的公证制度。美国的公证制度属于州立法权范围内的事项，各州一般通过各自的立法对本州的公证事务加以规范。除路易斯安那州采取大陆法系的公证制度外，其他州采取了英美法系的公证制度。在美国，政府不干涉公证事务，公证人不属于国家公职人员，而是个体私人营业者。而公证人的任职资格也规定得比较简单，不需要通过特殊的学习培训，只需通过简单的测试，证明申请人具有某种正常的识别能力，拥有保证人或交付一笔保证金以证明自己的诚信即可。

美国没有法律规定必须公证的事项，实行自愿公证原则，充分体现当事人的意思自治。公证证明仅仅意味着当事人亲自出现在公证人面前，由公证人确认该当事人在某法律文书上的签名、盖章属实，但公证人对该法律文书本身在内容上的真实性不予负责，公证文书也没有强制执行力。

（四）大陆法系国家公证制度与英美法系国家公证制度的主要区别

大陆法系各国设置和完善公证制度的根本目的，是通过设置公证制度，赋予公证机构（公证人）代表国家行使公证证明职能，要求公证须对申办事项的真实性、合法性负责，并且赋予公证书很高的证据效力和强制执行力，以实现国家对经济社会生活实行“适度干预”，以达到预防纠纷的目的。大陆法系国家一般都将公证制度定位为一种“准司法制度”或“辅助性司法活动”。

英美法系国家更侧重于私权自治，其公证制度的功能侧重于“形式证明”，即证明当事人在公证人面前签署文件或宣誓、作证的行为属实。由于法律规定的公证收费标准较低，公证人很难以此为谋生的职业，因此，通常是由社会信誉良好的律师兼职担任公证人，或由品德良好、德高望重但毫无法律背景的公民担任，还可以由法律规定的某些官员，如治安法官、领事、军官和各级法院的官员执行公证人职务。英美法系国家大多实行“自愿公证”原则，很少规定“必须公证”的内容，不能体公权；公证没有强制执行力；证明功能没有实质证明，只有形式证明，公证人不对公证事项具体内容的真实性负责，加之英美法系国家是判例法国家，实行当事人主义，法庭审判一般会要求当事人和证人必须出庭作证、质证，以当事人在法庭上的辩论和质证来取证，因而公证文书的证据效力和责任的承担方面不如大陆法系国家强。公证人主持宣誓仪式，由当事人对公证事项的具体内容“宣誓”保证其真实性，作虚假“宣誓”的当事人自行承担法律责任。

三、我国公证制度的建立与发展

1. 古代私证制度的产生与发展。在我国，公证制度也是由私证逐步演变而来的。公证制度可追溯到古代民间的“中人”见证。在古代，人们买卖土地或房屋、收养子女、继承遗产、立具遗嘱，以及分家、借贷等，在协商一致达成协议之后，“空口无凭，立字为据”，往往邀请当地有名望的人士或族戚邻里等人到场见证，并让他们在字据（契约文书）上签字画押。这些见证人称为“中人”，中人的见证活动就是私证。私证在奴隶社会萌芽，到封建社会开始普及。近年出土的“居延简”中记载，西汉时期大到土地买卖的“券书”，小至布袍、鞋袜的买卖“券书”，都有证人参加。古代人们进行买卖行为时，一般要订立“券书”（其性质相当于今天的合同）。“券书”的种类有很多，如田契、绝卖契、租约、典约、收养书等。其中很多“券书”的订立需要有证人参加。

2. 民国时期的公证制度。民国时期，公证是“证明特定法律行为或其他关于私权事宜之制度”，目的在于“保护私权，遏制讼蔓”。1920 年，以澄清讼源为目的的公证制度，首先在东省（东三省）特区法院推行。1927 年，国民政府拟定了《公证人法》（草案）。1935 年 7 月，经司法院拟定，由司法行政部公布《公证暂行规则》规定地方法院设立公证处，指定推事专办或兼办公证事务，并规定在必要时，得于管辖区域内适宜处所设立公证分处。1936 年 2 月 14 日，司法行政部颁发《公证暂行规则施行细则》《公证费用规则》。1943 年 3 月 31 日，国民政府颁布了《公证法》；同年 7 月，颁布了《公证费用法》。1943 年 12 月 6 日，行政院给一些省政府下达训令，饬令自 1944 年 1 月 1 日起施行《公证法》。

3. 中华人民共和国的公证制度。

（1）公证制度的确立。中华人民共和国成立后，1951 年 9 月 3 日，中央人民政府委员会第十二次会议颁布的《法院暂行组织条例》中规定“公证及其他法令所定非讼事件”，由县级人民法院和中央及大行政区直辖市人民法院管辖，把法院办理公证事项以法令形式固定下来。1951 年，北京市人民政府颁布了《北京市人民法院公证暂行办法》，1952 年，中南军政委员会也公布了《中南区公证实行办法》。从此，我国在大中城市和部分县城相继建立了公证组织。1954 年，《法院组织法》正式颁布后，公证工作划归司法行政机关领导和管理。1956 年 1 月 31 日，司法部在《关于公证业务范围问题的通知》中指出：公证工作“应该大力加强并开展有关权利义务方面的公证业务”。于是，公证工作普遍加强了对遗嘱、继承、收养子女、房屋租赁和买卖、委托书、亲属关系、失踪、死亡等方面的证明业务。截至 1957 年年底，全国已有 51 个市建立了公证处，有 553 个市、县人民法院设立了公证室，652 个县人民法院指定专人办理公证业务。仅 1957 年一年，全国办理的公证事项就达 29.35 万件。[①] 这一时期的公证制度得到了很好的发展，在法治建设中发挥了重要作用。

（2）公证制度的削弱和破坏。1957 年以后，随着整风反右派斗争的扩大化，“左”倾思潮泛滥，法律虚无主义思想严重地冲击着司法战线，公证制度随之被削弱。1959 年，全国的司法行政机关被撤销，公证机关也随之被撤销。除了根据国际惯例，少数几个大城市的人民法院兼办一些必办的、发往国外应用的公证书以外，国内的公证业务都停办了。“文化大革命”期间，公证制度被斥为“修正主义制度”。把办理公民财产公证视为“扩大资产阶级特权”。

（3）公证制度的恢复与发展。1978 年 12 月 18 日党的十一届三中全会召开，提出了发扬社会主义民主，加强社会主义法治的方针。1979 年 9 月 13 日，第五届全国人民代表大会常务委员会第十次会议通过决议，恢复建立中华人民共和国司法部。接着，各省、地、县司法厅（局）相继设立，公证处也随之复建，公证工作进入一个崭新的历史发展阶段。截至 1990 年年底，全国已建立公证处 3180 个，公证员发展到 1.88 万人，年办理各类公证 1600 万件，分别相当于 1980 年的 4.6 倍、15 倍和 110 倍。[②]

随着我国加入 WTO 和信息时代的到来，公证的范围不断扩大，公证业务也进一步体现出多角度、多层次、多方位全面发展的特点。截至 2018 年我国公证机构已达 2956 家，我国公证员数量已达 13335 名，年办证量超过 1337.3 万件。[③]

第三节　公证立法

我国公证法有狭义与广义之分。狭义的公证法，是指国家最高权力机关制定的公证法典，即《公证法》。广义的公证法，是指国家法律文件中有关公证规范的总和，目前既包括规定我国公证制度的条例，也包括民事程序法、民事实体法、经济法中的公证规范。

1951 年 5 月，中华人民共和国首部地方性公证法规《北京市人民法院公证暂行办法》颁布后，在漫长的 30 年中，由于种种原因，我国的公证事业始终未能得到有序健康的发展。直至 1978 年，党的十一届三中全会的召开才给我国公证事业的发展带来了生机。1982 年 4 月 13 日，国务院正式颁布了《公证暂行条例》，共六章 30 条，这是我国第一部全国性的公证法规。为了有利于《公证暂行条例》的

---

① 广东政法网. 30 年公证制度保障促进经济社会发展. http://www.gdzf.org.cn/lshf/201001/t20100104-74443.htm.

② 广东政法网. 30 年公证制度保障促进经济社会发展. http://www.gdzf.org.cn/lshf/201001/t20100104-74443.htm.

③ 国家统计局中国统计年鉴. 1999-2020 年的数据.

贯彻实施，司法部于 1982 年 3 月 11 日发布了《关于办理几项主要公证行为的试行办法》，统一规定了对办理继承、遗嘱、收养子女、委托书、经济合同等公证事项的法律依据和程序。经过几年的公证实践，在总结经验的基础上，司法部于 1986 年 12 月 4 日颁发了《办理公证程序试行细则》。后又将该细则修订为《公证程序规则（试行）》，共十二章 63 条。2002 年 6 月 18 日，司法部又重新颁发了《公证程序规则》，同时颁布了《公证书格式》《公证处内部使用文书格式》等一系列配套的文件，为制定公证法典奠定了基础。2005 年 8 月 28 日，第十届全国人民代表大会第十七次常委会审议通过了《公证法》，并定于自 2006 年 3 月 1 日起施行。《公证法》分为总则、公证机构、公证员、公证程序、公证效力、法律责任和附则，共七章 47 条。《公证法》是公证工作的基本法，它进一步完善了我国公证制度的法律体系，确立了具有中国特色公证制度的基本原则、程序和框架，增强了我国公证的效力和公信力，对公证事业的健康发展具有深远的历史意义和现实意义。

2006 年，司法部又制定和修订了《公证机构执业管理办法》《公证员执业管理办法》《公证程序规则》，作为《公证法》的三个支柱性配套规章。2006 年 2 月 21 日，司法部审议通过《公证机构执业管理办法》，并于 2006 年 3 月 1 日起施行。该管理办法分为总则、公证机构设立审批、公证机构名称和执业证书管理、公证机构执业监督检查、法律责任和附则，共六章 47 条，填补了公证机构管理制度上的空白，对构建科学、有效的公证管理体制和机制，进一步规范公证机构执业行为，保障公证业的依法有序发展具有重要的作用。2006 年 3 月 8 日，司法部颁布实施了《公证员执业管理办法》。该办法分为总则、公证员任职条件、公证员任职程序、公证员执业证书管理、公证员执业监督检查、法律责任和附则，共七章 41 条。2006 年 5 月 18 日，司法部发布新修订的《公证程序规则》，具体分为总则、公证当事人、公证执业区域、申请与受理、审查、出具公证书、不予办理公证和终止公证、特别规定、公证登记和立卷归档、公证争议处理与附则，共十一章 74 条。

为了规范公证活动，全国人大常委会于 2015 年和 2017 年对《公证法》进行了修订。2020 年为进一步推进公证工作改革精神和决策部署，司法部对《公证程序规则》进行了修改，简化了办证材料要求，整合优化了办证程序，强化了承办公证员和公证机构的责任，对遗嘱公证、赋予债权文书强制执行效力公证等重点公证业务程序作了细化规定，也适应“互联网+公证”的要求，增加了在线公证的规定。

第四节　公证的作用

一、保障自然人、法人或其他组织的合法权益

公证是提前介入民商事活动的一种法律手段。公证通过对当事人申请的民事法

律行为、有法律意义的事实和文书（如法人资格、经济合同、继承权、婚姻关系等）的真实性、合法性、可行性予以证明，并出具公证书，赋予其法律上的证明效力，使其受国家法律的保护，从而有效地保护自然人、法人或其他组织的合法权益。

二、预防和减少纠纷

公民、法人或者其他组织申请公证的事项，须经公证机关审查，确认其真实、合法、可行。对某些不够真实、合法、可行的事项，公证人员要事先向当事人宣传法律，讲明道理，指导当事人加以修正，然后再予以公证。这样便使当事人之间的民事法律行为从一开始就置于公证制度的保护与监督之下，这对监督民事、经济活动依法进行，预防纠纷具有重要作用。因此，公证被西方学者形象地称为“重大经济民事活动的安全阀与过滤器”。

三、审查作用

审查，是指公证机构在受理公证申请后，制作公证书前，在收集、调查有关证据的基础上，对当事人申请公证的事项及提供的证明材料进行核实的活动。公证机构受理公证申请后要严格依法对当事人的身份、行为能力、提供的证明材料和所申办的公证事项的真实性、合法性进行审核、调查。

四、证明作用

公证证明的业务范围非常广泛，公证机构在审查公证事项的真实性与合法性后出具公证书。公证书可以对当事人依法设立、变更、终止法律关系的行为以及依法进行的各种经济、民事活动提供有力的法律保障和真实可靠的证据。公证书是人民法院认定事实的依据，具有证据效力。

五、监督作用

通过公证可以监督和促进当事人开展民商事活动时依照法律、法规的规定实施法律行为，从而达到确保民事行为合法有效的目的。

公证的监督作用表现在两个方面：一是现场监督。表现为公证机构依法对摇奖、评奖、开奖、招标、拍卖、彩票发行等活动实施法律监督。二是对合同履行的监督。经过公证的合同由于被赋予了法律约束力，因此，当事人一般都能够主动履行，即使发生纠纷，一般也能在公证机关的调解下解决。同时，公证的强制执行力是监督当事人认真履行合同的有效手段，公证机构可以依法对债权文书赋予强制执行效力，债务人不履行或不完全履行到期债务时，债权人可以依法申请人民法院强制执行。

第五节　公证活动应当遵循的原则

一、公证基本原则的概念

公证基本原则，是指有关公证活动所必须遵循的基本准则。它既是公证立法工作中的指导思想，又是公证活动的指导准则，是以法律、法规规定为依据，以公证实践为基础，并考虑到法律传统和现实法治状况确定的。

二、公证基本原则的特点

（一）根本性

公证的基本原则是制定各项具体公证程序制度的基础，各项具体程序制度不得与基本原则相抵触。

（二）稳定性

在一定时期内，具体公证程序制度可能有所变化，但公证基本原则是公证理论和实践经验的结晶，除非公证制度的基础环境发生重大变化，否则，公证的基本原则不会发生变化。

（三）抽象性

公证的基本原则是高度概括性的规范，而非操作性规范。

（四）宏观指导性

公证的基本原则能够在宏观上对公证的全过程或某个公证阶段起指导作用，为公证活动指明方向。

三、公证的基本原则

《公证法》第三条规定：“公证机构办理公证，应当遵守法律，坚持客观、公正的原则。”我国公证机构在办理公证业务时，应遵循以下基本原则：

（一）合法原则

1. 合法原则的概念。合法原则，是指公证机构或公证员办理公证事务，必须严格依照法定程序办理，公证证明的法律行为或有法律意义的事实和文书的内容、形式及取得方式都应符合国家法律、法规和规章的规定，不得违反有关政策和社会公共利益的准则性要求。

2. 合法原则的内容。

（1）实体合法。公证书所证明的内容无论在内容上还是形式上，均应完全符合法律、法规的要求。因此，对于申请公证事项的合法性，必须进行认真审查把关。例如，对处理财产继承问题的公证中不允许有剥夺缺乏劳动能力又无生活来源的人合法财产继承权的内容。

(2) 程序合法。办理公证事项，必须按照《公证法》《公证程序规则》等有关的法律、法规所规定的程序办事。除了办理每一个公证行为要按照申请与受理、审查、出证三个步骤外，其他如公证处办理证据保全，必须是在民事诉讼发生之前；办理涉外公证文书，按照规定，一般应当办理领事认证手续等，也属于程序规定的范围。对公证证明的事项不取决于人的主观意志的事实，如自然人的出生公证、死亡公证与经历公证等。只要是真实的，公证机构就可以遵循法定程序进行办理，这属于合法原则的例外。

(二) 客观原则

1. 客观原则的概念。客观原则，亦称真实原则或真实性原则，是指公证书所证明的法律行为或者具有法律意义的事实和文书及其各项内容都是真实的，或曾经发生的事实，确属客观存在，而非伪造或虚构的准则性要求。公证机构对申请办理公证的事项，只有经过调查、审查之后，确认无误时，才能出具公证书。如果申请办理公证的事项是假的，虽然从表面来看，它似乎符合“合法”原则，但也不能予以公证。例如，有的人以收养子女为名，既不准备建立实际的收养关系，也不准备履行收养的权利义务，而只是为了办理户口农转非，申请办理公证的。虽然其符合收养、送养条件，但仍然不能予以公证。在涉外公证中，某些人为了达到出国定居、求职等目的，而采取虚报年龄、伪造学历等弄虚作假的做法，对此必须认真查明，拒绝公证。如果公证证明的事项失实，即使是个别问题失实，也会影响公证书的效力和严肃性，损害公证机构的威信。在涉外公证中，出具不真实的公证书，某些国家还可能追究提供假证明的法律责任。

2. 客观原则的要求。客观真实是公证的核心。客观原则是公证机构进行公证活动的前提和基础，要做到客观真实，公证机构在办理公证活动中需要做到以下几点：

(1) 公证人员要认真审查当事人申请公证的事实和文书及有关材料是否真实可靠。《公证程序规则》第二十三条规定，公证机构受理公证申请后，应当根据不同公证事项的办证规则，分别审查下列事项：①当事人的人数、身份、申请办理该项公证的资格及相应的权利；②当事人的意思表示是否真实；③申请公证的文书的内容是否完备，含义是否清晰，签名、印鉴是否齐全；④提供的证明材料是否真实、合法、充分；⑤申请公证的事项是否真实、合法。在办理公证的过程中，有些是审查形式真实性的公证，如证明签字属实；有些是需要证明内容真实的公证，如对共同财产分割公证时，公证人员既要查清双方的意思表示真实，又要查明共同财产是否存在；有些事项是属于法律事实方面的，如亲属关系公证、婚姻关系公证、年龄公证等，公证人员对当事人提供的证据材料要进行全面、系统的审查分析，查清提供材料有无伪造等虚假现象，如果发现可能有虚假事实的，就要追查清楚，以确保公证的客观真实性。

（2）公证人员要认真审查当事人是否基于自己的真实意思表示而提出公证申请。我国《民法典》第一百四十八条规定，一方以欺诈手段，使对方在违背真实意思的情况下实施的民事法律行为，受欺诈方有权请求人民法院或者仲裁机构予以撤销。第一百四十九条规定，第三人实施欺诈行为，使一方在违背真实意思的情况下实施的民事法律行为，对方知道或者应当知道该欺诈行为的，受欺诈方有权请求人民法院或者仲裁机构予以撤销。第一百五十条规定，一方或者第三人以胁迫手段，使对方在违背真实意思的情况下实施的民事法律行为，受胁迫方有权请求人民法院或者仲裁机构予以撤销。

（三）公正原则

1. 公正原则的概念。公正原则，是指公证人员在履行职责时要平等对待当事人，不偏私，不歧视，出具的公证文书要体现出公平、正义的准则性要求。公正是公证最本质的要求。

2. 公正原则的内容。

（1）实体公正。实体公正，是指公证的法律行为或公证申请人提请公证的法律文书和事实的公证结果是公正的。就公正与法律的关系而言，法律必然要受到公正观念的支配，公正是公证法律产生的基础和基本前提。不仅如此，公证员作为维护当事人合法权益的独立群体，其社会角色是为公正的诉求而设置的。公证员的活动应当具有社会公正性。

（2）程序公正。程序公正，是指公证活动的过程是公正的。公证的效力与程序公正密不可分。程序公正观念经历了从自然公正观到正当程序观的演变过程。自然公正要求未违反法律者不应被判有罪，双方当事人应当获得机会陈述已见，一个法律制度必然为保护权利和补偿损失提供公正的法庭，并且任何人都不应在自己的案件中充当法官。[①] 英国大法官丹宁勋爵第一个扩大了自然公正的适用范围，他以判例方法否定了公正原则只适用于司法程序的传统规定，认为自然公正可以适用于非司法程序尤其是行政程序。[②] 美国宪法修正案首次以法律正当程序取代自然公正观，该修正案规定："任何人不能未经法律正当程序即被剥夺生命、自由与财产。"正当、理性的程序导引出的应当是理性的结果，而理性的结果应当获得理性的认可和肯定，不允许随意撤销或变更，这也是公证领域程序公正的基本内涵。

（四）依法独立公证原则

依法独立公证原则，是指公证机构及其公证员，根据事实与法律，独立履行公证职责，办理公证事务，不受其他单位、个人的非法干涉的准则性要求。《公证

---

① ［美］博登海默．法理学：法律哲学和法律方法．邓正来，译．中国政法大学出版社，1999：276.

② ［英］丹宁．法律的训诫．杨百，等译．法律出版社，1999：100-108.

法》第六条明确规定，公证机构依法独立行使公证职能。《公证程序规则》第三条规定，公证机构依法独立行使公证职能，独立承担民事责任，任何单位、个人不得非法干预，其合法权益不受侵犯。这表明公证机构是国家专门设立的法律证明机构，独立行使司法证明权，依法履行公证机构的职、责、权。

（五）自愿公证与法定公证相结合的原则

自愿公证与法定公证相结合的原则，是指在我国对有关法律事务，是否进行公证，在什么范围内进行公证，是否委托代理人提出公证，均由当事人按照自己的意愿进行抉择；同时，某些事项法律规定必须进行公证的，未经公证则不具有法律效力的准则性要求。

1. 自愿公证，是指法律、法规、规章没有规定必须公证的事项，由当事人自行决定是否申办公证。《公证法》第十一条第一款规定，“根据自然人、法人或者其他组织的申请，公证机构办理下列公证事项：（一）合同；（二）继承；（三）委托、声明、赠与、遗嘱；（四）财产分割；（五）招标投标、拍卖；（六）婚姻状况、亲属关系、收养关系；（七）出生、生存、死亡、身份、经历、学历、学位、职务、职称、有无违法犯罪记录；（八）公司章程；（九）保全证据；（十）文书上的签名、印鉴、日期，文书的副本、影印本与原本相符；（十一）自然人、法人或者其他组织自愿申请办理的其他公证事项”。《公证法》第十二条第一款规定，“根据自然人、法人或者其他组织的申请，公证机构可以办理下列事务：（一）法律、行政法规规定由公证机构登记的事务；（二）提存；（三）保管遗嘱、遗产或者其他与公证事项有关的财产、物品、文书；（四）代写与公证事项有关的法律事务文书；（五）提供公证法律咨询”。

2. 法定公证，是指法律、法规、规章规定必须采用公证形式设立、变更的法律行为，或者是确认有法律意义的文书和事实，公民、法人必须申请办理公证。《公证法》第十一条第二款规定：“法律、行政法规规定应当公证的事项，有关自然人、法人或者其他组织应当向公证机构申请办理公证。”第三十八条规定：“法律、行政法规规定未经公证的事项不具有法律效力的，依照其规定。”例如，我国《中国公民往来台湾地区管理办法》《关于出国留学人员工作的若干规定》规定境外接受、处理财产及出国留学协议，以及变更公证遗嘱等法律行为，必须办理公证，否则，就不发生法律效力。

（六）保密原则

1. 保密原则的概念。保密原则，是指公证机构及其工作人员，以及其他受公证机构委托、邀请或因职务需要接触公证事务的人，对他们在公证工作中接触到的国家机密、商业秘密和当事人个人的秘密负有保守秘密义务的准则性要求。

2. 保密原则的适用范围。

（1）主体范围。承担公证保密义务的主体。它包括公证当事人之外的一切与公证事务有接触的人员，主要是公证员，同时也包括公证机关的其他工作人员和受公证机关委托、邀请参加公证工作的鉴定人、翻译人员、见证人及其他有关人员。

（2）事项范围。公证保密的对象范围，包括当事人的秘密和国家秘密。实践中最常见的是当事人的秘密，即当事人申请公证的内容、目的、用途、处理结果和公证文书及公证档案。保密原则还要求公证机构办理公证要严格限制在场人员，除当事人或代理人、承办公证员和必要的协助人员外，其他任何人均不得参与办证事项。

（七）回避原则

1. 回避原则的概念。回避，是指公证人员不参与本人及近亲属的公证办理或者与本人及近亲属有利害关系的公证办理的要求。《公证法》第二十三条第（三）项和司法部发布的《公证员执业管理办法》第二十三条第（三）项，都对公证员办理公证业务应当回避的事项作了具体规定。

2. 回避的形式。回避的具体形式可分为自行回避和申请回避。

（1）自行回避，是指办理公证的公证人员遇有法律规定应当回避的事项时，自觉主动退出对该项公证事务的办理。

（2）申请回避，是指当事人或者公证事项的利害关系人，发现公证人员有回避情形时，有权依据法律规定申请该公证人员不参加承办该公证事项，公证人员应当依法退出该事项的办理。申请回避贯穿于公证的全过程，既可以书面提出，也可以口头提出。公证员是否回避应由公证处主任决定；对公证处主任是否回避应由同级司法行政机关决定。

3. 公证员回避的情形。

（1）本人及其近亲属的公证事项。

（2）和公证人员本人及其近亲属有利害关系的公证事项。根据《公证员职业道德基本准则》第二十九条和《公证行业自律公约》第七条的规定，公证人员不仅限于公证员，还包括在公证处内协助从事公证业务的助理公证员、公证辅助人员，如书记员、勘验人员、翻译人员。

（八）使用我国通用语言文字和民族语言文字的原则

此项原则指公证书应当使用我国通用的语言文字；在民族自治地方，根据当事人的要求，可以制作当地通用的民族文字文本。《公证程序规则》第四十三条进一步明确规定：“制作公证书应当使用全国通用的文字。在民族自治地方，根据当事人的要求，可以同时制作当地通用的民族文字文本。两种文字的文本，具有同等效力。发往香港、澳门、台湾地区使用的公证书应当使用全国通用的文字。发往国外使用的公证书应当使用全国通用的文字。根据需要和当事人的要求，公证书可以附外文译文。”对不懂中文的外国当事人要求提供翻译的，应当提供，但翻译费应由该外国当事人承担。

第十一章　公证机构与公证员

第一节　公证机构

一、世界各国公证机构概述

英美法系国家，一般实行公证人本位的立法模式，大多没有设立专门的公证机构，其公证职能一般由律师兼任，公证人由具有一定执业年限和资历的执业事务律师担任。在大陆法系国家，一般实行机构本位的立法模式，公证人一般具有公职人员和自由执业者的双重属性，主要体现在两个方面：第一，公证人作为国家公职人员，根据国家法律授权行使职能，为公共利益服务；第二，公证人作为自由执业者，其执业方式大多采取设立公证人事务所的形式，公证业务收入为其经费的主要来源，不由国家财政负责，自负盈亏，自主管理，独立承担责任。大陆法系国家为有效监督公证活动设置严格的公证人执业准入条件、控制公证人和公证人事务所数量，指定执业地域，严格限制公证竞争。

在英国，公证分为斯克莱温公证人与一般公证人两种，他们都不是专职的公证人，大部分是律师或被律师聘用的人士，公证人大多数将公证的职能与其主要的执业如律师或律师的雇员的职能结合。①

在美国，公证员并非政府的专职人员，属于可以兼职的自由执业者。公证是一种类似于见证的行为。公证员只就申请人在某些法律文件上签名的真实性作形式上的确认，并不对该文件的内容进行实质上的审核。因此，在法庭上，经过公证的文件仍需进行质证，公证并不具备权威性和较高的证明效力。多数的公证只是证明自己行为的自愿性与真实性，以避免没有价值的诉讼。例如，声明、确认、签名、宣誓，等等。

在法国，公证事务所分两类：一类是由一个正式取得公证人资格的人开办，雇用若干办事人员组成的单一型事务所；另一类是由两个以上的公证人，以及雇用的

① 马玉娥，马燕．英国公证制度简介//司法部律师公证工作指导司．中外公证法律制度资料汇编．法律出版社，2004：641.

若干办理事务的人员组成的合伙型事务所。合伙型事务所近年来发展迅速，在这类事务所内部，凡有才能者都可能被吸收到公证人队伍中来。大的事务所可按股份制管理，加强管理民主化。合伙型事务所又可在新的基础上进行合伙，使其潜力得到充分的发挥，为公证行业注入了勃勃生机。①

在德国，公证体制具有多元性，有专职公证人、律师公证人和公务公证人三种类型。专职公证人的执业机构是以自己名称命名的公证人事务所，律师公证人的执业机构是律师事务所，公务公证人的执业机构是法院或政府机关。三种形式的公证在执行公证职务时，都同专职公证人一样，属于国家公职人员，依国家授权自由执业，出具的公证文书具有相同的效力。②

在意大利，大约 90% 的公证人开设个人事务所，约 10% 的公证人联合办公，但这种联合办公不同于合伙，联合办公的公证人各自独立办证，独立承担法律责任，只是在业务上互相分工合作，共同分担办公费用。③

在日本，公证人执行国家证明职务，属于准国家公务员，其选拔、任命、奖惩均按国家公务员对待。但日本公证人并不等同于国家公务员，公证人准公务员的性质主要体现在履行职责和责任承担方面。公证人执行职务时，不得以任何形式阻碍或干扰，妨碍公证人执行职务，以“妨碍公务执行罪”受追究；同时，公证人利用职务之便滥用公权会被追究刑事责任。公证人非公职性主要体现在财务分配方面，公证人不从国家领取薪俸，而是从收费中支取。④ 公证事项的收支和公证事务所运行的一切开支完全不存在于财政预算中。日本《公证人法》第十一条规定：“公证人由法务大臣任命，并指定其所应隶属的法务局或地方法务局。”第十八条规定：“公证人应在法务大臣指定的地点设事务所。”日本公证人的执业机构是公证人事务所，以单一公证人事务所为原则，合伙公证人事务所为例外。

二、我国公证机构概述

我国《公证法》采取了机构本位的立法模式。在《公证法》第六条的规定和释义中，对机构本位的立法模式进行了肯定和阐述。《公证法》第六条规定：“公证机构是依法设立，不以营利为目的，依法独立行使公证职能、承担民事责任的证明机构。”我国的公证机构主要是指专门从事公证证明活动的公证处。

对于我国公证机构的性质，经历了诸多争议，在法律上至今并无定论。1982 年实施的《公证暂行条例》（已失效）第三条规定，公证处是国家公证机关，性质为行政机关。1992 年 9 月 10 日，司法部下发的《关于设立省、自治区公证处有关

---

① 北京法院网．法国公证制度．http：//bjgy. chinacourt. gov. cn/article/detail/2010/12/id/879744. shtml.

② 中国公证员赴德国培训团报告//司法部律师公证工作指导司．中外公证法律制度资料汇编．法律出版社，2004：563-564.

③ 马玉娥．代表国家和法律的意大利公证．中国公证，2001（2）.

④ 日本公证制度//司法部律师公证工作指导司．中外公证法律制度资料汇．法律出版社，2004：600.

事宜的通知》（已失效）规定，“新成立的省、自治区公证处应按照改革的精神定为事业单位，是独立的法人单位”，将新成立的公证处划归为事业单位体制。自此，事业单位成为我国公证机构体制改革的第一目标。1993 年 11 月，中共十四届三中全会《中共中央关于建立社会主义市场经济体制若干问题的决定》中指出，公证机构是具有证明、服务、沟通、监督职能的市场中介组织。公证开始推行市场化改革。《公证法》第六条规定：“公证机构是依法设立，不以营利为目的，依法独立行使公证职能、承担民事责任的证明机构。”这一定义略过了公证性质的定位问题。我国的公证制度目前仍处于摸索阶段，从《公证暂行条例》至《公证法》颁行，这期间公证机构经历了诸多性质变更的争议，公证机构的性质至今难以明确。

总体而言，我国的公证机构现阶段存在行政、事业、合作制三种体制并存的局面。1982 年 4 月 13 日，国务院颁布了《公证暂行条例》，以行政法规的形式对我国公证机关的性质、机构设置和管理体制作出了规定。《公证暂行条例》第五条规定，直辖市、县（自治县）、市设立公证处。经省、自治区、直辖市司法行政机关批准，市辖区也可设立公证处。公证处是按行政体制设立的。1992 年 9 月 10 日，司法部《关于设立省、自治区公证处有关事宜的通知》的出台，标志着我国开始进行公证体制改革的尝试。自 20 世纪 90 年代中末期以来，全国各地的市、县公证处也在进行各种形式的改革，有的改为事业单位，有的改为行政单位事业管理；在经费管理上，有的改为自收自支事业单位，有的改为差额拨款事业单位。2000 年 1 月 19 日，司法部律师公证工作指导司下发了《关于开展合作制公证处试点工作的通知》和《关于设立合作制公证处的规范性意见（试行）》，在一些省、市开始了合作制公证处的试点，彻底改变了传统公证机构统属“国家机关”的一元化性质定位，依照市场规律和自律机制自觉将公证机构多元化。2000 年 7 月 31 日，国务院批准了司法部《关于深化公证工作改革的方案》，进一步明确了要加快公证体制改革的步伐，要求现有行政体制的公证处要尽快改为事业体制，改制的公证处应成为执行国家公证职能、自主开展业务、独立承担责任、按市场规律和自律机制运行的公益性、非营利性的事业法人。自此，在全国范围内掀起了一股自上而下的公证机构性质革新热潮，公证处从原先单一的行政体制变为行政体制、事业体制、合作制三种体制并存。① 据司法部于 2018 年发布的最新数据显示，截至 2017 年年底，全国共有公证机构 2942 家，其中，按体制划分，事业体制公证机构 2850 家，占 96.9%；合作制公证机构 41 家，占 1.4%；其他体制公证机构 51 家，占 1.7%。②

在我国台湾地区，引进了民间公证人制度，采用法院公证人与民间公证人并存的双轨制。民间公证人分为专职的民间公证人和律师兼职的民间公证人。法院公证

① 张文章．公证制度新论．厦门大学出版社，2008：103.

② 南阳宛都公证处官网．http：//www.wdgzc.com/wdgzc/wip.doc/7675199.html.

人为公务员性质，民间公证人为准公务人员性质。

在我国香港地区，法律公证业务被列为事务律师业务的一部分，不存在专门的公证机关和专门的公证人，公证人又称“法律公证人”或“公证事务律师”。

三、我国公证机构的设置

（一）公证机构设置的历史沿革

1946 年至 1954 年 9 月，我国公证业务的办理属于法院职能。1946 年，为了满足对外交往的需求，哈尔滨市人民法院率先设立了非诉讼科开办公证业务。1950 年前后，北京、天津、上海等大中城市和有侨乡的县市人民法院相继设立了公证处或指定审判员办理公证业务。1951 年 9 月 4 日，中央人民政府出台《人民法院暂行组织条例》，规定公证职能由人民法院行使，该条例是中华人民共和国成立后的第一部涉及公证制度的立法文件，为之后各个地方公证工作的开展起到了阶段性的指引作用。1954 年 9 月 21 日，第一届全国人民代表大会第一次会议通过《人民法院组织法》，规定全国各地公证工作的办理应逐步由法院移交给司法行政机关。同时，各地司法机关应预备力量，正式筹建国家公证机关。1956 年 7 月 10 日，国务院批准了司法部《关于开展公证工作的请示报告》，明确提出国家公证处与法院公证室并存的制度构想。该报告规定，设立公证处的地区包括两部分：一是北京、上海等直辖市；二是人口在 30 万以上的地级市，受当地司法行政机关直接领导；设立法院公证室的地区是人口较多但不足 30 万的地级市和侨眷较多的县，如不具备条件设立公证处，则应在市中级人民法院或在市、县人民法院内附设公证室，其业务由省、自治区司法行政机关授权法院院长负责领导。

自 1958 年开始，各地公证处纷纷撤销。次年，司法部被撤销，除了少数外事活动须由人民法院办理公证以外，国内一切公证业务全部叫停。至 1979 年司法部重建之后，决定恢复重建全国的公证机关。至此，我国公证事业终于结束了长达近 20 年的荒芜。1980 年年初，司法部先后发出《关于逐步恢复国内公证业务的通知》《关于公证处的设置和管理体制的通知》，要求全国各地须尽快完成司法行政机关的重新设立，对全国公证机关的建制和设置问题作出了部署，要求在直辖市、市、县设立公证处，暂不设公证处的市、县，由所在地的基层人民法院附设公证员或由审判员兼办公证业务；在业务量较大的市可立几个公证处。1982 年 4 月 13 日，国务院颁布的《公证暂行条例》规定在直辖市、县（自治县）、市设立公证处；经省、自治区、直辖市司法行政机关批准，市辖区也可设立公证处。1992 年 9 月 10 日，司法部下发《关于设立省、自治区公证处有关事宜的通知》，规定具备条件的省、自治区、自治州（地区）和特别经济地区，经主管部门批准可以设公证处；1993 年 2 月，司法部又批准设立了中华人民共和国国家公证处（1995 年 8 月更名为“长安公证处”）。此后，还规定经司法厅批准，报司法部备案，还可以设立州（市）公证处。同时，在经济特区、经济技术开发区，保税区、垦区、林区、矿区等特别经济地区，根据该地区经济发展的实际需要，经其上级政府同意，报请所在地省、自治区、直辖市司法厅（局）批准，并报司法部备案，可以设立特别地区公证处。在具备条件的重点乡镇，可以设立公证处的办事处，开展办理公证的业务。公证处还可以在重点企业、事业单位设立联络点，聘请公证联络员和顾问，建立公证法律服务网络。2000 年 1 月 19 日，司法部律师公证工作指导司下发了《关于开展合作制公证处试点工作的通知》，同意在相对发达的大、中城市试点设立合作制公证处。

后来，为了适应社会主义市场经济发展的需要，根据党的十四届三中全会通过的《中共中央关于建立社会主义市场经济体制若干问题的决定》精神，司法部开始着手进行公证体制改革的试点，其中一项重要内容就是要适应社会主义市场经济发展的要求，改革按行政体制和行政区域设置公证机构的传统模式。国务院在《关于深化公证工作改革的方案》中指出，现有行政体制的公证处要尽快改为事业体制。改制的公证处应成为执行国家公证职能、自主开展业务、独立承担责任、按市场规律和自律机制运行的公益性、非营利的事业法人。今后，不再审批设立行政体制的公证机构。在改革过渡期内，边远、贫困地区及近 3 年人均业务收入不足 3 万元的公证机构，暂时可保持原行政体制不变，但应按事业单位的模式管理和运行。

国家对于公证机构的设置实行统筹规划、合理布局的原则。2006 年司法部发布《公证机构执业管理办法》，其中第九条规定："省、自治区、直辖市司法行政机关应当按照公证机构设立原则，综合考虑当地经济社会发展程度、人口数量、交通状况和对公证业务的实际需求等情况，拟定本行政区域公证机构设置方案，并可以根据当地情况和公证需求的变化对设置方案进行调整。公证机构设置方案包括：设置方案拟定的依据，公证机构设置和布局的安排，公证执业区域划分的安排，公证机构设置总量及地区分布的安排。公证机构设置方案及其调整方案，应当报司法部核定。"

（二）我国现阶段公证机构的设置

《公证法》第七条规定："公证机构按照统筹规划、合理布局的原则，可以在县、不设区的市、设区的市、直辖市或者市辖区设立；在设区的市、直辖市可以设立一个或者若干个公证机构。公证机构不按行政区划层层设立。"该规定明确了：第一，我国现阶段公证机构的设置原则，即统筹规划，合理布局。第二，在国家、省一级、地区、盟、州不再设立公证机构，但允许继续在直辖市设立公证机构。第三，公证机构可以在县、不设区的市、设区的市、直辖市或者市辖区设立。第四，公证机构不按行政区划层层设立。第五，明确了公证机构设置的数量。在设区的市、直辖市可以设立一个或者若干个公证机构。

《公证法》第八条规定，设立公证机构，应当具备下列条件：（1）有自己的名称；（2）有固定的场所；（3）有 2 名以上公证员；（4）有开展公证业务所必需的资金。《公证法》第九条规定，设立公证机构，由所在地的司法行政部门报省、自治区、直辖市人民政府司法行政部门按照规定程序批准后，颁发公证机构执业证书。公证机构的审批权依法属于省、自治区、直辖市人民政府司法行政部门，其他任何机关无权批准公证机构的设立。《公证机构执业管理办法》第二章对公证机构的设置进一步细化和明确。由此可见，公证机构设立程序为：（1）省、自治区、直辖市人民政府司法行政部门按照公证机构设立原则，综合考虑当地经济社会发展程度、人口数量、交通状况和对公证业务的实际需求情况，拟定本行政区域公证机构设置方案，对公证机构设置数量、地区分布、执业区域划分等作出安排，并可以根据当地情况和公证需求的变化进行调整。公证机构设置方案及其调整方案应当报司法部核定。（2）公证机构的开办资金数额，由省、自治区、直辖市司法行政部门确定。（3）设立公证机构，由所在地司法行政部门组建，逐级报省、自治区、直辖市司法行政部门审批。（4）申请设立公证机构应当提交设立公证机构的申请和组建报告、拟采用的公证机构名称、拟任公证员名单及相关证明材料、拟推选的公证机构负责人的情况说明、开办资金证明、办公场所证明等材料。（5）省、自治区、直辖市人民政府司法行政部门应当自收到申请材料之日起 30 日内，完成审核，作出批准设立或者不予批准设立的决定。对准予设立的，颁发公证机构执业证书，报司法部备案，并在作出批准决定后 20 日内，在省级报刊上予以公告；对不准予设立的，应当在决定中告知不批准的理由。（6）公证机构变更名称、办公场所、分立、合并或者变更执业区域的，应当由所在地司法行政部门审核后，逐级报省、自治区、直辖市人民政府司法行政部门办理变更核准手续并报司法部备案。公证机构变更负责人的，经所在地人民政府司法行政部门核准后，逐级报省、自治区、直辖市人民政府司法行政部门备案。变更事项还应当于批准决定作出后 20 日内，在省级报刊上予以公告。

我国公证机构实行公证机构负责人制度。公证机构的负责人，是指在公证机构担任领导并担负责任的人，包括公证机构的主任、副主任。根据《公证法》第十条的规定，公证机构的负责人应当在有 3 年以上执业经历的公证员中推选产生，由所在地的司法行政部门核准，并逐级报省、自治区、直辖市人民政府司法行政部门备案。设立公证机构，负责组建的司法行政部门应当向审批机关提交拟推选的公证机构负责人的情况说明。公证机构是向社会提供专业法律服务的证明机构，为了保证服务的质量，除了公证执业活动的主体即公证员具有与从事这项工作相适应的综合素质外，作为公证机构的负责人，不仅要管理机构内部的行政方面的事务，更应当熟悉公证业务工作，以便于全面加强对各项工作的指导、管理和监督。

考虑到公证机构与国家机关的性质不同，为了保证公证机构独立行使公证职能，体现机构内部的民主管理，《公证法》采取两结合的方式和程序确实公证机构的负责人。首先，由公证机构的组成人员（包括公证员在内的所有在编人员）按照公证法等法律、法规规定的条件和程序以及国务院司法行政部门的有关规定，通过内部酝酿、投票等程序和方式从本公证机构内部推选出本机构的负责人人选。其次，在推选出负责人后，报请公证机构所在地的司法行政部门核准。所在地司法行政部门经审核，认为公证机构的推选符合条件和程序的，应当予以批准，反之，则不予批准。所在地司法行政部门核准后，应当将核准的情况报所属的省、自治区、直辖市人民政府司法行政部门备案，以备查考。

第二节 公证员

公证员，国际上一般称为公证人，最早出现于古罗马时期。关于公证员的概念，全国人大宪法法律委员会在制定《公证法》时经反复研究后认为，对于公证员概念界定应与公证制度的发展进程相一致。据此，全国人民代表大会在《公证法》立法中将公证员的概念表述为“公证员是符合本法规定的条件，并在公证机构从事公证业务的执业人员”。在我国，公证员是国家法律工作者，是公证处独立办理公证事项的专业人员。

一、公证员的任免条件

（一）公证员的基本条件

根据《公证法》第十八条的规定，我国公证员的基本条件如下：

1. 具有中华人民共和国国籍；
2. 年龄 25 周岁以上 65 周岁以下；
3. 公道正派，遵纪守法，品行良好；
4. 通过国家统一法律职业资格考试取得法律职业资格；
5. 在公证机构实习 2 年以上或者具有 3 年以上其他法律职业经历并在公证机构实习 1 年以上，经考核合格。

与其他的司法任职资格相似，公证员资格也可以通过考核方式被任命为公证员，根据《公证法》第十九条的规定，符合以下条件，也可担任公证员：

1. 从事法学教学、研究工作并具有高级职称的人员；
2. 具有本科以上学历并从事审判、检察、法制工作、法律服务满 10 年的公务员、律师，已经离开原工作岗位，经考核合格的。

根据《公证法》第二十条的规定，有下列情形之一的，不得担任公证员：

1. 无民事行为能力或者限制民事行为能力的；
2. 因故意犯罪或者职务过失犯罪受过刑事处罚的；
3. 被开除公职的；
4. 被吊销公证员、律师执业证书的。

（二）公证员的免除条件

根据《公证法》第二十四条的规定，公证员有下列情形之一的，由所在地的司法行政部门报省、自治区、直辖市人民政府司法行政部门提请国务院司法行政部门予以免职：

1. 丧失中华人民共和国国籍的；
2. 年满65周岁或者因健康原因不能继续履行职务的；
3. 自愿辞去公证员职务的；
4. 被吊销公证员执业证书的。

二、公证员的任免程序

（一）任职

一般而言，申请人经考试、考核合格，并被公证机构录用后，由符合公证员条件的人员提出申请，经所在的公证机构推荐，由所在地的司法行政部门把申请人的申请和相关的证明材料逐级报请省、自治区、直辖市人民政府司法行政部门审核。这种审核，属于实质审核，需要依据《公证法》并结合申请人提供的相关证明材料，对其是否符合公证员任职条件进行全面严格审查。省、自治区、直辖市人民政府司法行政部门应当自收到报审材料之日起20日内完成审核。对于符合任职条件的申请人，应当依法报国务院司法行政部门，由国务院司法行政部门统一任命，一般来讲，是由现任司法部部长签发任命状或任命令；而对于不符合任职条件的申请人，应当作出不同意申请人担任公证员的决定，并退回相关材料，书面通知申请人和所在地司法行政部门。对于符合任职条件的人，经省级司法行政管理部门审核同意并报司法部任命后，省级人民政府司法行政部门根据司法部的任命，对申请人颁发统一的“中华人民共和国公证员执业证书”。该证书是公证员能够独立办理公证业务的凭证，在没有获得执业证书之前，不得单独办理公证业务。

（二）年度考核

公证员执业年度考核制度是司法行政机关对公证员的公证活动进行管理和监督的一种重要措施。为加强对公证员的监督和管理，保证公证员依法执行职务，司法部于1995年6月2日发布了《公证员注册管理办法》，开始实行公证员注册管理。2006年3月14日，司法部发布了《公证员执业管理办法》，对公务员进行执业管理，《公证员注册管理办法》随之废止。《公证员执业管理办法》第二十四条规定，公证机构应当在每年的第一个月份对所属公证员上一年度办理公证业务的情况和遵守职业道德、执业纪律的情况进行年度考核。考核结果，应当书面告知公证员，并报所在地司法行政机关备案。公证机构的负责人履行管理职责的情况，由所在地司法行政机关进行考核。考核结果，应当书面告知公证机构的负责人，并报上一级司法行政机关备案。经年度考核，对公证员在执业中存在的突出问题，公证机构应当责令其改正；对公证机构的负责人在管理中存在的突出问题，所在地司法行政机关应当责令其改正。

（三）变更执业机构

根据《公证员执业管理办法》第十五条的规定，如公证员变更执业机构，则应经所在公证机构同意和拟任用该公证员的公证机构推荐，报所在地司法行政机关同意后，报省、自治区、直辖市人民政府司法行政机关办理变更核准手续。公证员跨省、自治区、直辖市变更执业机构的，经所在的省、自治区、直辖市人民政府司法行政机关核准后，由拟任用该公证员的公证机构所在的省、自治区、直辖市人民政府司法行政机关办理变更核准手续。

（四）免职

根据《公证员执业管理办法》第十六条的规定，公证员有下列情形之一的：（1）丧失中华人民共和国国籍的；（2）年满65周岁或者因健康原因不能继续履行职务的；（3）自愿辞去公证员职务的。由所在地司法行政机关自确定该情形发生之日起30日内，报省、自治区、直辖市人民政府司法行政机关，由其提请司法部予以免职；如系被吊销公证员执业证书的，由省、自治区、直辖市人民政府司法行政机关直接提请司法部予以免职；如系提请免职的，则应当提交公证员免职报审表和符合法定免职事由的相关证明材料。司法部应当自收到提请免职材料之日起20日内，制作并下达公证员免职决定。司法部对决定予以免职的公证员，应当定期在全国性报刊上予以公告，并定期编制全国公证员名录。

三、不同级别公证员的任职条件和岗位职责

根据中共中央职称改革工作领导小组于1988年3月1日转发的司法部《公证员职务试行条例》，公证员职务是根据公证工作的性质和公证业务工作的实际需要而设置的专业工作岗位。公证员职务名称为：公证员助理，四级公证员、三级公证员、二级公证员和一级公证员。公证员助理和四级公证员为初级职务，三级公证员为中级职务，二级公证员和一级公证员为高级职务。根据《公证员职务试行条例》的规定，各级公证员职务的任职条件和岗位职责具体如下：

（一）公证员助理的任职条件和岗位职责

任职条件：高等院校（系）法律专科毕业生和中等法律学校毕业生，见习1年期满，经考核合格，初步掌握必要的法律基础知识和公证业务知识，基本了解办证程序，能办理公证业务中的有关事务性工作。

岗位职责：（1）处理群众性来信，接待群众来访，代写申办公证的有关资料；（2）收发和管理文件，发送公证文书，整理、装订和保管公证案卷，统计公证事项；（3）接待公证申请人，审查申请人的资格，核实证件、证明材料，制作谈话笔录；（4）协助公证员调查、取证，办理其他辅助性工作。

（二）四级公证员的任职条件和岗位职责

任职条件：获法学硕士学位，或获除法学学位之外的第二学士学位，或获法学研究生班结业证书，或高等院校（系）法律本科毕业生见习1年期满，或高等院校（系）法律专科毕业生担任公证员助理2年以上，且经考核合格，基本掌握法律基础知识和公证业务知识，能独立承办一般的公证事项。

岗位职责：（1）处理群众来信，接待群众来访，解答有关公证事项的询问，办理其他公证处委托调查的事项；（2）独立承办一般的公证事务；（3）协助三级以上公证员办理公证事项；（4）办理其他公证事务。

（三）三级公证员的任职条件和岗位职责

任职条件：获法学博士学位；或获得法学硕士学位，或获除法学学位之外的第二学士学位，或获研究生班结业证书，并担任四级公证员2年以上；或高等院校（系）法律本科和法律专科毕业担任4级公证员4年以上，且经考核具备下列条件：（1）能比较系统地掌握法律知识和公证业务知识；（2）熟悉办证程序，能独立承办公证事项；（3）有指导四级公证员工作的能力；（4）初步掌握一门外国语。

岗位责任：（1）处理群众来信，接待群众来访，解答有关公证事项的咨询；（2）办理公证事项；（3）指导四级公证员以下人员的工作；（4）办理其他公证事务。

（四）二级公证员的任职条件和岗位职责

任职条件：获法学博士学位且担任三级公证员2年以上，或者高等院校（系）法律本科以上毕业担任三级公证员5年以上，且经考核具备下列条件：（1）系统掌握法律知识和公证业务知识，具备同本职工作相适应的其他学科知识；（2）有丰富的公证业务经验，能办理较复杂的公证事项，解决公证业务中遇到的疑难问题，工作成绩显著；（3）有指导三级以下公证员工作的能力；（4）能提出公证理论研究课题，并组织、承担研究工作和写出较高水平的专业论文或论著；（5）掌握一门外国语。

岗位职责：（1）办理复杂的公证事项；（2）指导三级公证员以下人员的工作和业务进修；（3）组织、承担公证专题研究工作；（4）研究、解决公证业务活动中遇到的疑难问题。

（五）一级公证员的任职条件和岗位职责

任职条件：大学本科以上毕业生担任二级公证员5年以上，且经考核具备下列条件：（1）具有丰富的法律知识和公证业务知识，并掌握同本职工作有关的其他学科知识；（2）能够解决公证业务上的重大疑难问题，具有全面指导公证业务工作的能力，工作成绩卓著；（3）能提出有重大意义的公证理论研究课题，并能组织、承担、指导研究工作和写出较高水平的专业论文或论著；（4）熟练掌握一门以上外国语。

岗位职责：（1）办理重大、疑难的公证事项，研究解决公证业务中遇到的重大疑难问题；（2）指导二级公证员以下人员的工作和业务进修；（3）组织、承担、指导公证理论研究工作。

四、公证员专业职务的评定

公证处应定编定员，公证员职务应由其所在的公证机构根据本单位工作需要和由主管部门核定的合理结构比例，实行限额，在公证员评审委员会评审的符合相应条件的公证员中聘任或任命。司法部宏观指导全国公证员职务的评审、聘任或者任命工作。各级公证员的任职资格，须经相应的公证员职务评审委员会评审。各级司法行政机关组成公证员职务评审委员会。

初级公证员评审委员会由县司法局组建，负责评审公证员助理、四级公证员；中级公证员职务评审委员会由地（市）司法局组建，负责评审三级公证员；高级公证员职务评审委员会由省、自治区、直辖市司法厅（局）组建，负责评审一、二级公证员。表决时，采用无记名投票方式，赞成票超过评审委员会全体成员 1/2 方为有效。四级、三级公证员职务的聘任或任命须报司法厅（局）备案；二级、一级公证员职务的聘任或任命须报司法部备案。聘任或任命的期限一般不超过 5 年，根据工作需要，可以连聘连任。凡已被评聘为各级公证员专业职务的人员晋升职务，除《公证员职务试行条例》规定的任职条件外，初级职务晋升中级职务，应经过省、自治区、直辖市司法厅（局）举办的职务晋升培训班培训，并经考试考核合格；中级职务晋升二级职务和二级晋升一级，必须经中国高级公证员培训中心举办的晋升职务培训班培训，并经考试考核合格，同时要严格备案程序。

五、公证员的义务和权利

《公证法》第二十二条是关于公证员的义务和权利的规定。该法条在体系上采用先规定义务，后规定权利的方式，预示着特别的提醒和强调。

（一）公证员的义务

公证员的义务，是指法律规定的，公证员在办理公证业务中应当履行一定行为或者不应当为一定行为的范围或权限。根据《公证法》第二十二条第一款的规定，公证员应当履行的主要义务有：

1. 遵纪守法。公证员在公证活动中，必须遵守国家各项法律的规定和行业纪律。这里的法律应作广义理解，不仅包括全国人大及其常务委员会制定或修改的法律，还包括行政法规、地方性法规、部门规章等具有法律效力的规范性文件。行业纪律主要是指中国公证协会和地方公证协会制定的章程和各种行为规范。遵纪守法要求公证员必须严格依照法定条件和法定程序，办理公证业务。

2. 恪守职业道德。社会道德包括公共道德和职业道德等方面。与要求一般人共同遵守的公共道德准则不同，职业道德的提出和建立是社会化大生产分工细化、民众权利扩张和伦理学发展的结果，是指某一特定领域的从业人员应当普遍遵守的行业道德准则。而公证职业道德是指在公证法律领域的执业人员应当遵守的公证法律行业的品行准则。公证员不仅应当具有良好的社会公德，还要恪守作为法律工作者应有的职业道德准则。中国公证协会（原中国公证员协会）于 2011 年修订的《公证员职业道德基本准则》就规定了忠于法律尽职尽责、爱岗敬业规范服务、加强修养提高素质和廉洁自律尊重同行四个方面的公证职业道德指引。

3. 依法履行公证职责义务。首先，公证员应当在法律规定的职权范围内行使公证权力，不得超越办证权限办理公证，否则就属于滥用职权。但是，公证证明的对象很多，随着社会的发展，新的公证事项也会不断出现，为此该权限不能理解为“法律没有明文规定可予以公证的就不能公证”，而是应理解为不能行使应由行政机关或其他组织行使的职权，如纠纷裁判权、专业鉴定权等。其次，公证员应当依照规定的程序履行职责。因为程序正义是实体正义的保障，公平、公正的程序能够使实体上的权利义务得到有效保障，所以公证员应当按照规定的程序办理公证。再次，办理公证也应当正确适用实体法。因为实体法是以确认权利义务关系和法律责任为主要内容的法律，是判断公证对象是否合法的最为重要的依据。公证员在办理公证过程中，当然必须正确适用公证事项所涉及的实体法，以保障该事项主体适格、当事人意思表示真实、事项内容合法、不违反社会公共利益，真正做到以公证预防纠纷。最后，公证员应当亲自认真履行职责，不得委托他人代办公证；并且应当努力提高工作效率和工作质量。

4. 保守执业秘密义务。公证员工作中可能会遇到涉及国家秘密的案件，严格保守国家秘密是一名公证员必须具备的素质，涉及国家秘密的案件，应当严格按照法律规定的程序办理。在办理其他公证事项时，若涉及当事人的商业秘密和个人隐私，公证员也应执行保密纪律，不得随意传播。比如，办理遗嘱公证时，公证文件应作为密卷进行保存。又如，招标投标公证，评标过程应严格保密，公证员对此必须守口如瓶。另外，公证员还应当保守公证工作秘密，对于办证过程中形成的内部意见、内部材料和不应当透露的其他与公证工作有关的信息，一律不得泄露。

（二）公证员的权利

公证员的权利，是指依法设定的、为保障公证员从事公证业务而赋予的各项执业权利和人身保障权利。根据《公证法》第二十二条第二款的规定，公证员享有的主要执业权利有：

1. 有权获得劳动报酬，享受保险和福利待遇。根据《宪法》的有关规定，中华人民共和国公民有劳动的权利和义务。劳动有权获得报酬，享受福利待遇和保险。公证员作为法律工作者，既然在公证活动中，付出了一定的脑力劳动和体力劳动，就有权获得报酬、享受保险和福利待遇。公证员的报酬，并不是直接由当事人交给承办业务的公证员，而是按照收费标准，公证机构对于办理的公证业务合理收取费用后，再分配给公证员。

2. 有权提出辞职、申诉或者控告。《宪法》第四十一条规定，中华人民共和国公民对于任何国家机关和国家工作人员的违法失职行为，有向有关国家机关提出申诉、控告或者检举的权利。可见，公证员享有申诉、控告权利是《宪法》关于公民基本权利的规定在《公证法》中的体现和落实。此外，公证员作为自由职业者，有权自由决定是否继续在某公证机构工作，也有权决定是否继续从事公证事业。任何机关、机构、个人都应当尊重这种选择的自由。当然，对于企图利用辞职掩盖自己违法行为逃避惩罚的，应当严格依照有关规定进行处罚。

3. 非因法定事由和非经法定程序，不被免职或者处罚。这是为保障公证员能够依法独立执业、排除其他组织和个人的非法干预而规定的组织非经法定程序不得剥夺公证员执行职务的权利。公证的性质和宗旨决定了公证员只服从于法律，其只有违反了法律才应受到制裁，任何组织和个人不得在法律规定的事由和程序之外，凭自身意愿对公证员进行处罚。由于公证员是经过严格的遴选程序最终由司法部任命的，所以公证员的免职、处罚也必须经过法定程序由法定机关作出。

需要说明的是，所谓“法定事由”和“法定程序”的“法”是广义的“法”，不限于法律和行政法规，国务院司法行政部门作为行政主管机关，中国公证协会作为行业自律组织，其制定的部门规章和行业规范，也属于公证员应当遵循之“法”，国务院司法行政部门和中国公证协会可依之对违反者给予行政处罚或行业惩戒。

第十二章 公证管理体制

第一节 公证管理体制的沿革及现状

一、公证管理体制的沿革

我国的公证制度是借鉴苏联公证制度创立、形成和发展起来的。我国成立初期，公证业务属于法院的职能。1951 年，我国政府颁布《人民法院暂行组织条例》，规定“由县级人民法院和中央及行政大区、直辖市人民法院负责办理公证业务”，随着《北京市人民法院公证暂行办法》《中南区公证实行办法》的相继出台，全国大中型城市及县级城市法院内的审判员承担起公证工作。公证管理体制与行政管理一致，公证业管理总体由司法行政部门实施行政管理。1953 年 4 月，司法部发布《关于建立加强公证工作的意见》，要求各级地方政府应该有计划地在某些人数较为集中的市、地级县建立公证处。1954 年 9 月，第一届全国人民代表大会第一次会议通过《人民法院组织法》，决定把全国各地公证工作逐步由法院转归司法行政机关直接领导和管理。1956 年年初，国务院批准了司法部报送的《关于开展公证工作的请示报告》，批准在 30 万人口以上的市设立由司法行政机关主管的公证处。其他的市、县不具备设立公证处条件的，应在人民法院中附设公证室，开展公证业务。“截止至 1957 年 6 月，全国各地已成立了 52 个脱离法院管理模式的市级公证处。有 553 个市、县设立人民法院公证室，652 个县级人民法院兼办公证业务。”① 1957 年下半年“反右倾斗争”扩大化，法律虚无主义严重。从 1958 年开始，各地公证处陆续撤销。1959 年，司法部被撤销，全国的司法行政机关被撤销，公证机关也被撤销，公证工作又划归人民法院管理。这一时期直至“文化大革命”结束，除基于国际惯例少数的涉外公证活动由人民法院办理外，国内公证业务基本处于荒芜状态。公证工作依旧归入人民法院管理。

1978 年，党的十一届三中全会后，开始拨乱反正，强调社会主义民主与法制。

① 杨翔．公证正在失去平衡——论《公证法》的影响及公证制度的若干问题．湘潭大学学报，2008(3).

1979 年司法部重建。1980 年 3 月，司法部先后下发《关于逐步恢复国内公证业务的通知》《关于公证处设置和管理体制问题的通知》，要求全国各地尽快重新设立行政机关，规定直辖市、省辖市、县设立公证处，确立公证处归属司法行政机关领导，公证工作重新由司法部负责，随之司法行政机关得到复建，公证处也随之复建，公证制度开始走出了低谷，逐步在全国得到恢复和发展。公证机构也逐步走上由各地司法行政机关直接领导之路。

改革开放初期，我国公证体制仍参考苏联模式。1982 年 4 月，国务院制定了《公证暂行条例》（已失效）。该暂行条例的第六条第一款规定："公证处受司法行政机关领导。"因此，我国的公证管理体制，依旧是按照行政管理的模式，公证员属于公务员，公证处收支全部归财政。若公证侵权，统一通过行政复议或行政诉讼的方式解决。1990 年中国公证员协会（现称中国公证协会）成立，该协会为公证行业自律性组织，在公证管理中一直处于辅助地位，其负责人通常由司法行政机关的领导兼任，始终没能摆脱原有公证机构行政管理体制模式。而这种管理体制的主要特征是：（1）公证处由司法行政机关设立，人员编制由司法行政机关决定；（2）收支由国家财政部负责；（3）公证处性质上隶属于司法行政机关，如同司法行政机关的一个职能部门；（4）公证处从机构设置、组织领导、人事管理到业务活动、人员培训等，均由司法行政机关统管。随着 20 世纪 90 年代经济发展放缓，呼吁公证改革的声音越发强烈，1992 年 9 月，司法部下发《关于设立省、自治区公证处有关事宜的通知》，把事业单位体制定为我国公证机构体制改革的第一目标。

二、公证管理体制的现状

为了适应市场经济的发展，建设有中国特色的公证制度，1993 年以后，司法部根据党的十四届三中全会关于建立社会主义市场经济体制决议的要求，着手启动公证体制改革。司法部的改革意见将公证机构明确定位为社会中介组织，进一步明确了公证工作在市场经济建设和法律体系中的地位及属性，也为中国的公证改革打下了重要的基础。"正是'市场中介组织'的提法，被放大理解为市场化改革的先声。"①

从 2000 年开始，司法部出台多份规范文件，着手对公证管理体制进行改革。《关于开展合作制公证处试点工作的通知》《关于设立合作制公证处的规范性意见（试行）》要求省、自治区、直辖市尽快设立合作制公证处，积极开展试点工作。2000 年 7 月，司法部下发的《关于深化公证工作改革的方案》，是我国公证事业发展的纲领性文件，该文件明确提出，要"完善司法行政机关宏观管理和公证员协会行业管理相结合的公证管理体制，不断提高管理水平，努力实现公证管理的科学化、规范化"。这标志着我国公证事业从此进入了深化改革和全面发展的新时期。

---

① 马宏俊．公证法学．北京大学出版社，2013：37.

该方案通过借鉴国外的先进经验和对我国公证工作的总结，按照市场中介组织的特点对公证机构的组织形式和运行机制进行了重大改革，过去的公证机构实行行政体制管理，改革要求公证机构自主开展公证业务、独立承担法律责任、按市场规律和自律机制运行，实行司法行政机关行政管理与公证员协会行业管理相结合的公证管理体制。该方案适应国情，符合公证实际，是改革开放以来我国公证工作改革发展取得的重要成果，对我国公证制度的改革起着承前启后、继往开来的作用，树立了公证事业发展的里程碑。

2005年8月颁布，分别于2015年和2017年修订的《公证法》，在法律上确认了公证管理体制为司法行政机关行业管理和公证协会行业管理的“两结合”的管理体制。第四条第二款规定：“公证协会是公证业的自律性组织，依据章程开展活动，对公证机构、公证员的执业活动进行监督。”第五条规定：“司法行政部门依照本法规定对公证机构、公证员和公证协会进行监督、指导。”由此可见，司法行政部门与公证协会之间是行政监督上的管理与被管理的关系，司法行政部门是监督管理者，公证协会是监督管理相对人，不同于民商事法律关系中的平等主体关系，是司法行政部门对公证协会进行监督、指导下的“两结合”。司法行政部门和公证协会对公证机构、公证员都有监督权，但两者权责分工不同，司法行政部门的监督属于行政监督，公证协会的监督属于行业自律。在行政管理与行业自律管理相结合的公证管理体制下，公证机构管理工作由司法行政部门和公证协会共同完成。两者从不同的角度进行管理，但这两类管理又不是截然分开的，它们相辅相成，需要各级司法行政部门和各公证协会之间的密切配合才能真正做好。这种“两结合”的公证管理体制，具体地说，司法行政部门监督、指导公证机构工作，主要侧重于组织和队伍建设、法律法规和政策的制定、执业监督处罚等宏观管理；公证协会是公证行业的自律性组织，侧重于行业规范、业务交流和培训、行业奖罚、维护权益等工作。

第二节　司法行政部门的行政管理

由司法行政部门对公证业实施行政管理，符合我国公证管理的实际，也与国外通行做法一致。《公证法》第五条规定：“司法行政部门依照本法规定对公证机构、公证员和公证协会进行监督、指导。”从法律上确认了司法行政部门与公证机构、公证员和公证协会之间的关系，规定了司法行政部门的管理权限和形式。《公证法》把司法行政部门对公证的管理明确界定为监督和指导。较之修订前“公证机构受司法行政部门的领导”是重大的改变与进步。这种改变要求各级司法行政部门转变管理理念和职能，公证管理工作的重心由管理公证机构的人、财、物向监管执业准入、执业秩序和公证质量等方面转移，切实赋予公证机构独立地位，确保公证机构依法享有的人、财、物自主权落到实处。

根据有关法律、法规规定和公证体制改革的有关精神，司法行政部门的监督、指导公证工作主要是对公证机构进行宏观管理。司法行政部门对公证工作的管理分四个层次，由司法部，省、自治区、直辖市司法厅（局），地、市、州、盟司法局（处），县（县级市、旗）、区司法局按职能分工负责实施。省级以上司法行政部门主要负责宏观性行政管理和公证业务管理，如设立公证机构，由所在地的司法行政部门报省、自治区、直辖市人民政府司法行政部门按照规定程序批准后，颁发公证机构执业证书。而地市级以下司法行政部门主要负责对公证工作的具体行政事务性管理。司法行政部门对公证工作的管理不同于行政领导管理，是监督和指导性质。

具体而言，司法行政部门对公证工作的管理主要体现在组织建设、队伍建设、政策指导和执业监督处罚等方面。概括地说，可以分为公证行政事务管理、公证业务监督和指导两个方面：

（一）公证行政事务管理

主要包括：（1）核准确定公证机构的设置，对于符合条件的公证机构，颁发公证机构执业证书；（2）以保障公证执业的平等性为目标，逐步改变公证机构按行政层级与司法行政部门对应设置的格局，按照统筹规划、合理布局的原则，依法对公证机构的辖区、外部管理体制等进行规范，实现公证资源的优化配置；（3）继续以保障公证执业的独立性为目标，赋予公证机构独立的法律地位，探索建立符合公证机构属性要求的内部管理制度，规范内部运作，建立完善公证机构独立担责、自我约束、自我发展的良性机构；（4）核准公证机构负责人；（5）根据《公证法》关于公证员任职条件的规定，对公证员进行任免和考核；（6）接受公证协会章程的备案；（7）加强公证宣传工作，改善公证执业环境；（8）对公证机构及其公证员有关违法行为进行处罚等。在《公证法》第六章法律责任中，明确规定了公证机构及其公证员相关违法行为及相应的法律责任。这也同时规范了司法行政部门对公证工作执业监督处罚职能的行使。

（二）公证业务监督和指导

主要包括：（1）规范和加强公证质量监管，制定公证质量标准，组织开展全国性公证服务秩序和公证质量大检查活动，完善公证责任赔偿制度，健全公证质量保证体系，探索建立公证质量监管的长效机制。（2）按照依法行政、依法管理、科学管理的要求，进一步明确司法行政部门与公证协会的职能分工，完善“两结合”公证管理体制。（3）继续以保障公证执业的专业性为目标，要求“坚持信念、精通法律、维护正义、恪守诚信”。（4）继续支持以保障公证执业的非营利性为目标，建立科学、合理的公证业绩评价和考核体系以及收入分配制度，防止公证市场化倾向。（5）积极推进公证同业规则建设，司法行政部门、公证协会要积极引导设区的市区范围内的各公证机构，通过建立主任联席会议制度、签订诚信自律规约等形式，加强自我管理，自我约束。（6）协调公证机构之间、公证机构与有关部门之间的关系。（7）规范公证书的制作形式。司法部要求要使公证书真正符合《民事诉讼法》要求的“作为认定案件事实的根据”的标准。（8）对公证协会进行监督和管理。（9）组织开展多种形式的人员信息资料交流活动，扩大我国公证业的对外交流与合作等。

司法行政部门在每年的第一季度对公证机构进行年度考核。年度考核，应当依照《公证法》的要求和《公证机构执业管理办法》第二十六条规定的监督事项，审查公证机构的年度工作报告，结合日常监督检查掌握的情况，由所在地司法行政部门对公证机构的年度执业和管理情况作出综合评估。考核等次及其标准，由司法部制定。年度考核结果，应当书面告知公证机构，并报上一级司法行政部门备案。

同时，我国《公证法》从公证机构、公证员、公证程序、公证效力以及公证法律责任等方面对司法行政部门的“监督、指导”职责作出了具体规制。强调了司法行政部门在履行“监督、指导”职责时，应当遵守《公证法》第六条关于公证机构“依法独立行使公证职能”的规定，即司法行政部门无权干预公证机构及其公证员独立办证权，无权撤销或者维持公证书，但对公证机构及其公证员执业活动的违法行为有权实施行政处罚。

第三节　公证协会的行业自律

中国公证协会是政府主导型的行业协会，根据《中国公证协会章程（修订草案）》第二条的规定，是依照《公证法》设立的，由中国公证协会、公证机构、公证员、地方公证协会以及其他与公证事业有关的专业人员、机构组成的全国性公证行业自律性与非营利性的社会团体法人。《公证法》第四条规定：“全国设立中国公证协会，省、自治区、直辖市设立地方公证协会。中国公证协会和地方公证协会是社会团体法人。中国公证协会章程由会员代表大会制定，报国务院司法行政部门备案。公证协会是公证业的自律性组织，依据章程开展活动，对公证机构、公证员的执业活动进行监督。”中国公证协会是全国公证业的行业管理组织，其主要职责是对全国范围内的公证机构和公证员的执业活动进行监督，省级公证协会是省级行政区域内公证业的行业监督组织，其主要职责是对本行政区域内公证机构和公证员的执业活动进行监督。中国公证协会与省、自治区、直辖市设立的地方公证协会之间不是隶属关系，中国公证协会对地方公证协会进行监督和指导。

中国公证协会原名称为中华全国公证员协会。成立于 1990 年 3 月，后依据《公证法》于 2006 年 3 月经民政部、司法部批准，正式更名为中国公证协会。改名主要是因为我国公证行业是以公证机构为本位，将公证机构的行业管理组织称为公证员协会，不能涵盖公证机构在内，而改名为公证协会则可以涵盖公证的整个行业。目前，我国除香港、澳门和台湾地区以外，各个省市都建立了公证协会。

一、公证协会的性质

（一）公证协会是非营利性的社团法人

从行业管理职能上看，公证协会作为行业协会与一般社团法人具有本质的不同。公证业是一个由公证法律执业人员和机构组成的专门行业，公证协会作为非营利性社团法人，行使的是公证法律服务行业的管理职能，对公证行业进行监督和管理，而其他社团法人不具备这一法律行业管理职能。

（二）公证协会是公证业的自律性组织

公证协会作为公证业的自律性组织，具体表现为以下三点：

1. 自律性。自律，是自我管理自我约束的意思。就公证业而言，自律即行业内部管理。公证协会是公证业内部自我管理自我约束的行业管理组织。公证协会的自律性并不排斥他律，自律要同司法行政部门的行政管理、当事人和社会舆论的监督等相结合，形成对公证业全面的监督。

2. 管理性。公证协会的管理性有以下三个方面内容：第一，公证协会可以制定公证行业规范；第二，公证协会可以对公证机构、公证员的公证活动情况进行奖惩；第三，公证协会可以配合司法行政部门监督指导公证机构及公证员的公证活动。

3. 行业性。公证协会的行业性有以下四个方面内容：第一，公证协会的宗旨是监督会员认真履行职责，规范行业活动维护会员的合法权益，加强行业自律，维护会员权益，促进公证事业的改革发展，为全面建成小康社会和构建社会主义和谐社会提供优质高效的法律服务；第二，公证协会的职责是进行行业管理、监督、指导，维护会员合法权益，举办会员福利事业，制定行业规范等；第三，公证协会的会员绝大部分为公证机构和公证员；第四，中国公证协会作为公证业的行业管理组织已成为国际拉丁公证联盟的会员。

二、公证协会的职责

根据《公证法》第五条的规定，公证协会依据章程开展活动，对公证机构、公证员的执业活动进行监督。根据《中国公证协会章程（修订草案）》第五条的规定，公证协会的职责包括：（1）依照本章程对公证机构和公证员的执业活动进行监督；（2）协助政府主管部门管理、指导全国的公证工作，指导地方公证协会工作；（3）制定行业规范；（4）维护会员的合法权益，保障会员依法履行职责；（5）举办会员福利事业；（6）对会员进行职业道德、执业纪律教育，协助司法行政机关查处会员的违纪行为；（7）负责会员的培训，组织会员开展学术研讨和工作经验交流；（8）负责全国公证赔偿基金的使用管理工作，对地方公证协会管理使用的公证赔偿基金进行指导和监督；（9）负责公证宣传工作，主办公证刊物；（10）负责与国外和我国港、澳、台地区开展有关公证事宜的研讨、交流与合作活动；（11）负责海峡两岸公证书的查证和公证书副本的寄送工作；（12）负责公证专用水印纸的联系生产、调配，协助行政主管部门做好管理工作；（13）对外提供公证法律咨询等服务；（14）履行法律、法规规定的其他职责，完成司法部委托的事务；（15）组织开展公证行业信息化建设；（16）对会员的违纪行为实行行业处分；（17）根据有关规定对公证机构、公证员实施奖励。

从上面的规定可以看出，公证协会的职责主要包括以下几个方面：第一，维护公证员合法权益，保障公证员依法履行职责。第二，行业自律。第三，组织会员开展学术研讨和工作经验交流。第四，法律、法规规定的其他职责。主要包括协助政府主管部门管理、指导全国的公证工作，监督指导地方公证协会工作；举办会员福利事业；负责公证宣传工作，主办公证刊物；对外提供公证法律咨询服务等。此外，公证协会还可以管理公证事业发展基金、公证赔偿基金、公证人执业保证金和公证专用物品，办理公证行业公证责任保险，维护行业及公证机构、公证员的合法权益。公证协会可以实施司法行政部门的公证管理职能。

三、公证协会的组织机构

根据《中国公证协会章程（修订草案）》的规定，公证协会设立的组织、机构及其职能有以下几个方面：

（一）全国会员代表大会

全国会员代表大会是中国公证协会的最高权力机构，代表由省、自治区、直辖市会员代表大会选举产生，每届任期 4 年，可以连选连任。会员代表大会的职权是：（1）制定、修改本协会章程；（2）讨论决定本协会的工作方针和任务；（3）选举和罢免理事会理事；（4）审议、通过理事会的工作报告和财务报告；（5）全国会员代表大会认为依法应由它行使的职权。

会员代表大会须有 2/3 会员代表出席方能召开，决定重要事项须经出席人数 2/3 以上通过。

（二）理事会

理事会是会员代表大会闭会期间的执行机构，理事会每年举行一次会议，根据需要可以提前或推后。理事会由全国会员代表大会选举组成，并对全国会员代表大会负责。其主要职责是：（1）执行会员代表大会决议；（2）向会员代表大会报告工作；（3）选举常务理事并从中选举会长、副会长；（4）根据需要，增补或罢免个别常务理事；（5）决定设置或撤销本协会的办事机构和工作委员会、专业委员会、专项基金管理委员会；（6）制定本协会的办事规则和年度工作计划。

理事会须有 2/3 以上理事出席方能召开，其决议须经到会理事 2/3 以上表决通过方能生效。

（三）常务理事会

常务理事会是在理事会闭会期间，行使理事会关于协会《中国公证协会章程（修订草案）》第十六条除第（二）项、第（三）项、第（四）项以外的职权，主持协会日常会务工作的机构。公证协会常务理事会是由理事会选举产生，并决定聘任或解聘协会秘书长，对理事会负责。常务理事不得超过理事人数的1/3。常务理事会须有2/3以上常务理事出席方能召开，其决议须经到会常务理事2/3以上表决通过方能生效。

常务理事会会议每年不得少于两次，听取并审议会长、副会长、秘书长，办事机构的工作报告，研究决定重要事宜。

中国公证协会会员分团体会员和个人会员。取得公证机构执业证书的公证机构和取得社会团体法人登记证书的地方公证协会为中国公证协会的团体会员。其他与公证业务有关的机构，经申请批准，可以成为中国公证协会团体会员。取得公证员执业证书的公证员为中国公证协会个人会员。公证管理人员、从事公证法学教学、科研以及对公证制度有研究的人员和中国委托（香港）公证人、中国委托（澳门）公证人，经申请批准，可以成为中国公证协会个人会员。中国委托（香港）公证人、中国委托（澳门）公证人成为会员，报业务主管单位审核批准。

四、公证协会会员的权利和义务

（一）公证协会会员的权利

个人会员的权利包括：（1）享有中国公证协会的选举权、被选举权和表决权；（2）提出维护会员合法权益的要求；（3）享受中国公证协会举办的福利；（4）参加中国公证协会举办的各种学习、研讨和交流活动；（5）使用中国公证协会的图书资料；（6）通过中国公证协会向有关部门提出建议；（7）对中国公证协会工作提出批评和建议。

除第（1）项权利外，公证协会的团体会员享有公证协会个人会员享有的上述第（2）~（7）规定的权利。

（二）公证协会会员的义务

公证协会的团体会员和个人会员应当承担的义务是一致的，根据《中国公证协会章程（修订草案）》的规定，公证协会的团体会员和个人会员应当承担以下义务：（1）遵守中国公证协会章程、执行中国公证协会决议；（2）完成中国公证协会委托的工作；（3）向中国公证协会反映情况，提供相关资料；（4）按规定缴纳会费；（5）维护会员间的团结，维护公证职业的荣誉。

第十三章　公证程序

第一节　公证程序概述

一、公证程序的概念和法律依据

（一）公证程序的概念

公证程序，是指公证机构和公证当事人依照有关法律、法规的规定实施公证行为，办理公证事项所必须遵守的基本步骤与规则。公证程序是公证机关办理公证业务必须遵守的操作规章，是公证参与者进行公证活动时所应遵循的法律依据，严格按照公证程序进行公证活动可以保证公证机关正确执行国家法律，依法行使公证职权，确保公证文书的真实性、合法性，从而保障公证当事人的合法权益。

（二）公证程序的法律依据

关于公证程序的法律依据，1982 年《公证暂行条例》（已失效）第五章对办理公证的程序作了原则性的规定。其后，为了完善公证程序法律规范，司法部先后制定了《办理公证程序试行细则》（已失效）、《公证文书立卷归档办法》、《公证费收费规定》等一系列有关公证程序的法律规范。2002 年 6 月，司法部发布了《公证程序规则》（司法部令第 72 号），全面、具体地规定了办理各类公证事务必须遵守的基本程序规则。2006 年 5 月 10 日，司法部通过了《公证程序规则》，于 2006 年 7 月 1 日正式施行。2020 年 10 月 20 日司法部审议通过了修改《公证程序规则》的决定，于 2021 年 1 月 1 日施行。

二、公证程序的基本原则

公证程序基本原则是《公证法》规定的基本原则的具体化，公证程序应遵循的基本原则主要有：

（一）客观原则

客观原则也叫真实原则，是公证活动应当遵循的核心内容和第一道程序原则。它要求公证机构和公证人员在办理公证事项时要查明公证事项是否客观真实。客观原则是指公证文书所证明的法律行为、有法律意义的事实和文书的内容在公证时是客观存在的，或者有充分证据证明是客观存在的，而不是虚假的，伪造的事实。[①]客观真实是公证制度的灵魂与生命，是公证活动的出发点和归宿。《公证程序规则》第六条第一款明确规定，公证机构和公证员办理公证，不得有《公证法》第十三条、第二十三条禁止的行为，即为不真实、不合法的事项出具公证书。

（二）公证原则

公正原则指公证机构和公证员在办理公证事项时，平等对待各方当事人，公证文书所证明的法律行为，有法律意义的事实和文书的内容，体现出公平、正义，公证程序公证才能更有力地保证公证实体的公正。

（三）便民原则

便民原则指公证机构办理一切公证事务要采取便利公民的方法和程序。2021年1月1日起施行的《公证程序规则》增加了便民原则，主要体现在：（1）简化了办证材料要求；（2）整合优化了办证程序，办证进度向当事人公开；（3）适应“互联网+公证要求”，增加了在线公证的规定。

第二节　公证的管辖

一、公证管辖概述

（一）公证管辖的概念

公证管辖是公证机关之间办理公证事务的分工和权限，指公民、法人或者其他组织，就其具体法律行为、有法律意义的文书或者事实等非诉讼事件，申请办理公证时，由哪个公证机关办理。公证管辖包括两个方面：一方面是就申请人而言，应明确向哪一个公证处申请公证；另一方面是就公证机关而言，应确定某一事项应由哪一公证处受理。[②]

（二）公证管辖的特征

公证管辖具有以下特征：（1）办理公证事项的，必须是公证机关或者是法定的有关机关和人员；（2）办理公证证明的，只限于非诉讼事项；（3）公证机关之间管辖权的划分，由法律、法规作出原则规定。

根据《公证法》的规定，由于各公证机构之间无上下隶属关系，相互地位平等，不存在级别管辖，我国公证管辖的主要形式是地域管辖，即各平等的设置于不同地域的公证机构之间在受理公证事项上的横向分工。国外对公证的管辖，基本上

① 王进喜．律师与公证制度．中国人民大学出版社，2013.

② 江晓亮．公证员入门．法律出版社，2003：65.

也采用地域管辖。例如，日本《公证人法》规定，公证人执行职务的区域为其所属的法务局或地方法务局的管辖区域；墨西哥《公证人法》规定，公证人不得在其管辖区以外执行职务；意大利《公证法》明确规定，初审法院的管辖区即为公证辖区；等等。

二、公证管辖的原则

（一）根据有关地域确定公证机构

《公证法》第二十五条规定，“自然人、法人或者其他组织申请办理公证，可以向住所地、经常居住地、行为地或者事实发生地的公证机构提出。申请办理涉及不动产的公证，应当向不动产所在地的公证机构提出”。

1. 一般地域管辖。

（1）由住所地公证机构管辖。住所地是自然人的户籍所在地、法人或者其他组织的主要办事机构所在地。自然人的户籍所在地一般是以其户口簿或者居民身份证上登记的地址为准，法人或者其他组织的主要办理机构所在地一般是以营业执照上登记的地址为准。只要申请人的户籍所在地或者主要办事机构所在地在本公证机构的执业区域内，该公证机构就有权受理当事人的公证申请。

（2）由经常居住地公证机构管辖。经常居住地，是指自然人离开住所后连续居住 1 年以上的地方，但住院治病的除外。一般来说，公证的住所地与经常居住地是一致的，当两者不一致时，由经常居住地的公证机构受理公证事项比较合适。

2. 特殊地域管辖。

（1）由法律行为发生地公证机构管辖。法律行为从主体上可以分为单方法律行为、双方法律行为和共同法律行为，一般情况下，属于单方发生的，如遗嘱、声明等单方法律行为，就由该行为发生地的公证机构受理；属于双方发生的，如收养、解除收养等双方法律行为，就由收养人或者被收养人所在地的公证机构受理；如果一个法律行为的发生地涉及两个或者两个以上有权受理的公证机构的，可以由当事人协商一致，选择一个公证机构。

（2）由事实发生地的公证机构管辖。法律事实，是指由法律规范所规定的能够引起法律关系产生、变更和消灭的现象。法律事实可分为两类：一是行为，即以人的意志为转移的法律事实；二是事件，即不以人的意志为转移的法律事实，如出生、死亡、失踪等。法律事实一般是由具有法律意义的文书来表示，当事人可以向法律事实发生地的公证机构申请公证。

（3）由不动产所在地的公证机构管辖。根据全国人大法工委编的《〈中华人民共和国公证法〉释义》的解释，“涉及不动产的公证事项主要指不动产的转让。如买卖、赠与、租赁、交换、继承等”。这主要是从不动产交易或产权转移的安全考虑。涉及不动产的公证事项由不动产所在地的公证机构受理，非不动产所在地的公证机构无权受理不动产公证事项；但涉及不动产的委托、声明、赠与、遗嘱的公证事项，既可以由不动产所在地的公证机构受理，也可以由当事人住所地、经常居住地、行为地或事实发生地的公证机构受理。

在公证申请中，除了不动产公证以外的其他公证事项，它们是并行的关系，在确定公证机构时，只要满足条件，当事人可以任意选择向住所地、经常居住地、法律行为发生地或者事实发生地的公证机构申请。当事人向两个以上的可以受理该公证事项的公证机构提出申请的，由最先受理申请的公证机构受理。

（二）当事人协商选择公证机构

申办同一公证事项的几个当事人因住所地、经常居住地、法律行为发生地或者事实发生地不在同一公证机构执业区域时，就会存在当事人之间决定由谁去申办公证事项或者向哪个公证机构申办公证事项的问题。《公证程序规则》第十五条规定："二个以上当事人共同申办同一公证事项的，可以共同到行为地、事实发生地或者其中一名当事人住所地、经常居住地的公证机构申办。"当事人之间可以协商确定共同向一个公证机构提出申请，如果当事人之间协商不成，则公证机构不能受理，也不能由公证机构之间通过协商确定受理的公证机构。

第三节　公证的普通程序

公证的普通程序，即公证的一般程序，是指公证机构和公证当事人在办理一般公证事务时，都必须遵守和执行的基本程序规定。公证的普通程序主要包括公证的申请与受理、审查和出证三个基本环节，也包括一些其他程序性规定。

一、申请和受理

申请，是指公民、法人或其他组织向公证机关提出办理公证请求的行为。《公证法》第二十五条第一款规定："自然人、法人或者其他组织申请办理公证，可以向住所地、经常居住地、行为地或者事实发生地的公证机构提出。"为解决一些当事人难以到公证处申办的困难，《公证法》第二十六条规定："自然人、法人或者其他组织可以委托他人办理公证，但遗嘱、生存、收养关系等应当由本人办理公证的除外。"受理，是指公证机关接受公民、法人或其他组织的公证申请，同意给予办理的行为。根据《公证程序规则》第十九条的规定，符合下列条件的申请，公证机构可以受理：（1）申请人与申请公证的事项有利害关系；（2）申请人之间对申请公证的事项无争议；（3）申请公证的事项符合《公证法》第十一条规定的范围；（4）申请公证的事项符合《公证法》第二十五条的规定和该公证机构在其执业区域内可以受理公证业务的范围。法律、行政法规规定应当公证的事项，符合（1）、（2）、（4）点条件的，公证机构应当受理。

公证是依申请提起的，申请是启动公证程序的第一个环节，没有申请，就没有公证。公证机关受理当事人的公证申请，标志着公证机关公证活动的开始。所以任何公证事项，无论是法律、法规规定必须办理公证的，还是由当事人主动要求办理公证的，都必须由当事人向公证处提出办理公证的申请。

当事人提出申请的要求及其办理的手续如下：

（一）当事人必须合格

根据《公证程序规定》第九条的规定：公证当事人是指与公证事项有利害关系并以自己的名义向公证机构提出公证申请，在公证活动中享有权利和承担义务的自然人、法人或者其他组织。当事人必须具备一定的条件：（1）必须是具有民事权利能力和行为能力的公民、法人或者其他组织；（2）无民事行为能力人和限制民事行为能力人申办公证，应当由其监护人代理；（3）法人申办公证，应当由其法定代表人代表；（4）其他组织申办公证，应当由其负责人代表。

申请公证，可以委托他人代理申办公证事项。但委托他人代为申请公证具有适用上的限制。例如，与当事人人身有密切关系的公证事项不得委托他人，具体包括申办遗嘱、遗赠扶养协议、赠与、认领亲子、收养关系、解除收养关系、生存状况、委托、声明、保证及其他与自然人人身有密切关系的公证事项，应当由其本人亲自申办。此外，公证员、公证机构的其他工作人员不得代理当事人在本公证机构申办公证，以防止出现自己代理或者规避回避等违法公证的情况。

委托他人代办公证需出具委托书，委托书上要有委托人和受托人的签名盖章。《公证程序规则》第十二条规定：居住在我国香港、澳门、台湾地区的当事人，委托他人代理申办涉及继承、财产权益处分、人身关系变更等重要公证事项的，其授权委托书应当经其居住地的公证人（机构）公证，或者经司法部指定的机构、人员证明。居住在国外的当事人，委托他人代理申办前款规定的重要公证事项的，其授权委托书应当经其居住地的公证人（机构）、我驻外使（领）馆公证。在实践中，为方便居住在国外或我国香港、澳门、台湾地区的申请人到我国大陆申请公证事项，可采用含有委托内容的书信、电话、电报代替委托书，此类书信、电传、电报不需要办理公证。

（二）提出申请的方法

《公证程序规则》第十七条规定：自然人、法人或者其他组织向公证机构申请办理公证，应当填写公证申请表。据此，我国现行的公证申请的方式只有书面申请一种，取消了过去的书面或口头形式。公证申请表由司法部统一制定。随着电子商务的兴起，现代社会科技高速发展，互联网广泛应用，公证申请的方式也逐步向网络化发展，当事人的申请向通过网络电子化手段进行远程申请和办理的方向发展，修订后的《公证程序规则》增加了在线方式办理公证业务的规定。

当事人申请公证，应当准确填写公证申请表，根据《公证程序规则》第十七条的规定，公证申请表应当载明下列内容：（1）申请人及其代理人的基本情况；

（2）申请公证的事项及公证书的用途；（3）申请公证的文书的名称；（4）提交证明材料的名称、份数及有关证人的姓名、住址、联系方式；（5）申请的日期；（6）其他需要说明的情况。申请人应当在申请表上签名或者盖章，不能签名、盖章的由本人捺指印。

（三）提交必要的证明材料

自然人、法人或者其他组织申请办理公证必须提交相关的证明材料，一般包括申请人的身份证明以及与公证事项有关的一系列证明材料。根据《公证程序规则》第十八条第一款的规定，申请办理公证的当事人应提交以下材料：（1）自然人的身份证明，法人的资格证明及其法定代表人的身份证明，其他组织的资格证明及其负责人的身份证明；（2）委托他人代为申请的，代理人须提交当事人的授权委托书，法定代理人或者其他代理人须提交有代理权的证明；（3）申请公证的文书；（4）申请公证的事项的证明材料，涉及财产关系的须提交有关财产权利证明；（5）与申请公证的事项有关的其他材料。申请人提交的证明材料是申请公证的重要环节，是公证证明的重要材料，是公证机构受理公证申请的依据，也是公证机构审查、出证的依据。当事人应当确保材料的准确、真实、具体，以便于公证程序的进行。该条第二款规定，对于前款第四项、第五项所规定的申请人应当提交的证明材料，公证机构能够通过政务信息资源共享方式获取的，当事人可以不提交，但应当作出有关信息真实合法的书面承诺。

（四）受理条件

公证机构对公证申请进行审查，是公证受理的必经程序。公证申请的受理审查内容是公证申请是否符合受理条件，《公证程序规则》第十九条规定：符合下列条件的申请，公证机构可以受理：（1）申请人与申请公证的事项有利害关系；（2）申请人之间对申请公证的事项无争议；（3）申请公证的事项符合《公证法》第十一条规定的范围；（4）申请公证的事项符合《公证法》第二十五条的规定和该公证机构在其执业区域内可以受理公证业务的范围。

公证申请的受理审查只是形式审查，不作实质审查。公证受理审查的依据是申请人提交的各类证明、材料。经审查，公证机构对符合条件的申请，予以受理；对不符合条件的申请，则不予受理。受理与不受理都应通知申请人。其中，不予受理的，公证处应作出书面决定送达当事人，并说明不予受理的理由，同时告知当事人对不予受理有异议的复议程序；受理则采用通知单形式，通知单一般载明申请人的姓名或名称、申请公证的事项、申请人提交的主要材料、承办公证人员的姓名以及受理日期。申请人或其代理人应当在回执上签收。

公证机构对于决定受理的公证事项，应当核对当事人提交的有关证明材料是否齐全，告知当事人是否需要补充提交证明材料、补充哪些材料；并告知当事人办证时间，以及是否需要认证等，同时，告知当事人按照规定的标准缴纳公证费。

二、公证的审查

审查就是审核调查，公证审查，是指公证处在受理公证申请以后，制作公证书以前，在收集调查有关证据的基础上，对当事人申请公证的事项及提供的证明材料进行核实的活动。审查是公证程序中最重要、最基本的阶段，是公证活动的中心环节，关系到公证机构能否依照当事人的请求作出公证的决定，其包括审查和调查两个方面。

（一）审查

审查的内容是关于申请公证的事项是否具备公证条件，《公证法》第二十八条规定："公证机构办理公证，应当根据不同公证事项的办证规则，分别审查下列事项：（一）当事人的身份、申请办理该项公证的资格以及相应的权利；（二）提供的文书内容是否完备，含义是否清晰，签名、印鉴是否齐全；（三）提供的证明材料是否真实、合法、充分；（四）申请公证的事项是否真实、合法。"公证机构应重点审查以下几个方面：

（1）当事人的人数、身份、资格和民事行为能力；（2）当事人的意思表示和相应的权利；（3）需公证的行为、事实或文书的内容是否真实、合法；（4）需公证的文书内容是否完善、文字是否准确，签名、印鉴是否齐全；（5）当事人提供的证明材料是否真实、充分。①

审查必须抓住重点，以真实、合法有效为其最基本的原则。公证人员承办公证事项时，可以有步骤地进行：

首先，要详细询问当事人：一是要当事人具体说明申请公证事项的内容、目的和公证书的使用地。二是要求当事人将其所提交的有关材料和证据的内容和来源作一次系统的陈述，在其陈述过程中，发现疑点要予以提出，让当事人作出合理的解释，发现材料不足，则告知当事人加以补充。三是询问并观察当事人各方的真实意思表示是否一致，某一方有无受胁迫的现象。当事人双方是否有串通损害第三者利益的情况。四是说明要求公证的文书，公证处要进行审查修改，征询当事人是否同意审查修改。五是根据公证事项的具体情况，询问其他需要问明的问题。在询问时，应向当事人说明他对其陈述内容应负的法律责任和注意事项。询问时可作询问笔录，或者作谈话记录，询问结束后应将询问笔录交给当事人自阅或者读给他听，借以进行核对，当事人提出记录有误差的地方，应当给予修正，最后由当事人签名、盖章或捺指印。

其次，在询问当事人后，对当事人所提供的各种材料和证据，仔细进行审查验证，鉴别真伪。

最后，对所有的材料进行综合分析，肯定材料是否齐全，有无缺漏，是否还需

① 时显群，宁艳岩．律师与公证学．重庆大学出版社，2002：262.

进行调查补充。

（二）调查

公证机构在办理公证过程中，对于当事人所提供的材料、证据不足的，除要求他们补充外，必要时，公证人员应当亲自进行调查。《公证程序规则》第二十五条第一款规定："公证机构在审查中，对当事人的身份发、申请公证的事项以及当事人提供的证明材料，按照有关办证规则需要核实或者对其有疑义的，应当进行核实，或者委托异地公证机构代为核实。有关单位或者个人应当依法予以协助。"第二款规定："审查自然人身份，应当采取使用身份识别核验设备等方式，并记录附卷。"第二十六条规定："公证机构在审查中，应当询问当事人有关情况，释明法律风险，提出法律意见建议，解答当事人疑问；发现有重大、复杂情形的，应当由公证机构集体讨论。"第二十七条规定："公证机构可以采用下列方式，核实公证事项的有关情况以及证明材料：（一）通过询问当事人、公证事项的利害关系人核实；（二）通过询问证人核实；（三）向有关单位或者个人了解相关情况或者核实、收集相关书证、物证、视听资料等证明材料；（四）通过现场勘验核实；（五）委托专业机构或者专业人员鉴定、检验检测、翻译。"根据上述规定，公证人员有权采取询问证人，调查书证、物证、视听资料，进行现场勘验和鉴定等方式，收集各种证据。

调查一般应由 2 名公证员共同进行，在特殊情况下，只能由 1 名公证员进行调查的，应有 1 名见证人在场，见证人还应当在笔录上签名。公证员从有关单位摘抄、复制的档案或其他证据材料，应当交给提供材料的单位核对，注明与原件内容无异，并加盖公章。对于证人或证据材料在外地的，公证机构可以制作调查提纲，致函委托外地公证机构代为调查函复。遇到专门性的问题，公证机构可以聘请或委托专业部门、有专业知识的人员进行鉴定、翻译，鉴定人或翻译人应当在鉴定结论和翻译材料上签名或盖章。公证机构的调查工作，应当深入细致地进行，直至取得确实、充分的证据材料为止。

我国公证机构曾一度是行政机关，故对公证事项的真实性和合法性负有审查义务，我国公证采取的是实质审查主义。而我国香港特别行政区则不对真实性和合法性进行实质审查。

三、出证

出证是公证机构根据审查的结果，对符合出证条件的公证事项，在法定期限内，按照规定程序审批、制作、发送公证书的活动。出证是公证机构活动的结果，是受理、审查等公证程序工作的归宿，是公证程序中最重要的环节。①

公证机构出具公证书，首先要求公证事项符合公证的条件，其次要求公证书必

① 江晓亮．公证员入门．法律出版社，2003：85.

须按照规定的格式制作，最后是必须将公证书送达当事人收受。出证程序一般包括以下三个方面：

（一）出证的条件

出证的条件即公证机构出具公证书的标准。出证的基本条件是主体明确，适用法律正确恰当，公证事项真实、合法、有效。

根据公证对象不同，不同的公证的出证条件不尽相同，根据《公证程序规则》的规定，出证条件有以下几种：

1. 法律行为公证，这是公证机关的一项主要业务，其出证条件包括：行为人具有相应的民事行为能力；行为人意思表示真实；行为的内容和形式不违反法律、法规或社会公共利益及善良风俗。

2. 有法律意义的事实和文书公证，其出证应具备三个条件：该事实或文书对公证当事人具有法律上的利害关系；事实或文书真实无误；事实或文书的内容不违反法律、法规、规章。

3. 文书上签名、印鉴公证，其出证条件是该签名、印鉴准确属实，即文书上的签名、印鉴确是当事人本人签署或加盖，而且签署或加盖的是当事人本人的姓名和印鉴。证明的方法主要有两种：一是当事人在公证员面前亲自在文书上签名或盖章；二是由当事人在公证员面前签字确认文书上的签字、印鉴是本人所为。

4. 赋予债权文书强制执行效力公证，其出证条件具有特殊性，包括以下几个方面：债权文书经过公证证明，这是对债权文书形式上的要求；债权文书以给付一定货币、物品或有价证券为内容；债权债务关系明确，债权人和债务人对债权给付内容无疑义；债权文书中载明债务人不履行义务时应受强制执行的意思表示。

（二）公证书的制作

1. 公证书的制作程序。公证书的制作程序主要包括草拟、审批、编号、打印、盖章等，涉外公证书还需翻译和认证。公证书必须由具备公证员资格的公证员制作并签章。《公证程序规则》第四十条规定，公证书连同卷宗材料必须报公证机构负责人或其指定的公证员审批。

2. 公证书的内容。公证书应当按照司法部统一格式制作，自出具之日起生效。根据《公证程序规则》第四十二条的规定，公证书包括以下主要内容：（1）公证书编号；（2）当事人及其代理人的基本情况；（3）公证证词；（4）承办公证员的签名（签名章）、公证机构印章；（5）出具日期。

制作公证书应当使用全国通用的文字。在民族自治地方，根据当事人的要求，可以同时制作当地通用的民族文字文本。两种文字的文本具有同等效力。发往我国香港、澳门、台湾地区使用的公证书应当使用全国通用的文字。发往国外使用的公证书应当使用全国通用的文字。根据需要和当事人的要求，公证书可以附外文译文。

公证证词是公证书的组成部分。公证证词的表述必须力求准确、肯定、完整。关于公证证词的表述，主要注意这些方面：首先，表达力求具体详尽；其次，保证当事人签名盖章的一致性；最后，在实践中往往事先制作好公证书再让当事人签字，就可能出现公证书上所证明的当事人的签字的日期和当事人实际签字的日期不一致，从而导致公证书的无效，因此，在公证过程中应注意细节问题，以保证公证书的有效性。

（三）公证书的送达

公证机构制作公证书后应依法送达给当事人，公证书正本由当事人各收执一份，并可以根据当事人的需要送达若干份副本。公证机构留存公证书原本（审批稿、签发稿）和一份正本归档。公证书送达当事人的方式有四种：（1）领取送达，即当事人或者代理人到公证机构领取公证书，当事人或其代理人收到公证书应当在回执上签收。（2）派员送达，即公证员亲往当事人处送达公证书。（3）邮寄送达，即以邮寄方式送达公证书。通常如果客观原因不能采用领取、派员送达的，均以此为主要送达方式，邮寄送达一般针对比较固定的法人机构。（4）委托送达，即依托公证机构之间的协作关系，委托其他公证机构代为送达。送达时注意要求当事人签收送达回执，并注明收到文书的日期、公证书的编号和份数。涉外公证书需要办理领事认证的，应由承办公证处送有关部门认证，并代收认证费。

四、公证的期限、终止和拒绝公证

（一）公证期限

公证期限，是指公证机构办理公证事项和处理某些公证事务的法定时间限制。公证期限的规定有利于保证公证机构及时履行职责，提高公证效率，保护当事人的合法权益。

根据《公证程序规则》的规定，公证期限可分为出证期限和办证期限。公证书自出证之日生效。出证日有三种：（1）需要审批的，以审批日为出证日；（2）不需要审批的，以承办公证员签发日为出证日；（3）现场监督类公证以宣读公证词日为出证日。办证期限，是指公证机构办理公证事项从受理到办结的最长期限。公证机构应及时办理各类公证事务。一般情况下，公证事项应从受理之日起15个工作日内办结。因不可抗力补充证明材料或者需要核实有关情况的，所需时间不计算在前述期限内，但应及时告知当事人。委托异地公证机构核实公证事项的，受委托的公证机构应在接到委托函后1个月内完成核实工作。因故不能完成的，应在上述期限内函告委托的公证机构。

就现场监督公证而言，公证期限为7日。办理招标、拍卖、开奖等现场监督公证的，公证员应在现场监督结束时宣读公证词，并在7日内做成公证书发给当事人。根据《提存公证规则》，公证处应当自提存之日起3日内出具提存公证书。对于提存物，公证处负有妥善保管的义务，保管期限视提存物的性质而定，最长为20年。

（二）公证终止

公证终止，是指公证机构在办理公证过程中，在出具公证书以前，因出现法定事由致使公证机构不可能或不必要继续办理公证，从而停止办理该公证事项。[①] 一般而言，公证以公证机构出具公证书而终结，公证终止是公证程序的非正常终结，但它有利于及时结案、减少积压、提高公证机构的工作效率。

根据《公证程序规则》第五十条的规定，公证终止的法定事由有以下三种：（1）因当事人的原因致使公证事项在6个月内不能办结的。当事人的原因主要是指，当事人不按要求如实陈述与公证事项有关的事实，或者不能及时作出正确的意思表示，或者不能提供相应的证据材料和收集证据的线索等致使公证处无从查证。（2）公证书出具前当事人撤回公证申请的。提出公证申请是当事人的权利，在公证机构受理并查证过程中，当事人因情况变化可以要求撤回公证申请，只要公证书尚未做出，当事人均可以申请，公证程序即告终结。（3）当事人死亡（法人终止），不能继续办理或继续办理公证已无意义的。如果有数个当事人，其中一个当事人死亡或终止而又不影响继续办理公证的，是否继续办理则取决于其他当事人的意愿。

根据《公证程序规则》第五十一条的规定，公证终止须由承办公证员写出书面报告，报公证机构负责人审批。报告的内容包括：所办公证事项的概况和办理现状、当事人的基本情况、终止公证的事实和理由以及承办公证员本人的处理意见。公证机构责任人根据实际情况作出是否终止公证的决定。决定终止公证的，应通知有关当事人，并酌情退还部分已收的公证费；当事人死亡的，应通知其继承人。当事人或其继承人接到终止公证的决定后要求退还所提供的材料的，应及时退还。

（三）拒绝公证

拒绝公证，是指在办理公证的过程中，对于不真实、不合法的行为、事实及文书，或者是文书的某些内容行不通、办不到，当事人又不接受公证机构提出的修改建议，或者当事人有妨碍公证活动的行为时，公证机构应拒绝给予办理公证。拒绝公证是公证机构行使法律监督职权、纠正违法、预防纠纷，以保护国家、公民和法人合法权益的一项制度。

根据《公证法》第三十一条和《公证程序规则》第四十八条的规定，下列情形公证机构应当不予办理公证：（1）无民事行为能力人或限制民事行为能力人没有监护人代理申请办理公证的；（2）当事人与申请公证的事项没有利害关系的；（3）申请公证的事项属专业技术鉴定、评估事项的；（4）当事人之间对申请公证的

① 张文章．公证制度新论．厦门大学出版社，2008：120.

事项有争议的；(5) 当事人虚构、隐瞒事实，或者提供虚假证明材料的；(6) 当事人提供的证明材料不充分又无法补充，或者拒绝补充证明材料的；(7) 申请公证的事项不真实、不合法的；(8) 申请公证的事项违背社会公德的；(9) 当事人拒绝按照规定支付公证费的。

拒绝公证，应由承办公证员写出书面报告，报公证机构负责人审批。报告的内容包括：当事人的基本情况、公证事项的办理情况、不予办理公证的事实和理由、有关证据以及承办公证员本人的意见。

公证机构负责人根据实际情况作出是否办理公证的决定。不予办理公证的决定应以公证机构的名义作出，并采用书面形式，其中应写明不予办理公证的理由、所依据的法律等。不予办理公证的决定作出后，应通知当事人并酌情退还部分或全部已收的公证费。

第十四章 公证的效力

公证的效力，是指公证机构的公证活动在法律上所产生的效果和约束力。公证活动本身是对法律事实和法律文书的真实性、合法性进行证明，就是为了预防民商事争议的发生，减少诉讼，保护公民、法人或其他组织的合法权益。可见，公证的效力问题，直接体现了设置公证法律制度的目的。①

公证活动的法律后果直接表现为公证书。公证书是公证机构根据当事人的申请，依法对公证事项的真实性、合法性进行证明的文书。因此，公证书是公证效力的物质载体和具体的表现形式，学界通常观点认为，公证书具有证据效力、法律行为生效的要件效力和强制执行效力。

第一节 证据效力

公证书是公证机构依法实施公证活动的载体和结果，它在证据种类上属于书证，对所载内容具有证明的效力。并且公证书与一般书证不同，它对所载内容的真实性具有完全的证明效力。

一、我国关于公证书证明效力的规定

《公证法》第三十六条规定："经公证的民事法律行为、有法律意义的法律事实和文书，应当作为认定事实的依据，但有相反证据足以推翻该项公证的除外。"《民事诉讼法》第六十九条规定："经过法定程序公证证明的法律事实和文书，人民法院应当作为认定事实的根据，但有相反证据足以推翻公证证明的除外。"上述规定是我国关于公证书的证明效力的基本法律依据。根据有关法律和司法解释的规定，公证书的证明效力主要表现在以下三个方面：

（一）公证书对其所记载的事项具有完全的证明效力

所谓完全的证明效力，是指无须其他证据佐证，公证书本身就足以证明其所记载的事项的真实性。结合《民事诉讼法》第六十三条、第六十七条、第六十八条、第六十九条、第七十五条的规定，以及《最高人民法院关于适用〈中华人民共和

① 马宏俊．公证法学．北京大学出版社，2013：119.

国民事诉讼法〉的解释》（以下简称《民事诉讼法司法解释》）第一百零三条、第一百零四条和《民诉证据规定》第十条的相关规定，可以看出，公证书的证明效力与未经公证的文书的证明效力有明显的不同。对于普通书证，如机关、团体、企事业单位和个人提供的证明文书，人民法院应当辨别真伪，审查确定其效力；而对于公证证明的法律事实和文书，在没有相反证据“足以推翻”的情况下，人民法院应当直接采信，“作为认定事实的依据”。这些规定表明，对于公证书所记载的事实（包括法律行为、法律事件和文书），公证书对其真实性具有完全的证明力，人民法院无须对它们的真实性进行审查，就应当作为认定事实的根据。

（二）由于公证书的强大证明力，它改变了民事证明责任的分配

民事诉讼原则上实行“谁主张、谁举证”，即提出事实主张的一方应当提供证据证明其主张的真实性。但是对于经过公证证明的事实，法律重新安排了证明责任的分配：首先，主张经过公证证明的事实一方当事人，免除其证明责任；其次，否认经过公证证明事实的真实性的一方，应当承担提供证据证明其为不真实的责任。这种因公证书而改变举证责任分配的具体法律依据是：①《民诉证据规定》第十条的规定：“下列事实，当事人无须举证证明：……（七）已为有效公证文书所证明的事实。前款第二项至第五项的事实，当事人有相反证据足以反驳的除外……”②《民事诉讼法司法解释》第九十三规定：“下列事实，当事人无须举证证明：……（七）已为有效公证文书所证明的事实。前款……第五项至七项规定的事实，当事人有相反证据足以推翻的除外。”

综上，公证具有不同于一般证据的特殊证明力，这是因为公证书具备了“诉讼证据”的基本特征。按照我国证据法学的一般理论，诉讼证据是能够证明案件真实情况的客观事实。诉讼证据具有客观性、关联性与合法性的特征。而公证书是公证机构根据当事人的申请，依法对公证事项的真实性、合法性进行证明的文书，这种证明对于特定案件而言，不仅反映了案件的客观事实，并且已经由国家公证机构依照法定程序证明了该客观事实的真实性与合法性，因此，法律确认公证书的特殊证明力。

二、公证书具有证明效力的例外

《公证法》和《民事诉讼法》都规定，有相反证据足以推翻公证证明的，该公证文书不具有证明效力。此即所谓公证书具有证明效力的例外情况。这就说明，我国现行法律并没有赋予公证书绝对的证据效力。这是因为，公证虽然要对公证事项进行形式审查和实质审查且必须符合法定程序，但公证书毕竟是人所做出的，事实上不能绝对避免工作失误或其他原因致使公证证明出现错误。

《民事诉讼法》第六十三条第二款规定：“证据必须查证属实，才能作为认定事实的根据。”在诉讼中公证文书证据效力的确认上，根据现行法律的规定，人民法院与公证机构存在相互制约的关系。法律规定，当事人在诉讼中享有提出其他证

据以及针对对方当事人的公证书提出异议的诉讼权利，如果有相反证据，足以推翻公证文书，人民法院有权对该公证文书不予采纳——这是人民法院对公证机构的制约；只要没有“相反证据”或者虽有相反证据但不“足以推翻”公证机构的公证文书，人民法院就应当确认其效力——这是公证机构对人民法院的制约。

第二节　法律行为生效的要件效力

根据我国民法的规定，民事法律行为自成立时起具有法律约束力，也就是说，法律行为具备了《民法典》第一百四十三条规定的一般生效条件（主体适格，即行为人具有相应民事行为能力；意思表示真实；不违反法律、行政法规的强制性规定，不违背公序良俗），即可产生法律效力。但在某些特殊情况下，法律行为除了具备一般生效条件，还须具备一些特别生效条件，此即所谓法律行为特别生效要件。这些特殊民事行为及其需要具备的特别生效条件（要件）主要有：死因行为以行为人死亡为特别生效条件，如“遗赠”；附条件的民事法律行为在所附条件成就时发生法律效力，如约定“所订合同定金实付到账后生效”或“所订合同经公证后生效”；要式民事法律行为因已具备法律规定的特定形式而生效，如规定“应当办理有关手续”。

如果根据我国法律规定或者依据当事人的约定，某些民事法律行为、法律事实和文书必须经过公证才能发生效力，那么在这种情况下，公证就是该法律行为生效的必要条件；否则，该法律行为不能够发生应有的法律效力。这也意味着，在某些法定或约定情况下，公证具有对公证事项合法性进行确认的效力。

一、法律、法规规定某些法律行为必须办理公证

《公证法》第十一条第二款规定：“法律、行政法规规定应当公证的事项，有关自然人、法人或者其他组织应当向公证机构申请办理公证。”第三十八条规定：“法律、行政法规规定未经公证的事项不具有法律效力的，依照其规定。”可见，我国也确立了强制（或法定）公证制度，但采用由单行立法分散规定的模式，即由“法律、行政法规规定应当公证的事项”。

另外要注意到，在2006年3月1日《公证法》实施前，为完善国家管理体制，国务院各部、委、办、局等单位相继制定了若干部门规章，各省、自治区、直辖市的人大常委会、政府及其业务主管部门也制定出“决定、办法”等许多地方性法规、地方政府规章，规定某些法律行为必须经过公证才能有效。但这样的结果，造成我国法定公证制度中“公证前置事项”位阶低、数量多，甚至与上位法（法律、行政法规）相抵触的状况。因此《公证法》在第十一条、第三十八条中将公证的创设权赋予了法律、行政法规。可以认为，根据这一规定，我国近22个省（自治

区、直辖市）的地方性法规、规章在股权转让、不动产物权转让等事项上确立的法定公证制度从 2006 年 3 月 1 日起就丧失了效力。

具体来说，我国现行法律、行政法规中关于公证作为法律行为生效要件主要有以下几种情况：

1. 2021 年 1 月 1 日施行的《民法典》第一千一百三十九条第一款规定："公证遗嘱由遗嘱人经公证机构办理。"

2. 2021 年 1 月 1 日施行的《民法典》第一千一百零五条第四款规定："收养关系当事人各方或者一方要求办理收养公证的，应当办理收养公证。"

3. 2021 年 1 月 1 日施行的《民法典》第六百六十条第一款规定："经过公证的赠与合同……赠与人不交付赠与财产的，受赠人可以要求交付……"据此规定，受赠人的交付请求权以赠与合同经过公证为生效要件；若当事人确需撤销、变更已经公证过的赠与合同，则必须重新办理公证。

4. 2015 年 6 月 14 日修订施行的《中国公民往来台湾地区管理办法》第八条第（四）项规定："接受、处理财产，须提交经过公证的对该项财产有合法权利的有关证明。"第（五）项规定："处理婚姻事务，须提交经过公证的有关婚姻状况的证明。"

5. 1987 年 10 月 30 日，国务院发布《关于加强贫困地区经济开发工作的通知》第四条规定：无论对内对外发包，都要明确开发什么产品，投资数量，经济效益，解决多少贫困户的问题，并签订承包合同，办理公证手续。

6. 1986 年 12 月 8 日，国务院批转《关于出国留学人员工作的若干暂行规定》中规定：公派留学人员办理出国手续前，要与选派单位签订"出国留学协议书"，并经公证机构公证后生效。

7. 1980 年 11 月 22 日中国人民银行、最高人民法院、最高人民检察院、公安部、司法部联合下达的〔1980〕银储字第 18 号文件《关于查询、停止支付和没收个人在银行存款以及存款人死亡后的存款过户或支付手续的联合通知》中规定，存款人死亡后，合法继承人为证明自己的身份和有权提取该项存款，应当向当地公证处申请继承权证明书，银行凭此办理过户或支付手续。继承人在国外者，可凭原存款人的死亡证明和经我国驻在该国使、领馆认证的亲属证明，向我国公证机构申请继承权证明书，银行凭此办理存款的过户或支付手续。

二、由当事人约定某种法律行为必须办理公证

一些法律行为，虽然法律并未规定非经公证不发生法律效力，但如果当事人相互协商议定该项法律行为要经过公证才成立，那么，公证即为该项法律行为生效的必要条件，如果没有按约定公证，该项法律行为就不能生效，也就不发生应有的效力。比如，《民法典》第一百五十八条第一款规定："民事法律行为可以附条件，但是根据其性质不得附条件的除外。附生效条件的民事法律行为，自条件成就时

生效。”

这种情形主要存在于签订民事协议的场合，当事人出于郑重其事或预防纠纷、保证合同履约顺畅等目的，可以在合同中约定经公证后合同才能正式生效。这是民法上意思自治原则的体现，协议双方固然认可法律的强制力，但他们意识到公证会给合同带来更多保障，基于这种认识，当事人根据双方的自愿可以办理公证。

三、按照国际惯例、国际条约或双边协定，某些事项必须办理公证

在国外使用的某些文书，根据国际惯例、国际条约或双边协定，必须经过公证才能在域外发生法律效力，公证就是该项文书在域外发生效力的要件之一。例如，出国使用的亲属关系证明、学历证书、无犯罪记录证明等文书均须经过公证。只有两国协议免除公证的除外。

我国公证机构办理的涉外公证文书，根据不同国家情况，大多还需要经过领事认证才有效；有的国家法律规定涉及财产、劳动赔偿等事项，还需要经过文书使用国和地区有关当局（如法院）的确认后，才能发生法律效力。

第三节　强制执行效力

强制执行效力，是指经公证证明后被赋予了强制执行效力的公证书，如果债务人到期不能清偿债务，债权人有权根据经公证的债权文书向法院申请强制执行。

公证机构赋予了追偿债款、物品、有价证券的债权文书强制执行效力，这是我国公证机构的法定职权之一，既是法律强制性在公证活动中的体现，也是公证便民原则的体现。其意义在于：可以使一些逾期未履行而没有争议的债权文书不再经过民事诉讼程序，而由当事人直接向人民法院申请强制执行。这样，既可以减少诉讼、平息纠纷，避免当事人讼累，又能强制债务人及时、全面履行其义务，维护债权人合法权益，促进市场经济的高效有序运行。

一、我国关于公证书强制执行效力的规定

需要注意的是，并非一切公证证明都具有强制执行效力。能借由公证赋予强制执行效力的债权文书是一种特定的公证文书。司法部 2021 年 1 月 1 日施行的《公证程序规则》第三十九条规定：“具有强制执行效力的债权文书的公证，应当符合下列条件：（一）债权文书以给付为内容；（二）债权债务关系明确，债权人和债务人对债权文书有关给付内容无疑义；（三）债务履行方式、内容、时限明确；（四）债权文书中载明当债务人不履行或者不适当履行义务时，债务人愿意接受强制执行的承诺；（五）债权人和债务人愿意接受公证机构对债务履行情况进行核实；（六）《公证法》规定的其他条件。”据此，凡符合上述条件的债权文书经公证

后，债务人不履行或不完全履行的，公证机构可以根据债权人的申请签发执行证明书，确认该文书有强制执行的效力。

公证机构依法享有赋予公证债权文书强制执行效力的职能，但债务人不履行时，公证机构不享有采取强制执行措施的权力。在我国，民事强制执行权统一由人民法院行使。

二、我国有强制执行效力公证书的执行制度

《民事诉讼法》第二百三十八条第一款规定："对公证机关依法赋予强制执行效力的债权文书，一方当事人不履行的，对方当事人可以向有管辖权的人民法院申请执行，受申请的人民法院应当执行。"该条第二款规定："公证债权文书确有错误的，人民法院裁定不予执行，并将裁定书送达双方当事人和公证机关。"第二百三十九条第一款规定："申请执行的期间为二年。申请执行时效的中止、中断，适用法律有关诉讼时效中止、中断的规定。"《公证法》第三十七条规定："对经公证的以给付为内容并载明债务人愿意接受强制执行承诺的债权文书，债务人不履行或者履行不适当的，债权人可以依法向有管辖权的人民法院申请执行。前款规定的债权文书确有错误的，人民法院裁定不予执行，并将裁定书送达双方当事人和公证机构。"《民事诉讼法》和《公证法》的这些规定，使公证机构与人民法院在对待具有强制执行效力的债权文书方面，能够合理衔接、互相监督，构成我国有强制执行效力公证书的执行制度。具体来说，有以下三个方面的实质内容：

第一，当事人享有申请执行权。法律明确规定，公证机构依法赋予强制执行效力的债权文书，一方当事人不履行或不适当履行的，另一方当事人可以向有管辖权的人民法院申请执行，人民法院应当受理。

第二，申请执行有明确的期间限制。公证机构依法赋予强制执行效力的债权文书的执行，与人民法院的裁判文书、仲裁机构的裁决文书一样是有时间限制的，其限制时间为二年。"

第三，人民法院享有实质审查、监督权。人民法院受理当事人的执行申请后，应对其进行实质性的审查，即执行监督。人民法院对公证债权文书的执行监督应从债权是否真实存在、是否合法以及当事人是否自愿接受强制执行等方面进行审查。经审查，发现公证的债权文书不实、确有错误的，应当裁定不予执行。

第十五章　公证法律责任

第一节　公证法律责任概述

一、公证法律责任的概念

目前，中国的公证法律实务及理论界普遍认同公证法律责任分为广义和狭义两种。广义的公证法律责任，是指公证机构、公证员、公证当事人和参与公证活动的其他人员对其违反与公证有关的法律、法规、规章的行为所造成的危害结果所应当承担的否定性法律后果。狭义的公证法律责任，是指公证机构或公证员因行使公证职权不当，给当事人或相关人员的合法权益造成损害所应当承担的法律后果。①

二、公证法律责任的特征

公证法律责任与其他责任不同，其有以下特点：

第一，公证法律责任的主体：依据广义的法律责任的概念，公证法律责任主体既可以是公证机构、公证员、公证当事人，也可以是其他侵害公证秩序的人；既可以是中国人，也可以是外国人或无国籍人；既包括自然人，也包括法人或者其他组织，非常广泛。依据狭义的法律责任的概念，公证法律责任主体是公证机构以及公证人员。

第二，公证法律责任的客体：公证法律责任首要保护的对象是公证活动的正常秩序，而不是公证机构、公证员或公证参与人的权益。首先，公证机构、公证员只有在不当行使公证职权侵犯有关公民、法人或者其他组织的合法权益造成直接经济损失时才构成公证法律责任，与办证无关的行为，即使出现侵权损害后果，也不构成公证法律责任；其次，承担公证法律责任，立法的首要目的在于维护国家的公信力，保障正常的公证活动秩序，即使在公证赔偿责任中，也不是以补偿受损一方为首要目的的，赔偿只是手段，公证秩序是法律价值的最终判断。

第三，公证法律责任产生的前提：未履行或不当履行与公证有关的所有法律、

① 叶青，黄群．中国公证制度研究．上海社会科学院出版社，2004：164.

法规、规章规定的法律义务。公证法律义务包括作为或不作为义务，行为人违反的若不是公证法律义务而是其他法律义务，则不产生公证法律责任。这是公证法律责任的本质特征。

第四，公证法律责任具有法律强制性。公证法律责任包括民事责任、刑事责任、行政责任和职业责任，这些责任均是法律制裁方式，具有法律强制性。

第五，公证法律责任可以是单一的，也可以是混合的。基于公证机构、公证员的双重身份，公证机构或公证员的同一行为可能产生要承担不同法律责任的后果。例如，公证机构或公证员违法办证给公证当事人造成损失的，既应承担赔偿当事人损失的法律责任，也可能受到司法行政机关的行政处罚，还可能受到来自行业协会的纪律处分。

三、公证法律责任的构成

公证的法律责任的构成是指在怎样的条件下，公证机构、公证员、公民或者其他组织应当承担公证法律责任，公证法律责任的构成包括以下几个方面：

（一）有违法行为存在

认定公证法律责任的客观要件是公证机构、公证员、公民、法人或其他组织必须实施了违反有关公证的法律、法规、规章的行为。有违法的行为才承担责任，如果行为属于法律未规定的，即根据法律规定其行为无过错的，或行为虽违法，但未违背有关公证的法律则不承担法律责任。

（二）违法行为人主观上有过错

不管是何种公证法律责任主体，只有在主观上存在过错，才需承担公证法律责任。依照法理，过错分为故意和过失，过失又分为一般过失和重大过失。《公证法》第四十三条第一款规定：“公证机构及其公证员因过错给当事人、公证事项的利害关系人造成损失的，由公证机构承担相应的赔偿责任；公证机构赔偿后，可以向有故意或者重大过失的公证员追偿。”从该规定可知，公证员承担责任的主观过错需要“故意”，或“重大过失”。

（三）行为人的侵害行为与危害结果之间存在因果关系

“若一现象的出现，是因为另一现象的存在所引起的，则两现象之间就具有因果关系。”① 公证机构承担法律责任还应当具备这样的前提，即公证人员的过错是造成当事人损害这一后果的原因，这一原因与后果之间有直接、必然的联系，而非间接的联系。

一般而言，以上几点是构成公证法律责任的必备要件，缺一不可，只有同时具备，行为人才应当承担公证法律责任。

① 张文显．法理学．法律出版社，1997：147.

四、公证法律责任的承担原则

符合公证法律责任的构成要件而承担法律责任的，要贯穿以下三个基本原则：

1. 民事法律责任由公证机构对外承担责任，公证员对内承担责任。在我国，公证实行机构本位主义，因此公证过错导致他人损失时，首先由公证机构对外承担责任。但是，这并不意味着公证员就不负责任。《公证法》第四十三条第一款规定："公证机构及其公证员因过错给当事人、公证事项的利害关系人造成损失的，由公证机构承担相应的赔偿责任；公证机构赔偿后，可以向有故意或者重大过失的公证员追偿。"由于公证书是由公证员出具的，责任是由于公证员的违法行为所致，所以公证机构对外承担赔偿责任后，有权向有故意或重大过失的公证员行使追偿权。

2. 行政法律责任由公证机构和公证员共同承担。公证机构和公证员都是政府司法行政部门监督管理的对象，公证行政法律责任是由于公证机构或公证员违反法律、法规、司法行政部门规范、职业道德、执业纪律等引起的行政管理者行使权利给予的处罚或处分，所以承担行政法律责任的主体包括公证机构和公证员。

3. 民事法律责任采取过错责任原则。如上所述，公证法律责任的构成要件之一是行为人有过错。这是过错责任原则。主观上的过错分故意和过失两种。过失分为一般过失和重大过失两种。公证员因故意或重大过失给当事人或利害关系人造成损失，应承担民事法律责任。

第二节　公证法律责任的分类

根据《公证法》的规定，我国公证法律责任按照公证法律责任的性质不同，可将其分为民事法律责任、行政法律责任和刑事法律责任。

一、公证民事法律责任

（一）公证民事法律责任概述

公证民事法律责任，是指公证机构及其公证员在公证活动中，违反公证法律、法规、规章的规定，给当事人及公证事项的利害关系人造成损失所应承担的民事赔偿责任。《公证法》第四十三条规定："公证机构及其公证员因过错给当事人、公证事项的利害关系人造成损失的，由公证机构承担相应的赔偿责任；公证机构赔偿后，可以向有故意或者重大过失的公证员追偿。当事人、公证事项的利害关系人与公证机构因赔偿发生争议的，可以向人民法院提起民事诉讼。"可见，公证赔偿责任是一种替代责任，即由公证机构代替公证员承担民事赔偿责任。同时，《公证法》第四十四条规定："当事人以及其他个人或者组织有下列行为之一，给他人造成损失的，依法承担民事责任；违反治安管理的，依法给予治安管理处罚；构成犯罪的，依法追究刑事责任：（一）提供虚假证明材料，骗取公证书的；（二）利用虚假公证书从事欺诈活动的；（三）伪造、变造或者买卖伪造、变造的公证书、公证机构印章的。”可见，在法定条件下，当事人以及其他个人或者组织也必须承担民事法律责任。

（二）公证民事法律责任的归责原则

公证民事法律责任的归责原则是确定民事责任的一般法则，也是确定行为人责任的根据和标准。从《公证法》来看，公证民事法律责任的归责原则适用的是过错责任原则。过错是侵权行为人对其行为导致他人损害的一种故意或过失的心理状态。过错责任原则不仅适用于因公证行为导致的侵权损害赔偿，而且适用于公证机构及其公证人违约责任的处理。公证赔偿之所以适用过错责任原则，是因为我国的公证具有局限性，公证员对于公证对象只能起合理的保证作用，不能保证公证活动不存在任何的错漏。这是基于公证的成本效益原则。一般来说，工作越细，错漏的概率就越小，公证费用也越高。公证作为国家证明制度的产物，是用来降低交易成本的，申请人需要平衡其支付的公证成本与取得公证收益之间的关系。考虑到成本效益的原则，公证风险更有其存在的合理性，所以公证机构承担的是合理保证，适用的是过错责任原则。

过错责任原则，也叫过失责任原则，它是以行为人主观上的过错为承担民事责任的基本条件的认定责任的准则。按过错责任原则，行为人仅在有过错的情况下，才承担民事法律责任。没有过错，就不承担民事法律责任。公证员只有在故意或者重大过失的情况下才承担民事法律责任，对公证员过错的客观判断标准就是公证员必须遵循的执业准则和操作规范。只要公证员在执业过程中严格遵守了执业准则、操作规范和各项规定，即使当事人一方或双方及利害关系人有损害事实发生，公证员也是无过失的，公证机构不负赔偿责任；如公证员有故意或重大过失，应负赔偿责任。

（三）公证民事赔偿责任的范围

公证赔偿实行有限责任，以公证机构的资产为限，赔偿范围原则上仅限于当事人的直接经济损失，而且该损失应与公证机构的过错有必然的因果关系，避免当事人或利害关系人不适当地将本应该由自己承担的合同风险转嫁给公证机构。公证民事赔偿责任仅限于直接经济损失，是因为公证收费属于非营利性的低收费，在无国家贴补或提高收费标准的情况下，只应赔偿当事人、公证事项的利害关系人的直接经济损失，不应包括预期利益损失和精神损害；否则，不仅违背公平原则，也会使公证行业陷入“高风险、低利益”的窘迫境况，这将对整个公证行业造成破坏性的打击。

公证赔偿的直接经济损失主要包括：（1）公证费，即公证申请人交纳的公证费用；（2）因公证而实际支出的费用，包括因进行公证而支付的车船费、住宿费、复印费、翻译费等合理的必需费用；（3）因错证而遭受的损失，如因错证致使无效、被撤销而蒙受的各种不同类型的损失，因错证致使证据无效、赋予强制执行内容的证书被法院裁定驳回而蒙受的损失。此外，还包括利害关系人因信赖公证书而使用有误的公证书发生不应有的效力所蒙受的直接经济损失。公证民事赔偿的损失应与公证机构的过错存在必然的因果关系，因为公证人主要是从公正的立场以中间人的角色对公证事项的真实性、合法性予以证明，公证人不是当事人、其他利害关系人之间民商事活动的直接参加者，也不是权利义务的承担者，公证行为与损害结果之间更多的是一种间接的、或然的关系。相当因果关系说赋予法官的自由裁量权过大，难免会出现裁定与实际不符的情况，就会无限地扩大公证的赔偿范围，让公证人承担本来不该由其承担的法律责任，有悖于法治的统一和公平正义，而必然因果关系则科学地反映了行为与结果之间的内在联系，使归责依据更加可靠。

判定公证机构的赔偿责任可根据当事人或利害关系人的损失大小、公证机构及其公证员的过错程度，结合公证行为发生时当地公证审查的行业标准等其他因素综合判定。公证民事赔偿责任的范围有以下几种情况：

1. 因当事人提供虚假材料，故意隐瞒真实情况，导致公证机构作出错误公证文书的，经审查，如果公证机构已经尽到了充分的审查、核实义务，仍无法避免错误出现的，公证申请人应当承担全部赔偿责任，公证机构不承担责任。

2. 因当事人提供虚假材料，故意隐瞒真实情况，同时，公证机构在审查、核实过程中也存在过失，导致错误发生的，由于错误发生是由于公证申请人的故意所致，公证申请人应当承担全部赔偿责任，公证机构也应当对其相应的过错，承担补充赔偿责任。关于公证机构的补充赔偿责任的问题。补充赔偿责任，是指在因当事人以及其他个人或者组织侵权导致他人损害结果发生的侵权行为中，因过失违反必要审查义务的公证机构所承担的侵权赔偿责任。比如，《德国公证人法》第十九条规定，如果公证人只有过失责任时，被害人只有以其他方法不能得到赔偿时，才可以向公证人提出赔偿要求。关于公证机构的补充赔偿责任的承担问题，包括以下几个方面：（1）当事人以及其他个人或者组织故意提供虚假证明材料骗取公证书，并利用骗取到的虚假公证书从事欺诈活动，给他人造成损失的，根据自己责任原则，由当事人以及其他个人或者组织承担民事赔偿责任，当事人以及其他个人或者组织有能力赔偿时，则不存在补充赔偿的问题；（2）当公证机构和实际侵权人（当事人以及其他个人或者组织）在共同过错下实施了共同侵权行为时，承担连带赔偿责任，也不存在补充赔偿问题；（3）当找不到实际侵权人（当事人以及其他个人或者组织）或实际侵权人没有赔偿能力时，则由公证机构承担赔偿责任，这种补充赔偿责任则成为一种替代责任；（4）当赔偿义务人赔偿能力不足时，则由公证机构在赔偿义务人应承担的赔偿责任范围内补充赔偿。

3. 对于公证申请人因疏忽或者认识错误，提供了错误材料，而公证机构因过失未尽到审查、核实义务，作出错误公证，给当事人造成损害的，应当根据公证申请人和公证机构的过错程度，分别判定其各自承担相应的责任。

4. 公证机构与公证申请人恶意串通，作出错误的公证文书的，公证机构和公证申请人应当对损害承担连带责任。利害关系人在诉讼中明确表示放弃对公证申请人的诉讼请求的，公证机构对公证申请人应当承担的赔偿份额外负担不承担连带责任。公证机构和公证申请人之间的责任份额不明确的，认定为双方承担责任各半。①

（四）公证赔偿的保障机制

由于我国公证机构长期采用行政体制，造成一些公证机构经济不独立，绝大多数公证机构缺乏必要的资产，甚至完全没有资产。目前，国内许多公证机构不具备承担赔偿责任的实际能力，如果不建立公证责任保险、公证赔偿基金、公证赔偿后备金等有效的赔偿保障机制，公证赔偿制度将难以实现。

1. 公证责任保险制度。公证责任保险是公证机构在依法履行公证职务时，因工作过错给当事人或利害关系人造成直接经济损失，依法应当承担公证赔偿责任的，在公证执业责任保险合同规定的范围内，由保险人对公证机构应当承担的民事赔偿金及有关费用给予支付的法律制度。《公证法》第十五条规定："公证机构应当参加公证执业责任保险。"可见，《公证法》将参加执业责任保险作为公证机构的法定义务，这既是为了弥补公证机构赔偿能力之不足，以达到规避部分赔偿风险之目的，又保证了公证机构具有适当的民事赔偿能力，确保赔偿得以实现。

公证保险应当承担的赔偿责任，一般包括：（1）人民法院判定或经保险人同意由公证机构与公证责任赔偿当事人协商确定的因公证责任引起的赔偿金额；（2）人民法院收取的诉讼费；（3）其他诉讼费用，如律师费、调查取证费用等；（4）法律规定或保险合同约定应当由保险人承担的费用。

按照《公证责任保险合同》的约定，公证责任赔偿数额由人民法院以判决书或调解书的方式确定。采用调解书时，赔偿数额要事先征得保险人同意；由被保险人与公证责任索赔人以非诉讼方式确定的赔偿数额，必须事先经保险人书面同意，当保险人和被保险人就调解方案中赔偿数额意见不一致时，保险人具有决定权。

2. 公证赔偿基金。公证赔偿基金是为了适应公证改革需要建立的现代风险保障体制，以确保公证机构的赔偿能力，维护公证行业的信誉。《司法部关于深化公证工作改革的方案》建立了用于偿付公证责任赔偿费用的专项基金。公证赔偿基金实行统一提取，分级管理，集中使用，专款专用的原则。由中国公证协会统一负责公证赔偿基金的管理工作。

3. 公证赔偿后备金。公证赔偿后备金是公证赔偿基金中用于支付公证责任保险金后剩余的部分。它主要用于支付公证责任保险责任范围以外的公证责任赔偿的

① 周绍波．公证民事赔偿责任浅析．法制与社会，2011（11）：65.

费用，如偿付公证责任保险中的绝对免赔额、超过个案保险赔偿限额的公证赔偿费用，不属于保险赔偿范围的公证责任赔偿费用等。

总的来看，以上三项制度均属于公证行业的补偿制度，共同构成了我国公证行业的行业救济制度。其中，公证责任保险已成为公证行业补偿制度的主干，是公证机构的重要经济保障，为维护公证行业信誉发挥了重要的作用。

二、公证行政法律责任

公证行政法律责任是公证机构及公证员在办理公证活动中，违反行政法律、法规、规章及行政纪律的规定，应当承担的行政法律后果。

《公证法》第四十一条规定："公证机构及其公证员有下列行为之一的，由省、自治区、直辖市或者设区的市人民政府司法行政部门给予警告；情节严重的，对公证机构处一万元以上五万元以下罚款，对公证员处一千元以上五千元以下罚款，并可以给予三个月以上六个月以下停止执业的处罚；有违法所得的，没收违法所得：（一）以诋毁其他公证机构、公证员或者支付回扣、佣金等不正当手段争揽公证业务的；（二）违反规定的收费标准收取公证费的；（三）同时在二个以上公证机构执业的；（四）从事有报酬的其他职业的；（五）为本人及近亲属办理公证或者办理与本人及近亲属有利害关系的公证的；（六）依照法律、行政法规的规定，应当给予处罚的其他行为。"根据本条规定，公证机构及其公证员将对下列行为承担相应的行政法律责任：（1）以诋毁其他公证机构、公证员或者支付回扣、佣金等不正当手段争揽公证业务；（2）违反规定的收费标准收取公证费；（3）同时在两个以上公证机构执业；（4）从事有报酬的其他职业；（5）为本人及近亲属办理公证或者办理与本人及近亲属有利害关系的公证；（6）依照法律、行政法规的规定，应当给予处罚的其他行为。

《公证法》第四十二条规定："公证机构及其公证员有下列行为之一的，由省、自治区、直辖市或者设区的市人民政府司法行政部门对公证机构给予警告，并处二万元以上十万元以下罚款，并可以给予一个月以上三个月以下停业整顿的处罚；对公证员给予警告，并处二千元以上一万元以下罚款，并可以给予三个月以上十二个月以下停止执业的处罚；有违法所得的，没收违法所得；情节严重的，由省、自治区、直辖市人民政府司法行政部门吊销公证员执业证书；构成犯罪的，依法追究刑事责任：（一）私自出具公证书的；（二）为不真实、不合法的事项出具公证书的；（三）侵占、挪用公证费或者侵占、盗窃公证专用物品的；（四）毁损、篡改公证文书或者公证档案的；（五）泄露在执业活动中知悉的国家秘密、商业秘密或者个人隐私的；（六）依照法律、行政法规的规定，应当给予处罚的其他行为。因故意犯罪或者职务过失犯罪受刑事处罚的，应当吊销公证员执业证书……"该条规定的违法行为，较《公证法》第四十一条规定中的违法行为不管从性质上还是从程度上看都更为严重，因而法律对这些严重的违法行为规定了更重的法律责任。

由此可见，《公证法》为公证机构设定的行政处罚主要包括警告、罚款、没收违法所得和停业整顿四种，对公证员设定的行政处罚主要包括警告、罚款、没收违法所得、停止执业和吊销执业证五种。《公证法》中有关公证机构及公证员行政法律责任的设定，对规范公证行业和公证行为所起到的积极作用是显然的也是必须肯定的。司法行政机关在对公证机构及公证员作出行政处罚决定之前，应当告知其查明的违法行为事实、处罚的理由及依据，并告知其依法享有的权利。口头告知的，应当制作笔录。公证机构及公证员有权进行陈述和申辩，有权依法申请听证。公证机构及公证员对行政处罚不服的，可以依法申请行政复议或者提起行政诉讼。

三、公证刑事法律责任

公证刑事法律责任，是指公证员在办理公证业务的活动中，触犯了《刑法》的规定，构成犯罪，依法应当承担的受到刑事制裁的法律后果。公证刑事法律责任的法律依据主要体现在：我国《公证法》第四十二条规定，公证机构及其公证员有下列行为之一，情节严重，构成犯罪的，依法追究刑事责任：（1）私自出具公证书的；（2）为不真实、不合法的事项出具公证书的；（3）侵占、挪用公证费用或者侵占、盗窃公证专用物品的；（4）毁损、篡改公证文书或者公证档案的；（5）泄露在执业活动中知悉的国家秘密、商业秘密或者个人隐私的；（6）依照法律、行政法规的规定，应当给予处罚的其他行为。法律对六种严重的违法行为不仅规定了较重的行政法律责任，而且在行为符合我国《刑法》所规定的犯罪构成要件时，还有可能触犯《刑法》，构成犯罪，依法还需要承担相应的刑事责任。

刑事法律责任是公证机构及公证员法律责任中最严厉的一种，从公证的立法与实践来看，公证机构及其公证员承担刑事法律责任主要有以下几种情形：

（一）公证员因履行职务不当引起刑事法律责任的

在我国现阶段，存在三种体制的公证机构，即行政体制、事业体制与合作制。在行政体制的公证机构中，其公证员属于国家工作人员，如公证员因玩忽职守行为给社会造成严重后果，构成犯罪的，根据《刑法》第三百九十七条的规定，应当追究其刑事责任。而在后两种体制下的公证机构的公证人员，由于不符合玩忽职守罪的主体要件，因而不可能构成玩忽职守罪。公证员玩忽职守，是指公证员在公证活动中严重不负责任，不履行或不正确履行法定职责的行为。

（二）公证员故意提供虚假证明文件，情节严重的

根据《刑法》第二百二十九条的规定，承担资产评估、验资、验证、会计、审计、法律服务等职责的中介组织的人员故意提供虚假证明文件，情节严重的，构成中介组织人员提供虚假证明文件罪。我国《公证法》将公证机构定性为证明机构，虽未明确中介组织的性质，但从业务范围看，公证机构实际上履行着证明、验证、法律服务方面的职能，故公证机构的公证员在公证业务中故意提供虚假证明文

件的，可以构成中介组织人员提供虚假证明文件罪。

（三）公证员泄露在执业活动中知悉的国家秘密，情节严重的

根据《刑法》第三百九十八条的规定，国家机关工作人员违反《保守国家秘密法》的规定，故意或过失泄露国家秘密，情节严重的，构成故意泄露国家秘密罪或者过失泄露国家秘密罪。非国家工作人员犯此罪的，依照国家机关工作人员的相关规定酌情处罚。根据《保守国家秘密法》的要求，公证员应当保守在执业活动中知悉的国家秘密，不应当以任何形式泄露。保守秘密是公证员的法定义务，公证员泄露在执业活动中知悉的国家秘密，情节严重的，依法应当承担相应的刑事法律责任。

第十六章　民事法律行为公证

第一节　民事法律行为公证概述

一、民事法律行为公证的概念及特征

（一）民事法律行为公证的概念

民事法律行为是民事主体通过意思表示设立、变更、终止民事法律关系的行为，如合同、继承、委托、声明、赠与、遗嘱、财产分割、招标投标、拍卖等。但并不是所有民事法律行为都能产生预定法律后果，只有合法、有效的民事法律行为才能确定达到预定目的。《民法典》第一百四十三条规定："具备下列条件的民事法律行为有效：（一）行为人具有相应的民事行为能力；（二）意思表示真实；（三）不违反法律、行政法规的强制性规定，不违背公序良俗。"不符合上述要件的民事法律行为或为无效，或为可撤销，抑或为效力待定。

《公证法》第三条体现的公证合法原则和客观原则，民事法律行为公证并非针对一切民事法律行为，而是针对合法有效的民事法律行为进行公证。所以，民事法律行为的公证应规定为，公证机构根据当事人的申请，依照法定的程序，对当事人有关设立、变更或终止民事法律关系的行为的真实性与合法性予以证明的活动。

（二）民事法律行为公证的特征

1. 从意思表示着手来证明民事法律行为的真实性。意思表示，即当事人想要实现一定效果的内心意思对外表示，它是民事法律行为的核心要素。民事法律行为是否真实，公证人员应围绕意思表示的相关要素展开：（1）民事法律行为成立的必备条款（如当事人名称或者姓名、标的和数量等）是否齐全，越是齐全，越能证明当事人的深思熟虑，越能接近当事人的真实意思；（2）是否愿意使民事法律行为获得法律上的保障，来确认当事人是否愿意发生某种民事法律行为；（3）意思表示是在未受外力强制或诱惑下自主、自愿进行的，是否存在欺诈、胁迫和重大误解的情况，来判断当事人是否具有从事某种民事法律行为的真意。

2. 从是否为法律所认可方面来证明它的合法性。公证机构依法证明民事法律

行为，在确认其具有真实性的基础上，还要审查确认其是否具有合法性，以保证公证文书的质量。民事法律行为就其本质特征来说，是一种合法行为，即民事法律行为的内容与形式只有符合法律的要求，不违背法律的强制性规定和社会的公共利益，才能得到法律的承认和保护，也才能产生行为人所预期的法律后果。据此，公证机构必须以现行有效的法律法规为准绳，审查当事人实施的行为是否为法律、法规所认可，从而确认民事法律行为是否具有合法性。

二、民事法律行为公证的条件

根据《公证程序规则》第三十六条的规定，民事法律行为公证应当符合下列条件：

（一）当事人必须具有从事该法律行为的资格和相应的民事行为能力

公证当事人，是指与公证事项有利害关系并以自己的名义向公证机构提出公证申请，在公证活动中享有权利和承担义务的自然人、法人或者其他组织。这表明任何具有从事该法律行为的资格和相应的民事行为能力的民事主体，都可以在其能力范围内成为公证当事人。法人、其他组织和完全民事行为能力的自然人应自己申办；无民事行为能力人或者限制民事行为能力人申请公证，应当由其监护人代理。

（二）当事人意思表示真实

意思表示，是指行为人将其设立、变更、终止民事权利义务的内在意思表示于外部，并使他人感知的行为。意思表示真实，是指行为人在未受外力的强制或诱惑的情况下，自主作出的内外一致的意思表示。如果当事人意思表示不真实，公证机构不予受理。

（三）行为的内容和形式合法，不违背公序良俗

作为公证证明对象的民事法律行为，不管是内容上还是从形式上，都要符合法律、法规的规定，不违背社会公德，否则，民事法律行为当事人意欲发生的法律后果就无从实现。民事法律行为的内容合法，是指民事法律行为的内容不违反法律的强制性规定和社会公序良俗原则。而且民事法律行为的内容是确定的，是可能实现。所谓确定，是指民事法律行为的内容自始确定，或者能够确定。所谓能够确定，是指行为已包含了将来确定内容的方法；或者可以任意性法律规定补充当事人意思的不足，予以确定；或者可由人民法院或仲裁机构依职权对民事法律行为的内容进行解释，最终确定其内容。内容不确定的民事法律行为，属于无效的民事法律行为，当然也不能成为公证的对象。民事法律行为的形式合法，是指当事人进行意思表示所采用的具体形式合法。一般情形下，待公证的民事法律行为除不能以沉默或推定的方式表示外，均无不可，但须形式合法。

三、民事法律行为公证的种类

民事法律行为以发生法律效力是否需要双方当事人的意思表示为标准，可以分为单方民事法律行为和双方民事法律行为。单方民事法律行为是仅由一方意思表示就能成立的民事法律行为；双方民事法律行为是当事人双方意思表示一致才能成立的民事法律行为。民事法律行为公证也可以基于各种不同的公证证明对象，将其分为两大类：

（一）单方民事法律行为公证，即非合同民事法律行为公证

包括公证委托、声明、遗嘱、抽签、开奖及其他法律允许的各种有奖活动，如各种大奖赛、有奖储蓄、奖券、彩票、有奖销售等。上述民事法律行为往往与合同有密切的联系，或者是在合同的基础上进行的，或者其成立之后即在当事人之间发生合同关系。但对于这些行为的公证属于非合同民事法律行为的公证。

（二）双方民事法律行为公证，即合同民事法律行为公证

包括公证合同、继承、财产分割、招标投标、拍卖、合伙协议、宅基地使用协议、赔偿协议、换房协议、拆迁协议、借款协议、还款协议、夫妻财产约定、收养协议、解除收养协议、认领亲子协议等各种有名和无名、债权和物权合同。

第二节　合同、继承与财产分割协议公证

一、合同公证

（一）合同公证的概念和特征

合同公证，是指国家公证机关根据合同当事人的申请，依照法定程序，对当事人之间签订的合同的真实性、合法性进行审查、确认，并作出证明的一种非诉活动①。实践证明，办理合同公证能够规范、引导、监督当事人依法立约，促使当事人积极正当履约；揭露和制止立约过程中的违法行为，维护社会主义法治，预防纠纷，减少诉讼，保护当事人的合法权益。合同公证具有以下法律特征：

1. 主体确定。合同公证的双方当事人是确定了的。根据《公证法》第十一条的规定，我国证明合同的机关是公证机构，公证人员代表公证机构具体办理公证业务。任何其他机关、团体和个人都无权代行对合同的公证职能。作为合同公证的另一方当事人，必须是合同的签订人或其合法代理人，他们必须是具有一定民事权利能力和行为能力的公民、法人及其他经济组织。除此之外的其他任何人，都不能成

① 何静．合同公证的理论与实务．人民法院出版社，2001：3.

为合同公证的当事人。

2. 证明对象是双方当事人签订的合同。根据我国法律、行政法规的规定以及公证实践操作，公证机构办理合同公证的种类呈多样化，既包括《民法典》规定的19种有名合同（买卖合同，供用电、水、气、热力合同，赠与合同，借款合同，保证合同，租赁合同，融资租赁合同，保理合同，承揽合同，建设工程合同，运输合同，技术合同，保管合同，仓储合同，委托合同，物业服务合同，行纪合同，中介合同，合伙合同），也包括土地使用权出让（转让）合同、土地承包合同、联营合同、电子网络使用合同、知识产权许可使用合同、企业兼并合同、企业承包经营合同、企业租赁经营合同、劳动合同、投资协议、股权转让协议等类型，都可纳入合同公证范围中，成为公证机构的证明对象。

3. 一般情况下，合同公证不是签订合同的必经程序。只有在法律规定的特定情况下，即法律规定必须经过公证的合同才能发生法律效力的情况下，合同必须经过公证。例如，2017年修订的《深圳经济特区公证条例》第十八条规定："政府投资的重点项目的招标投标以及法律、法规规定应当办理公证的事项应当办理公证。办理房地产、记名有价证券、企业产权和股权转让、变更等的主管部门，应当在合同示范文本或办事指南中提示当事人可以通过公证防范有关法律风险。"

4. 合同公证是一种非诉讼法律活动，其目的是通过公证活动证明合同的真实性、合法性，以保障合同的有效履行，维护双方当事人的合法权益。

（二）办理合同公证的程序

1. 申请与受理。申办合同公证，合同当事人应到其住所或合同签订地的公证机关提出公证申请，填写公证申请表，并提交下列证明材料：（1）身份证明、法人资格证明及其法定代表人的身份证明；企业法人提供营业执照。（2）代理人代理申请的，委托代理人需提交授权委托书。（3）需公证的合同文本。（4）与公证事项有关的财产所有权证明。（5）与公证事项有关的其他材料，如相关的资格证书、许可证权利证书、批文。

证明材料真实、合法、充分，公证机关应当受理、登记，并将受理通知书发给当事人；对不符合规定条件的申请，公证机构作出不予受理的决定并通知申请人。

2. 审查与出具公证书。公证机关受理合同公证申请后，应主要审查以下几个方面的内容：（1）对主体的审查：合同当事人签订合同时是否具有签订合同的资格和相应的行为能力情况，公证机构应当尽可能对当事人进行拍照并存档；七十周岁以上的当事人申请办理公证的，应当谨慎办理，必要时可对询问过程进行录音或录像。（2）对合同的审查：①当事人的意思表示是否自愿、真实；②内容是否明确、具体；③条款是否齐全、完备，是否违反法律、法规和社会公共利益；④印鉴的种类和使用是否符合要求。

经审查，公证机关发现订立合同的主体合格、内容合法、意思表示真实、自愿且按照法定程序进行签订，即可出具公证书。

（三）办理合同公证应注意的事项

1. 合同涉及处分财产的，须提交财产所有权证证明，须注意审查处分的财产是否属于当事人所有；有无其他共有人、有无被抵押、查封、扣押等限制处分的情况，若有须提交相关证明材料。法人或者其他组织申办公证，按照法律、法规或者章程规定需要审批的，应提交股东会（董事会）决议或者有关部门的批准文件。监护人处分财产，应提交享有监护权的证明材料以及为被监护人利益而处分财产的保证书。

2. 对已经签署的合同进行公证。在实践中，经常会遇到当事人在合同上签字、盖章后，甚至合同已经生效后才申办公证。对此，公证机构应对合同的真实性、合法性进行全面审查，按合同公证的规定和程序办理，不能按有法律意义的文书的证明方式办理。承办公证员应按规定的方式查证当事人在合同上的签字、盖章及其签订日期、地点等是否属实，并将有关材料入卷。如果发现存在不符合法律规定或与事实不符时，公证员应要求当事人修改；必要时，当事人可另行签订补充协议，对已签订的合同进行增删、修改、完善，并将补充协议与已签合同一并申请公证。

4. 对合同可行性的审查问题。公证机构在审查过程中发现合同没有实现的可能或者没有实现的价值或当事人明显不具备实际履行能力的，应当拒绝公证。

5. 对无效合同的处理问题。在审查过程中，如发现无效合同，公证人员应拒绝公证；涉及违法违纪的，应向有关部门反映。

6. 公证后的回访检查及纠纷调解。对于数额较大、履行期限较长的合同的履行情况，公证机构应当进行回访检查，督促合同履行，调解纠纷，减少诉讼，稳定社会经济秩序。

二、继承公证

（一）继承公证的概念和种类

继承，是指自然人死亡或被宣告死亡后，由法律规定的人或遗嘱指定的人依法取得死者遗留的个人合法财产的法律制度。继承有两种方式，即法定继承与遗嘱继承。法定继承，是指根据法律直接规定的继承人的范围、继承顺序、继承份额及遗产分配原则继承被继承人遗产的继承方式。遗嘱继承，是指按照被继承人的遗嘱进行的继承。

继承公证，是指公证机构根据法律规定和继承人的申请，依法证明继承人的继承行为的真实性、合法性，确认继承人的继承权的活动。继承公证对于稳定财产关系和家庭关系，保护公民个人合法财产，预防继承纠纷，制止继承活动中的不法行为，减少诉讼，维护家庭和睦和社会的安定团结具有重要意义。

根据继承人继承财产的不同方式，继承公证可分为法定继承公证和遗嘱继承公证；根据办理继承公证事项有无涉外因素，继承公证可分为国内继承公证和涉外继承公证。此外，放弃继承权声明公证、分割遗产公证，也往往被纳入继承公证的业务范围。

（二）办理继承公证的程序

1. 申请与受理。根据《办理继承公证的指导意见》的规定，当事人可以就继承被继承人某项遗产向公证机构申请办理继承公证，也可以就继承被继承人数项遗产一并向公证机构申请办理继承公证。二个以上当事人继承同一遗产的，应当共同向一个公证机构提出公证申请。当事人申请办理继承公证，应当提交下列材料：（一）当事人的身份证件；（二）被继承人的死亡证明；（三）全部法定继承人的基本情况及与被继承人的亲属关系证明；（四）其他继承人已经死亡的，应当提交其死亡证明和其全部法定继承人的亲属关系证明；（五）继承记名财产的，应当提交财产权属（权利）凭证原件；（六）被继承人生前有遗嘱或者遗赠扶养协议的，应当提交其全部遗嘱或者遗赠扶养协议原件；（七）被继承人生前与配偶有夫妻财产约定的，应当提交书面约定协议；（八）继承人中有放弃继承的，应当提交其作出放弃继承表示的声明书；（九）委托他人代理申办公证的，应当提交经公证的委托书；（十）监护人代理申办公证的，应当提交监护资格证明。

公证机构对于当事人的申请，凡是符合条件的，应当及时受理。

2. 审查与出具公证书。公证机构受理后，要积极收集有关材料、证据，并根据国家有关规定，运用法律赋予的各种手段和权限，根据《办理继承公证的指导意见》的规定，重点审查下列事项：（一）当事人的身份是否属实；（二）当事人与被继承人的亲属关系是否属实；（三）被继承人有无其他继承人；（四）被继承人和已经死亡的继承人的死亡事实是否属实；（五）被继承人生前有无遗嘱或者遗赠扶养协议；（六）申请继承的遗产是否属于被继承人个人所有。

公证机构通过审查，认为与继承有关的事实清楚、证据充分，当事人属于有效遗嘱中指定的继承遗产的人，或者属于合法继承人，或者属于代位继承人、转继承人，并且当事人表示接受继承的，公证机构即可为之出具相应的继承公证书。

（三）办理继承公证应当注意的事项

1. 法律中规定的配偶，是指被继承人死亡时与其有夫妻关系的人。

2. 法律中规定的子女，应当包括婚生子女、非婚生子女、遗腹子、养子女及已形成抚养关系的继子女。

3. 法律中规定的父母，应当包括生父母、养父母和有扶养关系的继父母。

4. 法律中规定的兄弟姐妹，应当包括同父母的兄弟姐妹、同父异母或同母异父的兄弟姐妹、养兄弟姐妹及有扶养关系的继兄弟姐妹。

5. 审查当事人是否属于代位继承人或转继承人；代位继承人须是被继承人的生子女、养子女和有扶养关系的继子女的生子女或养子女，且不受辈数的限制。

6. 审查当事人接受或放弃继承的意思表示是否真实。

7. 审查是否遗漏了合法继承人，避免因为疏忽，损害他们的合法权利，甚至引起纠纷。

8. 审查是否存在下列应当拒绝公证的情况：（1）故意杀害被继承人的；（2）为争夺遗产而危害其他继承人的；（3）遗弃被继承人，或者虐待被继承人情节严重的；（4）伪造、篡改、隐匿或者销毁遗嘱，情节严重的；（5）以欺诈、胁迫手段迫使或者妨碍被继承人设立、变更或者撤回遗嘱，情节严重的。有第（3）到第（5）种情况，继承人确有悔改表现，被继承人表示宽恕或事后在遗嘱中将其列为继承人的，可以办理公证。

9. 死亡证明是指医疗机构出具的死亡证明；公安机关出具的死亡证明或者注明了死亡日期的注销户口证明；人民法院宣告死亡的判决书；死亡公证书。亲属关系证明是指被继承人或者继承人档案所在单位的人事部门出具的证明继承人与被继承人之间具有亲属关系的证明；基层人民政府出具的证明继承人与被继承人之间具有亲属关系的证明；公安机关出具的证明继承人与被继承人之间具有亲属关系的证明；能够证明相关亲属关系的婚姻登记证明、收养登记证明、出生医学证明和公证书。公证机构应当采用下列方式对亲属关系证明、死亡证明和财产权属（权利）凭证原件进行重点核实：（一）对亲属关系证明，应当向出具证明材料的单位核实；（二）对死亡证明和财产权属（权利）凭证原件进行审查后有疑义的，应当向出具证明材料的单位核实。当事人有合理理由无法提交死亡证明或者亲属关系证明的，应当提交两件以上足以证明相关死亡事实或者相关亲属关系的其他证明材料。公证机构应当向出具证明材料的单位或者个人核实。证明材料经核实，应当能够互相印证且能够共同证明被继承人或者其他继承人的死亡事实或者相关亲属关系。

三、财产分割协议公证

（一）财产分割协议公证的概念

财产可以由两个以上的公民、法人及其他组织共有。财产共有分为按份共有和共同共有两种形式：按份共有人按照各自的份额对共有财产分享权利，分担义务；共同共有人对共有财产共同享有权利，分担义务。无论是按份共有还是共同共有，共有人均可依法要求分割共有财产，将自己的财产份额从共有财产中分离出来，以便行使自己的权利，但通常都应与其他共有人达成协议。“常见的财产分割有：家庭共有财产分割、夫妻共有财产分割、共同继承或受遗赠的遗产分割、合伙财产分割、合资（合作）或联营的财产分割等。”① 财产分割协议，是指财产共有人经过协商一致，对共有财产达成分割的书面协议。

---

① 马宏俊．民事公证的理论与实务．人民法院出版社，2001：164.

财产分割协议公证，指公证机构根据当事人的申请，对当事人之间签订的财产分割协议，依法证明其真实性与合法性的活动。办理财产分割协议公证，有助于依法保护产权人的权益，促进人民内部互相关心、互相帮助、团结友爱关系的建立，能有效地预防纠纷，减少诉讼。

（二）办理财产分割协议公证的程序

1. 申请与受理。财产分割协议公证，由当事人住所地、分割行为发生地的公证处管辖。被分割财产为不动产的，由不动产所在地公证处管辖。当事人申请办理财产分割协议公证，填写公证申请表，并向公证机构提交以下证明材料：（1）财产共有人的身份证、户口簿及其复印件，委托代理人需提交授权委托书和身份证明。（2）共有财产所有权证明。（3）财产共有人共有财产的证明材料。（4）财产分割协议文本。包括：①协议各方的基本情况（姓名或名称、性别、出生日期、地址、职业、身份证号等）；②协议各方的关系、形成共有的原因和分割理由；③共有财产的基本情况（名称、数量、质量、坐落地点，以及财产所有权共有的形式）；④具体的分割意见，即各方当事人各自分得的财产名称、数量、取走的时间及交付的办法；⑤违反协议的责任；⑥各方当事人应在协议上签名或盖章。（5）公证员认为应当提供的其他证明材料。

当事人提交的上述证明材料如果齐备，公证机构予以受理、登记，并将受理通知书发给当事人；对不符合规定条件的申请，公证机构作出不予受理的决定并通知申请人。

2. 审查与出具公证书。公证机构受理申请人的申请后，应对当事人申请办理的公证事项及提供的证明材料进行调查核实工作。需重点审查以下内容：（1）对当事人的审查：财产共有人的身份是否真实，是否具有分割财产的资格和相应的行为能力情况。（2）对被分割财产的审查：①被分割的财产的名称、数量、所有地、质量、范围等情况是否真实；②被分割的财产权属是否清楚；③证明材料是否真实。（3）对财产分割协议的审查：①当事人的意思表示是否自愿、真实；②内容是否明确、具体；③条款是否齐全、完备，是否违反法律、法规和社会公共利益。

只要财产分割协议的当事人身份清楚，当事人具有民事行为能力，意思表示真实，协议内容真实、合法，公证事项符合规定条件，公证机构可依法为当事人出具财产分割协议公证书。

（三）办理财产分割协议公证应注意的事项

1. 区分被分割的财产是按份共有还是共同共有。对按份共有的财产，按已有之份额进行分割；对共同共有的财产，由当事人自由进行分割。

2. 如果共有人中有人出卖自己占有的份额，其他共有人在同等条件下享有优先购买权。

3. 不宜分割的财产或者分割后有损价值的财产，应当采取折价、适当补偿的方式处理。

4. 如有共有人下落不明，应保留其应得之份额；如有共有人死亡，则死者的法定继承人或其他遗产受益人参与分割。

5. 共有财产上有债务负担的，应明确各共有人承担债务的份额和偿还方式。

6. 因合伙终止等原因发生财产分割的，应当提交合伙关系或其他合作关系终止的证明。

7. 分割财产应当考虑各共有人对共有财产的贡献大小以及共有人的具体经营生活需要。分割家庭共有财产，应当对老弱病残者给予适当照顾；分割夫妻共有财产，应当对无过错责任者给予适当照顾。

8. 权利人放弃法定应当分得财产的，应当向公证机构提交放弃财产的声明书。

9. 被分割的财产需要办理变更登记和批准手续的，应当明确办理相关手续的时间。

第三节　委托、声明、赠与公证

一、委托公证

（一）委托公证的概念和特征

委托，是指一方当事人授权另一方当事人以其名义在授权范围内办理委托事项的行为。其中，授权另一方的当事人称为委托人；被授权办理一定事务的当事人称为受托人。当委托人因各种主客观条件的制约不能或不便自己进行特定的活动时，即可通过授权行为授权他人并通过他人的活动来完成自己不能或不便实行的活动从而实现自己的利益。通常而言，委托是基于委托合同而产生的，二者具有一定的联系和区别。《公证法》第十一条第一款第（三）项所指的“委托”为单方法律行为，即单方委托，其常见表现方式是授权委托书，它是委托人基于委托合同，向受托人签发的、用以向第三人表明受托人办理委托事务的资格和权限，它是委托合同的对外书面表现形式；而委托合同是双方法律行为，须经委托人和受托人达成一致才发生法律效力，确定的也仅仅是委托人和受托人之间的内部权利和义务关系，不发生对外效力，其公证适用于《公证法》第十一条第一款第（一）项所指“合同”的有关规定。

常见的委托公证包括单方委托公证和委托合同公证，但此处委托公证应作狭义的理解，仅指单方委托公证，即指公证机关根据委托人的申请，依法证明委托人的授权委托行为的真实性、合法性的活动。这种委托行为具有以下特点：

1. 它属于单方法律行为，只要委托人一方的意思表示即可产生法律效力；

2. 委托人签发的委托书则成为受托人取得对外处理事务的资格和权限的书面

证明；

3. 委托事项既可以是法律事务，也可以是非法律事务；

4. 委托合同中的受托人在委托权限内办理委托事务，它同委托人本人所进行的行为具有同等的法律效力。

（二）办理委托公证的程序

1. 申请与受理。当事人申办委托公证，应由委托人亲自到其住所地或者委托行为发生地的公证机构提出申请，填写申请表，并提交下列证明材料：（1）身份证明及其复印件。例如，居民身份证、户口簿等。法人申办公证的，应提交法人资格证明和法定代表人身份证明。企业法人申办应提供营业执照。（2）委托书。委托书应包括以下内容：①委托人、受托人的姓名、性别、年龄、住址、职业。如果是以法人的名义提出委托的，必须写明法人的全称，由法定代表人签名、盖章，并加盖公章。②委托的事项。③委托权限、是否允许转委托。凡委托我国驻外机构代理的，必须写明受托人有转委托权。④受托人申办转委托公证的，应提供转委托权限证明。⑤委托期限、委托日期。⑥委托人的签名、印鉴。（3）委托授权的事实和法律依据，即所授予的权利确系其本人享有，且为法律允许委托的行为。（4）其他证明材料。

公证机构对于当事人的申请，凡是符合条件的，应当及时受理。

2. 审查与出具公证书。公证机构受理申请人的申请后，应对当事人申请办理的公证事项及提供的证明材料进行调查核实工作。需重点审查以下内容：（1）对当事人的审查。委托人是否具有权利能力和行为能力。只有具有完全民事行为能力的公民才能实施委托行为，无行为能力人、限制行为能力人应由其法定代理人、监护人代理申办委托公证；当事人是自然人的，应严格按中国公证协会关于《公证机构审查自然人身份的指导意见》办理，如果是法人申办委托公证，应审查其法人资格及其委托行为是否符合章程或条例所规定的业务范围。（2）对委托书审查。①委托书原件内容是否明确、具体，条款是否齐全、完整；②委托人的意思表示是否自愿、真实；③委托书的内容是否违反法律、法规和社会公共利益。

经审查，对于符合法律规定的委托书，公证机构应依法出具公证书。

（三）办理委托公证应注意的事项

1. 申办委托公证，委托人应亲自到公证机构办理，不得委托他人代办。委托人确有困难不能亲自到公证机构申办的，公证机构可以指派公证员上门办理。

2. 凡依照法律规定或依双方约定由行为人本人亲自实施的民事行为，应由其本人亲自实施，公证机构对此类委托不予办理公证，如收养、登记结婚等。

3. 委托书上的签名、印鉴必须是委托人当着公证员的面签名、盖章。如果作为委托人的法人已事先在委托书上盖了章的，应向公证机构提供本单位的印鉴和代理人的印章，以便核实委托书上印章的真实性。

4. 委托事项涉及处分财产的，须审查处分的财产是否属于委托人所有；有无其他共有人；有无被抵押、查封、扣押等限制处分的情况。法人或者其他组织申办委托书公证，按照法律、法规或者章程规定需要审批的，应提交股东会（董事会）决议或者有关部门的批准文件。其他权利人处分财产，应注意审查：（1）监护人申请办理以处分被监护人所有的财产为内容的委托书公证，应当要求当事人提交享有监护权的证明材料以及为被监护人利益而处分财产的保证书；（2）被羁押人员委托处分财产应审查委托人是否可以处分委托书所涉及的财产。必要时，可以向公安机关、人民法院、人民检察院等有关部门核实，获取相关证明。

5. 委托书中应当明确受托人是否有转委托权、委托的期限等内容。如委托人授予受托人转委托权，公证员应当向委托人详细讲解有关转委托权的法律意义及可能产生的法律后果。

6. 对受托人为多人时，委托书中须明确委托事项是其中一人或者数人就可办理，还是需同时在场才能办理。

二、声明公证

（一）声明公证的概念和作用

声明，是指公民、法人或其他组织在民事活动中单方作出的意思表示。具有民事法律意义的声明，是公民、法人或其他组织依据其单方意思表示所实施的一种单方法律行为。发表声明的公民或法人称为声明人。声明的书面形式，即声明书，为公民、法人或其他组织在民事活动中主张民事权利，接受或放弃民事权利，或者承担民事义务的书面声明。声明的种类很多。公证实践中常见的有：主张权利声明（如接受遗赠声明书）、放弃权利声明（如放弃继承权声明书）、承担义务声明（如代为清偿债务声明书）和其他方面的声明等①。

声明公证，又称声明书公证，是指公证机关根据当事人的申请，依法证明公民、法人或其他组织在民事活动中的单方意思表示真实性、合法性的活动。声明公证对于确认当事人单方意思表示的真实性，防止他人伪造篡改或冒名顶替，保证声明书的正常使用具有重要意义。例如，有的国家在受理中国公民入境签证时，要求其出示是否能遵守该国法律的声明公证，以保证本人在某国居留期间遵守该国有关法律。

（二）办理声明公证的程序

1. 申请和受理。申办声明公证，声明人为公民的应当亲自到其住所地或行为发生地的公证机关填写申请表，并提交如下证明材料：（1）申请人的身份证明及其复印件。公民的身份证明文件通常为居民身份证和户口簿；法人申办声明公证，

① 张云柱．现代公证法学．新华出版社，2001：304.

应提供法人资格证明和法定代表人身份证明。法定代表人委托代理人的，应提交授权委托书和代理人的身份证明，即居民身份证与户口簿以及复印件。(2) 草拟的声明书。当事人书写有困难的，公证人员可以为其代书。声明书应包括下列内容：声明人为公民的，写明公民的自然情况（姓名、性别、年龄、单位等)。声明人为法人的，写明法人名称、地址、法宝代表人姓名；声明事项；声明人签字、盖章。(3) 与声明内容有关的证明材料。例如，声明放弃财产权利的，应提供其享有该权利的证明；主张权利的声明，应提供主张权利所依据的法律文件或事实依据等。

公证机构对于当事人的申请，凡是符合条件的，应当及时受理。

2. 审查与出具公证书。公证机构受理申请人的申请后，应对当事人申请办理的公证事项及提供的证明材料进行调查核实工作，需重点审查以下内容：(1) 当事人的身份是否真实，是否具有发表声明的资格；(2) 声明人是否具有相应的民事行为资格和相应的民事权利能力；(3) 声明的内容是否真实，是否违反法律和社会公共利益；(4) 声明人的意思表示是否真实，是否了解声明书将产生的法律后果；(5) 声明书上的签名、印鉴是否真实、齐全。

经审查，公证机关认为当事人具有发表声明的民事行为资格和相应的民事行为能力，意思表示真实，声明书的内容、形式均符合法律要求的，公证机关应依法出具公证书。

(三) 办理声明公证应注意的事项

1. 声明人是公民的不得委托代理。公证声明是声明人的意思表示，声明人为公民的必须亲自办理，在公证员面前在声明书上签名或盖章，不得委托他人办理。

2. 当事人为法人应注意的问题。法人发表的声明书，必须由法定代表人或法定代表人的代理人签名或盖章，并加盖单位公章。

3. 办理放弃民事权利声明应注意的问题。放弃民事权利声明往往有时间限制，对此类声明书公证应当在法定期限内作出；否则，声明将不具有法律效力。当事人作出放弃民事权利声明后一般不能悔改。

4. 声明书的内容和形式必须合法。公证机构办理声明公证，只依法证明声明人意思表示行为具有真实性，对声明书的内容一般不作调查，只要其内容不违反国家法律、法规的禁止性规定，不违背社会公德即可。

三、赠与公证

(一) 赠与公证的概念和形式

赠与是财产所有人在法律允许的范围内，将自己的财产无偿给予他人的法律行为。将其所有的财产赠与他人的人为赠与人，接受赠与的人为受赠人。在赠与合同中，由于赠与人无对价而支付利益，受赠人不负担任何对价给付义务既可获得利益，因此，法律规定赠与人在赠与财产的权利转移之前可以撤销赠与，以弥补双方权利义务严重失衡；但具有救灾、扶贫等社会公益、道德义务性质的赠与合同或者经过公证的赠与合同除外。

赠与公证是公证处依法证明赠与人赠与财产、受赠人收受赠与财产或赠与人与受赠人签订赠与合同真实、合法的行为。办理赠与公证可以采取证明赠与人的赠与书、受赠人的受赠书或赠与合同等形式。赠与书，是指赠与人单方以书面形式将财产无偿赠与他人的赠与人声明书。受赠书，是指受赠人单方以书面形式表示接受赠与的声明书。赠与合同，是指赠与人与受赠人双方以书面形式，就财产无偿赠与而达成的一种协议。赠与一旦经过公证，非依法定情形不得撤销赠与。当赠与人不履行合同时，受赠人可以要求交付。

（二）办理赠与公证的程序

1. 申请和受理。赠与书公证应由赠与人的住所地或不动产所在地公证处受理。受赠书、赠与合同公证由不动产所在地公证处受理。当事人申办赠与书、受赠书、赠与合同公证应到有管辖权的公证机构申请办理，填写办理赠与书、受赠书、赠与合同公证申请表，并提交如下材料：（一）当事人的居民身份证或其他身份证明；（二）被赠与财产清单和财产所有权证明；（三）受赠人为法人或其他组织的，应提交资格证明、法定代表人身份证明，如需经有关部门批准才能受赠的事项，还需提交有关部门批准接受赠与的文件，代理人应提交授权委托书；受赠人为无民事行为能力或限制民事行为能力的，其代理人应提交有监护权的证明；（四）赠与书、受赠书或赠与合同；（五）赠与标的为共有财产的，共有人一致同意赠与的书面证明；（六）公证人员认为应当提交的其他材料。

公证机构对于当事人的申请，凡是符合条件的，应当及时受理。

2. 审查与出具公证书。公证机构受理申请人的申请后，应对当事人申请办理的公证事项及提供的证明材料进行调查核实工作，需重点审查以下内容：（一）赠与人的意思表示是否真实，行为是否合法；（二）赠与人是否具有赠与能力，不因赠与而影响其生活或居住；（三）赠与财产的权属状况、占有、使用情况及抵押、留置、担保情况权是否真实、明确；（四）赠与书、受赠书、赠与合同的意思表示是否自愿、真实、合法，条款是否完备、内容是否明确、是否符合法律法规，文字表述是否准确。

经审查，公证机关认为当事人具有完全民事行为能力，意思表示真实，赠与书、受赠书、赠与合同的内容、形式均符合法律要求的，公证机关应出具赠与公证书。

（三）办理赠与公证应注意的事项

1. 办理房地产赠与公证应注意的事项。办理房地产赠与公证时，不得违背房地产的政策和法律、法规。

2. 办理夫妻共同财产的赠与应注意的事项。被赠与物为夫妻共同财产，赠与时必须夫妻双方同意。财产所有权证（如银行存款单、房屋所有权证）上只注有财产所有人夫或妻一人的名字，在其夫妻关系存续期间除另有约定外，该财产应视为夫妻共有财产，在申办其赠与公证时应取得夫妻一致同意，赠与人应是夫妻双方。

3. 被赠与物为抵押物时应注意的事项。如果被赠与的财产已作为抵押财产，在抵押期间，财产所有人未经抵押权人明示同意，不得将其抵押财产赠与他人。

第十七章　具有法律意义事实的公证

第一节　具有法律意义事实公证概述

一、具有法律意义事实公证的概念及特征

具有法律意义的事实，是指法律规定的能够引起民事法律关系发生、变更或消灭的客观现象。法律事实包括行为和非行为事实。行为是指民事主体有意识的活动；非行为事实是行为以外的，能够引起民事法律关系发生、变更或消灭的事实，包括事件与状态。事件是指某种客观现象的发生，如人的出生、死亡、自然灾害等；状态是指某种客观现象的持续，如下落不明、亲属关系、婚姻状况等。本章所讲的具有法律意义的事实，是指非行为事实，即事件和状态。

具有法律意义的事实的公证，是指公证机构根据自然人、法人或者其他组织的申请，依照法定程序对具有法律意义的非行为事实的真实性、合法性予以证明的活动。其具有如下特点：

1. 须有自然人、法人或者其他组织等利害关系人的申请；
2. 须具有法律意义的非行为事实的客观存在；
3. 须具有法律意义的非行为事实具有合法性；
4. 必要时，还应该依法证明具有法律意义的非行为事实的成因和后果。

二、具有法律意义事实公证的业务范围

1. 证明法律事件。它是指国家公证机构根据利害关系人的申请，对法律事件的真实性、合法性依法进行证明的活动。法律事件，是指不以人的意志为转移的，能够引起法律关系设立、变更、终止的客观现象。公证机关证明的法律事件有：出生、死亡、海难、空难、不可抗力的自然灾害、意外事件等。

2. 公证证明法律状态。它是指国家公证机构根据利害关系人的申请，对法律状态的真实性、合法性依法进行证明的活动。法律状态，是指不以人的意志为转移的，能够引起法律关系设立、变更、终止的客观现象的持续。例如，婚姻状况、亲属关系、收养关系、生存、身份、经历、学历、学位、职务、职称、民族、国籍、

有无违法犯罪记录等。

上述事件或状态有的能够直接引起某些民事法律关系的设立、变更和终止，如人的出生引起近亲属之间权利义务关系的产生。有的须与某些其他行为或事件结合产生某种民事法律关系的设立、变更和终止，如近亲属关系的确认和近亲属死亡结果导致近亲属等之间继承法律关系的产生。因而，无论哪一种具有法律意义的事实，都属于公证机关证明的重要对象。

三、具有法律意义事实的公证的意义

1. 可以避免日后可能发生的民事纠纷，有效地保护利害关系人的正当权利和利益不受侵害。

2. 经过公证的事实可以直接作为法院审理案件，确认自然人、法人和其他组织之间的民事权利义务的凭证，从而有效维护利害关系人的合法权益。

3. 具有法律意义事实是否真实存在往往影响当事人某种法律资格的取得或者某种权利的实现，也是当事人从事社会活动的前提条件。

第二节　自然人人身状况公证

一、出生公证

（一）出生公证的概念和作用

出生是一种法律事实，它属于其中的自然事件。根据台湾民法学者郑玉波先生在其著作《民法总则》（第 68～69 页）的观点，其应具备的要件为“出”与“生”，两者缺一不可。所谓“出”者，乃由母体分离是也；所谓“生”者，乃保持其生命而出是也（否则谓之死产），至保持命之久暂，亦非所问。出生决定着民事权利能力的产生，是一个重要的法律事实。

出生公证，是指公证机构根据当事人或监护人的申请，对该当事人或监护人于何时在中国境内某地出生这一法律事实的真实性予以确认的活动。我国公证机构只受理在我国出生的公民或外国人申办的出生公证事项。凡在国外出生的法律事实，我国公证机构不予办理。出生公证主要用于当事人出国办理签证、定居、移民、结婚、留学、谋职、办理退休手续、领取子女读书补助金等，是涉外公证的主要内容之一，也是出国人员必备的公证文书之一①。

（二）办理出生公证的程序

1. 申请与受理。当事人申请办理出生公证，可以向户籍所在地或事实发生地

① 邓建民．律师法学与公证法学．四川大学出版社，2004：342.

的公证机构申请，已经在国外的当事人，应向其在最后户籍所在地公证机构申请。当事人不能亲自到公证机构申请的，根据《公证法》第二十六条的规定，可委托他人代为办理。但遗嘱、生存、收养关系等应当由本人办理公证的除外，出生公证应提交以下证明材料：

（1）申请人的身份证明及复印件。包括居民身份证、户口簿、护照等；已注销户口的，需原住所地公安派出所出具户籍记载的证明。

（2）申请人的出生证明。包括：①接生医院签发的出生证或申请人所在单位的人事、组织或劳资部门出具的证明其出生事实的证明；无工作单位的，由住所地街道办事处或乡镇人民政府出具的证明信；在校学习的学生，由所在学校出具证明信。②未成年人的证明材料由监护人人事档案管理部门或本人户籍所在地街道办事处、乡镇人民政府出具。③证明内容包括：当事人的姓名（包括别名或曾用名）、性别、出生年月日（以公历为准）、出生地点（写到县市即可）及其父母（含生父母、养父母、继父母）的姓名。当事人所在工作单位无人事（组织、劳资、干部）部门的，由该单位上级主管部门予以证明。例如，公证机构有统一证明表格要求的，应索取该表格，由当事人工作单位填写盖章转交给公证机构。

（3）当事人一般应亲自到公证机构申办出生公证，如有特殊情况可委托代为申办。代理人代为申办的，须提交当事人授权委托书和代理人的居民身份证或户口簿及复印件。

符合《公证程序规则》第十九条规定的申请，公证机构应予以受理并书面通知当事人。

2. 审查与出具公证书。公证机构受理出生公证申请后，除按照《公证程序规则》第二十四条规定的内容进行审查外，应重点审查以下内容：

（1）当事人提交的证明、材料是否属实、有效；

（2）当事人申办出生公证的目的；

（3）当事人的姓名、性别、出生日期、出生地点的真实性、准确性；

（4）当事人提交的各类证明、材料的关联性。

经公证人员审查，对符合《公证程序规则》第三十七条规定的，依法出具公证书。

（三）办理出生公证应注意的事项

1. 出生证明中当事人的姓名一定要真实，对有曾用名的，经有效证明，应在公证书上同时证明。同时，当事人的姓名一律采用简化字。在外文译文中，要使用汉语拼音。

2. 出生证明中当事人的出生日期一定要准确，并有确凿的证据，同时一律使用公历，当事人另有要求的，可在括号内注明农历出生日期。

3. 出生证明中的出生地点一定要具体，统一采用现时国家地域规划名称，并应写出全称。出生时的地名已改变的，应在现在地名后括号内，写明原地名全称。

4. 出生证明中当事人父母亲的姓名要写明其生父母的姓名。如父母死亡的，要加括号注明；如当事人已被他人收养，应注明养父母姓名；对非婚生子女的出生公证书，可以根据当事人的要求，不写生父姓名。

5. 公证处只能为在我国出生的我国公民或外国人办理出生公证书。

二、生存公证

（一）生存公证的概念和作用

生存是指当事人健在的法律事实。生存公证，是指公证机构对被证明人仍健在的事实予以证明的活动。

办理生存公证，主要是为居住在我国境内的海外侨胞、外国人、无国籍人所使用，其目的是在域外国家或地区领取子女补助费、养老金或为住在国外的亲属减免所得税等。

（二）办理生存公证的程序

1. 申请与受理。当事人申请办理生存公证，应亲自向住所地的具有涉外公证业务资格的公证机构提出申请，如当事人确实因为身体健康、行动不便等原因无法前往公证机构申办的，可要求公证机构派员到其居所办理有关手续。生存公证应提交以下证明材料：

（1）当事人的身份证、户口簿、护照、通行证、暂住证等身份证明及其复印件。

（2）申请人所在单位人事部门出具的办理生存公证证明信；无工作单位的，由住所地街道办事处或乡镇机关出具证明信；在校学生，由所在学校出具证明信。证明信内容应包括：申请人姓名、别名、性别、出生日期、现住址。

（3）公证机构需要的其他材料。

符合《公证程序规则》第十九条规定的申请，公证机构应予以受理并书面通知当事人。

2. 审查与出具公证书。公证机构受理出生公证申请后，除按照《公证程序规则》第二十四条规定的内容进行审查外，应重点审查以下内容：

（1）当事人申请办理生存公证的目的：异地领取退休金、养老金、保险福利金等或涉外使用。

（2）申请人基本信息否真实、准确：姓名、性别、出生日期、现住址等。

（3）当事人提交的材料是否属实、有效：身份证、户口本、居住证明、健康证明、近期照片等。

（4）当事人提交的各类证明、材料的关联性：公证机构要求提供的各种材料必须与证明当事人生存有关，无关的个人隐私或信息不得要求。

公证员在办理公证时必须对当事人的生存事实进行核实，而且还要对当事人提供的须贴在公证书上的照片是否系同一人进行核对，公证机构受理生存公证后，经查证属实，应依法出具生存公证书，并确保生存公证书的无误。生存公证的内容应包括：姓名、性别、出生日期，现在确实还活着并住何地等。

（三）办理生存公证应该注意的事项

1. 生存公证不得适用委托代理制度；

2. 如果申请人申办此类公证是在于向原居住国或地区领取养老金，则公证机构在制作公证文书时，还必须写明该当事人在某国或地区享有领取养老金的权利及养老金证件号码。有关证明材料，由申请人负责提供。

三、死亡公证

（一）死亡公证的概念和作用

死亡可分为自然死亡与宣告死亡。自然死亡是指呼吸或心脏跳动停止；宣告死亡是指人民法院依照法定程序、条件宣告失踪人死亡。死亡这一法律事实，可引起一系列有关民事法律关系的产生、变更或消灭的法律后果。例如，继承开始、婚姻等身份关系消灭；保险义务的履行、劳动法律关系的终止等。

死亡公证是公证机关根据当事人的申请，对发生在我国境内自然人自然死亡或宣告死亡这一法律事实予以证明的活动。死亡公证书一般用于死者的亲属或其他利害关系人继承遗产、领取抚恤金、保险金等活动或者用于利害关系人丧偶再婚，结束因公民长期下落不明而产生的民事权利义务关系不确定的状态。

（二）办理死亡公证的程序

1. 申请与受理。当事人申请办理死亡公证，应当向死亡事实发生地的公证机构申请办理，同时提交以下证明材料：

（1）申请人的身份证明及复印件。

（2）申请人与死者亲属关系证明材料。如没有亲属关系的，应提供有关单位要求申办死亡公证的证明。

（3）提交死亡证明书。在医院死亡的，应提交县级或县级以上医院出具的死亡证明书；如果属于非正常死亡，即不是因年迈疾病等原因引起的自然死亡，而是因其他意外突发事件，如交通事故等引起的意外死亡，可提供由公安机关等司法机关出具的死亡鉴定书。如果是在家中无疾而亡的，应提供殡仪馆尸体火化证明。如果是被宣告死亡的，应提供人民法院的判决书。

（4）死者的居民身份证和已注销的户口簿；如死者是外籍人，应提供护照、通行证等有关证件。

申请人除提供上述证明材料外，还应向公证机构说明公证的目的、用途。当事人提交的上述证明材料如果齐备，公证机构予以受理。

2. 审查与出具公证书。公证机构受理死亡公证申请后，除按照《公证程序规则》第二十四条规定的内容进行审查外，公证员应认真审查当事人提交的证明材料的真实性，对符合条件的，应依法出具公证书。死亡公证书的内容应当包括死者的姓名、性别，出生年、月、日，出生住址，死亡的日期和地点；如果需要还应写明死亡的原因。根据《民法典》第四十八条之规定，被宣告死亡的人，人民法院宣告死亡的判决作出之日视为其死亡的日期；因意外事件下落不明宣告死亡的，意外事件发生之日视为其死亡的日期。

（三）办理死亡公证应注意的事项①

1. 公证书中关于死者死亡的时间和地点要写得明确、具体，死因要写得准确、简练，特别对涉及政治影响或涉及诉讼的死亡事件，对死因的说明应十分慎重，用词要准确。

2. 公证机构办理外籍人在华死亡公证，程序上要严格。死亡证明书中除要写明死者的死亡日期和地点外，还必须写明死亡的原因。凡是死因不明的，应当聘请法医给予鉴定，然后公证机构方可根据鉴定结论据实出证。

3. 从 1998 年 1 月 1 日起，公证机构制作的发往中国台湾使用的死亡公证书，除上述必备内容外，还应特别写明死者的出生年月日和生前住所地。

四、经历公证

（一）经历公证的概念和作用

经历公证，是指国家公证机关根据当事人的申请，依法对其在何时、何地、从事何种工作的事实予以证明的活动。

当事人申办经历公证，主要用于申请办理到外国的入境签证，到国外或有关地区谋职、提供劳务和技术服务等②。

（二）办理经历公证的程序

1. 申请与受理。当事人申请办理工作经历公证，应当向住所地或工作单位所在地的具有办理涉外业务职能的公证机构提出申请，填写申请表，并提交以下证明材料：

（1）当事人的身份证明及复印件。

（2）申请人所在单位、组织、劳资等部门出具的证明当事人工作经历公证的证明信或信函；无工作单位的，由人才交流中心、住所地街道办事处或乡镇人民政府出具证明当事人工作经历的信函；在校就读的，由所在学校出具证明信。

（3）与经历有关的职务、职称证书原件及复印件。例如，当事人需证明其专业技术职务或等级职称的，应提交有关部门颁发的有效专业技术职务证书、技术等

① 时显群．律师与公证学（第二版）．重庆大学出版社，2005：424.

② 张云柱．现代公证法学．新华出版社，2001：178.

级证书、聘任书原件及复印件；当事人如需证明其企、事业单位法定代表人身份的，应提供有效的资格证明；当事人如需对其兼职的工作经历进行证明，应提供兼职单位出具的有关证明。

（4）与办证数量相应的（比办证数量多一张）近期二寸免冠照片若干。

（5）向户籍所在地以外的公证机构申办经历公证，可由其工作单位代为申请，如本人申请，除提供上述材料外，还需提供暂住证。

（6）代理人代为申请的，代理人应提交授权委托书和身份证明。

符合《公证程序规则》第十九条规定的申请，公证机构应予以受理并书面通知当事人。

2. 审查与出具公证书。公证机构接受申请后，应当认真审查当事人提交的各类材料的真实性、关联性，必要时可以通过查阅本人档案、询问证人等方式调查核实；审查当事人申办工作经历的目的对技术证书、聘任书更要严格审查，确认其取得该技术职称的时间及聘期是否与单位证明材料一致。

经公证人员审查，对符合《公证程序规则》第三十七条规定的，依法出具公证书。

公证机构证明经历的内容一般包括：当事人的姓名、性别、出生日期、工作单位、工作类别、工作起止日期、从何时起取得专业技术职务职称等。

（三）办理经历公证应该注意的事项

1. 经历公证书只证明被证明人在某一段时间内在某单位的工作、职务，是否需要把全部工作经历都加以证明，是否需要记载详细的工作经历变迁情况，可以根据当事人的需要予以证明。申请人可以按照需要申请全部经历证明，也可以申办部分经历公证，但起止时间要清楚，且应提供相应的证明材料。经历公证书涉及专业职务的，应另行出具专业职务公证书。

2. 公证机构一般只证明当事人在我国工作的经历公证。在特殊情况下，也证明当事人在域外的工作经历。例如，被单位委派出国工作或留学一段时间，由其国内工作单位人事、组织或劳资等部门出具相关证明材料后方可办理。

3. 对申请办理党内行政职务经历公证的，公证机构不予办理。

4. 工作经历涉及军区（含省军区、军分区）、军兵种（含军区空军、海军舰队）、机关和院校及1955年以前的军以下部门的番号可以公证，其他不予受理。

5. 对曾从事宗教活动的人员申办经历公证的，可以让其提供宗教组织出具的证明材料，或由两个以上了解情况的人证明这一经历，公证机构可据此给予出具签名、印章属实的公证书，而不采用直接实体公证。

6. 对申办去歌厅业余演唱经历公证的可由县市以上的文化局出具证明，证明×××于××××年××月至××××年××月在某歌厅演唱，公证处不出实体证明，只证明证明信上县市文化局印章属实。证明信应粘贴本人照片。

7. 对离退休人员申请办理离退休公证的，凭本人离休荣誉证、退休证、退职证及其管理单位出具的证明信，公证机构可为其办理离休退休、退职公证书。

8. 经历公证书应粘贴本人近期二寸免冠照片。

9. 需要附译文的，当事人可以委托公证机构翻译，也可以委托具有翻译资格的单位进行翻译，译文应当加盖翻译单位的公章。

五、有无犯罪记录公证

（一）有无犯罪记录公证的概念和作用

有无犯罪记录公证，又称是否受过刑事处分公证，是指公证机构根据当事人的申请，对其在我国居住期间，是否受过我国司法机关刑事制裁这一法律事实的真实性、合法性予以证明的活动。

有无犯罪记录公证书主要用于：当事人在国外定居、移民、结婚、收养子女等，很多国家均要求赴该国定居者提供未受刑事处分或行为良好公证书。[①]

（二）办理有无犯罪记录公证的程序

1. 申请和受理。办理有无犯罪记录公证事项，由申请人住所地具有办理涉外公证业务职能的公证机构受理。有无犯罪记录公证应提交以下证明材料：

（1）当事人身份户籍复印件，已出境的应提交护照或有效旅行证件、通行证的复印件；已注销户籍的，应提交原户籍所在地的户籍管理机关出具的户籍记载情况的证明。[②]

（2）当事人所在工作单位的保卫部门或人事部门出具的“未受过刑事处分”证明；当事人无工作单位或工作单位无保卫部门，或辞职后档案转交人才交流中心、街道办事处的，则应由当事人户籍所地的公安部门出具“未受刑事处分”证明及档案部门的证明。当事人提供的“未受刑事处分”证明应是申办公证期间出具的，出具证明的时间与申办公证的时间不能相隔太长；否则，公证人员应要求当事人重新提供证明。[③]

（3）代理人代为申请的，须提交授权委托书、代理人的居民身份证及其复印件。

公证机构对于当事人的申请，凡是符合条件的，应当及时受理。

2. 审查与出具公证书。公证机构受理申请后，应重点审查当事人所提供的证明材料的真实性，并细致鉴别有无涂改、伪造现象，经审查核实无误后为当事人出具无犯罪记录公证书。

公证书的内容包括：当事人的姓名、性别、出生日期、现住址；至证明材料截止日期或公证员实地调查的日期止，在中国居住期间，没有受过刑事处分；如当事

① 李正华．律师与公证实务．武汉大学出版社，2009：420.

② 马宏俊．民事公证的理论与实务．人民法院出版社，2001：81.

③ 马宏俊．民事公证的理论与实务．人民法院出版社，2001：82.

人已离境，没有受过刑事处分的截止日期是当事人第一次出境，我国边防检查站在其护照上加盖印章的时间。

(三) 办理有无犯罪记录公证应注意的事项

1. 对于未达到法定刑事责任年龄的公证申请人，公证机构一般不出具“无犯罪记录公证书”。如果申请人确有需要，公证机构可依法为其出具未达法定刑事责任年龄公证书。①

2. 未受过刑事处分公证书在使用时，有较强的时间性，有效期一般为 6 个月；期限届满后，当事人仍未离开的，需要重新申办“未受刑事处分”公证。②

3. 对于在国内居住，后移居国外的外籍华人，为申请移居美国而申办其在国内居住期间“未受刑事处分”公证书，原则上应予办理。如果能查到当时的档案记载，可为其出具是否受过刑事制裁的公证书；如果确实无法查证，可为其出具无档案记载公证书。

4. 已出境的当事人要求申办此项公证的，所提供的“未受刑事处分”证明上应注明当事人的出境时间，并写明“其出境前，在国内居住期间没有受过刑事处分”。

5. 办理有无犯罪记录公证的主要依据是当事人所在单位人事、保卫部门或户籍所在地派出所根据档案记载出具的证明。该证明材料不仅要说明当事人在本单位工作期间（或在本辖区居住期间）未受过刑事处分，而且应就其在中国居住期间从未受过刑事处分的事实予以确认和证明。

第三节　自然人身份关系公证

一、婚姻状况公证

(一) 婚姻状况公证的概念和作用

婚姻状况，是指当事人现存婚姻关系的情况或事实，包括结婚、离婚以及丧偶等情况。结婚，指男女双方依照法定的条件与程序已确立夫妻关系；离婚，指具有合法夫妻关系的配偶在生存期间依照法定条件、程序已解除婚姻关系；丧偶，指在合法夫妻关系中，配偶一方生存，而另一方死亡；未婚，一般指已经达到法定结婚年龄，而未曾建立婚姻关系。

婚姻状况公证，是公证机构根据当事人的申请，依照法定程序，对当事人现存

① 马宏俊．民事公证的理论与实务．人民法院出版社，2001：82.

② 马宏俊．民事公证的理论与实务．人民法院出版社，2001：84.

在的婚姻状况（未婚、结婚、离婚、丧偶、未再婚）这一法律事实的真实性、合法性予以证明的活动。主要用于当事人申请到国外探亲、定居、办理结婚手续等事项，或者向国内金融机构申请贷款等事项。婚姻状况公证由当事人住所地公证机构管辖。

（二）结婚公证

结婚公证，是指公证机构根据当事人的申请，依法对当事人登记结婚法律事实的真实性、合法性予以证明的活动。结婚公证主要用于出国签证、出国探亲、定居和继承财产等。①

1. 结婚公证应提交的证明材料。（1）夫妻双方身份证明及复印件，已注销户口的，应提交原居住地公安派出所出具的户籍记载情况证明。当事人为外籍人的应提交所属国身份证及复印件。（2）结婚证原件及复印件。如结婚证遗失的，提供登记机关补发的夫妻关系证明书。（3）代理人代为申请的，还须提交授权委托书和代理人的身份证件及复印件。（4）夫妻双方合影照片，或夫妻双方单人照片各若干张。

2. 结婚公证的内容。公证机构制作的结婚证明书，内容应包括：夫妻双方的姓名、性别、出生日期，于何时、何地、经何结婚登记机关登记结婚。注意登记机关的地址要详细，夫妻结婚的时间，按照我国法律的规定，应以结婚登记的日期为准，如果当事人持有结婚证原件要求办理结婚公证，一般均采取证明影印件与原件相符方式办理。

3. 办理结婚公证应注意的事项。（1）对于未履行手续的所谓事实婚姻当事人，要求申办有关结婚公证的，应先补办结婚登记手续，然后公证机构凭结婚证书出具公证书。（2）结婚证遗失的，申请人应提供原婚姻登记机关补发的夫妻关系证明书，公证机构凭此出具公证书。（3）公证机构在审查申请人的结婚证时，如发现登记时尚未达到法定婚龄但申办时已达到的，公证处只应证明其结婚证的复印件与原件相符，不可出具实体结婚公证书；如申办时也未达到法定婚龄的，公证机构应当拒绝办理。（4）双方均是我国留学生（含自费），在国外登记结婚，回国后，为了去第三国而申办结婚公证的，公证机构可凭当事人提供的经原婚姻缔结地国外交部或授权的机构认证，并经我驻该国使领馆认证的结婚公证书，为其出具夫妻关系公证书，但不能出具结婚公证书。（5）内地居民与香港居民在港登记结婚，回内地后，到公证机构申办夫妻关系证明的，申请人在香港的配偶必须持香港婚姻登记处颁发的结婚证书，到我司法部委托的香港律师处辨别真假，由律师行另行出具证明，并将双方的照片贴在公证书上，加盖钢印。公证机构根据香港婚姻登记处颁发的结婚证书和我司法部委托的香港律师出具的公证书，为申请人办理夫妻关系证明。（6）内地居民与澳门居民在内地登记结婚，内地居民委托他人到澳门婚姻登

① 时显群．律师与公证学．重庆大学出版社，2005：427.

记局代办婚姻备案手续，申办委托书公证的，可以证明委托人在委托书上的签名属实。(7) 大陆居民与台湾居民在大陆结婚登记、离婚登记、复婚登记，应当双方共同到大陆一方户籍所在地的省（自治区、直辖市）民政厅（局）指定的地级以上地方人民政府民政部门的婚姻登记管理机关申请。申请结婚登记的当事人离过婚的，应当提交离婚证件。持台湾离婚协议书的，应当经台湾公证机关公证；无法提交离婚协议书的，应当提交经公证的台湾地区报纸刊登的当事人离婚的声明书或公告，未经公证的影印件不具有法律效力。①

(三) 离婚公证

离婚公证，是指公证机构根据当事人的申请，依法对当事人解除婚姻关系的真实性、合法性予以证明的活动。离婚公证主要用于当事人申请出入境签证、求学和再结婚等。

1. 离婚公证应提交的证明材料。(1) 申请人身份证明。居民身份证、户口簿原件及复印件。(2) 人民法院或婚姻登记部门出具的已生效的离婚判决书或调解书、离婚证书及其复印件。遗失离婚证的，应提供婚姻登记机关出具的解除婚姻关系证明书。(3) 申请人所在单位人事部门出具的证明信。内容有：当事人姓名、性别、出生年月日、于何时与何人结婚、何时离婚等。(4) 代理人代为申请的，还应提交授权委托书和代理人身份证明及复印件。

2. 离婚公证的方式和公证书内容。离婚公证的方式有两种：(1) 通过审核有关证明材料来证明当事人离婚事实的真实性、合法性；(2) 采取证明离婚证书、人民法院的离婚判决书或调解书上的签名、印鉴属实的办法来证明当事人公证离婚的法律事实。离婚公证书的内容应包括当事人的姓名、性别、出生日期、结婚的时间和地点、离婚的时间、地点、方式等。

3. 办理离婚公证应注意的事项。(1) 离婚公证书中关于当事人离婚的时间，应以人民法院出具的法律文书生效的日期，或婚姻登记机关出具的离婚证书的时间为准。(2) 我国公民以外国法院作出的离婚判决书为据申办离婚公证的，公证人员应告知当事人，依据我国《最高人民法院关于中国公民申请承认外国法院离婚判决程序问题的规定》，向人民法院申请承认该外国法院的离婚判决；然后方可持人民法院作出的承认该外国离婚判决书效力的裁定书向公证机构申办离婚公证。

(四) 未婚公证

未婚公证，是指公证机构根据当事人的申请，对其达到法定婚龄且至今未曾登记结婚的法律事实的真实性予以证明的活动。未婚公证主要用于办理房贷、车贷以及涉外婚姻中证明一方没有配偶或单身等用途。

1. 未婚公证应提交的证明材料。(1) 申请人身份证明。居民身份证、户口簿

---

① 马宏俊．民事公证的理论与实务．人民法院出版社，2001：72-73.

原件及复印件；已注销户口的，应提交原居住地公安派出所出具的户籍记载情况的证明；已出境的，应提交护照或有关的旅行证件、通行证等的复印件。（2）申请人未曾登记结婚的证明信，即申请人所在单位人事或组织、劳动部门出具的未曾登记结婚的证明信；无工作单位的，由户籍所在地街道办事处或乡镇人民政府出具证明信；在校就读的，由所在学校出具证明信。（3）代理人代为申请的，还应提交授权委托书和代理人身份证明及复印件。

2. 未婚公证书的内容。未婚公证书应当包括当事人的姓名、性别、出生日期、到公证之日止当事人未曾登记结婚等内容。

3. 办理未婚公证应注意的事项。（1）公证机构只是对当事人已达到法定结婚年龄，但尚未登记结婚的法律事实予以确认；对于未达到法定婚龄的当事人，不予办理未婚公证，但可出具申请人尚未达到法定婚龄的公证书。（2）对于申请人已出境的，只能证明申请人至某年某月某日赴某国（或某地区）止，在中国境内未曾登记结婚；对于申请人在国内的，证明当事人未曾登记结婚的日期截止到出具公证书时的日期。

（五）未再婚公证

未再婚公证，是指公证机构依当事人申请，对于其离异、丧偶后未再婚的法律事实的真实性予以证明的活动。未再婚公证主要用于申请人再次结婚，为避免当事人弄虚作假，境外重婚。

1. 未再婚公证应提交的证明材料。（1）申请人身份证明。居民身份证、户口簿原件及复印件；已注销户口的，应提交原居住地公安派出所出具的户籍记载情况的证明；已出境的，应提交护照或有关的旅行证件、通行证等的复印件。（2）离异者，应提交人民法院或婚姻登记部门出具的已生效的离婚判决书、调解书、离婚证书及复印件；配偶死亡者，应提交配偶死亡证明书或殡仪馆尸体火化证明。（3）当事人所在单位人事、组织或劳资部门出具的证明信。内容包括当事人姓名、性别、离异、丧偶情况及未再婚证明。（4）代理人代为申请的，还应提交授权委托书和代理人身份证明及复印件。

2. 未再婚公证内容。未再婚公证内容应包括：当事人姓名、性别；出生日期；结婚日期、地点；离异时间、地点、方式；或丧偶的时间、配偶死亡原因、地点；以及自公证之日起当事人未再登记结婚等。

二、亲属关系公证

（一）亲属关系公证的概念和作用

亲属关系，是指基于婚姻、血缘和法律拟制而形成的彼此间具有法定权利义务的一定范围内的人与人之间的社会关系。在不同的法律关系中亲属的范围不尽相同，在婚姻法律关系中包括直系血亲和三代以内旁系血亲；在扶养法律关系中包括配偶、父母、子女、祖父母外祖父母、孙子女外孙子女；等等。

亲属关系公证，是指公证机构根据当事人的申请，依照法定程序，证明当事人与国内公民或外国关系人之间的亲属关系真实、合法的活动。此项公证主要用于我国公民到国外定居、探亲、留学、继承遗产、领取抚恤金、赔偿金、申请外国亲属来华定居或者华侨在国外申请减免所得税，申请外汇供养国内亲属等事项。

（二）办理亲属关系公证的程序

1. 申请和受理。申办人向住所地公证机构申请，填写申请表，同时提交下列证明材料。

（1）申请人的身份证明及复印件。

（2）表明申请人与关系人亲属关系的同一户口本、结婚证、出生证、DNA 亲子鉴定报告；或派出所核实曾经同户等历史档案后出具的亲属关系证明；或申请人所在单位人事、组织或劳资部门出具的亲属关系证明信；申请人无工作单位的，由其住所地街道办事处或乡镇人民政府出具的亲属关系证明信。

（3）代理人代为申请的，须提交授权委托书和居民身份证及其复印件，其他代理人须提交有代理权资格的证明。

（4）申请人提交关系人的身份证、护照、旅行证或其他可以证明关系人身份的证明材料。

（5）申请人为外国籍的，还应提交本人的护照、所属国的身份证件及其复印件。

公证机构对于当事人的申请，凡是符合条件的，应当及时受理。

2. 审查与出具公证书。公证机构受理申请后，除应当按《公证程序规则》第二十四条规定的内容进行审查外，还应重点审查以下内容：

（1）当事人使用亲属关系公证书的目的；

（2）核实材料是否齐全，证件是否真实；

（3）申请人、关系人的姓名（含译名）、出生日期是否准确无误，相互间称谓是否符合我国法律规定或习惯；

（4）亲属关系证书中一般不得采用“婚前”或“非婚”生子女的提法，因为一些国家对非婚生子女的权利义务在法律上有不同的规定。

经审查，符合《公证程序规则》第三十七条规定的，公证机构应依法出具公证书。

（三）办理亲属关系公证应注意的事项①

1. 对间接的亲属关系、姻亲关系等，在表述上要清楚、准确，证词中不便表述的，应在卷宗里注明。

① 马宏俊．民事公证的理论与实务．人民法院出版社，2001：88-89.

2. 对用于继承目的的亲属关系公证，法定继承人范围内的亲属关系无论死亡与否，均应列入公证书中。

3. 对用于继承目的的亲属关系公证，应了解被继承人财产状况，生前有无遗嘱及法定继承人的有关情况。

4. 注意使用国家（地区）的有关法律规定。例如，发往毛里求斯使用的亲属关系证明，需贴被证明人的照片。

三、收养关系公证

（一）收养关系公证的概念和作用

收养，是指根据法定的条件和程序领养他人子女为自己子女，使原本没有父母子女关系的当事人之间产生法律拟制的父母子女关系的民事法律行为。收养行为不仅使养父母与养子女间产生法律拟制的父母子女之间的权利义务关系，也使养子女与养父母的近亲属间产生法律拟制的近亲属关系。

收养关系公证，是指公证机构根据当事人的申请，依法证明其与非亲生子女建立养父母子女关系的民事法律行为的真实性、合法性的活动。根据我国《民法典婚姻家庭编》的规定，收养关系当事人各方或者一方要求办理收养公证的，应当办理收养公证。收养公证本属于民事法律行为公证，但本书出于篇章结构需要，将其纳入身份关系公证类。

办理收养公证目的是确保收养关系的有效性，使各方当事人正确地享有权利和履行义务，有利于家庭和睦团结和社会的安定，从而保护儿童和老人的合法权益，使他们幼有所育，老有所养。①

（二）办理收养关系公证的程序

1. 申请和受理。收养关系当事人必须亲自到收养人或被收养人住所地公证机构申办收养关系公证，如有特殊困难，夫妻一方确实不能亲自到公证机构的，可以委托另一方办理，但必须提供经公证的委托书以及同意收养（送养）的声明书。当事人居住在国外的，该委托书及声明书还必须办理外交认证。同时提交以下证明材料：

（1）收养方应提交：①要求领养子女的申请书。内容包括收养目的、本人经济状况、抚养能力和不遗弃不虐待被收养人和抚育被收养人健康成长的保证及其他的有关事项。②居民身份证和户口簿原件及复印件。③收养人所在街道办事处或乡镇人民政府或本人工作单位出具的婚姻、家庭、年龄、职业、经济状况证明。④婚姻状况证明。已婚者需提交结婚证；未婚者需提交未婚证明；离婚者需提交离婚证明；丧偶者需提交配偶死亡证明。⑤收养人健康状况证明，包括县级以上医院出具

① 郑小川．民事公证的理论与实务．人民法院出版社，2001：96.

的不孕（不育）诊断证明。

（2）送养方应提交：①夫妻双方送养的，需提交双方同意送养的书面意见、婚姻状况证明、居民身份证和户口簿及其复印件；所在单位或街道办事处、乡镇人民政府出具的子女情况和送养人有特殊困难无力抚养子女的证明。生父或生母单方送养的，需提交同意送养的书面意见，并说明单方送养的原因。②社会福利机构为送养人的，需提交经该单位法定代表人签名同意送养的书面文件。③孤儿的监护人送养的，需提交监护资格证明和同意送养的书面意见、居民身份证和户口簿及其复印件。④被收养人的出生证明、居民身份证、户口簿及其复印件，年满10周岁且具有识别能力的，还需提交本人同意被送养的书面意见。

除上述证明或材料外，还须提交收养人与送养人双方订立的书面协议。此外，收养人有子女的，需出具被收养人系孤儿、残疾未成年或者儿童福利机构抚养的查找不到生父母的未成年人的相关证明，因为此类收养不受无子女的成年人可以收养两名子女和有子女的收养人只能收养一名子女的限制。

当事人的申请符合《公证程序规则》第十九条规定的，公证机构应予以受理并书面通知。

2. 审查与出具公证书。公证人员受理申请后，除按照《公证程序规则》第二十四条规定的内容进行审查外，应重点审查当事人的身份、行为能力和意思表示是否真实。

经公证人员审查，对符合《公证程序规则》第三十六条规定的，依法出具公证书。公证书的内容应包括：收养人、被收养人、送养人的姓名、性别、出生日期、现住址及相互关系，送养人愿意送养、收养人愿意收养、被收养人（8周岁以上有识别能力的未成年人）愿意被收养的意思表示，养父母与养子女法律关系的产生以及养子女姓名更改等。

（三）收养关系公证应注意的事项

1. 收养关系当事人不得委托他人代办收养关系公证。

2. 配偶一方死亡，另一方送养未成年子女的，死亡一方的父母有优先抚养的权利。

3. 监护人送养未成年孤儿的，需征得有抚养义务人的同意。未成年人的父母不具备完全行为能力，该未成年人的监护人不得将其送养，但父母对该未成年人有严重危害可能的，允许监护人将其送养。

4. 不得以送养子女为理由违反计划生育的规定，不得借收养名义买卖儿童。

（四）收养关系解除公证

收养关系是一种可变更的法律关系，当符合一定条件时，通过法定程序予以解除，使养子女与收养人及其近亲属的拟制血亲关系得以消灭，未成年养子女与其亲生父母及其近亲属的权利义务关系自行恢复。

1. 办理收养关系解除公证当事人应提交的证明材料：

（1）身份证、户口簿及其复印件。

（2）收养关系成立的公证书或其他能够证明收养关系成立的证明。

（3）解除收养关系协议书。

（4）民政部门办理解除收养关系登记发给的解除收养关系证明。

2. 收养关系解除公证的内容。收养人、被收养人、送养人的姓名、性别、出生日期、现住址及相互关系，送养人或成年养子女、收养人、8 周岁以上有识别能力的未成年人愿意解除收养的意思表示等。

3. 收养关系解除公证应注意的事项。

（1）当事人双方不得委托他人代为申请办理。

（2）收养人与被收养人有下列情况之一的，公证机关不能办理解除收养关系公证：①收养人与有行为能力的被收养人有一方不同意的。②无行为能力或限制行为能力的被收养人其生父母死亡并无其他监护人的。③收养人、送养人（成年养子女）、8 周岁以上有识别能力的未成年人有一方不同意解除的。④收养人或成年养子女有一方患有疾病，生活不能自理的。⑤收养人丧失劳动能力并在各方面完全依靠成年养子女维持生活的。

第四节　其他具有法律意义事实的公证

一、意外事件公证

（一）意外事件公证的概念和作用

意外事件，是指行为在客观上虽然造成了损害结果，但不是出于行为人的故意或者过失，而是由于不能预见的原因所引起的事故。例如，突生疾患、交通事故、遭遇劫匪等。意外事件具有三个特征：一是行为人的行为客观上造成了损害结果；二是行为人主观上没有故意或者过失；三是损害结果由不能预见的原因所引起。不能预见，是指当时行为人对其行为发生损害结果不但没有预见，而且根据其实际能力和当时的具体条件，行为时也根本无法预见。从认识因素上来讲，行为人没有认识到其行为会发生危害社会的结果；从意志因素上来讲，行为人对危害结果的发生持反对态度。

从刑法的角度看，意外事件引起的危害社会的后果，当事人的行为不构成犯罪。从民法的角度看，当事人对意外事件所引起的法律后果一般或不承担法律责任，或按照公平原则由受益人适当补偿，或根据实际情况，由当事人分担责任。

意外事件公证，是指公证机构根据当事人的申请，对意外事件发生的真实性依法进行确认并给予证明的活动。意外事件公证的主要目的在于固定证据，避免或减轻某种法律责任的承担，保护自己的合法利益。当事人应向意外事件发生地的公证机构提出意外事件公证书面申请。

（二）意外事件公证应提交的证明材料[①]

意外事件公证应提交的证明材料。（1）申请人的身份证明原件：自然人的身份证明、法人的资格证明及其法定代表人的身份证明，其他组织的资格证明及其负责人的身份证明。（2）有关部门出具的对意外事件发生和造成结果的证明文件。（3）因意外事件毁损、灭失的财产清单，现场勘查记录以及有关照片等证明材料。（4）其他需要提交的证据和材料。

公证人员应针对当事人申办公证的目的，通过勘验现场、询问证人等，重点审核意外事件发生的真实性，最后据实出证。意外事件公证的内容应包括：事件发生的具体日期（瞬间事件可注明事件发生的具体时间，持续性事件可以注明起止时间）、事件发生的具体地点、事件名称、损害后果描述（可以视情况摘录评估机构对损害结果的评估结论）。

（三）意外事件公证应注意的事项

1. 要结合合同原本有关规定对意外事件的真实性予以确认。因此，公证机构在承办此项公证时，应要求当事人提交合同原本，并结合合同的有关规定对意外事件的真实性予以确认。

2. 如果意外事件发生在公证申请人一方迟延履行合同期间，公证机构一般不予公证（用于参加诉讼、仲裁活动或域外使用的除外）；如果意外事件发生在对方迟延履行合同或者违约期间，则公证机构可以依法出证。

3. 公证员应当对意外事件进行现场勘查，并制作笔录，以确保公证事项的真实性。

二、不可抗力事件公证

（一）不可抗力事件公证的概念和作用

不可抗力，是指不能预见、不能避免并不能克服的客观情况。按照通常理解，不可抗力主要有：（1）自然灾害，如地震、台风、洪水、海啸等；（2）社会异常事件，如罢工、学潮、骚乱、暴动等；（3）政府行为，主要是指政府颁布新政策、法律、法规和行政措施等，不包括政府行政行为。在刑法上，因不可抗力而造成危害社会的结果，不负刑事责任。在民法上，除法律有特别规定外，因不可抗力而未能履行合同或引起财物毁损的，不负赔偿责任。

不可抗力公证，是指公证机构根据当事人的申请，依法对有关部门出具的对不可抗力事件的证明文件的真实性予以证明的活动。当事人应向不可抗力事件发生地

---

① 时显群．律师与公证学（第二版）．重庆大学出版社，2005：424.

或当事人住所地的公证机构提出申请。

（二）不可抗力事件公证应提交的证明材料[①]

当事人应当向不可抗力事件发生地的公证机构提出书面申请，说明申办公证的目的、用途和使用地等，同时提交以下证明材料：

1. 身份证明及其复印件。公民应提交居民身份证、户口簿等；法人须提交法人资格证明，法定代表人资格证明和身份证明；代理人代为申请的，应提交授权委托书和代理人身份证明。

2. 有关部门出具的对不可抗力事件发生和造成后果的证明文件。

3. 关于不可抗力事件的相关新闻报道、调查报告等。

4. 其他与不可抗力事件公证有关的证明和材料，如当事人与他人订立经济合同的原本；当事人向签订合同的对方当事人通报不能履行，或者不能完全履行，或者需要延期履行该合同理由的书面文件，等等。

公证机关受理后，经调查取证，对事实清楚的，应出具不可抗力事件公证书。其内容主要包括：不可抗力事件的名称，发生的时间、地点、原因和造成的结果，以及在何种报刊或者何部门证明材料上曾予记载等情况。

（三）办理不可抗力事件公证应注意的事项[②]

1. 根据合同的规定对不可抗力事件的真实性予以确认。

2. 公证员应当对不可抗力事件进行实地勘查，并制作笔录，以确保公证事项的真实性。

3. 如果不可抗力事件发生在公证申请人一方迟延履行合同期间，公证机构一般不予公证（用于参加诉讼、仲裁活动或域外使用的除外）；如果不可抗力事件发生在对方迟延履行合同或者违约期间，则公证机构可以依法出证。

4. 不可抗力事件公证书经常在国际贸易中使用，各国的有关法律规定不尽相同，因此，公证人员应按照公证文书使用的法律规定，依法出证，以保证当事人的合法权益。

三、经济状况公证

（一）经济状况公证的概念和作用

经济状况，是指个人、家庭劳动所得报酬或其他经济收入和生活消费支出情况。经济状况公证是指公证机构根据当事人的申请，依法证明当事人个人或者家庭的经济收入、存款状况等资信情况的真实性的活动。

经济状况公证主要用于当事人办理出国探亲、定居、旅游、留学、国外申请税

---

① 时显群．律师与公证学．重庆大学出版社，2005：316.

② 时显群．律师与公证学．重庆大学出版社，2005：316.

务减免、申请社会福利补贴等。一些国家规定，赴该国自费留学的外国公民，如其父母收入或其家庭成员平均收入低于一定限额，可以申请减免注册学费。还有些国家规定，赴该国自费旅游、探亲的外国公民，为证明该国公民有一定的经济能力，不会非法滞留，需办理个人经济状况公证。当事人办理经济状况公证应向其住所地的涉外公证处申请。

（二）经济状况公证应提交的证明材料

当事人申请办理经济状况公证应填写公证申请表，并向公证机构提交以下材料：

1. 身份证明。居民身份证、户口簿及其复印件；已注销户籍的，应提交原居住地公安派出所出具的户籍记载证明。

2. 申请人所在单位或劳资部门出具的当事人经济状况证明。该证明最近一年应列明每月收入额，其他各年可根据需要列明年收入额。无工作单位的，提供缴纳个人所得税凭证，或由户籍所在地街道办事处或乡镇人民政府出具证明信。

3. 银行存款单、股票、房产等证明的原件和复印件。

4. 如为了申请子女出国留学的，则应该提交子女出国留学的证明，而且公证书应载明出国留学人员的姓名、性别、出生日期、父母的年收入数额等内容。

5. 申请人代为申请的，应同时提交授权委托书和受委托人的身份证明文件。

6. 公证人员认为应当提交的其他证明材料，如劳动合同、聘书、社保卡、社保清单、所就职公司的营业执照复印件（加盖公司公章）等供参考。

（三）经济状况公证应注意的事项

1. 个人经济收入应以人民币为计价单位。

2. 经济状况公证涉及个人存款的问题。公证人民币存款仅仅限于证明当事人本人在银行或其他金融机构的个人定期存款，且已经存满 3 个月；对外汇存款则没有必要是定期存款，且已经满 3 个月的要求。对私人在我国银行的本币和外汇存款，由存款所在银行出具证明书，公证机构证明该银行印鉴和银行出具此证明者的签名属实即可。

3. 注意掌握各国的不同要求。例如，旅居德国的华侨在我国境内有父母和未成年子女时，如能提供赡养证明，可减免部分所得税。一些国家还规定，外国自费留学人员凡父母收入或人均生活水平低于一定的限额，即可申请减免注册学费。①

① 郑小川．民事公证的理论与实务．人民法院出版社，2001：216.

第十八章　具有法律意义文书的公证

第一节　具有法律意义文书的公证概述

一、具有法律意义文书的公证的概念及其特征

（一）具有法律意义文书的概念及种类

具有法律意义的文书，是指在法律上具有一定意义，对于权利义务的设立、变更和终止有一定影响作用的文件、证书、文字材料等的总称。① 它既包括国家机关、社会团体、企事业单位依法颁发或出具的有效文件（属于国家机密文件的除外），也包括作为当事人民事法律行为表现形式的书面文件，即一切在法律上有效的文件、证书或其他文字材料。由于民事法律行为在公证中占有重要的地位，且已单列出去，因此本章所讲的有法律意义的文书是指书面法律行为（合同、契约、委托、遗嘱）以外的其他具有法律意义的文书。这类文书在实际生活中比较多，如证明专利证书、商标注册证书、法人营业证书、申请知识产权注册的有关法律文件、公司章程，商业活动记录、证明文书、董事会决议，学历证明、驾驶执照、诊断书等。这些文书与个人的切身利益紧密相关，一经成立生效，即可产生一定的权利义务关系。因此，确保这类文书的真实性和合法性，对于避免日后发生纠纷，维护公民的合法权益具有重要意义。

具有法律意义的文书，在日常公证过程中，常涉及以下几类②：

1. 证明公民个人身份方面的文书，如证明学历证书、学位证书、专业技术职务（职业资格）证书等。

2. 证明企业法人和其他经济组织的资格、资信方面的文书，如证明法人营业证书、公司章程文本、商业活动记录、董事会决议、纳税证明等。

3. 证明法人、公民从事民事、商事、诉讼（或者仲裁）、索赔等方面活动的文书，如证明专利证书、商标注册证书、申请知识产权注册的有关法律文件等。

① 时显群．律师与公证学．重庆大学出版社，2005：431.

② 时显群．律师与公证学．重庆大学出版社，2005：316.

4. 证明无疑义的债权文书，并赋予它强制执行的效力，这是公证机构承办的一种特殊的法律文书公证业务。

（二）具有法律意义文书的公证的概念及特征

具有法律意义文书的公证，是指公证机构根据当事人的申请，依法证明具有法律意义的文书的真实性与合法性的活动。真实性，是指证明当事人申请证明的事项是客观存在的事实。合法性，是指待证事项从内容到成立方式符合国家法律、法规和行政规章的具体规定，当然还应符合特别行政区法律和我国加入和认可的国际条约。根据《公证法》第十一条第一款第（十）项的规定，证明文书上的签名、印鉴、日期，文书的副本、影印本与原本相符等公证事项，均属于这一方面的业务范围。结合《民法典》第四百九十条第一款前段“当事人采用合同书形式订立合同的，自当事人均签名、盖章或者按指印时合同成立。”的规定，文书公证事项理应还包括合同文书上的“指印”。具有法律意义文书的公证的特征在于审查内容的单一性，即公证机构只审查当事人与待公证的文书有无利害关系，而对于当事人取得和持有该文书的原因、背景则不必考察。

具有法律意义文书的公证相对于民事法律行为和其他事实公证，有以下几大特征：

1. 具有法律意义文书的公证，公证机构只就书面文件本身是否真实、合法予以公证证明，至于当事人持有该文书的原因无需审查。

2. 公证机构对具有法律意义文书的公证，是通过证明文件上的签名、印鉴、指印、日期属实，或者证明文件的副本、复印本、影印本与原本相符等方式，来证明该文书确实存在、真实无误、内容合法的，不需要审查该文书的产生、变更或消灭原因。

3. 具有法律意义文书的公证，公证机构只需要审查具有法律意义的文书对公证当事人是否具有法律上的利害关系，不需要审查当事人是如何得到相关利益的。

二、具有法律意义文书的公证的形式及意义

（一）具有法律意义文书的公证的形式

一般来讲，公证机构办理的具有法律意义文书的公证，分不同情况采用以下几种形式：

1. 确认文书上的签名、印鉴属实。例如，证明声明书、学习成绩单、诊断书、健康检查证等文书上颁发单位及其负责人的签名、印鉴属实。

2. 证明当事人在公证员面前在有关文件上的签名、盖章属实。

3. 证明文件的副本、节本、译本、影印本与原本相符。

4. 证明文书作成的日期。

5. 证明文书的译文与原文相符。

6. 证明其他各种具有法律意义文书内容的真实性、合法性。

前四类公证，证明对象简单、明了，属于认证性证明，在办证的要求和出具公证书的条件等方面都有别于其他的公证事项。其中前两类统称为签名、印鉴公证，第三类又称为文本公证，《公证程序规则》第三十八条专门规定了这两类公证的出证条件。

（二）具有法律意义文书的公证的意义

公证机构之所以要接受一切具有法律意义的文书、证件等的公证，证明其真实性和合法性，其目的在于：

1. 通过公证，可以防止不法分子伪造、变造文书，达到不法目的；

2. 保障当事人的合法权益不受侵犯；

3. 以法律手段赋予当事人文书以真实性、合法性，便于当事人进行有关的民事活动。因为经过公证的文件，一方面可以打消对方对文件的可靠性存有的疑虑；另一方面对于不宜或不便使用原件的文件，当事人提供经过公证的与原本相符的复制本，也就起着提供原件的作用；此外，有的当事人为了防止文件原本日后毁损灭失，而使其合法的权益受到损失，也需要公证机构对其持有的复制本与原本相符加以证明。

第二节　文书签名、印鉴、日期公证

一、文书签名、印鉴、日期公证概述

（一）文书签名、印鉴、日期公证的概念及分类

文书上的签名、印鉴、日期是文书生效的必要条件和重要内容，是文书制作单位和个人对文书内容负责的书面意思表示和凭据。例如，学位证、学历证、学习成绩单、驾驶证、夫妻关系证明书，等等。在实践中，公民或归侨、侨眷为了出国探亲、定居、继承财产，或准备出国求学、谋求职业等，往往要求我国公证机构为之提供有关上述文书的证明书。另外，企业境外投资，投资国往往也要求我国公证机构为之提供有关法人资格证书和法定代表人身份、职务、职称证书，或者公司章程、董事会成员名单文书等公证证明。

文书签名、印鉴、日期公证是公证机构根据当事人的申请，依法对具有法律意义的文书上的签字人的签字及日期和文书制作单位所加盖的印鉴及日期的真实性、合法性予以证明的活动。这项公证行为，是证明这些证书上的颁发单位及其负责人的签名、印鉴属实，是一种程序证明，履行了这种公证程序，就由公证机构从形式上确认了该文书是真实的，并非伪造，从内容上确认了并非违法，以产生其应有的

证明效力。“有效地防止不法分子伪造此类文书，保护当事人的合法权益，使当事人在域内、域外从事民事、经济活动时，有效地使用有关文书。”① 至于该内容属实与否，他人是否承认和接受，公证人员则无须证明，即只对签名和印鉴的真实性负责。在公证业务实践中，文书签名、印鉴、日期公证可以分为以下两大类：

1. 国家机关、企事业单位、社会团体制作的文书签名、印鉴、日期公证。这类公证的文书主要有：工作证、学位证、学历证、学习成绩单、诊断书、驾驶执照、夫妻关系证明书等。办理这项公证事项，是证明这些证书上的颁发单位及其负责人的签名、印鉴属实。

2. 自己制作的文书签名、印鉴、指纹、日期公证。这类公证的文书主要有：各种声明书，如放弃继承权声明书、民事权利转让声明书、承担赡养声明书、护照遗失声明书、身份证遗失声明书、撤销委托授权声明书、发生不可抗力而影响合同声明书及其他各种担保书、保证书、转让书等。公证人员办理此类证明比较节省人力、物力、财力，被称为“经济型”公证。公证人员的主要目的在于：目睹这一事实后，依法定程序出具公证书，证明当事人在有关文件上的签名、印鉴、指纹属实。

（二）文书签名、印鉴、日期公证与证明文件属实的区别

文书签名、印鉴、日期公证，即证明文件签名、印鉴、日期属实与证明文件属实是两个不相同的概念，不能混同。两者区别的关键在于审查的要求不同。证明文件属实（合同、收养协议、遗嘱等法律行为的公证），不仅要求审查文件上的签名、印鉴是否确实系某单位、某人所为，还必须审查文件中所反映的法律行为是否真实合法。而证明文件上的签名、印鉴属实则不一样，它只要求审查在文件上的签名、印鉴是不是某单位、某人的签名、印鉴，且文件的内容并不违法即可，不要求审查法律行为的全部实质内容。

公证机构证明文书上的签名、印鉴属实，是对该文件上的签名、印鉴真实性、合法性的认定。通过公证证明，可以使该文书具有法律上的证明效力，有效地防止不法分子伪造此类文书，保护当事人的合法权益，对当事人在域内、域外从事民事、经济活动时，有效地使用有关文书具有重要意义。

二、国家机关、企事业单位、社会团体制作的文书签名、印鉴、日期公证

（一）办理单位文书签名、印鉴、日期公证的程序

1. 申请与受理。申请办理单位文书签名、印鉴、日期公证，当事人应当向其住所地的公证机构提出申请，并提交以下证明材料：

① 郑小川．民事公证的理论与实务．人民法院出版社，2001：219.

（1）当事人的身份证明。在本市有户籍的当事人，应提交居民身份证、户口簿及其复印件；已出境的，应提交护照或有效的旅行证件、通行证及其复印件；外国人应提交本人的有效护照或临时居留证及其复印件；法人要有法人资格证明及其法定代理人的身份证明。

（2）有关文书原件和复印件若干份。

（3）其他需要提交的材料。

当国家机关、社会团体和企事业单位颁发的文件或文书，对某些民事权利义务关系的确立、变更或消灭具有法律意义时，符合《公证程序规则》第十九条规定的申请，公证机构应予以受理并书面通知当事人。

2. 审查与出具公证书。公证机构受理公证申请后，除按照《公证程序规则》第二十四条规定的内容进行审查外，应重点对提供的文件或文书上签名人的签名、印章、日期及颁发单位所盖公章是否属实进行调查，对于符合《公证程序规则》第三十七条规定的，依法出具公证书。

（二）办理单位文书签名、印鉴、日期公证时应注意的事项

1. 公证此类文书签名、印鉴、日期属实，一般是与证明该文书原件与复印件相符同时进行的。

2. 公证此类文书签名、印鉴、日期属实，公证机构应当进行调查。审查的重点在于，文书上的签名、印鉴是否真实；文书的内容是否真实、合法。还应注意审查签名、印鉴是否符合有关文书的签名、盖章要求。如果文书上有数个印章，应同时予以证明。

3. 对所要公证的签名、印鉴、日期应另纸公证，即在此类文件外单独公证在一张专用纸上（而不是文件与证词一体式），但必须和文件同时使用。

4. 公证证明文书上的签名、印鉴属实，公证机构一般不需要对文书本身的内容进行实质性审查。但如果发现文书内容侵害了国家、集体或其他公民的合法权益，应拒绝公证。

三、自己制作的文书签名、印鉴、指纹、日期公证

（一）办理自制文书签名、印鉴、指纹、日期公证的程序

1. 申请和受理。自己制作的文书签名、印鉴、指纹、日期公证，实践中通常有两种做法：一种是当事人事先将文书制作完成之后，亲自携文书来到公证机构，在公证员面前，在文书上签名、盖章（捺指纹），然后公证机构证明当事人在文书上的签名、盖章（捺指纹）这一事实属实；另一种是一些需要当场制作的文书，当场制作完成后，在公证员面前，由当事人在文书上签名、盖章（捺指纹），然后公证员公证这一事实。但是无论哪一种做法，当事人都应亲自向其住所地的公证机构提出申请，填写申请表，并提交以下证明材料：

(1) 当事人的身份证明。在本市有户籍的当事人，应提交居民身份证、户口簿及其复印件；已出境的，应提交护照或有效的旅行证件、通行证及其复印件；外国人应提交本人的有效护照或临时居留证及其复印件；法人要有法人资格证明及其法定代理人的身份证明。

(2) 自己事先制作的文件原件若干份（当场制作的除外）。

(3) 其他需要提交的材料。

当事人申请符合《公证程序规则》第十九条规定的，公证机构应予以受理并书面通知当事人。

2. 审查和出具公证书。公证机构受理公证申请后，除按照《公证程序规则》第二十四条规定的内容进行审查外，应重点审查当事人的意思表示是否真实、合法，事先已经签名、盖章的，要当面证实文件上的印鉴或签字确系本人所为，对于符合《公证程序规则》第三十七条规定的，依法出具公证书。

(二) 办理自制文书签名、印鉴、指纹、日期公证应注意的事项

1. 申请人必须亲自到公证机构办理，不得委托代理人代为办理。申请人应当着公证员的面在文件上捺指纹、签名、盖章。公证员应核准申请人的身份，严防冒名顶替，如果事先已经签名、盖章的，要当面证实文件上的印鉴或签字确系本人所为。法人要有法人的公章验证。

2. 在审查签名、印鉴（捺指纹）、日期是否属实的同时，公证机构也要审查当事人的意思表示是否真实，有无受威胁强迫不得不签名、盖章的情况。为此，公证员应向当事人宣读他所要在上面签名、盖章的文件内容，并询问当事人，文件的内容是否符合他的意志。当事人向公证员口头陈述他的意愿，并表示文件的内容完全符合他的意志后，公证员才能叫他在文件上签名、盖章，然后出具属实的证明。

3. 对所要公证的签名、印鉴、日期应另纸公证。在证明当事人签名属实时，公证机构应要求当事人在自己面前亲自签名、盖章，由公证员另立一份公证文书证明其签名属实。

4. 公证证明文书上的签名、印鉴属实，公证机构一般不需要对文书本身的内容进行实质性审查。但如果发现文书内容侵害了国家、集体或其他公民的合法权益，应拒绝公证。

第三节　文书复制本与原本相符公证

一、文书复制本与原本相符公证概述

(一) 文书复制本与原本相符公证的概念与意义

文书的副本、节本、影印本、译本都是原本的复制本。副本，是指根据原本进

行完整誊写或打印的抄件，是原本最忠实的复制件。节本，是指从文书原本中部分地誊写或打印下来的复制件；例如，节录账目、表格中一部分的抄件、打印件，节录一部分会议记录内容的抄件、打印件，等等。影印本，只是将文书的原本或副本用照相机或复印机影印下来的复制本。译本，是指将文本的原本或副本翻译成另外一种文字的复制本，包括同一国家内将一种民族文字制成的文书原本或副本翻译成另一种民族文字，或将本国文字制成的文书原本或副本翻译成外国文字，以及将外国文字制成的文书原本或副本翻译成本国文字。

文书复制本与原本相符公证，是指国家公证机构，根据当事人的申请，依照法定程序，对有法律意义的文书副本、节本、影印本、译本等复制本与原本相符的事实给予证明的活动。它是公证机构办理公证的一种主要形式。

一切具有法律意义的文书，都能作为确定权利义务关系的根据。有的文书不在当事人手中，需要从有关方面复制抄件，借以证明权利义务关系的存在；有的文书仅用一种语言文字制成，需要翻译成另一种文字并确认两者相符，以免发生误解和纠纷；有的文书虽在当事人手中，但为了防止日后毁损灭失，需要复制各种复制件加以保存。对于这些需要证明与文书原本无异的文书复制件，申请人可以将其副本、节本、影印本、译本等复制件提交给公证机构，由公证机构审核证明其提供的各种类型的复制件与原本相符，出具公证文书，从而产生与原本相同的法律效力。①

（二）公证证明文书复制本的文件范围

《公证法》第十一条第一款第（十）项规定：“……文书的副本、影印本与原本相符。”这里说的文书没有限制词，理应理解为包括一切具有法律意义的文书。有人认为“是指法律行为文书以外的文书”。我们认为，此种理解不切实际。实际生活中，有些合同文本，如房屋买卖合同，为避免日后毁损灭失，当事人要求证明复制件与合同原本相符，不应加以拒绝。又如，国外寄来我国使用的委托书、赠与书等法律行为文书，需要证明译本与原本相符的，也应当给予证明。

身份证、军人证、警察证、持枪证、代表证等，这些表明一定身份的证件只有原本才有意义。在这个意义上，它们的复制本一般不能给予公证证明。这些证件丢失的，应当按照行政程序请求原发放单位根据原有档案补发。但是，如果当事人适用目的正当，用以证明历史身份等，仍然可以证明复制本与原本相符。

没有主体的附属文件，不能给予证明。例如，请求证明学业成绩单的节本无误，如果没有同时向公证机关提交学校毕业证书，就不能给予证明，因为成绩单的节本是附属于毕业证书的附件，没有独立的意义。

根据1974年11月27日最高人民法院办公室发布的《关于出具汽车驾驶员工作证明等问题的复函》（节录）规定：关于出具汽车驾驶员工作证明问题，根据公

① 郑小川．民事公证的理论与实务．人民法院出版社，2001：221.

安部1959年6月6日《对携带我国机关、团体等单位所发证件、证章出境的处理办法》中，关于各单位发给个人不再收缴的各种证件、证章，如毕业证明书、汽车驾驶执照等，准予携带出境的规定，今后应向申请人讲明，可持原执照出境，不必办理公证手续。如果申请人要求办理公证的，可以办理证明驾驶执照上印鉴属实的证明书。关于工作证明书中是否写明技术级别的问题，同意你们意见："可不写明。"

涉及国家机密的文件复制本不能进行公证证明。

二、办理文书文本相符公证的程序

（一）当事人应提交的证明材料

办理文书文本相符公证，当事人应向其住所地的公证机构提出申请。

1. 当事人应向公证机构提交身份证明。申请人为公民的，应提交居民身份证、户口簿及其复印件；法人为申请人的，应提交法人资格证明、法定代表人居民身份证及其复印件。

2. 代理人代为申请的，还应提交授权委托书与代理人身份证明。

3. 所要证明的文书的原件。

4. 有关办证目的、用途及其证明材料，包括单位证明及域外来函。

5. 公证机构认为还应该提交的其他证明材料。

对上述证明材料齐备，符合《公证程序规则》第十九条规定的申请，公证机构应受理登记，并将受理通知书发给当事人，开始建立公证卷宗；对不符合规定条件的申请，公证机构应在7日内作出不予受理的决定，并通知申请人。

（二）办理公证时应注意的事项

1. 审查复制本是否与原本文字相符。办证时，要记录原本的名称、文号、制作单位、制作日期、页数，以及原本保管单位（或个人）的名称、地址，以备存档。对于译本公证，公证机关可以聘请有关单位和人员协助进行，译本应当清楚明了，不产生歧义。

2. 审查文书制发单位是否有权制发这种文书，如果无权制发，则不能公证。

3. 审查文书内容是否明显违法，即审查被公证文书、文书内容是否符合我国有关法律规定。对内容不合法的文书，不能给予公证，并向当事人说明理由。

4. 审查文书的形式是否符合法律要求，不符合法律要求的，不能给予公证。例如，在审查结婚证复制件与原本相符时，必须审查结婚证是不是我国婚姻登记机关签发的内容完整的结婚证书，如果其缺少内容，如证书编号、发证日期或其他项目填写不清、表述不明的均为形式不合法，不能给予公证，并向当事人说明理由。

5. 公证文书的节本与原本相符时，要注意只有其原本的内容复杂，涉及若干彼此没有联系的单独问题，如会议记录中一段有关记录，人事档案中的某一项目，才能办理证明其节本与原本相符，否则就应当证明文件的复制本，而不应当证明节本。

6. 对于已过有效期限的文书，虽对现实没有意义，但它对于证实发生过的法律事实并非完全没有意义，只要当事人公证的目的合理、合法，公证机构应当接受申请，而不是拒绝办理。

7. 公证书制成后，必须将所证明的文书放在公证书的前面，与公证书装订在一起，表示公证书是证明前面的副本、节本、译本、影印本与文件的原本相符，不宜将所证明的文书与公证书分离。

第四节　公司章程公证

一、公司章程公证概述

（一）公司章程公证的概念及情形

公司章程，是指公司依法制定的规定公司名称、住所、经营范围、经营管理制度等重大事项的基本文件，也是公司必备的规定公司组织及活动基本规则的书面文件。公司章程是股东共同一致的意思表示，载明了公司组织和活动的基本准则，素有“公司小宪章”之称。

公司章程与《公司法》一样，共同肩负调整公司活动的责任。作为公司组织与行为的基本准则，公司章程对公司的成立及运营具有十分重要的意义，它既是公司成立的基础，也是公司赖以生存的灵魂。在实践中，存在许多因公司章程规定不明或有漏洞发生的纠纷，如股东继承资格、股权转让、出资条款约定不明、股东会和董事会权限划分不清、公司组织条款无明确细化等。公司章程公证可以对公司章程的内容依法进行规范，确认法律关系、证明法律事实，促进公司股东依法行使权利履行义务，有效地预防和化解因公司章程而引发的各种法律风险，使发起人、股东之间的关系更加和谐，维护公平合理的经济秩序。

公司章程公证是公证机构根据当事人的申请，依照法定程序对申请人制定的公司章程的真实性和合法性予以公证证明的活动。在我国，申办公司章程公证的情形通常有以下三种：

1. 当事人因跨国投资、融资的需要而申办公司章程公证。中国境内的某一公司如果到境外投资或融资，境外的当事人或者有关部门一般会要求其提供经过公证的公司章程。

2. 当事人因公司章程存在瑕疵或疏漏，在修改章程时对公司章程的表决过程申办公证，或者申请公证人咨询、代书。

3. 政府部门要求在办理审批或登记时，须提供经过公证的公司章程。

（二）公司章程公证的作用

目前，我国申办公司章程公证只是公司或股东的自愿行为，在对法律、法规和公司风险防范不甚了解的情况下，投资人很少自愿或者自主要求办理公司章程公证。但是，强化公司章程公证在公司章程制定和完善方面，以及对预防公司章程纠纷可以产生积极影响。

公司章程通过公证，有利于帮助当事人修改、完善公司章程，规范公司的各种活动；同时也有利于加强国家对公司订立章程活动的指导和监督。目前，当事人申办公司章程公证，主要用于在国外办企业、设立分支机构或参加国际投标活动等。

二、办理公司章程公证的程序

（一）申请与受理

1. 管辖。公司章程公证，在公司成立前，由公司的发起人向公司拟定的住所地的公证机构提出申请；公司成立后，申办公司章程公证，由公司向住所地公证机构提出申请。

2. 公证形式。从学理上讲，公司章程公证属于具有法律意义的文书类公证的一种，其主要表现为两种公证形式：

（1）当事人针对已生效的公司章程申请办理公证，此种情形下公证机构只是证明公司章程复印件与原件相符。

（2）公司在制定和修改公司章程时申办公证，此种情况下公证机构要证明股东在公司章程上的签名、捺指纹属实。

3. 申办公司章程公证需要提交的材料。

（1）公司的主体资格证明。已取得法人资格的，应提交经过年检注册的企业法人营业执照副本、法定代表人资格证明及本人居民身份证或护照；尚未取得法人资格的，应提交政府主管部门批准设立该公司的文件，有关公司的经营场所、资金说明等；外国投资者，应提交经当地公证机构公证并经我国驻外使馆认证的投资者权利能力和行为能力的证明文件。

（2）委托他人代为办理的，应提交授权委托书及代理人的居民身份证。

（3）公司章程文本（须与提交给工商部门备案的章程相符）。

（4）公证机构认为应当提交的其他证明和材料等，如向社会募集股金的公司应提交人民银行批准募股的文件。

申请办理指定或修改的公司章程公证还另需提供：参加股东（大）会的各位股东的资格证明和公司章程相关的批准文件、验资证明等。例如，设立公司的申请书、行业主管部门或政府授权部门的批件，或审查意见和公司最高权力机构通过章程的决议等。

当事人的申请符合《公证程序规则》第十九条规定的，公证机构应当受理；

不符合规定条件的，公证机构应当不予受理并通知申请人。

（二）审查与出具公证书

1. 审查的要点。

（1）申请人的主体资格是否合法。重点对当事人是否具有创立公司、制定或修改公司章程的资格和当事人的行为能力进行认真核实。

（2）公司章程的各项条款是否符合《公司法》及相关法规的规定。

（3）对已经生效的公司章程申办公证，应当审查其提交的文本与登记注册的文本是否一致。

（4）公司章程上有发起人签字的，应当逐一核实，必要时要对发起人逐一做笔录进行确认。

2. 出证的条件。公证机构经审查，对于符合《公证程序规则》第三十五条规定的，应依法出具公证书；对不符合规定条件的，应不予办理公证，并书面通知当事人或代理人。

三、公司章程公证应注意的问题

1. 公司章程的修改应以特别决议的形式通过。根据《公司法》第四十三条、第一百零三条和第一百八十一条的规定，修改公司章程，有限责任公司须经持有2/3以上表决权的股东通过，股份有限公司须经出席股东大会会议的股东所持表决权的2/3以上通过。

2. 法人性质不同，章程内容也不同。根据《公司法》第二十五条和第八十一条的规定，有限责任公司章程应当载明下列事项：（一）公司名称和住所；（二）公司经营范围；（三）公司注册资本；（四）股东的姓名或者名称；（五）股东的出资方式、出资额和出资时间；（六）公司的机构及其产生办法、职权、议事规则；（七）公司法定代表人；（八）股东会会议认为需要规定的其他事项。股东应当在公司章程上签名、盖章。股份有限公司章程还应载明下列事项：（一）公司名称和住所；（二）公司经营范围；（三）公司设立方式；（四）公司股份总数、每股金额和注册资本；（五）发起人的姓名或者名称、认购的股份数、出资方式和出资时间；（六）董事会的组成、职权和议事规则；（七）公司法定代表人；（八）监事会的组成、职权和议事规则；（九）公司利润分配办法；（十）公司的解散事由与清算办法；（十一）公司的通知和公告办法；（十二）股东大会会议认为需要规定的其他事项。

3. 公司通过的程序应当真实、合法。按照《公司法》及相关法律的规定，审查、监督、确认公司章程是否按法律规定和当事人约定的程序通过，公司章程上的签名、印鉴是否齐全、属实；对未在公证员面前签署的公司章程，公证员一般不应证明其签字属实，但签字人事后追认的，可在制作笔录后予以确认。

4. 公证员应特别注意了解各发起人在制定章程时的目的和意思表示。如果因某种原因使他人被迫成为发起人，或者为了某种非法利益成为发起人而不顾他人利益和整体利益的，公证员在审查时应明确指出其存在的问题，并做好疏导工作，允许在章程上签名盖章的被迫成为发起人或股东的人退出。

5. 公司章程的制定和修改在办妥工商登记后生效。

四、公证员办理公司章程公证的告知义务及建章建议

（一）关于股东会决议事项条款

《公司法》第三十七条列举了有限责任公司股东会行使的十一项职权，第四十三条第二款规定了“股东会会议作出修改公司章程、增加或者减少注册资本的决议，以及公司合并、分立、解散或者变更公司形式的决议，必须经代表三分之二以上表决权的股东通过”的特别决议事项，其余事项的议事方式和表决程序，由公司章程规定，如果章程没有另外规定，通常只需要经代表1/2以上表决权的股东通过。因此，公司认为属于其他有重大影响的事项，诸如发行公司债券、董事或经理可以同公司订立合同或者进行交易等事项，如果章程没有列入股东会特别决议事项，一旦出现类似情况，便容易引发股东争执。

公证员在办理公证过程中应提醒各投资人在自治范围内充分约定其他职权。例如，发行公司债券是否需要股东会作出特别决议；董事在任期届满前，股东会可以依据哪些理由解除其职务及相关程序和方法等。其目的在于使公司内部决策、执行、监督环节人为摩擦减少，企业运营风险随之减少。

（二）关于股东会和董事会的关系

《公司法》对股东会和董事会两个机构的权限作了一定程度的分工，但是具有高度抽象概括性，实践中往往难以操作，如《公司法》第三十七条第一款第（一）项和第四十六条第（三）项分别规定股东会和董事会都有权决定公司的经营方针和投资计划（方案）。

公证员在公证过程中，应对体现投资人和股东对何种程度是经营方针、何种程度是投资计划（方案）给予进一步的明确。如果没有明确的界定，这两大机构之间发生争议的概率就会增加，也加大了公司的经营风险。

（三）关于出资瑕疵股东权利限制条款

“出资瑕疵股东”，是指那些没有按照公司章程规定的期限或数额缴纳所认缴的出资额的股东。股东对于公司最基本的义务在于出资，只有履行了出资义务，才能够获得实际的股东权利，如果不加限制地让瑕疵股东行使完整的股东权利，会导致不公平的后果。

尽管《公司法》规定股东不按照规定缴纳出资的，除应当向公司足额缴纳外，还应当向已按期足额缴纳出资的股东承担违约责任，但是承担什么样的违约责任，公证员应建议申请人通过公司章程，约定具体的违约责任或者限制瑕疵股东的相关

权利。当然，这种限制应当按照股东权利的性质规定，即股东权利中相应的财产性权利应当受到限制，包括红利请求权、剩余财产分配请求权、新增股份认购权等应按照实际出资比例行使。其他非财产性权利，如股东会的出席权、提案权、股权转让权等可不受限制。

（四）关于《公司法》但书条款的运用

作为“公司宪法”，公司章程对公司的成立及运营具有十分重要的意义，公司股东和发起人在制定章程时，务必考虑周全，通过明确详细的公司章程，就公司经营作出个性化的制度安排。因此，在制定公司章程过程中，公证员应该提醒“但书条款”，以充分保障申请人的自治意愿。公司法对公司章程“但书条款”的规定有以下七个方面：

1. 股东持股比例可与出资比例不一致。最高人民法院民事判决书（2011）民提字第6号判决认为：股东认缴的注册资本是构成公司资本的基础，但公司的有效经营有时还需要其他条件或资源，因此，在注册资本符合法定要求的情况下，我国法律并未禁止股东内部对各自的实际出资数额和占有股权比例作出约定，这样的约定并不影响公司资本对公司债权担保等对外基本功能实现，并非规避法律的行为，应属于公司股东意思自治的范畴。最高人民法院之所以持这种观点，是由有限责任公司人合兼资合的性质决定的，有限责任公司股东的出资比例与持股比例，在经过公司章程或股东全体一致同意后，只要未损害他人的利益，不违反法律和行政法规的规定，可以不是同一比例。

2. 分红比例、认缴公司新增资本比例可与出资比例不一致。《公司法》第三十四条规定：“股东按照实缴的出资比例分取红利；公司新增资本时，股东有权优先按照实缴的出资比例认缴出资。但是，全体股东约定不按照出资比例分取红利或者不按照出资比例优先认缴出资的除外。”

3. 表决权可与出资比例不一致。《公司法》第四十二条规定：“股东会会议由股东按照出资比例行使表决权；但是，公司章程另有规定的除外。”这表明有限责任公司的全体股东内部可以约定不按实际出资比例享有表决权。

4. 可通过公司章程限制股权转让时的剩余股东同意权、优先购买权。《公司法》第七十一条规定了有限责任公司对外转让和内部优先购买股权的有关条件，同时规定“公司章程对股权转让另有规定的，从其规定”。

我们知道，侵害股东优先购买权的股权转让协议的效力是有瑕疵的，《公司法》之所以对股东对外转让股权设置剩余股东同意权、优先购买权等制度进行限制，主要是基于对有限责任公司人合性和股权自由转让这两种价值理念的平衡。《公司法》规定，有限责任公司股权转让的场合，允许股东通过公司章程事先自由安排出让股东与剩余股东间二者的利益分配。

5. 公司章程可排除股东资格的继承。《公司法》第七十五条规定：“自然人股东死亡后，其合法继承人可以继承股东资格；但是，公司章程另有规定的除外。”

6. 全体股东一致同意的，可以书面形式行使股东会职权。《公司法》第三十七条规定："股东会行使下列职权：（一）决定公司的经营方针和投资计划……（十一）公司章程规定的其他职权。对前款所列事项股东以书面形式一致表示同意的，可以不召开股东会会议，直接作出决定，并由全体股东在决定文件上签名、盖章。"

第十九章　适用特别规定的公证

第一节　公证特别规定的概念与分类

一、公证特别规定的概念

公证特别规定是一种总括性概念，包括多种具体的特别程序，是公证程序制度的有机组成部分。公证特别规定是《公证法》的细化和充实，以便适应某些特殊事项的需求。从适用对象上看，公证特别规定只适用于特定公证事务，而非所有公证事务；从程序内容上看，公证特别规定只是部分程序，而非全部程序，更确切地说是特定公证事务的公证程序在其一般程序基础上所作的特别要求。

公证的特别规定区别于普通程序，由于它只是适用于法律规定的特定公证事项，在办理公证事务时，依据特别法优于普通法的法律原则，就应当优先适用特别规定。没有特别规定的，才适用普通程序。

二、公证特别规定的分类

公证特别规定依其适用对象和内容的不同，分为现场监督类公证（如招标投标、开奖、拍卖公证特别规定）、遗嘱公证特别规定、保全证据公证特别规定、提存公证特别规定、出具执行证书特别规定、调解公证特别规定和公证复议特别规定。

第二节　各类公证特别规定

一、招标投标公证

（一）招标投标公证的概念和作用

招标投标，是一种商品交易行为，就是招标方以公开或邀请的方式，将其招标项目和招标程序公之于众，由愿意投标的公民、法人或者其他组织，按照招标人的要求进行投标，招标人从众多的投标中选出最佳投标，并与该投标人（中标人）

签订合同的活动。

招标投标公证，是指国家公证机构根据当事人的申请，依法对招标投标各方的资格和招标投标文件的真实性、合法性进行审查，对招标投标的程序进行现场法律监督，并证明该招标投标活动真实、合法的司法证明活动[①]。

招标投标公证是国家对招标投标活动进行法律监督和调控的一种手段，对于保护招标投标双方的合法权益具有重要的作用：

1. 保证招标投标活动在真实、合法的基础上顺利进行，避免因一方主体资格不合法或某一环节出问题而导致招标投标活动的无效；

2. 预防、减少招标投标活动中的不正之风和违法行为，使招标和投标活动依法进行，维护当事人的合法权益；

3. 提高了招标投标活动的可信度，在一定程度上消除了投标单位的顾虑，使其能够放心大胆地积极参加投标活动；

4. 有利于预防招标纠纷，减少招标诉讼。

（二）办理招标投标公证的程序

1. 申请与受理。招标投标公证由招标方所在地的公证处管辖。委托招标的，由受托招标方所在地的公证处管辖。招标投标公证申请由招标方提出。委托招标的，由受托招标方提出，应于招标通知（公告）或招标邀请函发出之前提出，特殊情况，也必须于投标开始前提出。申请招标投标公证应填写公证申请表，并提交下列材料：（1）申请人的法人资格证明和法定代表人身份证明及本人身份证件，代为申请的，应提交授权委托书和本人的身份证件；（2）受委托招标的，应提交委托书和具有承办招标事项资格的证明；（3）有关主管部门对招标项目、招标活动的批准文件；（4）招标组织机构及组成人员名单；（5）招标通知（公告）或招标邀请函；（6）招标文件（主要包括：招标说明书、投标人须知、招标项目技术要求、投标书格式、投标保证收件、合同条件等）；（7）如果需要对投标人进行预审的，则需提交对投标人资格预审的文件；（8）评标组织机构及组成人员名单；（9）公证人员认为应当提交的其他有关材料。

在当事人提供了上述证明和材料后，公证机构应当予以受理。

2. 审查、现场监督与出具公证书。在审查招标投标公证阶段，公证机关通过对申请人提交的全部材料审核、查证，并进行必要的调查，决定对该项招标投标是否应给予公证。审查的内容主要包括：（1）申请人的身份、资格和行为能力，招标方是否具有规定的招标资格；（2）委托招标的，应审查受托招标方是否具有规定的招标条件；（3）项目是否得到有关部门的批准及具备规定的其他条件；（4）招标文件、评标委员会、标底的编制和审批情况；（5）当事人提供的材料是否齐全、真实、合法。

① 李正华．律师与公证实务．武汉大学出版社，2009：426.

根据《公证程序规则》的规定，公证机构办理招标投标公证，应当派公证员亲临招标投标现场，对投标、开标、评标活动进行现场法律监督，以保证整个招标投标活动按照法律和招标文件的规定进行。在这一阶段，公证人员的主要任务是监督招标投标各个环节的活动按照国家有关规定和招标文件的要求进行，对招标投标过程中的重要环节和重要事项给予现场证明。对招标投标过程中弄虚作假、徇私舞弊、违反活动规则、违反国家法律和有关规定的行为要求当事人改正。

经过审查和现场监督，招标投标活动真实、合法，公证员应当在开标现场宣读公证词，并在7日内制作完成公证书发给当事人。该公证书自宣读公证词之日起生效。

（三）办理招标投标公证应注意的事项

（1）提交材料是否齐全、真实、合格；（2）招标方是否具备规定的招标资格，受托招标方是否具有承办招标事项的资格并已获得合法授权；（3）招标文件的内容是否完备，文字表述是否清楚、准确，审查的重点是招标、投标对当事人的效力规定，开标、评标、定标的办法，无效标书和招标不成的认定标准及处理办法；（4）委托招标的，要审查委托书中权利义务的规定是否明确；（5）标底的编制和审核是否符合规定的条件和程序，是否已得到有关主管部门的批准；（6）评标组织机构的人员组成是否合理，评标人是否符合规定的条件，与投标人有无利害关系。（7）在招标投标活动过程中出现下列情况之一者，应拒绝公证：①招标方不具备招标资格的；②受托招标方不具有承办招标事项的资格或未获得合法授权的；③招标项目、招标活动未经有关主管部门批准的；④招标文件及有关材料不真实或不合法的。公证处应将拒绝的决定和理由书面通知申请人，并告知对拒绝不服的复议程序。

二、拍卖公证

（一）拍卖公证的概念和作用

拍卖，是指以公开竞价的形式，将特定物品或者财产权利转让给最高出价者的买卖方式。在拍卖法律关系中，至少存在三方的主体：拍卖人，是指依法成立的从事拍卖活动的拍卖机构，在我国，必须为企业法人；委托人，是指委托拍卖人拍卖物品或者财产权利的公民、法人或者其他组织；竞买人，也称应买人，是指参加竞购拍卖标的的公民、法人或者其他组织。

拍卖公证，是指国家公证机构根据拍卖人的申请，依照有关法律法规或规章的规定，依法证明其以公开竞争的方法将标的物卖给出价最高者的行为真实、合法的公证活动。国家对拍卖活动实施法律监督、确保拍卖活动依法进行，具有以下意义[①]：

1. 有利于国家公证机构通过法律监督，保证拍卖活动的真实性、合法性，维护竞买人的合法权益；

2. 能够及时制止拍卖过程中的违法现象，维护拍卖交易市场的正常程序；

3. 有效地规范拍卖人、委托人、竞买人和买受人的法律行为，确认其行为的真实性、合法性。

（二）办理拍卖公证的程序

1. 申请与受理。申请办理拍卖公证，申请人应在拍卖公告发出之前或者至少在拍卖活动举行前的一定期间内，向拍卖物所在地或拍卖活动举行地的公证机构提出申请，填写公证申请表，并提交下列证明材料：（1）拍卖机构和委托方的资格证明、代表人身份证明和本人身份证件，委托代理人须提交授权委托书及本人身份证件；（2）拍卖标的物清单、情况说明及其产权或有处置权的证明；（3）拍卖物是国有资产的，应提交资产评估部门出具的资产评估证明；（4）拍卖公告、拍卖委托书、拍卖方案（拍卖方式、拍卖活动日程安排、拍卖程序等）等；（5）其他需要提供的证明材料。

在当事人提供了上述证明材料后，公证机构应当予以受理。

2. 审查、现场监督与出具公证书。公证机构决定受理拍卖公证申请后，应对全部证明材料进行审查。审查的内容主要包括以下几个方面：（1）拍卖机构的资格。应着重审查其营业执照、经营范围、承办能力和信誉等。（2）委托人的资格。委托人是否具有完全的民事权利能力和民事行为能力，对其拍卖标的物是否享有完整的所有权，有无其他共有人。（3）拍卖物的基本情况及基本价格、报价方式确定原则和方法。（4）拍卖公告、拍卖委托书、拍卖方案是否合法，是否符合拍卖规则。（5）定向拍卖的，公证机构应审查竞买人有无相应的民事权利能力、民事行为能力及资金、资信等基本情况。（6）违约条款。如拍卖人、委托人未向竞买人说明拍卖标的物的瑕疵时，给买受人造成损害的，买受人有权向拍卖人要求赔偿。（7）拍卖人与竞买人的关系。防止拍卖人与部分竞买人恶意串通，故意抬价，损害其他竞买人的利益。

根据《公证程序规则》的规定，公证机构办理拍卖公证，还应当派公证员亲临拍卖现场，对拍卖活动进行现场法律监督。这一阶段，公证人员的主要任务是监督：（1）拍卖活动是否按规定程序进行；（2）拍卖、竞买采取的方式是否符合拍卖规则的有关规定；（3）拍卖会议纪要的内容是否完备，是否有时间、地点、会议名称，双方的主体名称，对拍卖活动采取的方式予以审查和现场监督；（4）拍卖活动中有无违反平等竞买原则之处，有无损害交易一方或双方的违法行为。

经过审查和现场监督，拍卖活动真实、合法的，公证员应当现场宣读公证词，

① 李正华．律师与公证实务．武汉大学出版社，2009：431.

并在7日内制作完成公证书发给当事人。该公证书自宣读公证词之日起生效。

（三）办理拍卖公证应注意的事项

1. 审查拍卖方案的内容是否真实、合法。

2. 着重审查拍卖物的所有权，是否与他人共有以及是否有第三人的追索。

3. 对拍卖成交后反悔的规定。

4. 对拍卖标的物的瑕疵担保。对交付时存在缺陷而未经发现的，规定在一定期限内买受人可以提请出卖人退换或赔偿损失。

5. 拍卖成交后双方签订的买卖合同内容。

6. 交付拍卖标的物及付款方法。

7. 在拍卖现场监督中，对违反拍卖程序的，公证员可宣布其无效。

8. 其他应注意的事项。

三、开奖公证

开奖公证是公证处通过事前审查、现场监督的方式，依法证明面向社会发行彩票或者其他有奖活动的开奖行为真实、合法的活动。有奖活动形式多样，它是社会募捐、专项评选、文体竞赛、商业销售等活动的常见手段。具体的开奖形式有摇奖、摸奖和抽奖等。

（一）办理开奖公证的程序

1. 申请。开奖公证由有奖活动主办单位向开奖行为发生地或者其住所地的公证机构提出申请。申请至迟应当在开奖活动举办7日前提出。中奖人对中奖结果申请公证的，应当亲自向承办该次开奖公证的公证机构提出。有奖活动主办单位申办开奖公证，应当如实填写公证申请并提交：（1）主办单位的资格证明；（2）法定代表人的身份证件，或者代理人的身份证件和授权委托书；（3）举办有奖活动的依据和有关批准文件；（4）有奖活动规则、方案和有关公告、广告；（5）奖金、奖品来源的说明材料；（6）公证员认为需要提交的其他材料。中奖人申办中奖公证，应当如实填写公证申请表，并提交下列材料：本人身份证件、中奖凭证、有奖活动主办单位出具的中奖确认书以及公证员认为需要提交的其他材料。

2. 受理和审查。根据当事人的申请，公证机构对其提供的材料进行审查。符合下列条件的申请，公证机构应予受理，并书面通知申请人：（1）申请人具有合法资格；（2）申请公证事项属于公证机构的业务范围；（3）申请公证事项属于本公证机构管辖；（4）上述申请材料齐全。

对于不符合规定的申请，公证机构应当在3日内作出不予受理的决定，并通知申请人。

公证机构受理完当事人的申请后，应对该公证申请的有关事项、材料进行审核、查证工作。在审查阶段，公证机构的主要任务是对申请人提交的全部材料进行审核、查证，以及必要的调查。审查的重点包括：主办单位是否具备主办有奖活动的资质；申请人提交的材料是否真实、充分；有奖活动规则、方案是否合法、公平、合理；开奖器是否符合规定标准、能否正常使用。

3. 现场监督。根据《公证程序规则》第五十二条和《开奖公证细则（试行）》第九条的规定，公证机构办理拍卖公证，应当指派2名以上的公证人员（其中至少有一名公证员）亲临现场，对拍卖活动进行现场法律监督。主要监督内容包括：核实现场工作人员的身份，特别是对开奖人员的姓名、性别、身份证号码、工作单位等做好记录；对采用从器具中抽取奖票确定中奖人及中奖等次的开奖活动，公证人员应当对开奖器具和奖票的投放情况进行检查、监督；对提前投放奖票的，公证人员应当在投放结束后对开奖器具进行封存并予以监控，待开奖时启封；对依据数据电文作为计奖基础数据的，公证人员应当采取有效方式对相关数据电文予以保全；在开奖现场，公证人员应当检查开奖器具及有关封存情况，并严格按照开奖规则监督开奖人员实施开奖行为；中奖结果产生后，公证人员对公证词中涉及的中奖号码、中奖凭证、中奖人姓名应当即时核对。中奖人的身份证件，应当复印存档。

公证人员发现有奖活动违反国家法律和规定的，或者损害社会公共利益或者违反社会公德的；或者违反向社会公布的活动规则的；申请人拒绝提供有关材料的；以及主办单位弄虚作假、徇私舞弊，阻挠公证人员依法对开奖活动实施监督的，应当拒绝公证。在开奖现场，公证人员发现有发生开奖纷争或者秩序混乱、开奖器具出现技术故障的；或者中奖的彩票或者奖票需要核实真伪而未进行核实的中奖结果确定的；以及公证词中涉及的中奖人未能提供有效身份证件的，应当要求主办单位妥善处理；无法当场解决的，应当建议主办单位中止开奖活动。在上述情形解决后，开奖活动继续进行的，应当给予公证；主办单位拒不解决的，应当拒绝公证，开奖活动中止后仍然无法解决的，应当终止公证。

拒绝公证或者终止公证的，公证机构应当将拒绝公证和终止公证的决定和理由书面通知当事人，并告知当事人对拒绝公证或终止公证不服的申诉程序。

4. 出证与送达。公证人员对开奖活动进行现场监督后，认为其开奖活动真实、合法的，应当当场宣读公证词，并按照《公证程序规则》第五十二条的规定，在宣读公证词之后7日内制作完成公证书发给当事人。

（二）办理开奖公证应注意的事项

首先，公证人员必须切实把握住这个监督者的身份，既不能越俎代庖，也不能撒手不管，当旁观者。在开奖现场，公证员不能购买或者收受本次开奖活动的彩票、奖票或者设奖物品。同时，对采用发放并回收奖票方式进行的有奖活动，在发放日期截止时，公证机构要对未发出的奖票进行核对、登记、封存，在回收日期截止时，应对回收的奖票的有效性进行鉴别，对有效票或无效票进行登记、封存；在有奖活动结束后，应对回收的奖票，包括封存的未发出的奖票，统一监督销毁。

为了规范开奖活动，从程序上对其进行规制，司法部制定了《开奖公证细则（试行）》。在实践中，对于开奖活动，受理该类公证申请应十分审慎，除要符合一般的公证受理条件外，还应当具备一定的前提条件，满足公证的特定要求；受理后，对活动的各个环节要严格把关，起到公证应有的监督作用。现场监督类公证，是公证工作发挥作用的重要领域，应当保证其公正性、合法性，从而维护社会公众的利益，提高公证的公信力。

四、遗嘱公证

（一）遗嘱公证的概念和效力

遗嘱是遗嘱人生前在法律允许的范围内，按照法律规定的方式处分其个人财产或者处理其他事务，并在其死亡时发生效力的单方法律行为。立遗嘱的人称为遗嘱人，遗嘱人在遗嘱中指定执行其遗嘱的人称为遗嘱执行人，在遗嘱中被指定承受财产的人称为遗嘱继承人。《继承法》规定了五种遗嘱形式：公证遗嘱、自书遗嘱、代书遗嘱、口头遗嘱和录音遗嘱。

遗嘱公证，是指公证机构根据当事人的申请，按照法定程序对遗嘱人设立遗嘱行为的真实性、合法性进行证明的活动。遗嘱公证是公证机构对立遗嘱行为的法律监督。通过遗嘱公证，可以预防纠纷、保证实现遗嘱效力，保护当事人的合法权益。

经公证证明的遗嘱为公证遗嘱。相对于其他四种遗嘱形式而言，经过公证的遗嘱具有最强的证据效力和证明效力，体现在两个方面：（1）在遗嘱人存有多份遗嘱且内容相抵触的情况下，仅公证遗嘱有效，不论该遗嘱是不是当事人生前最后所立。[①]（2）凡经过公证证明的遗嘱，需要变更或撤销的，必须再次经过公证证明。公民不得以自书、代书、录音或口头遗嘱的形式变更或撤销公证遗嘱，否则无效。

（二）遗嘱公证的办理程序

1. 申请和受理。遗嘱人应亲自向其住所地或遗嘱行为地的公证机构提出申请，填写申请表，并提交下列证明材料：（1）身份证明及其复印件。（2）遗嘱处分财产产权证明及状况（名称、数量、所在地点以及是否共有、抵押等）。（3）遗嘱草稿，即遗嘱人对财产和其他事务的具体处理意见。（4）有遗嘱执行人的，应当写明执行人的姓名、性别、年龄、住址等。（5）遗嘱制作的日期以及遗嘱人的签名。

符合《公证程序规则》相关条件的申请，公证机构应予受理。

2. 审查与出具公证书。公证机构受理申请后，应当对当事人申请办理的公证事项及提供的证明材料进行调查核实工作，其应当重点审查：（1）遗嘱人的身份是否真实，是否具有完全民事行为能力；（2）遗嘱是否为遗嘱人的真实意思表示；

① 张云柱．现代公证法学．新华出版社，2001：149.

(3) 遗嘱人所处分的财产是不是其个人财产；（4）遗嘱内容是否完备，文字表述是否准确，签名、制作日期是否齐全；（5）遗嘱内容是否违反法律、法规、规章和社会公共利益。

《公证程序规则》第五十三条第一款规定："公证机构办理遗嘱公证，应当由二人共同办理。承办公证员应当全程亲自办理，并对遗嘱人订立遗嘱的过程录音录像。"实务中，一个公证事项一般由 1 名公证员负责承办，其他参与公证活动的人员一般为公证辅助人员或公证机构工作的其他人员。遗嘱公证要求应当由 2 人共同办理，2 人中一人应当为该公证事项的承办公证员。"全程亲自办理"强调的是承办公证员对整个遗嘱公证程序的完整履行，而不是阶段性参与。从受理、告知、询问、记录、指导到监督遗嘱签署等全过程均要求公证员亲自办理，另一人主要从事复印、摄像、事务性工作。主要是考虑到遗嘱又是在遗嘱人去世后才生效，牵涉到家庭各方的利益实现，实务中遗嘱公证的复查、纠纷比率一直较高。因此，对遗嘱人的身份、意思表示的审查和固定需要特别严谨。

特殊情况下只能由一名公证员办理时，应当请一名见证人在场，见证人应当在询问笔录上签名或者盖章。"特殊情况"，是指因某种原因无法由 2 人共同办理遗嘱公证的情况。比如，只有 2 名公证人员的公证机构，因 1 名公证员具有回避情形，只能由 1 名公证员办理，或者情况紧急，现场只有 1 名公证员的。总之，都是极为特殊的情况。公证卷宗内应当存有特殊情况的记录。

公证机构经过审查，对于符合条件的，应当依法出具公证书。

（三）办理遗嘱公证应注意的事项

1. 遗嘱人应当亲自到公证机构提出申请。遗嘱人亲自到公证机构有困难的，可以书面或口头形式请求公证机构指派公证人员到其住所或者临时住所办理。

2. 公证人员询问遗嘱人，除见证人、翻译人员外，其他人员一般不得在场。

3. 遗嘱人提供的遗嘱，无修改、补充的，遗嘱人应当在公证人员面前确认遗嘱内容、签名及签署日期属实。遗嘱人提供的遗嘱或遗嘱草稿有修改、补充的，经整理、誊清书稿后，应当交遗嘱人核对，并由其签名。

4. 公证遗嘱应采用打印形式。遗嘱人根据遗嘱原稿校对后，应当在打印的公证遗嘱上签名或盖章。

5. 2020 年修改的《公证程序规则》增加了查询和录入规定。《公证程序规则》第五十三条第三款规定："公证机构办理遗嘱公证，应当查询全国公证管理系统，出具公证书的应当于出具当日录入办理信息。"

6. 遗嘱公证卷应当列入密卷保存，公证机构及其工作人员在遗嘱人死亡前，不得对外透露遗嘱内容。

五、保全证据公证

保全证据公证，是指在诉讼活动外，公证机构根据自然人、法人或其他组织的申请，依照法定程序对日后可能灭失或者难以取得的证据，事先加以提取、收存、固定、描述等方式进行保全的活动。

（一）对证据的审查

保全证据行为是否具有合法性，由证据的取得方式决定。《公证程序规则》第五十四条规定，办理保全证据公证，承办公证员发现当事人是采用法律、法规禁止的方式取得证据的，应当不予办理公证。比如，以侵害他人合法权益或者违反法律禁止性规定的方法取得的证据，不能作为认定案件事实的依据。因此，公证机构在保全证据公证过程中要严格审查下列内容：（1）申请保全的证据来源；（2）保全证据方式、方法以及被保全的证据的取得是否侵害他人的合法权益；（3）保全的证据是否与当事人有利害关系；（4）参与保全证据的相关人是否具有相应的资格等。

（二）保全证据公证的办理

根据《公证程序规则》第五十四条的规定："公证机构派员外出办理保全证据公证的，由二人共同办理，承办公证员应当亲自外出办理。办理保全证据公证，承办公证员发现当事人是采用法律、法规禁止的方式取得证据的，应当不予办理公证。"保全证据公证的办理包括以下步骤：（1）由当事人向公证机构提出证据保全的申请；（2）公证机构派员外出办理公证，应当由 2 人共同办理，其中至少 1 人是公证员，承办公证员应当亲自外出办理；（3）公证员对证据的合法性进行审查，审查合格的予以公证，如果承办公证员发现当事人是采用法律、法规禁止的方式取得证据的，应当不予办理公证。

需要注意的是，保全证据公证的取证主体是公证当事人，公证机构和公证员只是监督方，不直接参与取证活动。由于非法证据排除规则对秘密方式收集的证据是否采纳存在很大的风险，故适用该特别规定时要做好谈话笔录，全面告知当事人以秘密方式取得的证据所带来的风险和法律后果，尽到勤勉告知提醒义务。

六、提存公证

提存，是清偿债务的一种特殊方式。提存公证，是指在债务已到清偿期限，因债权人的原因或者法定的原因，致使债务人无法给付债务标的物时，债务人将该标的物提交给公证机构，由公证机构转交给债权人的做法。从提存之日起，对债务人即视为已经清偿债务，提存标的物及其风险责任同时转归债权人。

公证机构办理提存公证，要遵循以下程序：首先，由提存人向合同履行地的公证机构提交提存申请书。其次，公证机构对提存人的提存申请进行审查，不予受理的，申请人可以复议一次；公证机构受理的，则验收提存标的物并登记存档，并向提存人出具提存证书。最后，公证机构应以通知书或公告方式通知债权人在确定的期限内领取提存标的物。[①] 债权人领取提存标的物，须提供身份证明和有关债权的证明，并承担因提存所支出的费用（包括公告费、保管代管费、提存标的物拍卖费等）。

七、出具执行证书

2000 年，最高人民法院、司法部发布了《关于公证机构赋予强制执行效力的债权文书执行有关问题的联合通知》，该通知第四条规定："债务人不履行或不完全履行公证机关赋予强制执行效力的债权文书的，债权人可以向原公证机关申请执行证书。"第七条规定："债权人凭原公证书及执行证书可以向有管辖权的人民法院申请执行。"由此可见，要通过法院执行程序执行具有强制执行效力的债权文书必须有执行证书。

《公证程序规则》第五十五条第一款规定："债务人不履行或者不适当履行经公证的具有强制执行效力的债权文书的，公证机构应当对履约情况进行核实后，依照有关规定出具执行证书。"第二款规定："债务人履约、公证机构核实、当事人就债权债务达成新的协议等涉及强制执行的情况，承办公证员应当制作工作记录附卷。"第三款规定："执行证书应当载明申请人、被申请执行人、申请执行标的和申请执行的期限。债务人已经履行的部分，应当在申请执行标的中予以扣除。因债务人不履行或者不适当履行而发生的违约金、滞纳金、利息等，可以应债权人的要求列入申请执行标的。"

出具执行证书后，公证机构应当告知有执行管辖权的人民法院。

八、公证调解

公证调解，是指公证机关根据当事人的申请，针对经过公证的事项在履行过程中发生的纠纷，根据法律和事实，对双方当事人进行说服教育、劝导协调，促使当事人之间和解，消除纠纷的活动。[②]《公证程序规则》第五十六条规定："经公证的事项在履行过程中发生争议的，出具公证书的公证机构可以应当事人的请求进行调解。经调解后当事人达成新的协议并申请公证的，公证机构可以办理公证；调解不成的，公证机构应当告知当事人就该争议依法向人民法院提起民事诉讼或者向仲裁机构申请仲裁。"

由于公证机构还具有对债权文书赋予强制执行效力的职能，纠纷主体在公证机构的主持下达成调解协议后，新协议如属于给付货币、物品为内容，经征询或当事人继续请求公证机构在新调解协议上赋予强制执行的效力，或者将公证机构赋予这种效力作为调解书生效的条件，债务人有到期不履行义务愿受强制执行的意思表示

---

① 陈洪发．浅议提存公证．中国公证，2004（2）．

② 江晓亮．公证员入门．法律出版社，2003：101．

时，公证机构可在证明新协议书的公证书上载明“本公证书具有强制执行效力”。因而公证调解具有制度化的成熟条件，需要立法者对之进行制度化设置。

公证调解特别程序具有如下特点：（1）公证调解的对象是经过公证的事项在履行过程中发生的纠纷。公证调解具有牵连性和嗣后性的特点，决定了公证之前公证员不宜主动进行调解。（2）公证调解基于当事人的主动申请而启动，当事人有权自行决定是否起诉，公证调解只有在双方都具备调解的合意时才能够展开，这不同于公证申请的单方性。（3）如果当事人双方能够达成新的协议，公证机构应记录予以再行公证。符合强制执行条件的，公证机构还应当出具强制执行公证书。[①]

九、公证复查特别规定

（一）公证复查程序的概念

公证复查，是指当事人、公证事项的利害关系人认为公证书有错误并提出复查申请时，公证机构通过对公证书的内容、办证程序等进行再次审查，以确认公证书是否正确，如发现错误及时解决的一种公证救济方式。[②]《公证法》第三十九条规定：“当事人、公证事项的利害关系人认为公证书有错误的，可以向出具该公证书的公证机构提出复查。公证书的内容违法或者与事实不符的，公证机构应当撤销该公证书并予以公告，该公证书自始无效；公证书有其他错误的，公证机构应当予以更正。”根据《公证程序规则》第六十一条的规定：“当事人认为公证书有错误的，可以在收到公证书之日起一年内，向出具该公证书的公证机构提出复查。……复查申请应当以书面形式提出，载明申请人认为公证书存在的错误及其理由，提出撤销或者更正公证书的具体要求，并提供相关证明材料。”公证机构收到申请后，应当指派原承办公证员之外的公证员进行复查。复查结论及处理意见，应当报公证机构负责人审批。

（二）公证复查程序的内容

根据《公证程序规则》第六十三条第一款的规定：“公证机构进行复查，应当对申请人提出的公证书的错误及其理由进行审查、核实，区别不同情况，按照以下规定予以处理：

（一）公证书的内容合法、正确、办理程序无误的，作出维持公证书的处理决定；

（二）公证书内容合法、正确，仅证词表述或者格式不当的，应当收回公证书，更正后重新发给当事人；不能收回的，另行出具补正公证书；

（三）公证书的基本内容违法或者与事实不符的，应当作出撤销公证书的处理

① 张文章．公证制度新论．厦门大学出版社，2008：123.

② 石景光．专家释法之公民与公证法．新华出版社，2010：141.

决定；

（四）公证书的部分内容违法或者与事实不符的，可以出具补正公证书，撤销对违法或者与事实不符部分的证明内容；也可以收回公证书，对违法或者与事实不符的部分进行删除、更正后，重新发给当事人；

（五）公证书的内容合法、正确，但在办理过程中有违反程序规定的、缺乏必要手续的情形，应当补办缺漏的程序和手续；无法补办或者严重违反公证程序的，应当撤销公证书。”

在复查决定内容之后，应当交代：公证当事人、公证事项的利害关系人对公证机构作出的撤销或者不予撤销公证书的复查决定有异议的，可以向地方公证协会投诉。当事人、公证事项的利害关人对公证书涉及的实体权利义务的内容有争议的，公证机构应告知其可以就该争议向人民法院提起民事诉讼。

（三）公证复查程序中的文书处理

1. 司法行政机关的复查决定书应当送达复查方。

2. 被撤销的公证书应当收回，并予以公告，该公证书自始无效；不能收回的，应当公告撤销。被撤销的公证书应当报地方公证协会备案。

3. 对已经发往域外使用的公证书的撤销或更正，按司法部的有关规定备案。

4. 复查材料应由复查机关立卷归档，复查决定书应存入原公证卷内一份。

（四）公证机构自行复查

公证机构发现本机构出具的公证书有错误时，可以自行复查。其具体做法是：

1. 公证书内容合法、正确，但证词表述或者格式不当的，主动收回公证书，作出修正后重新发给当事人；不能收回的，另行制发补充公证书。

2. 公证书内容不真实，或者是不合法，或是违背社会公共利益的，应当将该公证书予以撤销。

3. 对违反办证程序的，应当补办必要的手续；严重违反公证程序，又无法补正的，应当将该项公证书撤销。

第二十章　涉外公证

一、涉外公证的概念与原则

（一）涉外公证的概念

涉外公证，是指公证事项的当事人、证明对象或公证文书的使用地等因素中至少有一个以上涉外因素的公证事项。《公证法》第四十五条规定：“中华人民共和国驻外使（领）馆可以依照本法的规定或者中华人民共和国缔结或者参加的国际条约的规定，办理公证。”第三十三条规定：“公证书需要在国外使用，使用国要求先认证的，应当经中华人民共和国外交部或者外交部授权的机构和有关国家驻中华人民共和国使（领）馆认证。”这里主要指涉外公证。涉外公证文书主要发往域外使用，是国际交往中不可或缺的重要工具和法律武器，对发展对外民事、经济交往，保护国家利益和公民、法人的合法权益具有重要意义。虽然我国的公证业务曾一度荒芜，但涉外公证业务一直没有停过。

涉外公证具有以下特点：（1）当事人多数是外国自然人、外国法人、外国组织、无国籍人、华侨、侨眷，或者准备出国的公民，或有涉外往来事务的国家机关、企事业法人单位和社会团体；（2）要由司法部批准的具有办理涉外公证业务资格的公证机构办理，或由我国驻外使（领）馆办理；（3）涉外公证书要根据使用国和公证当事人的要求，附相应的外文译文，并依照规定或约定办理外交认证手续；（4）公证书通常要发往域外使用，并在域外发生法律效力，即在域外具有与本国内相同的法律证明力；（5）适用法律较为复杂，既要符合我国法律，遵守国际条约和国际惯例，又不能违反使用国法律；否则，将影响公证书效力的实现，当事人的合法权益也就难以得到承认和保护。由此可见，涉外公证涉及面广，办证难度高，要求严，各级公证机关只有严格、认真地办理涉外公证，才能满足社会的需要。

涉外公证业务与国内公证业务是我国公证活动的两个组成部分，两者有很多共同之处①：

1. 都是由国家公证机构代表国家行使职权，两者具有相同的法律效力；
2. 都是根据当事人的申请和依照法律的规定进行的证明活动；

① 肖胜喜．律师与公证制度教程．中国政法大学出版社，1996：423.

3. 公证的内容都是确认法律行为、具有法律意义的文书或事实的真实性和合法性；

4. 办证程序上除特殊规定外基本相同。

由于涉外公证具有涉外因素，二者又有很大不同：

1. 申请公证的当事人身份不同。涉外公证的申请人范围更广，多数是外国自然人、外国法人、外国组织、无国籍人、华侨、华眷，或者准备出国的公民，或有涉外往来事务的国家机关、企事业法人单位和社会团体；国内公证的申请人局限于我国公民。

2. 申请地不同。涉外公证既可以在我国国内申请，也可以从境外申请。国内公证申请地点局限于我国境内。

3. 办理公证的资格要求不同。涉外公证要求更高，一般由司法部批准的具有办理涉外公证业务资格的公证机构和经考试合格的涉外公证员办理。

4. 使用地不同。涉外公证书使用范围更宽，通常要发往域外使用，并在域外发生法律效力，即在域外具有与本国内相同的法律证明力。国内公证书只在我国国内使用并发生法律效力。

5. 公证书用纸不同。涉外公证要用司法部统一发放的水印纸，国内公证没有这个要求。

值得注意的是，随着“入世”之后对于涉外公证的大量需求，我国也放宽了对办理涉外公证业务的审批手续。根据《行政许可法》和《国务院关于第三批取消和调整行政审批项目的决定》（国发〔2004〕16号文件）的规定：涉外公证处和公证员办理涉外公证业务不再需要审批，因此依法设立的公证处和取得公证执业证书的公证员均可办理涉外公证。

（二）涉外公证的原则

1. 坚持国家主权原则。主权是一个国家独立自主地处理对内对外事务的最高权力，是国家的根本属性。[①] 国家主权原则是国际关系中最基本最重要的原则，这就要求公证员在办理公证事项时应严格依照我国法律，准确适用相应的对外政策，坚决拒绝办理有损我国形象和有违我国法律规定和公序良俗的公证事项。

2. 独立自主办证原则。公证机关代表国家行使公证证明权，公证活动不受任何单位、组织和个人的非法干涉，这是国家授予公证机关的权利，所以公证机关处理涉外公证业务时必须坚持独立自主办证原则，独立、自主地开展公证活动。

3. 真实、合法原则。真实、合法原则，公证的最基本原则，是公证的生命。所谓真实，是指公证的事项必须是实际存在的，而不是虚假的。通过直观或人证、物证为公证人确认无误，而且事项的内容与公证证明的内容相符。[②] 为确保公证的

① 王铁崖．国际法．法律出版社，1981：87.

② 梁淑英．中国涉外公证制度．政法论坛（中国政法大学学报），1997（6）：93.

内容真实，公证员对当事人提供的证明材料应作必要的调查确认。《公证法》第二十八条规定："公证机构办理公证，应当根据不同公证事项的办证规则，分别审查下列事项：……（四）申请公证的事项是否真实、合法。"第三十一条规定："有下列情形之一，公证机构不予办理公证：……（七）申请公证的事项不真实、不合法的……"所谓合法，一是指公证的法律行为，有法律意义的事实和文书不仅客观存在，而且在内容、形式及取得方式上均符合国家的法律和规章，不得损害我国的社会公共利益和政府权益；二是公证机构必须按照我国法律规定的程序办理公证事务。[①]《公证法》第二十八条规定："公证机构办理公证，应当根据不同公证事项的办证规则，分别审查下列事项：……（三）提供的证明材料是否真实、合法、充分；……"发生在我国境外的事实和法律行为真实性难以确认，公证机关原则上应拒绝办理公证。对于部分当事人的要求，如按公证书使用国规定的格式、语言出具公证书，在不损害我国国家主权、真实、合法的原则下，可适当照顾其要求。

4. 保密原则。保守执业秘密是公证员的义务。涉外公证中往往会知悉较多当事人的个人隐私或者商业秘密，甚至是国家秘密，为了保护当事人的合法权益和国家利益不被侵犯，公证员必须严格遵守保密原则，不得泄露在执业活动中知悉的国家秘密、商业秘密或者当事人的个人隐私。《公证法》第二十三条规定："公证员不得有下列行为：……（八）泄露在执业活动中知悉的国家秘密、商业秘密或者个人隐私……"

二、涉外公证的申请

在国内，办理涉外公证的机关是全国地方依法设立的公证机构。在国外，则依据中国于 1979 年 7 月 3 日加入的《维也纳领事关系公约》第五条第六款的规定，由我国驻外国的使（领）馆办理。

涉外公证由当事人提出公证申请，当事人可根据具体情况通过以下途径向我国公证机构，或我国驻外国的使（领）馆提出申请：

1. 委托国内代理人申办民事公证事项。此时，代理人应持委托人从国外寄来的委托书信（含电传、电报）到公证机构申办，该委托书信（含电报、电传）无须办理公证。

2. 向我国驻外使（领）馆提出公证申请或委托，再通过司法部有关部门转到公证机构。此类公证申请书或委托书无须办理公证。

3. 外国人通过其本国驻华使馆转我国司法部有关部门，再转到公证机构申办。此类公证申请或委托书也无须办理公证。

① 梁淑英. 中国涉外公证制度. 政法论坛（中国政法大学学报），1997（6）：93.

三、涉外公证的分类

根据涉外公证的申请人和使用范围不同，涉外公证主要分为涉外民事公证和涉外经济公证。

1. 涉外民事公证。涉外民事公证，当事人、证明对象或公证书使用地等因素中至少有一个或一个以上因素涉及国外的民事公证。我国建立公证制度之初，一些大城市及沿海地区的公证处就开办了涉外民事公证业务。目前，涉外民事公证既是我国公证机关开办最早的公证业务，也是占涉外公证业务总量比例最大的公证事项。以北京市中信公证处为例，2017 年北京市中信公证处共办理涉外民事公证 43000 余件，涉外经济公证 3200 余件。① 随着我国与世界各国的民间交流的不断深入，涉外民事公证的范围不断扩大，地位和作用日益重要，在我国与外国形成良好的互信互利关系中起到了不可替代的作用。

涉外民事公证的业务范围主要包括：（1）身份关系类公证：如亲属关系；（2）婚姻家庭关系类公证：如收养、婚姻状况；（3）财产分割、转让及委托公证；（4）证明人生存、死亡、失踪；（5）遗产继承、遗嘱；（6）文本上的签名、印鉴、日期、文本的副本、声明、影印本与原本相符等。

2. 涉外经济公证。涉外经济公证，是指当事人、证明对象或公证书使用地等因素中至少含有一个或一个以上涉外因素的经济公证。涉外经济公证一般为公民或法人开展经济交流或业务往来应对方或对方所在国有关政府机关的要求，由国内当事人申请发往国外使用的公证事项。自 1980 年起，北京市及一些沿海地区的公证处开办了涉外经济公证业务。近年来，涉外经济公证日益多元化，在对外经贸活动中发挥着重要作用。涉外经济公证应依我国法律、我国参与的有关条约及国际商业惯例，在不违背我国公序良俗的情况下予以办理。

涉外经济公证的业务范围主要包括：章程、法人或其他组织的营业执照、股东会决议、董事会决议、法人或其他组织的委托、声明、资信情况、银行保函、商标注册证书、专利证书、证据保全等。

四、涉外公证的域外效力

涉外公证文书的域外效力，是指由一国的公证机关依法出具的公证文书在域外具有与本国内相同的法律证明力的效力。这是公证文书效力及作用在空间意义上的法律延伸。根据国际惯例及有关国际条约规定，一国的公证文书经过使用国外交机构确认或认可后，在该国具有与本国公证文书相同的法律效力。也就是说，公证文书在域外也具有法律效力，在国际上得到广泛的承认，是进行国际间民事、经济交

① 数据引自北京市西城区人民政府官网《北京市中信公证处 2017 年度工作报告》. http：//www. bjxch. gov. cn/xxgk/xxxq/pnidpv794859. html.

往不可或缺的法律文书。

公证文书具有域外效力是由公证制度的性质和公证文书的特点决定的。公证书是证明法律行为、有法律意义的事实和文书的真实性、合法性的可靠的司法证明文书。这种可靠性、通用性，使公证文书得到广泛承认，不仅在国内使用，而且被广泛地运用在国际交往中。

五、涉外公证的意义与作用

目前，我国已与世界上170多个主权国家建立了外交关系，我国与这些国家的民间交流和商业往来日益频繁，在涉外关系中建立起相互间的信任机制是交往的重中之重，而公证在建立双方的互信机制中有重要的意义和作用。

首先，涉外公证可以使涉外交往的各方当事人增加透明度和可信度，帮助双方建立起良好的互信关系，促进民间和商业的交流，推动双边的经济发展。其次，有利于保护双方当事人的合法权益。由于交流的双方处于不同的国家，各国的法律差别很大，如果没有充分了解对方的法律，很容易产生国际纠纷，不利于两国和两国人民的交往。因此，公证机构因其公证第三方的身份，在涉外民商事纠纷的解决上以其特有的公信力和证明力为维护双方的权益起到不可替代的作用。

关于涉外公证的作用，主要体现在以下几个方面：（1）证明作用和沟通作用。涉外公证具有很强的证明力。在涉外交往中，涉外公证具有很强的证明力。由于各国地域和法律规定不同，国际交往中相互之间对对方的情况了解较小，很多文件在办理国具有法律效力，但没有经过公证或者是在其他没有加入国际公约的国家使用就没有法律效力了。国外的有关机关只认公证机关出具的公证书，此时，当事人在国内的法律行为和事实取得有法律意义的文书就得到了被认可的证明，有利于国际交往中相互之间的沟通，有效避免了不同地域交往的障碍。（2）预防和处理纠纷作用。国际社会中各国各领域的交往会出现各种矛盾。涉外公证文书是一种证据，可直接用于域外的司法程序，也可以降低解决纠纷的成本。公证处是第三方公证，在解决涉外民、商事矛盾中有着其他机构无法替代的作用。

第二十一章　涉我国港澳台地区公证

第一节　涉我国港澳地区公证

一、涉我国港澳地区公证的概念和特点

(一) 涉我国港澳地区公证的概念

涉我国港澳地区公证，是指公证机关办理的当事人、关系人之一是我国香港、澳门地区同胞，或公证文书将发往我国香港、澳门地区使用的公证事务。[①] 狭义的涉我国港澳地区公证仅限公证书将发往我国香港、澳门地区使用的公证事务。简言之，就是指含有我国港澳地区因素的公证证明活动。

(二) 涉我国港澳地区公证的特点

香港、澳门自古以来是我国领土不可分割的一部分。由于历史和政治原因，香港、澳门长期沦为英国和葡萄牙的殖民地，随着我国改革开放政策的实施和经济实力的增强，中英有关香港问题联合声明、中葡有关澳门问题联合声明的签署和政治解决方案的实施，中国政府于 1997 年 7 月 1 日恢复对香港行使主权，成立香港特别行政区；中国政府于 1999 年 12 月 20 日恢复对澳门行使主权，成立澳门特别行政区。由于特殊的历史和时代背景，内地与港、澳之间虽同为一国领域，但三地之间存在法律差异，香港、澳门与内地实行不同的政治、经济和法律制度，涉我国港澳地区公证具有特殊性，它既不同于普通国内公证，也不同于涉外公证。主要表现在：

1. 涉我国港澳地区公证在适用法律上，既要符合我国内地法律，又不能违反港澳法律；反之亦然。

2. 公证书和有关证明材料须经司法部委托的香港律师、澳门律师或澳门机构证明，并由中国法律服务公司确认、转递等。

---

① 张文章．公证制度新论．厦门大学出版社，2008：261.

3. 部分发往我国香港、澳门地区的公证文书要办理认证手续，如用于涉港继承的公证书。

4. 办理涉我国港澳地区公证的公证机构和公证员须具有涉外资格。

5. 公证书用纸须使用公证专用水印纸，并加盖钢印。

6. 公证书可根据当事人要求附英文、葡萄牙文译文。

7. 公证书的编号按国内业务统一编号方式编号。

二、委托公证人制度

（一）委托公证人制度的产生与概念

委托公证人制度始建于 1981 年，1981 年以前，香港居民回内地处理有关法律事务，只能通过内地驻港机构（如华润公司、中国旅行社）和香港当地社团组织（如中华总商会、港九工会联合会等）办理相关证明文件。20 世纪 80 年代初，国内实行改革开放，香港与内地联系日益紧密。大量的港商到内地从事投资、经商活动，许多香港同胞到内地探亲、定居、领养子女或结婚，但内地有关部门无法了解香港当事人的真实情况。此外，工商登记机关也需要了解在内地进行商业活动或投资的香港企业的商业登记记录等，但内地与香港在公证制度上差异很大。为解决这一问题，司法部经中央有关部门同意，建立“中国委托公证人制度”。司法部通过当时中国政府的代表机构新华社香港分社（现称中央人民政府驻香港特别行政区联络办公室）统战部（现称直辖市部）与香港律师接触，并于 1981 年委托 8 名对中国事务较有认知的律师负责为香港居民办理回内地处理法律事务的证明文书，这 8 名律师就是首批中国委托公证人。1997 年中国政府恢复对香港行使主权后，该制度继续实行。1981 年建立中国委托公证人制度以来，司法部已委托了 12 批共计 247 名中国委托公证人（香港）。[①] 1999 年澳门回归祖国后，为了加强内地与澳门特别行政区之间的贸易与投资合作，2006 年 2 月 8 日司法部首次委托澳门律师共 5 人为委托公证人，至此委托公证人制度在澳门也得以成功建立。2018 年司法部委任第二批共 12 名澳门律师为中国委托公证人（澳门）。[②]

（二）委托公证人出具的公证书效力

《最高人民法院、司法部关于涉港公证文书效力问题的通知》中规定：“在办理涉港案件中，对于发生在香港地区的有法律意义的事件和文书，均应要求当事人提交上述委托公证人出具并经司法部中国法律服务（香港）有限公司审核加章转递的公证证明；对委托公证人以外的其他机构、人员出具的或未经审核加章转递程序的证明文书，应视为不具有《中华人民共和国民事诉讼法》中规定的公证文书

① 数据引自司法部中国政府法制信息网. http://www.moj.gov.cn/goverment.public/content/2019-07/16/tzwj-322.

② 数据引自司法部中国政府法制信息网.

的证明效力和执行效力，也不具有《中华人民共和国担保法》第四十三条规定的对抗第三人的效力，所涉及的行为不受法律保护。”根据该规定，中国委托公证人所出具的到内地使用的公证文书，须经国务院司法行政部门在香港设立的中国法律服务（香港）有限公司审核加章转递，确认使用。凡未经该公司审核并加章转递的公证文书，均不具有证明效力。

澳门自 2006 年 2 月起开始实施委托公证人制度，发生在澳门地区的有法律意义的事件和文书，当事人须提交委托公证人出具并经司法部中国法律服务（澳门）有限公司审核加章转递的公证证明。对委托公证人以外的其他机构、人员出具的或未经审核加章程序的证明文书，视为不具有《民事诉讼法》规定的对抗第三人的效力，所涉及的行为不受法律保护，即由司法部任命的澳门委托公证人出具公证文书，必须经中国法律服务（澳门）有限公司审核加章转递，才具有法律效力并在内地使用。

第二节　涉我国台湾地区公证

一、涉我国台湾地区公证的概念和特点

涉我国台湾地区公证，是指公证机构办理的当事人、关系人之一是我国台湾同胞，或公证文书将发往我国台湾地区使用的公证事项。狭义的涉台公证，仅指公证书在我国台湾地区使用的公证事务。简言之，就是指含台因素的公证证明活动。

涉我国台湾地区公证具有以下特点：

（1）涉我国台湾地区公证在适用法律上，既要符合我国大陆法律，又要考虑我国台湾地区的特殊情况和相关规定。（2）我国台湾地区当事人在我国台湾地区所作的意思表示、提供的有关材料，应经我国台湾地区公证机关公证。大陆公证机关在审核的基础上可以采证。（3）办证程序上比照涉我国港澳地区公证办理，但也有些特殊规定，如办理涉我国台湾地区公证可由省、自治区、直辖市的司法厅（局）指定；发往我国台湾地区的公证文书要上报有关司法行政机关审核。（4）办理涉我国台湾地区公证的公证机构和公证员还需省、自治区、直辖市司法行政部门的特别授权。（5）办证时实行三优先原则，即优先受理、优先调查、优质服务。（6）对反共、反社会主义、分裂祖国等反动内容的材料，公证机关将拒绝公证或拒绝采证。（7）回大陆的台胞申办公证的，由其原籍或临时户口所在地，或不动产所在地指定的公证处管辖。

二、海峡两岸公证书使用查证制度

台湾是我国领土不可分割的有机组成部分。由于历史和政治的原因，台湾至今

未能与大陆统一。由于大陆与台湾地区关系的特殊性，涉台公证具有很强的政策性。自1949年起，大陆与台湾地区长期隔绝。台湾地区在1987年解严，同年年底开放民众赴大陆探亲，两岸民众接触增多，交往日益频繁，两岸的公证书开始由当事人分别带往两地交流使用，两岸文书验证需求产生。两岸人民交往的客观需求，为大陆公证机关拓展业务的内涵和外延提供了机遇，涉台公证开始产生和拓展。为进一步促进海峡两岸的民事、经济交往，解决两岸公证书的使用查证问题，防止错假公证书引发不良后果，确保涉台公证书的真实、可靠，1993年4月，海峡两岸第一次"汪辜会谈"于新加坡举行，签署了《两岸公证书使用查证协议》并于同年5月29日生效实施。双方同意通过相互寄送公证书副本，以正、副本比对的方式确认公证书的真伪，并对有问题的公证书进行查证，从而建立了海峡两岸公证书使用查证制度。1993年4月29日，司法部印发《海峡两岸公证书使用查证协议实施办法》，对《两岸公证书使用查证协议》的内容进行确认，协议的执行主体是中国公证协会和各省、自治区、直辖市公证协会与台湾海峡交流基金会。其中，中国公证协会和各省、自治区、直辖市公证协会负责大陆发往台湾地区的公证书副本的寄送和查证，并对台湾海峡交流基金会寄来的台湾公证书副本进行比对、查证。台湾海峡交流基金会于1990年11月正式成立。该机构具体负责发往台湾使用的大陆公证书的核验、查证，以及台湾发往大陆使用的公证书副本的寄送、查证工作。

至此，两岸公证文书的使用查证有了合法可行的双向管道，对促进两岸人员交往、经济和文化合作、司法协作，乃至公证事业的发展，都发挥着重大的促进作用。诚如连战先生所说："海峡两岸尽管在意识形态上存有差距，唯两岸都应确切了解双方不可能、也不应该长期隔绝和长期对抗。这次会谈已经建立两岸制度化互动的管道，唯有在诚意与善意的交会之下，中国统一的进程才可能有发展，也才会有意义。"涉台公证正在为国家的统一搭桥铺路，作出默默无闻的贡献。

第二十二章 领事认证制度

一、领事认证制度概述

涉外公证书的外交认证，又称领事认证。按照国际惯例，除文书使用国另有规定或两国签有互免认证协议外，凡是对外使用的公证文书，一般都应当办理认证。根据《领事认证办法》第三条的规定，领事认证是指领事认证机构根据自然人、法人或者其他组织的申请，对国内涉外公证书，其他证明文书或者国外有关文书的最后一个印鉴、签名的真实性予以确认的活动。认证与公证的不同之处在于认证机关只负责审查公证书上最后一个公证或认证机构的签名和印鉴是否属实，对该公证文书的内容无须审查，对文书内容不负责任。文书内容是否真实，则由出文机关负责审查，而是否符合文书使用国法律，由接受机关负责审查。《公证法》第三十三条规定："公证书需要在国外使用，使用国要求先认证的，应当经中华人民共和国外交部或者外交部授权的机构和有关国家驻中华人民共和国使（领）馆认证。"领事认证能使一国出具的公证书或有关文书在另一国境内被有关当局所承认且具有法律效力，不致因怀疑文书上的签名或印章是否属实而影响文书的法律效力。

我国发往外国使用的公证文书须经该国驻我国的使、领馆认证后，方可在域外使用，少数国家，如日本、美国、英国、澳大利亚、新西兰、加拿大等国单方面免除我国发往上述国家使用的部分类别证书的领事认证，领事认证分为国内文书的领事认证和国外文书的领事认证，外交部和外交部委托的地方人民政府外事部门负责办理国内文书的领事认证，驻外使（领）馆，以及外交部委托的其他驻外机构负责办理国外文书的领事认证。

二、领事认证的机构和领事认证人员

我国《公证法》第三十三条规定："公证书需要在国外使用，使用国要求先认证的，应当经中华人民共和国外交部或者外交部授权的机构和有关国家驻中华人民共和国使（领）馆认证。"

（一）领事认证机构

根据《领事认证办法》的规定，领事认证机构，是指依照本办法办理领事认证的机构，包括外交部、外交部委托的地方人民政府外事部门（以下称地方外办）和驻外使馆、领馆以及外交部委托的其他驻外机构。

（二）领事认证人员

领事认证人员包括领事认证签署人员和领事认证协助人员。领事认证签署人员负责审核、签署工作。领事认证协助人员负责受理、制证、收费等事务性工作。

外交部和驻外使馆、领馆以及外交部委托的其他驻外机构的领事认证签署人员应当为随员及以上外交职务或者领事随员及以上领事职务。地方外办的领事认证签署人员应当为主任科员及以上职务。

领事认证签署人员应当具有3年以上外交或者外事工作经历，具备领事认证签署工作所需的专业知识和能力，并参加外交部组织的相应培训。驻外使馆、领馆以及外交部委托的其他驻外机构和地方外办的领事认证签署人员应当报外交部备案，特殊情况应当报外交部批准。

领事认证人员不得实施下列行为：1. 为本人及其近亲属办理领事认证或者办理与本人及其近亲属有利害关系的领事认证；2. 未按规定程序出具领事认证书；3. 故意毁损、篡改领事认证书或者领事认证档案；4. 侵占、盗窃领事认证防伪纸张、印章等专用物品；5. 利用办理领事认证的职务便利索取财物，或者牟取其他不正当利益；6. 其他法律、行政法规禁止的行为。

三、领事认证的程序

2015年发布的《领事认证办法》第三章对领事认证的程序作了专章规定。国内出具的需送往国外使用的文书，文书使用国要求领事认证的，经国内公证机构公证或者证明机构证明后，应当送外交部或者地方外办办理领事认证，方可送文书使用国驻华使馆或者领事机构办理认证，中国缔结或者参加的国际条约或者外交部另有规定的除外。国外出具的需送至国内使用的文书，中国法律法规规定或者文书使用机构要求认证的，经文书出具国有关机构公证、认证后，应当由中国驻该国使馆、领馆或者外交部委托的其他驻外机构办理领事认证，中国缔结或者参加的国际条约或者外交部另有规定的除外。

当事人申请办理领事认证，应当提交以下材料：（一）合法有效的身份证件；（二）填写真实、完整、准确的申请表；（三）申请领事认证的文书；（四）领事认证机构认为需要提交的其他材料。领事认证机构可以根据需要向申请人核实申办领事认证的目的和领事认证书的用途等情况，必要时可以要求申请人提交相关证明材料。领事认证机构经过审查，认为申请办理领事认证的文书、手续或者其他材料不齐全的，应当一次性告知申请人需要履行的手续和补充的证明材料。

认证事项有下列情形之一的，领事认证机构不予办理领事认证：（一）文书的印鉴、签名不属实的；（二）文书的印鉴、签名未进行备案，或者与备案不相符的；（三）文书的印鉴、签名、装订、时效等不符合文书出具机构、文书使用机构规定和要求的；（四）可能损害国家利益和社会公共利益的；（五）不予办理领事认证的其他情形。

申请人提交的办理领事认证的文书在两页及以上的，应当采用火漆加封、加盖骑缝章或者加盖钢印等不易被拆换的方式进行装订。

领事认证机构经过审查，认为申请领事认证的文书符合要求的，应当自受理申请之日起10个工作日内出具领事认证书。因不可抗力、补充证明材料或者需要核实有关情况的，所需时间不计算在前款规定的期限内。

参考文献

[1] 陈树安，等．中国公证实务．中国发展出版社，1998.

[2] 崔淑萍．办公证200问．江苏人民出版社，1998.

[3] 段伟，李全息．公证人职责研究．法律出版社，2016.

[4] 何静．合同公证的理论与实务．人民法院出版社，2001.

[5] 胡云腾，孙佑海．最高人民法院审理涉公证民事案件司法解释与适用．人民法院出版社，2014.

[6] 江晓亮，等．公证实务指南．中国社会科学出版社，1993.

[7] 江晓亮．公证员入门．法律出版社，2003.

[8] 刘广炬．涉外及涉港澳台民事公证实务．天津人民出版社，2007.

[9] 马宏俊．公证法学．北京大学出版社，2013.

[10] 马宏俊，郑小川．民事公证的理论与实务．人民法院出版社，2001.

[11] 王公义，等．中国公证制度改革研究及国家比较．法律出版社，2006.

[12] 王胜明，段正坤．中华人民共和国公证法释义．法律出版社，2005.

[13] 石景光．专家释法之公民与公证法．新华出版社，2010.

[14] 肖胜喜．律师与公证制度教程．中国政法大学出版社，1996.

[15] 杨荣元．公证制度基本理论．厦门大学出版社，2007.

[16] 叶青，黄群．中国公证制度研究．上海社会科学院出版社，2004.

[17] 叶自强．现代公证制度应用研究．中国民主法制出版社，1996.

[18] 张文章．公证制度新论．厦门大学出版社，2008.

[19] 张云柱．现代公证法学．新华出版社，2001.

[20] 巴玺维．日本公证制度对我国的启示与借鉴．人民论坛，2011 (8).

[21] 白世宏．如何完善我国公证法律责任制度．中国公证，2007 (4).

[22] 陈洪发．浅议提存公证．中国公证，2004 (2).

[23] 程翔. 英、美、德、法四国公证制度述评．司法改革论评，2007 (2).

[24] 范国祥. 台湾地区的公证制度．中国公证，2011 (11).

[25] 姜红．海峡两岸公证书使用查证的比较分析．经济研究导刊，2011 (11).

[26] 梁淑英. 中国涉外公证制度. 政法论坛 (中国政法大学学报), 1997 (6).

[27] 李建新. 浅谈公证法律责任. 现代物业 (中旬刊), 2013 (2).

[28] 李勇. 论公证制度职能重构:“基本保障”和“专业服务”. 中国公证, 2015 (9).

[29] 汤维建. 关于公证权性质的若干思考. 司法改革论评, 2007 (2).

[30] 陶钧. 论涉外公证制度在国际交往中的作用. 法制博览, 2013 (11).

[31] 王宇. 下半年开展公证服务秩序公证质量大检查. 法制日报, 2005 (3).

[32] 魏裕平. 浅谈公证法律责任. 法制论坛, 2013 (9).

[33] 吴翠丹. 私权自治——美国公证制度的显著特征. 中国公证, 2005 (8).

[34] 杨翔. 公证正在失去平衡——论《公证法》的影响及公证制度的若干问题. 湘潭大学学报, 2008 (3).

[35] 曾海燕. 探索香港的委托公证人制度. 衡阳通讯, 2007 (8).

[36] 周绍波. 公证民事赔偿责任浅析. 法制与社会, 2011 (11).

[37] 周志扬. 公证机构设置的改革思路辨识. 中国司法, 2005 (10).

[38] 庄春英. 公证机构设置问题 (之一) ——公证机构设置的组织形式. 中国公证, 2005 (5).

[39] 庄春英. 我国公证制度发展与完善探析. 中国司法, 2014 (7).

[40] 郑云鹏. 台湾民间公证新制的简介与现状. 中国公证, 2004 (1).

[41] 全国人大法工委编.《中华人民共和国公证法》释义. 法律出版社, 2005.

[42] 李虎. 德国公证制度概览. 中国公证, 2007 (1).

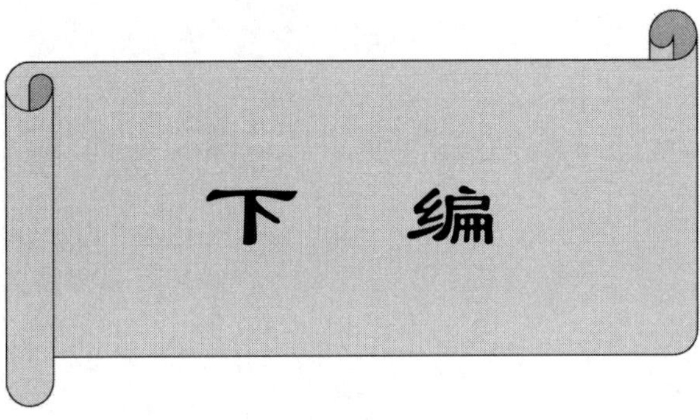
下　编

第二十三章　仲裁制度概述

第一节　仲裁的概念和主要特征

一、仲裁的概念

仲裁（Arbitration）在西方有着悠久的历史传统，现代仲裁始于十六七世纪欧洲一些国家和地区，其最初目的在于解决一些专业领域内的纠纷，如海事、海商纠纷。在多年实践基础之上，仲裁逐步实现制度化，1889 年英国正式制定《仲裁法》，在国家层面承认仲裁制度，随后欧洲各国陆续建立本国的仲裁制度。[①] 在我国，“仲裁”一词从字面上理解，“仲”表示地位居中的意思，“裁”表示衡量、决断之义。按照《现代汉语词典》的解释，仲裁是指“争执双方同意的第三者对争执事项做出决定”。[②] 仲裁作为一个法律概念，虽然我国《仲裁法》没有对其作出定义，在理论中对仲裁的概念也有不同的解释，但总体而言对仲裁制度的基本认识是一致的，即仲裁是指发生争议的当事人，根据其在争议发生前或争议发生后所达成的仲裁协议，自愿将该争议提交中立的第三方进行裁判的纠纷解决制度或方式。[③]

仲裁有广义和狭义之分，狭义的仲裁仅指民商事仲裁，广义的仲裁除民商事仲裁外，还包括国际法上争议的仲裁、劳动纠纷仲裁和农业承包合同纠纷仲裁。本书仲裁采用狭义之定义，如无专门说明本书所指仲裁即民商事仲裁。

仲裁制度是一种主要的替代性纠纷解决方式（ADR），在我国民商事纠纷解决体系中居于十分重要的地位。我国仲裁制度发展较早，20 世纪 50 年代当时的政务院决定在中国国际贸易促进委员会内设立对外贸易仲裁委员会并制定《中国国际贸易促进委员会对外贸易仲裁委员会仲裁程序暂行规则》，其后国务院进一步决定增设海事仲裁委员会并制定《中国国际贸易促进委员会海事仲裁委员会仲裁程序

① 翟光辉．仲裁——解决经济纠纷的有效方式．中国物资经济，1996（6）：40.

② 现代汉语词典（第 5 版）．商务印书馆，2005：1769.

③ 江伟，肖建国．仲裁法（第 3 版）．中国人民大学出版社，2016：11.

暂行规则》，自此我国涉外仲裁机构得以确立。1983 年国务院颁布《经济合同仲裁条例》，在工商行政管理部门内设立经济合同仲裁机构，确立了国内经济合同仲裁制度。① 为适应现代民商事仲裁制度的需求和保障我国的经济发展，1994 年全国人大常委会制定并通过《仲裁法》，并于 1995 年 9 月 1 日起施行，我国目前的仲裁制度得以最终成形。随着近 20 年我国经济的迅速发展，民商事仲裁已经成为除诉讼外最重要的民商事纠纷解决方式，为我国经济发展提供了有力的支持。

二、仲裁的主要特征

作为一种解决民商事纠纷的专业方式，仲裁既不同于司法、行政途径，也不同于人民调解委员会等调解方式，和当事人的自行和解也有明显的区别。仲裁具有以下特征：

（一）自治性

自治性也被称为自愿性，仲裁的自治性是仲裁制度最为重要、最为明显的特征。仲裁以双方当事人的自愿为前提，即双方当事人之间的纠纷是否提交仲裁，交予哪个仲裁机构仲裁、仲裁庭如何组成、由谁组成，以及仲裁的审理方式、开庭形式等，都是在当事人自愿的基础上，由双方当事人协商确定的。可见，仲裁是最能够充分体现当事人意思自治原则的一种争议解决方式。

综合来看，当事人意思自治在现代仲裁制度当中主要表现在以下三个方面：第一，当事人订立的仲裁协议具有法律效力，受国家法律保护。第二，仲裁协议中的内容和仲裁立法、仲裁规则中的非强制性相比，特别是和推定性、任意性规定相比，在适用时具有优先效力。第三，当事人意思自治原则具有相对性，只要不超越和不违反法律的强制性规定，一般均为有效。

（二）专业性

专业性是仲裁的突出特点和优势，仲裁的专业性主要表现为由仲裁员组成的仲裁庭的专业性。根据我国《仲裁法》第十三条的规定，出任仲裁员需要达到比较高的要求，如必须从事律师或法官工作满 8 年，或者从事法律研究、教学工作并具有高级职称，或者具有法律知识并从事经济贸易等专业工作，具有高级职称或同等专业水平。因此，仲裁的专业性首先体现为仲裁员所具有的法律专业水平和能力。仲裁程序的进行和案件的裁判都会涉及各种各样的法律问题，仲裁的过程是仲裁庭将法律适用到案件审理和裁决的过程。因此，由具有一定法律专业资格的人担任仲裁员是专业性的重要保障。其次仲裁的专业性体现为仲裁员所具有的与仲裁案件事实相关的专业水平和能力。民商事纠纷往往涉及特殊的知识领域，如金融、互联网、海事海商等，仲裁过程中会遇到一些比较复杂的专业问题，由专业人员仲裁更

① 袁忠民．仲裁在我国的发展演化成因及今后的规范．法学，1992（7）：43.

能体现仲裁的权威性。因此，由具有一定专业水平和能力的专家担任仲裁员。对当事人之间的纠纷进行裁决，是仲裁专业性的重要保障。

（三）高效性

高效性是仲裁相对民事诉讼的一大特征，表现为：

1. 当事人的自愿性为仲裁的快捷、高效提供了前提条件。当事人可以根据个案的需要自主选择仲裁程序甚至约定仲裁程序，避免一些不必要的程序设计，提高了仲裁的效率。

2. 或裁或审、一裁终局制度保障了仲裁的高效性。双方当事人对发生的争议选择争议解决途径，通过仲裁方式或者通过诉讼方式其中一种方式解决。如果当事人达成了仲裁协议，当发生纠纷时任何一方当事人就不能就该争议向人民法院提起诉讼，只能根据仲裁协议向仲裁机构申请仲裁。仲裁裁决一经作出即产生法律效力，当事人不得再提起诉讼或者重新申请仲裁。或裁或审和一裁终局制度减少了解决纠纷的环节，使纠纷得以迅速解决。

3. 仲裁的简易程序的适用有助于实现仲裁的快捷性。仲裁的简易程序通过由独任仲裁员组成仲裁庭、缩短各种期限，简化仲裁过程以及灵活的审理方式等制度设计，使仲裁程序更加简便易行。

（四）保密性

相对于民事诉讼案件的公开审理而言，仲裁具有保密性的特征，即仲裁不公开进行。仲裁员对任何一方当事人以及仲裁参与人负有对仲裁所涉文件、仲裁审理过程等的保密义务。仲裁的保密性主要体现在两个方面：第一，仲裁以不公开审理为原则。不公开审理，即仲裁程序不对社会公开，仲裁审理不允许民众旁听和新闻媒体采访报道。《仲裁法》第四十条规定："仲裁不公开进行。当事人协议公开的，可以公开进行，但涉及国家秘密的除外。"第二，仲裁员、任何一方当事人及仲裁参与人负有仲裁保密义务，不得将仲裁文件、案件实体情况及审理过程对外披露，甚至连生效的仲裁裁决也不对外公开，社会公众无法查阅。

（五）经济性

仲裁的经济性主要表现在两个方面：第一，仲裁实行一裁终局，不存在上诉问题，无须多审级收费，从取得生效裁判的全过程来看，仲裁费用往往低于诉讼费用；第二，仲裁的保密性使当事人在仲裁过程中众多信息无须对外公开，特别是商业秘密受到保护。对当事人今后的商业机会影响较小，机会成本远低于诉讼。

（六）独立性

仲裁的独立性指仲裁独立于其他行政机关、社会团体和个人，依法独立进行。仲裁独立性的核心在于仲裁是一种独立的纠纷解决方式，仲裁与民事诉讼一样，能够独立地、终局性地解决纠纷，是与民事诉讼相并列的纠纷解决方式。

仲裁的独立性还表现为仲裁机构的独立与仲裁庭的独立。仲裁机构独立于行政机关，与行政机关没有隶属关系；仲裁机构彼此之间也没有隶属关系。仲裁庭的独立，是指在仲裁过程中仲裁庭独立进行仲裁，不受任何机关、社会团体和个人的干涉，亦不受仲裁机构和仲裁机构工作人员的干涉。仲裁庭是实际进行仲裁的主体，对仲裁案件具有独立的审理权和裁决权，仲裁庭的独立性是案件公正裁决的基础。因此，仲裁委员会以及其他行政机关、社会团体和个人不得以任何理由和借口对仲裁庭的仲裁活动进行干预。要特别注意的是，虽然法律赋予法院对仲裁的司法监督权，但法院的监督属于事后监督和合法性监督，法院无权干预仲裁庭对案件的审理和裁决。

（七）准司法性

仲裁的准司法性最突出的表现是生效的仲裁裁决可以申请人民法院予以强制执行，这是仲裁区别于人民调解和当事人和解的最大特征。此外，仲裁的准司法性还表现为以下几个方面：第一，在仲裁进行过程中，当事人和其他仲裁参与人必须服从仲裁机构和仲裁庭的指挥与组织；第二，在仲裁过程中，可以得到民事诉讼一定的支持和配合，如仲裁过程中可以申请人民法院进行财产保全、证据保全和行为保全；第三，仲裁的准司法性还表现为仲裁受到司法监督，当事人有权申请撤销仲裁裁决或不予执行仲裁裁决，但仲裁裁决在没有被依法撤销或不予执行前，具有当然的法律效力和强制性。

第二节　仲裁的性质和主要分类

一、仲裁的性质

关于仲裁的性质在理论上一直存在争议，产生了不同的观点。总括起来，对仲裁的性质，主要有以下几种观点：

（一）司法权论

该学说认为，仲裁权是一种国家司法权力，仲裁庭行使仲裁权——这种带有裁判性质的权力——其实质是国家司法权力的让予。因此，当事人把纠纷提交仲裁解决时，仲裁员取得了类似于职业法官的地位，仲裁裁决因此具有和法院裁判相同的法律效力。该学说提出了仲裁与国家权力之间的关系，但夸大了两者之间的关联性，没有对仲裁的民间性、自愿性等特征给予充分关注，强调仲裁权对国家权力的附属性，不利于仲裁权社会属性的彰显，不利于仲裁事业自身的充分发展，过分强调这种学说容易将仲裁定位为司法诉讼的补充。

（二）契约论

仲裁的契约理论认为，仲裁裁决是一种契约，具有契约的属性和特征，即仲裁是基于双方当事人之间的协议而发生的，仲裁程序也是根据当事人在仲裁协议当中的约定来确定的，仲裁庭所作出的仲裁裁决就是履行当事人之间所订立的关于解决纠纷的协议的结果而已。这种理论之所以强调仲裁的契约性，是因为其认为仲裁员的权力不是来自法律的规定，而是来自当事人之间的协议。

仲裁具有契约性的观点与仲裁的司法权观点相对抗，它否认国家对仲裁的影响，否认仲裁权来源于国家法律或司法机构的授权，也否认司法权对仲裁的影响。该学说认为，仲裁的本质是根据当事人的意志设立的，法律只是对当事人协议的补充，对仲裁程序的规范。因此，仲裁权的唯一来源是当事人的协议，当事人授权仲裁庭对他们之间的争议进行裁决，所以仲裁员实质上是当事人的“代理人”，仲裁裁决相当于代理人代表当事人订立的一种协议。仲裁庭之所以能行使仲裁权，当事人之所以能够服从仲裁权，履行仲裁裁决，正是由于当事人之间，以及当事人与仲裁庭之间存在的契约的约束。

这种观点是对当事人自治权的肯定，但同时忽视和否定了法院对介入仲裁和对仲裁进行司法监督的必要性，从我国目前仲裁事业的发展阶段来看不利于确保仲裁的公正性。

（三）混合论

针对前述仲裁司法权理论和契约理论两者明显的缺点，有学者提出混合论的观点，该理论认为仲裁起源于私人契约，仲裁员的人选和支配仲裁程序的规则确定，主要取决于当事人之间的协议。但是，仲裁不能超越所有的法律体系，实际上总是存在一些能够确定仲裁协议的效力和裁决可执行性的法律。因此，仲裁契约和司法因素是相互关联和不可分割的，仲裁是一种混合性的特殊的司法制度，它既来自当事人之间的协议，又从民事法律中获取司法上的效力。

根据这一理论，仲裁具有混合性。一方面，仲裁庭的权限取决于当事人之间的协议；另一方面，仲裁庭在裁决纠纷的过程中要遵守仲裁地国家的法律，它不能逾越任何一种法律制度。也就是说，仲裁既有司法权的属性，也有契约的属性，是当事人的意愿与仲裁地法律的一种协调。但是在司法性与契约性的协调上，该理论主张，仲裁应在仲裁地法律允许的范围内，按照双方当事人的协议进行。只有在当事人没有明示的情况下，仲裁庭才可以直接根据仲裁地法律的规则进行。如果仲裁裁决违反法院地的公共政策，或者仲裁审理的事项属于国家法院的专属管辖范围之内，法院则有权拒绝执行仲裁裁决。①

有学者认为这一理论极具代表性，在仲裁理论中占有较大的优势。该理论所承认的仲裁与仲裁地国家法律之间的关系，以及仲裁在法律许可情况下受当事人意志支配的观点，即对仲裁双重性质的肯定，是对仲裁理论的重要突破。②

---

① 乔欣．比较商事仲裁．法律出版社，2004：10.

② 江伟，肖建国．仲裁法（第3版）．中国人民大学出版社，2016：16.

（四）自治论

这一理论认为，不能把仲裁决然分为司法的或契约的，仲裁也不是一种混合制度。仲裁制度是一种独创的制度，它摆脱了契约和司法权的观念，因此是一种超国家的自治体系。①

仲裁的自治理论是从一个全新的角度审视仲裁，强调仲裁的自治与独立，承认当事人具有控制仲裁的绝对自由，肯定当事人无限的意思自治。仲裁协议和仲裁裁决所具有的强制性，不是基于契约的约束，也不是司法权的让与，而是解决争议的实际需要。因此，当事人的授权对仲裁权具有决定意义，当事人可以自由选择适用于仲裁的法律，无论是实体法还是程序法。如果当事人没有明示可适用的法律，仲裁员有权根据特定案件的具体情况，适用他们认为适当的法律与规则。从当事人的角度来看，这实际上也是当事人的一种授权形式，即默示授权；从仲裁庭的角度看，它是仲裁庭自由裁量权的体现。②

（五）综合论

该理论认为，仲裁制度赖以建立的基础是当事人的自由意志，因为是否将纠纷提交仲裁、提交哪个仲裁机构仲裁、仲裁庭应当如何组成、以何种仲裁规则进行仲裁，甚至适用哪些规范进行实体裁判，都可以由当事人自行约定，而不需要国家或他人的干预。至于国家法律赋予仲裁协议和仲裁裁决的强制效力，只不过是国家出于其利益和秩序的考虑，对当事人这种意志的确认、尊重和支持，只要这种自由意志本身是合法有效的。因此，与其将仲裁的性质简单地理解为司法性、契约性或自治性，不如全面地将其视为兼具契约性、自治性、民间性和准司法性于一体的一种争议解决方式。③

除上述五种主要的理论外，对仲裁的性质还有准司法权说、仲裁行政性说和仲裁民间性说等理论。④

二、仲裁的主要分类

根据不同的标准，在理论和实践中对仲裁可以进行不同的分类。不同类型的仲裁对于当事人如何正确选择仲裁规则、适用实体法律规范等内容均有重大意义，因此仲裁的分类不但具有重要的理论作用，更有现实的实践利益。

（一）机构仲裁和临时仲裁

以仲裁机构的组织形式为标准，即基于当事人是否在常设的专门仲裁机构进行仲裁，可以将仲裁划分为机构仲裁和临时仲裁。

---

① 韩健．现代国际商事仲裁法的理论与实践．法律出版社，2000：40.

② 江伟，肖建国．仲裁法（第3版）．中国人民大学出版社，2016：16.

③ 黄进，宋连斌，徐进权．仲裁法学（第3版）．中国政法大学出版社，2007：12.

④ 江伟，肖建国．仲裁法（第3版）．中国人民大学出版社，2016：16-18.

机构仲裁，是指当事人协商一致选择常设性的仲裁机构解决其民商事争议的仲裁，即由某一常设的仲裁机构通过约定或按照固定的仲裁规则来管理和进行仲裁程序。在这种仲裁方式中，有固定的仲裁地点、组织章程、仲裁规则、仲裁员名册以及完备的办事机构和管理制度。机构仲裁拥有一套经过实践检验的成文的仲裁规则，为当事人提供了公开的、可以预见的仲裁机制。另外，机构仲裁还具备管理和监督的功能，一些仲裁机构还对仲裁程序是否正常进行，以及仲裁裁决书的格式进行严格的审查，为当事人提供了一定的组织保障。机构仲裁虽然出现晚于临时仲裁，但随着仲裁制度的不断发展，机构仲裁已经成为当今世界上最主要的仲裁方式，我国《仲裁法》当中所承认的仲裁方式也以机构仲裁为主，临时仲裁的方式在我国仲裁实践当中仍未被接受。

临时仲裁，是指不由任何已设立的仲裁机构进行程序管理，而是由当事人双方将他们之间的争议提交给他们选定的仲裁员，根据他们自己设计或选定的仲裁规则，仲裁员进行审理并作出裁决的商事仲裁。临时仲裁是仲裁制度的原始形态，在现代固定的仲裁机构出现之前，临时仲裁是唯一的仲裁方式。它不依赖于任何常设的仲裁机构和仲裁组织，仲裁庭的组成人员由双方当事人协商确定，在仲裁裁决作出后，临时仲裁庭的使命也就随之终结，继而宣告解散。虽然现代仲裁中机构仲裁已经迅速发展起来，并且成为应用最为普遍的一种仲裁方式，但是从大多数国家的仲裁立法来看，临时仲裁作为仲裁制度在初始阶段的一种形态，目前仍然被广泛地接受和采纳，并在民商事争议的解决中发挥着不可或缺的作用，在国外临时仲裁和机构仲裁都被国家法律所承认。

(二) 依法仲裁和友好仲裁

根据作出仲裁裁决所依据的实体规则的不同，可以将仲裁分为依法仲裁和友好仲裁。

依法仲裁，是指在民商事仲裁中，仲裁庭必须依据一定的实体法律规范对当事人之间的纠纷进行裁决。依法进行仲裁，是世界各国普遍使用的仲裁方式。依这种方式进行仲裁，必须有明确的法律依据，必须严格遵守由法律认可的仲裁规则所确定的仲裁程序。因此，当事人对仲裁程序及仲裁结果具有预见性，仲裁裁决也易被双方当事人接受并得到自觉履行。在仲裁实践中，不论是国内仲裁还是涉外仲裁，机构仲裁还是临时仲裁，其裁决的依据通常都是实体法律规范。

友好仲裁，亦称友谊仲裁或依原则仲裁，是指依据双方当事人的授权，仲裁庭不以严格的法律规范为依据，而是以其所认为的公平的标准作出对当事人具有约束力的裁决。这种公平的标准包括自然公正的原则、商业惯例、公序良俗的精神等。尽管友好仲裁具有很大程度的灵活性，但是友好仲裁必须以双方当事人的授权为前提，必须遵循仲裁地的公共政策和法律强制性规定。另外，由于仲裁员是根据他们所理解的公正、公平原则进行仲裁，所以仲裁裁决不可避免地带有一定的主观倾向性。为此，一些国家排除或限制这种方式适用。我国目前在仲裁的立法和实践中并没有确立友好仲裁制度。《仲裁法》第七条规定："仲裁应当根据事实，符合法律规定，公平合理地解决纠纷。"虽然《仲裁法》提到"公平合理"原则，但并不能理解为我国承认友好仲裁制度。此处的"公平合理"地解决纠纷是指在法律无规定或规定不明确的情况下，仲裁庭按照公平合理的原则解决纠纷，而非在有法律明文规定但严格地适用法律会导致不公平结果的情况下，经当事人明确授权而依公平善意原则进行仲裁。①

（三）国内仲裁和涉外仲裁

根据仲裁当事人、所发生纠纷提交仲裁的法律关系等要素是否具有涉外因素，仲裁可以划分为国内仲裁和涉外仲裁。

国内仲裁，是指本国仲裁机构对不具有涉外因素的国内民商事纠纷的仲裁，即基于一国公民、法人或其他组织之间以及其相互之间在本国内发生的纠纷，由该国仲裁机构进行的仲裁。例如，广州仲裁委员会受理的当事人双方均为中国公民或法人并发生于国内的合同纠纷仲裁，即国内仲裁。

涉外仲裁，是指涉及外国或外法域的民商事纠纷的仲裁，即基于公民、法人或其他组织之间，以及其相互之间在涉外经济贸易、运输和海事活动中发生的纠纷而进行的仲裁。例如，中国国际经济贸易仲裁委员会受理的当事人一方是中国公司，另一方是外国公司的仲裁，或者双方当事人均为中国公司，但法律关系发生、变更或者消灭于外国的仲裁，即涉外仲裁。此外要注意的是，涉及我国香港、澳门和台湾地区的仲裁案件，即当一方当事人是香港地区，或者澳门地区，或者台湾地区的自然人、法人或者其他组织时，与民事诉讼类似该仲裁案件准用涉外仲裁的规定。

第三节　仲裁与相关制度的关系

一、仲裁与行政仲裁

在我国被冠以"仲裁"称谓的纠纷解决方式，除《仲裁法》规定的民商事仲裁以外，还包括劳动仲裁、人事仲裁和土地仲裁等仲裁方式，这些仲裁可以被统称为行政仲裁。《仲裁法》所规定的仲裁与行政仲裁有本质的区别，仲裁带有民间性、自治性、社会性等特征。仲裁委员会属于非政府性质的社团法人，仲裁程序是一种"准司法"程序；与之相比，行政仲裁带有官方性，行政仲裁委员会是国家授权依照有关法律规定由各级人民政府设立的代表国家行使行政仲裁权的机构，行政仲裁程序本质上属于行政程序。② 除性质不同以外，仲裁和行政仲裁还有以下

① 郭玉军．国际商事仲裁中的友好仲裁问题．武汉大学学报，1999（6）．

② 谢石松．商事仲裁法学．高等教育出版社，2003：10．

区别：

第一，案件受理范围不同。仲裁面对的是民商事领域，包括合同纠纷和其他财产权益纠纷，只要是平等主体间的民商事财产纠纷一般都可以采用仲裁方式解决；行政仲裁的受案范围由法律直接规定，劳动仲裁解决劳动争议，人事仲裁解决人事纠纷等。

第二，管辖权的取得不同。仲裁机构取得管辖权的依据在于当事人所达成的仲裁协议；而行政仲裁机构取得管辖权的方式在于法律的具体规定，具有强制性和排他性，如劳动争议在诉讼前必须先经劳动仲裁程序，而仲裁和民事诉讼的关系则是或裁或审的关系。

第三，法律对仲裁程序的规定程度不同。《仲裁法》对仲裁程序只是作了原则性规定，具体的仲裁程序由仲裁机构自行规定，同时也在一定程度上允许当事人自行约定；但行政程序由法律直接作出严格的规定。

第四，仲裁裁决的法律效力不同。由仲裁庭依法作出的裁决一裁终局，一经作出即告生效，不能上诉也不能就同一纠纷向人民法院再次提出起诉；行政仲裁往往不具有终局效力，如劳动仲裁，当事人对劳动仲裁裁决不服的，可以向人民法院起诉。

综上可见，《仲裁法》所规定的仲裁指的是民商事仲裁，与其他法律当中规定的行政仲裁有本质区别。

二、仲裁与民事诉讼

仲裁与民事诉讼一同作为民商事纠纷解决的主要方式，彼此之间关系密切，既有相似之处亦有明显的区别，两者相互支持共同实现纠纷的多元化解决。

（一）仲裁与民事诉讼的相同点

作为民商事纠纷的解决方式，仲裁和民事诉讼具有许多相同之处。这些相同之处主要表现在以下几个方面：

1. 仲裁与民事诉讼都是民事程序的重要组成部分。民事程序，是指解决民商事关系中权利义务的形式、规则和方法。民事程序体系由民事诉讼、仲裁、公证和人民调解等具体程序组成。仲裁和民事诉讼都是用以解决特定纠纷的方式，共同构成民事程序的重要组成部分。

2. 仲裁与民事诉讼解决的纠纷性质相同。根据《仲裁法》的规定，平等主体的公民、法人和其他组织之间发生的合同纠纷和其他财产权益纠纷，可以仲裁。我国《民事诉讼法》规定，人民法院受理公民之间、法人之间、其他组织之间以及他们相互之间因财产关系和人身关系提起的民事诉讼。因此，仲裁和民事诉讼都是解决平等主体的当事人之间的纠纷，对当事人之间发生的合同纠纷和其他财产权益纠纷，当事人既可以选择仲裁的方式解决，也可以通过诉讼的途径主张权利。

3. 仲裁与民事诉讼都是由第三方居中进行裁判。仲裁庭是行使仲裁权，以仲裁方式解决纠纷的机构；法院是行使审判权，通过民事诉讼程序解决纠纷的机构。仲裁庭和法院都是以公正为原则的纠纷解决机构，它们的权力和职责都是法律规定的，在行使权力的过程中，也必须遵循法定程序，对当事人之间的纠纷在事实上加以认定，在法律上加以裁决，从而解决纠纷。

（二）仲裁与民事诉讼的区别

仲裁与民事诉讼均属于民事程序的范畴，有许多共同之处。但它们毕竟是两种不同的纠纷解决方式，具有不同的特点，这就决定了仲裁与民事诉讼存在差异性，它们之间的区别主要体现在以下几个方面：

1. 仲裁与民事诉讼的性质不同。仲裁是争议的双方当事人通过达成仲裁协议自愿将纠纷提交仲裁机构予以解决的制度，因此具有民间性和司法性的混合性质。仲裁庭并不是代表国家行使纠纷解决的权力，而是以中立的第三者的身份对所发生的纠纷进行裁决。民事诉讼是一国司法制度的重要组成部分，是由代表国家的法院通过行使审判权对当事人之间所发生的纠纷进行裁判，因此民事诉讼是具有司法性质的纠纷解决方式。

2. 仲裁委员会与法院的性质不同。根据《仲裁法》的规定，仲裁委员会是民间性质的组织，不按行政区划层层设立，仲裁委员会与行政机构没有隶属关系。因此，仲裁机构是民间机构。这就决定了在机构仲裁制度下实际作出仲裁的主体，即仲裁庭的性质也是民间性。法院是国家的司法审判机构，其是通过行使国家宪法赋予的民事审判权、执行权来解决当事人之间的纠纷，实现当事人的合法权利。

3. 案件管辖权的依据不同。仲裁机构受理仲裁案件的管辖权来自双方当事人的授权，即当事人之间只有签订了合法、有效的仲裁协议，才能通过仲裁方式解决纠纷。因此，仲裁案件的管辖权建立在双方当事人达成的仲裁协议的基础上。法院对民事案件的管辖来源于《宪法》所规定的审判机构的地位，人民法院可以依据法律规定取得案件的管辖权。

4. 仲裁与民事诉讼的具体程序不同。在仲裁程序中，当事人可以选择所适用的程序规则和对具体程序进行约定。仲裁程序一般不公开开庭审理，其可以开庭审理，也可以经当事人授权后书面进行审理。具体的审理程序相对简单易行，具有快捷性的特点。而且仲裁实行一裁终局制，不服仲裁裁决时，当事人不能上诉，也不能请求其他仲裁机构重新仲裁。在民事诉讼程序中，诉讼程序只能依据《民事诉讼法》的规定严格进行，而不能由当事人选择。以公开审理为原则，不公开审理为例外，一审程序中审理必须开庭进行。当事人对一审裁判不服的，可以提出上诉；对生效裁判不服的，甚至还可以申请再审。

第四节 仲裁法

一、仲裁法的定义

仲裁法是国家制定或认可的，规范仲裁法律关系主体的行为和调整仲裁法律关系的法律规范的总称。仲裁法规定了仲裁的适用范围、仲裁的基本原则和制度、仲裁机构的设立和地位、仲裁庭的组成和仲裁程序的进行、仲裁主体在仲裁中的权利和义务以及仲裁裁决的效力和执行等内容。

仲裁法有广义和狭义之分。狭义的仲裁法，即仲裁法典，是关于仲裁的专门法律。我国于 2017 年 9 月 1 日经第十二届全国人民代表大会常务委员会第二十九次会议第二次修正后的《仲裁法》，即狭义的仲裁法。广义的仲裁法除指仲裁法典外，还包括所有涉及仲裁制度法律中的相关法律规范，通常涉及以下内容：

第一，民事诉讼法典中的相关规定。例如，我国《民事诉讼法》第二十章执行的申请和移送、第二十六章仲裁和第二十七章司法协助中都有涉及仲裁的相关规定。

第二，民商事实体法和其他法律规范中有关仲裁的规定。

第三，被国家认可的国际条约或公约。迄今为止，影响最广泛的是 1958 年在联合国主持下订立的《承认及执行外国仲裁裁决公约》，即《纽约公约》。我国于 1986 年 12 月 2 日加入该公约，1987 年 4 月 22 日该公约对我国生效。此外，我国加入的涉及仲裁的国际公约还有 1965 年的《关于解决国家和他国国民之间投资争端公约》，即《华盛顿公约》。

第四，有关仲裁的司法解释。有关仲裁的司法解释，主要是我国最高人民法院为使仲裁法及相关法律能够得到正确实施，所作出的规定和解释。多年来，为了贯彻实施我国参加的有关仲裁的国际公约或条约，以及已颁布实施的仲裁法，最高人民法院作出了诸多司法解释和规范性文件。主要包括：《关于执行我国加入的〈承认及执行外国仲裁裁决公约〉的通知》《最高人民法院关于内地与香港特别行政区相互执行仲裁裁决的安排》《最高人民法院关于内地与澳门特别行政区相互认可和执行仲裁裁决的安排》《最高人民法院关于认可和执行台湾地区仲裁裁决的规定》，等等。

二、我国《仲裁法》的特点

1995 年 9 月 1 日《仲裁法》的实施，确立了协议仲裁、或裁或审、一裁终局的仲裁制度。《仲裁法》的颁布实施标志着我国仲裁制度发展迈入新的阶段。

我国现行《仲裁法》由 8 章 80 个条款组成，规定了总则、仲裁委员会和仲裁协会、仲裁协议、仲裁程序、申请撤销裁决、执行、涉外仲裁的特别规定和附则等内容。《仲裁法》是我国规范仲裁法律关系主体的行为和调整仲裁法律关系的基本规范，其内容有以下特点：

（一）机构仲裁

根据我国《仲裁法》及其司法解释的规定，当事人订立仲裁协议时，应当选定具体的仲裁委员会，对仲裁委员会没有约定或者约定不明确的，可以补充协议，如果达不成补充协议，又无法推定出具体的仲裁机构的，仲裁协议无效。这表明，在我国只能采取机构仲裁的方式，而不能进行临时仲裁。

（二）对涉外仲裁进行特别规定

基于涉外仲裁自身的特点，《仲裁法》以专章对涉外仲裁的特定事项作出了有别于国内仲裁的特别规定。包括涉外仲裁机构的设立、仲裁员资格、采取保全措施的法院、涉外仲裁裁决的撤销、不予执行等。

（三）仲裁和调解相结合

我国《仲裁法》明确规定，仲裁庭在作出裁决前，可以先行调解。当事人自愿调解的，仲裁庭应当调解。调解不成的，仲裁庭应当及时作出裁决。调解达成协议的，仲裁庭应当制作调解书或者根据协议的结果制作裁决书。调解书与裁决书具有同等的法律效力。这表明我国的仲裁程序和国外仲裁程序存在一定区别，仲裁和调解程序的有机结合是我国仲裁的显著特点。

三、我国《仲裁法》规定的仲裁范围

根据《仲裁法》第二条的规定，我国仲裁机构可以仲裁的纠纷限于“平等主体的公民、法人和其他组织之间发生的合同纠纷和其他财产权益纠纷”。《仲裁法》第三条、第七十七条以列举的方式规定了不能适用仲裁的纠纷，包括：婚姻、收养、监护、扶养、继承纠纷；依法应当由行政机关处理的行政争议，劳动争议和农业集体经济组织内部的农业承包合同纠纷。可见，我国可仲裁的纠纷首先应当是发生在平等主体间的民商事纠纷，其次还应局限于财产性纠纷而不能包括人身关系纠纷，此外能够仲裁的纠纷还不能与其他法律强制性规定相冲突。

四、我国《仲裁法》的基本原则

根据我国《仲裁法》的规定，《仲裁法》的基本原则包括：

（一）自愿原则

仲裁最本质的特征，即尊重当事人的意愿，遵循意思自治原则。自愿原则既是这一本质的反映，也是仲裁这一纠纷解决方式的特点。自愿原则贯穿仲裁程序的始终，是仲裁制度的根本原则，是仲裁制度存在和发展的基础。《仲裁法》的自愿原则主要体现在以下几个方面：

1. 当事人自主决定是否将他们之间的争议提交仲裁。我国《仲裁法》第四条规定："当事人采用仲裁方式解决纠纷，应当双方自愿，达成仲裁协议。没有仲裁协议，一方申请仲裁的，仲裁委员会不予受理。"双方当事人自愿以仲裁方式解决纠纷是启动仲裁程序的必要前提。这是自愿原则最重要的体现。

2. 当事人双方选定提交仲裁的仲裁委员会。《仲裁法》第六条规定："仲裁委员会应当由当事人协议选定。仲裁不实行级别管辖和地域管辖。"根据这条规定，当事人可以任选共同信任并且对于纠纷处理比较方便的仲裁委员会进行仲裁，而不受地域因素、争议金额大小或案件难易程度、影响大小等因素影响。

3. 当事人自主决定仲裁庭的组成形式和成员。《仲裁法》第三十条规定："仲裁庭可以由三名仲裁员或者一名仲裁员组成。由三名仲裁员组成的，设首席仲裁员。"第三十一条规定："当事人约定由三名仲裁员组成仲裁庭的，应当各自选定或者各自委托仲裁委员会主任指定一名仲裁员，第三名仲裁员由当事人共同选定或者共同委托仲裁委员会主任指定。第三名仲裁员是首席仲裁员。当事人约定由一名仲裁员成立仲裁庭的，应当由当事人共同选定或者共同委托仲裁委员会主任指定仲裁员。"在仲裁中，当事人有权约定仲裁庭的组成形式，有权选定仲裁员，这是仲裁制度和诉讼制度相比的优势和显著区别。

4. 当事人双方约定提交仲裁的争议事项。我国《仲裁法》第十六条、第十八条等规定，当事人对提交仲裁的争议事项应当在仲裁协议中明确约定，仲裁协议没有约定或约定不明确的，当事人可予以补充约定，即当事人双方可以协商确定仲裁事项的范围。仲裁机构必须在当事人约定的争议事项范围内作出裁决，超出范围的仲裁裁决，当事人可以申请法院撤销裁决或不予执行裁决。

5. 当事人双方可以约定有关审理方式、开庭形式等程序性事项。我国《仲裁法》第三十九条、第四十条、第四十四条、第五十四条等规定，当事人双方可以自主约定有关审理方式、开庭形式等程序性事项。例如，当事人可以自愿决定是否开庭审理，当事人协议不开庭的，仲裁庭可以根据书面材料对案件进行书面审理，作出裁决。当事人可以自愿确定案件是否公开进行审理，当事人协议公开的，可以公开进行，但涉及国家秘密的除外。仲裁在程序性事项上所具有的灵活性，体现了仲裁制度对当事人意愿的尊重。

自愿原则体现了仲裁制度的本质，贯穿于当事人进行仲裁的全过程。我国仲裁法的自愿原则不但尊重了当事人的真实意愿，而且有利于纠纷的迅速解决，体现了仲裁制度灵活性的特点。此外，仲裁法上的许多具体制度如协议仲裁制度、仲裁员的选任制度等都是以自愿原则为基础制定的。

（二）根据事实，符合法律规定，公平合理解决纠纷原则

我国《仲裁法》第七条规定："仲裁应当根据事实，符合法律规定，公平合理地解决纠纷。"我国《仲裁法》第七条的规定确立了我国以依法仲裁为主，兼吸收依原则仲裁长处的仲裁法原则。其具体内容体现在以下几个方面：

第一，以事实为依据，以法律为准绳是我国的司法原则，仲裁作为国家法律认可的具有司法因素的纠纷解决方式，自然也遵循这一原则。仲裁应当以事实为依据，是指仲裁庭应以客观事实为依据，在当事人举证、质证的基础上，通过对证据的审查判断查清事实，并作出仲裁裁决。仲裁以法律为准绳，是指仲裁庭在查清事实的基础上，应当依照现行法律的规定确定双方当事人的权利义务关系。符合法律规定，首先，要符合实体法的规定；其次，必须符合仲裁程序法的规定，依法进行仲裁活动，维护当事人的程序性权利，保障仲裁程序的顺利进行。根据事实，符合法律规定是我国实行依法仲裁的依据。

第二，仲裁庭应当依照公平合理的原则解决纠纷。公平合理是解决纠纷的一般性原则，对仲裁而言尤其重要。在友好仲裁中，公平合理原则甚至是仲裁庭作出仲裁裁决的唯一依据。将公平合理解决纠纷作为仲裁法原则不仅符合仲裁法的本质，而且与国际商事仲裁的发展趋势相一致。

（三）独立仲裁原则

独立仲裁原则是仲裁法的重要原则，是保障仲裁公正性的前提。独立有两层含义：一是仲裁机构在设置上独立；二是仲裁庭在审理案件时独立。我国《仲裁法》第八条规定：“仲裁依法独立进行，不受行政机关、社会团体和个人的干涉。”第十四条规定：“仲裁委员会独立于行政机关，与行政机关没有隶属关系。仲裁委员会之间也没有隶属关系。”独立仲裁原则的内容体现在以下几个方面：

1. 仲裁与行政脱钩。仲裁与行政脱钩是独立仲裁原则的核心内容。在我国，仲裁的行政色彩主要体现为仲裁与行政存在极其密切的联系。仲裁机构隶属于行政机构，仲裁员由行政人员担任，仲裁员被赋予一种行政管理权，仲裁手段、职能也带有鲜明的行政特点，使仲裁实际上是一种行政裁断。1995 年制定《仲裁法》时，依据仲裁的本质属性，参考国际惯例，确立了独立仲裁原则，明确规定仲裁独立进行，不受行政机关的干涉，使仲裁与行政脱钩，仲裁机构与行政机构不再具有隶属关系，仲裁员不再是承担管理职能的行政人员，这为独立、公正地进行仲裁提供了前提条件。

2. 仲裁委员会之间没有隶属关系。仲裁机构要摆脱行政干预和行政的属性，真正做到独立仲裁，就必须保证仲裁机构之间没有与行政属性相同或相类似的上下级关系，使每个仲裁机构具有独立性，即仲裁委员会之间相互独立，没有高低之分，没有上下级之别，各自依据法律，独立仲裁案件。

3. 仲裁庭独立裁决案件。仲裁庭是行使仲裁权的主体，对仲裁案件具有独立的审理权和裁决权，仲裁庭的独立性是案件公正裁决的基础。因此，仲裁委员会以及其他行政机关、社会团体和个人不得以任何理由对仲裁庭独立仲裁进行干预。

五、我国仲裁法的基本制度

仲裁法基本制度，是指在仲裁活动中，约束仲裁组织、双方当事人及其他仲裁参与人的基本行为规范。和基本原则相比，仲裁法基本制度具有具体性、阶段性、直接适用性的特点。我国《仲裁法》所规定的基本制度有以下几项：

（一）协议仲裁制度

协议仲裁制度是我国《仲裁法》规定的仲裁自愿原则的具体体现。协议仲裁制度的核心是仲裁协议制度。该制度的主旨是通过仲裁协议体现当事人的仲裁意愿，如当事人是否通过仲裁解决纠纷，提交仲裁解决的争议事项的范围，提交哪个仲裁机构进行仲裁等都是通过仲裁协议加以确定的。没有仲裁协议对当事人意愿的展示，仲裁就失去了依据，仲裁机构无权受理案件，仲裁程序也无法启动。所以，仲裁协议是仲裁制度的灵魂，协议仲裁制度是仲裁的根本制度。

（二）或裁或审制度

或裁或审制度，是指双方当事人对所发生的争议，或者通过仲裁方式解决，或者通过诉讼方式解决的制度。我国《仲裁法》第五条规定："当事人达成仲裁协议，一方向人民法院起诉的，人民法院不予受理，但仲裁协议无效的除外。"这是我国或裁或审制度的法律依据。或裁或审制度的含义主要体现在如下两个方面：

第一，对当事人来说，或裁或审制度意味着当事人对纠纷解决方式具有选择权，即当事人达成了仲裁协议，当纠纷发生时，任何一方当事人不能就该争议向人民法院提起诉讼，而应当依据仲裁协议向仲裁机构申请仲裁。如果当事人双方未能就争议的解决方式达成一致，或者所达成的仲裁协议依照我国的法律为无效时，当事人只能就该争议通过诉讼方式解决。

第二，对仲裁机构来说，仲裁机构不能受理当事人之间没有仲裁意愿的纠纷案件。而对法院来说，人民法院不能受理当事人之间已达成仲裁协议的纠纷案件。根据我国《民事诉讼法》的规定，双方当事人达成书面仲裁协议申请仲裁，不得向人民法院起诉的，人民法院应当告知原告向仲裁机构申请仲裁。

（三）一裁终局制度

一裁终局制度，是指当事人之间的纠纷，一经仲裁庭裁决即告终结，该裁决具有终局法律效力的制度。我国《仲裁法》确立了一裁终局的法律制度。《仲裁法》第九条规定，"仲裁实行一裁终局的制度。裁决作出后，当事人就同一纠纷再申请仲裁或者向人民法院起诉的，仲裁委员会或者人民法院不予受理"。第六十二条规定："当事人应当履行裁决。一方当事人不履行的，另一方当事人可以依照民事诉讼法的有关规定向人民法院申请执行。受申请的人民法院应当执行。"可见，在一裁终局制度之下当事人之间的纠纷经仲裁庭审理和裁决后，任何一方当事人不得就同一纠纷再次向仲裁委员会申请仲裁，也不得就同一纠纷向人民法院提起诉讼。而且仲裁庭所作出的仲裁裁决与人民法院所作出的终审判决具有同等的法律效力，当事人应当履行仲裁裁决，一方当事人不履行的，另一方当事人可以依照《民事诉讼法》的有关规定向人民法院申请执行。

第二十四章　仲裁机构

第一节　仲裁机构概述

一、仲裁机构的含义和种类

（一）仲裁机构的含义

仲裁活动主要由仲裁机构完成，因此仲裁机构是仲裁制度的重要组成部分。在仲裁制度的发展史上，早期的仲裁多为民间解决纠纷的临时性行为，很少有常设的仲裁机构。所谓仲裁机构，指依法成立的，有权根据仲裁协议受理、裁决仲裁案件并管理仲裁程序的机构。在我国一般称为仲裁委员会。在民商事仲裁立法和实践中，根据处理争议的仲裁机构有无固定的办公场所和章程，仲裁机构可以分为常设仲裁机构和临时仲裁机构。在国际民商事仲裁实践中，大多数的仲裁案件一般在常设仲裁机构解决，因为常设仲裁机构有自己的仲裁规则、仲裁员和一整套完整的服务体系，能够保证仲裁程序顺利进行和仲裁裁决结果的公正性。

（二）仲裁机构的分类

如前所述，根据仲裁机构有无固定的办公场所和章程，可以将仲裁机构分为常设仲裁机构和临时仲裁机构。

1. 常设仲裁机构。19 世纪中期开始，常设仲裁机构诞生并且在国际范围内获得迅速发展，其业务范围也已涉及民商事仲裁法律关系的各个领域。常设仲裁机构是为了从整体的意义上通过仲裁的方法解决争议而设立的。一般而言，常设仲裁机构有自己的名称、财产、固定的办公场所、组织形式和组织章程，还有自己的仲裁规则和仲裁员名册，并有完善的办事机构和健全的行政管理制度，因此可以有效地组织仲裁庭，为当事人提供诸多便利。例如，一方当事人未按规定选定仲裁员时，仲裁机构一般都有权代位指定仲裁员，这有利于及时组成仲裁庭；如果当事人认为有必要，仲裁机构也可以为当事人递送文书、证据；在仲裁庭开庭时，还可以提供开庭场地、负责分配记录人员和翻译人员。有时候，临时仲裁机构也可以请求常设仲裁机构为其提供协助，如提供开庭场所，协助指定仲裁员等。我国国内的各仲裁委员会、伦敦国际仲裁院、斯德哥尔摩商会仲裁院、美国仲裁协会等，均属于这类仲裁机构。

2. 临时仲裁机构。临时仲裁机构是根据当事人之间的仲裁协议，在争议发生后由双方当事人推荐的仲裁员临时组成的，负责审理仲裁协议项下的某项特定争议，并在审理终结作出裁决后即行解散。[①] 临时仲裁机构是为了专门解决某一仲裁协议项下的争议而设立的仲裁庭，它没有固定的办公场所、章程和规则。在仲裁实践中，凡与仲裁审理有关的事项，诸如仲裁庭的组成、仲裁地点、仲裁适用的规则、仲裁适用的语言等事项，都需要由当事人在仲裁协议中作出约定。在临时仲裁中，争议双方当事人在选任仲裁员、决定仲裁程序和适用法律等方面享有充分的自由权，因此通过临时仲裁形式解决争议在国际上得到普遍认同。目前，绝大多数的国家确立了临时仲裁制度，德国、美国、法国、英国、意大利、荷兰、中国香港等多个国家和地区的仲裁制度中都规定了临时仲裁制度。

二、仲裁机构的特征

仲裁机构的特征关系到仲裁机构的法律地位。一般来说，仲裁机构大致具备以下两个显著特征，即独立性以及民间性。

（一）独立性

民商事仲裁机构的独立性对于保障民商事仲裁裁决的公正性和权威性具有至关重要的作用。所谓仲裁机构的独立性，是指仲裁机构在法律上是独立的，其独立行使仲裁职能，外界特别是行政机关、法院不能干预仲裁机构的独立运作。我国《仲裁法》第十四条明确规定："仲裁委员会独立于行政机关，与行政机关没有隶属关系。仲裁委员会之间也没有隶属关系。"可见，我国法律认可并确保民商事仲裁机构的独立性，而近几年国内仲裁委员会的发展趋势也表明，国内仲裁行业普遍认识到仲裁机构独立对仲裁事业发展的重要性。

（二）民间性

与独立性紧密相关的一点是仲裁机构的民间性，它是仲裁机构独立性的表现。仲裁机构的民间性强调仲裁机构独立于其他机关特别是独立于政府。虽然我国的仲裁机构由政府组建，但这是政府行使公共服务职能的一种体现，不是为了管理和控制仲裁机构。仲裁机构不应当是政府的组成部分，如果仲裁机构受制于行政机关，必然损害仲裁的公正性。我国《仲裁法》第十条规定，仲裁委员会由符合条件的省、自治区、直辖市的司法行政部门和商会统一组建。行政部门对仲裁委员会介入限于设立之时，而管理方面则只限于登记管理，不涉及仲裁机构的日常运作。

① 沈达明等．国际商法（下）．对外贸易教育出版社，1982：199.

三、仲裁机构的职能

由于临时仲裁机构只负责对具体某个仲裁案件的审理，作出裁决后即行解散，具有临时性的特点，其职责单一。常设仲裁机构本身不具体负责对某一仲裁案件的审理，其职能较为丰富。一般而言，常设仲裁机构的主要职能包括两个方面：一是制定仲裁规则；二是监督仲裁规则的实施。

仲裁规则是仲裁机构和仲裁当事人进行仲裁活动时所遵循的程序规则。在仲裁活动中，仲裁规则是十分重要的法律文件。仲裁规则一旦被仲裁协议的当事人采纳，则这个特定的仲裁规则就在当事人之间产生了拘束力。常设仲裁机构一般均有其专门适用的仲裁规则。仲裁规则不能违背有关国家仲裁法的强制性规定，这里的有关国家包括仲裁机构所在地国、仲裁所在地国和仲裁裁决执行地国。如果仲裁机构的仲裁规则与其所在国仲裁法冲突，其仲裁规则无效；当事人约定的仲裁规则与仲裁所在地国的仲裁法冲突，仲裁地法院有权撤销此裁决；如果当事人约定的仲裁规则与仲裁裁决执行地国的仲裁法冲突，那么该裁决执行地国的法院可以拒绝承认与执行此裁决。

在仲裁实践中，当事人选择将争议提交特定的仲裁机构，一般意味着适用该机构的仲裁规则，除非当事人另有约定。因此，理论上存在仲裁机构与仲裁规则的制定机构不一致的可能性，但是实践中，在国内仲裁领域较少出现这种情形，而涉外仲裁则有个别案件会有此状况。

仲裁规则一般有以下内容：第一，受案范围，如是否允许受理非契约性争议、是否允许同时受理国内和涉外争议等。第二，组织机构，作为机构仲裁的一个特点，各仲裁机构的规则对于仲裁程序管理者或组织机构均作了规定。机构中行使程序管理职能的人或组织各不相同。第三，仲裁程序，具体包括仲裁申请提出与审查、仲裁庭的组成和审理及裁决等内容，其中，关于如何组成仲裁庭、仲裁程序流程、仲裁保全、仲裁费用和仲裁裁决的执行等内容是仲裁程序的重点。

第二节　仲裁委员会

一、仲裁委员会的设立条件

根据《仲裁法》的规定，仲裁委员会的设立条件包括设立地条件，此外作为独立的法人组织，仲裁委员会还应当具备法人设立的一般条件和特殊条件。

（一）设立地条件

《仲裁法》第十条第一款规定：“仲裁委员会可以在直辖市和省、自治区人民政府所在地的市设立，也可以根据需要在其他设区的市设立，不按行政区划层层设立。”由此可见，乡（镇）、县（区）不能设立仲裁委员会，设区的市是设立仲裁委员会的唯一级别；非省级政府所在地的设区的市设立仲裁委员会的条件比省级政府所在地的设区的市严格，须满足“需要与可能”的要求，这意味着并非所有的设区的市都有设立仲裁委员会的必要，仲裁委员会不与各级行政区划对应设立，有利于从所在地角度保障仲裁委员会的民间性，进而有利于消除仲裁的行政色彩。

（二）作为法人的一般条件

1. 有自己的名称、住所和章程。仲裁委员会的名称是使其特定化的标志，是区分不同仲裁机构的外在特征。仲裁委员会的名称一经有效登记，仲裁委员会便对其享有独有的权利。从我国仲裁立法的本意来看，仲裁委员会的名称有严格的专属性，不能转让。仲裁委员会名称的法律意义在于确定仲裁协议所选定的仲裁机构，从而判断仲裁协议的效力及确定仲裁权的行使。仲裁委员会的名称应当规范，一律在“仲裁委员会”之前加上仲裁委员会所在市的地名，但不以市名冠之。例如，广州的仲裁机构，其规范的名称为“广州仲裁委员会”而不是“广州市仲裁委员会”。立法上这种做法的目的在于给人该仲裁机构位于某地的第一印象，而不是该仲裁机构从属于某地的人民政府，希望借此消除仲裁的行政色彩，以保证仲裁机构的独立性和仲裁的民间性特色。但是在实践中，不少当事人在仲裁协议中容易将仲裁机构名称错写成“××市仲裁委员会”，对于这类书写上的错误，只要不影响仲裁机构的确定，一般都认为其有效。

仲裁委员会的住所是其管理机构或主要办事机构所在地。仲裁委员会的住所一般以其登记的地址加以确定，仲裁委员会住所的法律意义在于：便利确定仲裁地，如无特殊说明一般仲裁机构住所地即仲裁地；便利当事人进行仲裁案件相关材料的送达、交换；明确仲裁效力异议和撤销仲裁裁决管辖法院。

仲裁委员会的章程是仲裁委员会依法制定的规范受案范围、组织机构、人员组成、仲裁员名单、内部管理制度等重要事项的纲领性文件。制定章程是仲裁委员会设立程序的起点，也是决定仲裁委员会能否最终成立的前提条件。仲裁委员会设立后，章程是其行使权利和承担义务的法律依据，其章程受法律保护亦受法律监督。

2. 有必要的财产。包括办公用房、办公设施、日常经费在内的必要财产是仲裁委员会设立的物质条件，也是仲裁活动得以展开的基础性物质保障。1995 年重新设立仲裁委员会时，按《重新组建仲裁机构方案》的要求，仲裁委员会所在地的市人民政府应当参照事业单位的规定，解决仲裁委员会的经费和用房，仲裁委员会应当逐步做到自收自支。由此可知，仲裁委员会所在地的市人民政府在仲裁委员会设立初期有义务提供必要的财产支持。但是，在仲裁委员会得以发展，能够实现基本独立做到自收自支之后，人民政府就应当逐步减少甚至断绝对仲裁机构的支持，这样做的目的在于防止政府通过物质上的支持来干扰或影响仲裁委员会的日常运作，从而保障仲裁委员会仲裁过程的独立性和公正性。

3. 有该委员会的组成人员。《仲裁法》第十二条规定：“仲裁委员会由主任一人、副主任二至四人和委员七至十一人组成。仲裁委员会的主任、副主任和委员由法律、经济贸易专家和有实际工作经验的人员担任。仲裁委员会的组成人员中，法律、经济贸易专家不得少于三分之二。”根据《重新组建仲裁机构方案》的规定，仲裁委员会的专职组成人员为1人至2人，其他组成人员应为兼职。从立法的规定来看，仲裁委员会应当保证仲裁的专业性和民间性，但在实践中由于各地仲裁实际的差异，导致有不少仲裁委员会的组成人员多由政府法制、经贸、司法、工商等行政部门的现任或退休领导出任，使这些仲裁委员会呈现行政化的倾向，有个别仲裁委员会甚至还有行政级别，这些做法都严重侵蚀了仲裁的民间性，影响其独立性和公正性，制约了仲裁事业的发展。

4. 有聘任的仲裁员。仲裁员是实际行使仲裁权，对仲裁案件作出裁决的直接主体。拥有一定数量符合法定条件的仲裁员是仲裁委员会设立的必要条件。为此，各仲裁委员会都会制备仲裁员名单，在仲裁过程中供当事人进行选择，而仲裁员名单亦会在一定周期内进行更新，以贴近社会生活的变化。

（三）设立的特别条件

仲裁委员会作为特殊的法人组织，其设立采用登记生效主义。未经登记设立的，其所作出的仲裁裁决不发生法律效力。根据《仲裁法》第十条的规定，仲裁委员会的登记机关是省级司法行政管理部门。

根据《仲裁委员会登记暂行办法》的规定，申请设立仲裁委员会须提交下列文件：(1) 设立仲裁委员会申请书；(2) 组建仲裁委员会的市的人民政府设立仲裁委员会的文件；(3) 仲裁委员会章程；(4) 必要的经费证明；(5) 仲裁委员会住所证明；(6) 聘任的仲裁委员会组成人员的聘书副本；(7) 拟聘任的仲裁员名册。登记机关在收到申请文件后，对符合设立条件的仲裁委员会予以设立登记并发给证书；符合条件但所提供文件不符合规范的，在材料补正后予以登记；对不符合规定的，不予登记。

二、仲裁委员会的地位和性质

在我国，大多数的仲裁委员会通常是事业单位法人。其原因在于：我国的仲裁委员会是根据《仲裁法》由各地政府牵头重组而设立。仲裁委员会的活动目的不在于营利，而是向社会提供一种公共服务。根据《重新组建仲裁机构方案》的规定，仲裁委员会建立初期，其所在地的市人民政府应当参照有关事业单位的规定，解决仲裁委员会的人员编制、经费、用房等问题。然而，虽然仲裁委员会是事业单位法人，但是基于仲裁委员会独立性和民间性特征的要求，理论上各仲裁委员会不存在上级单位，和各级行政机关没有隶属关系，是独立的民间性机构。

三、仲裁委员会的内部组织

（一）仲裁委员会的组成和职权

1. 组成。仲裁委员会由主任1人，副主任2~4人和委员7~11人组成。仲裁委员会主任、副主任和委员由法律、经济贸易专家和有实际工作经验的人员担任，法律、经济贸易专家人数不得少于2/3。仲裁委员会每届任期3年，任期届满，更换1/3的组成人员。仲裁委员会任期届满的2个月前，应当完成下届仲裁委员会组成人员的更换；有特殊情况不能完成更换的，应当在任期届满后3个月内完成更换。上一届仲裁委员会履行职责到新一届委员会组成为止。在仲裁委员会组成人员中，专职的驻会人员1~2人，其他组成人员均应当兼职。仲裁委员会人员名单应报中国仲裁协会备案。

2. 职权。仲裁委员会以委员会的形式实现仲裁机构的日常管理职权。仲裁委员会会议由主任或由主任委托的副主任主持，每次会议须有2/3以上的组成人员出席方能举行。修改仲裁委员会章程或者作出解散决议，须经全体成员2/3以上同意才能通过，其他决议则须经出席会议组成人员的2/3以上通过。仲裁委员会主任、副主任和秘书组成主任会议，在仲裁委员会会议闭会期间，负责重要的日常工作。

根据规定和仲裁实践，仲裁委员会会议的主要职责包括：

（1）审议仲裁委员会的工作方针、工作计划等重要事项和作出相应的决议；（2）审议、通过仲裁委员会秘书长提出的年度工作报告和财务报告；（3）决定仲裁委员会秘书长、专家咨询机构负责人人选；（4）审议、通过仲裁委员会办事机构设置方案；（5）制定或修改仲裁委员会仲裁规则；（6）决定仲裁员的聘任、解聘和除名；（7）仲裁委员会主任担任仲裁员的，决定主任的回避；（8）修改仲裁委员会章程；（9）决议解散仲裁委员会；（10）行使仲裁法、仲裁规则和章程所规定的其他职责。

（二）仲裁委员会的办事机构

仲裁委员会通过设立秘书处作为日常办事机构，实现仲裁委员会的日常运作和管理。秘书处设秘书长，负责日常工作的管理，秘书处的主要职责包括以下几个方面：（1）具体办理案件的受理、仲裁文书的送达、档案管理等程序性事务；（2）收取和管理仲裁费用；（3）对仲裁庭的庭审过程及合议过程进行记录，对仲裁文书进行核校签发；（4）办理其他日常事务，如咨询、信访等工作。

（三）专家咨询委员会

在实践中，大多数仲裁委员会根据需要在其组成人员或仲裁员中聘请若干专家组成专家咨询委员会，为仲裁委员会和仲裁员提供对疑难问题的咨询意见。专家咨询委员会设负责人1名，由仲裁委员会副主任兼任，其人选由仲裁委员会会议决定。专家咨询委员会的成员应当是兼职担任。专家咨询委员会对具体仲裁案件的程序或实体的重大疑难问题所作的决定或意见都只是咨询性质，对仲裁委员会和仲裁庭没有强制性的约束力，是否采纳由仲裁委员会和仲裁庭自行决定，理论上仲裁庭不采纳专家咨询委员会的意见不会带来不利后果，而且实践中仲裁庭不接纳专家咨询委员会意见的现象也时有发生。这一点与民事诉讼中合议庭必须按审判委员会作出的决议进行裁判的做法不同，是仲裁制度的特色所在。

（四）其他机构

近年来，由于我国仲裁事业的高速发展，优化仲裁委员会内部机构，加强对仲裁员行为规范和建立仲裁员责任追究机制的呼声日益高涨，为此，除上述常见机构外，有个别仲裁委员会还设立了仲裁员资格审查、仲裁员惩罚等专门或临时机构。

第二十五章　仲裁员

第一节　仲裁员资格

一、仲裁员的概念

仲裁员，是指在仲裁程序中，对当事人的财产权益纠纷进行审理并作出裁判的人。仲裁员的概念在内涵上有广义和狭义之分。广义上的仲裁员，是指符合仲裁法所规定的任职资格，并为仲裁机构聘任和列入仲裁员名册的人，即一般意义或资格意义上的仲裁员。狭义的仲裁员，即具体案件仲裁庭的成员，是指由当事人按照仲裁规则选定或被指定的，对具体争议案件或事项进行审理并作出裁决的主体，即某一案件的仲裁员。能够成为狭义上的仲裁员，首先必须是广义的仲裁员，而广义的仲裁员成为狭义上的仲裁员则必须经过特定的程序。

仲裁员和法官存在本质上的区别：

第一，从裁判权的来源来看，法官的审判权来源于国家司法权的授予和具体行使，被规定在宪法、法院组织法和诉讼法当中。而仲裁员的裁判权主要来源于当事人在仲裁协议中的授权和具体选定仲裁员以及被指定仲裁员的具体行为过程。超出当事人授权的，则仲裁员无权行使管辖权。① 例如，超出仲裁请求事项的超裁问题就是最典型的例子。

第二，从职业资格来看，法官是从依法取得法律职业资格证书并具备法官任职条件的人员中，以通过员额考试的形式被选拔出来，依法代表国家行使审判权的国家机关工作人员。而仲裁员通常是兼职，而且其身份只有民间性，仲裁员被仲裁机构聘任，其本人的职业可能是教授、律师、会计师、工程师等专业技术人员，而且政府官员往往被认为不适宜担任仲裁员。

二、仲裁员的资格

仲裁员的资格直接关系到仲裁庭的组成是否有效。各国在仲裁立法、仲裁机构的仲裁规则中往往会对仲裁员的资格作出一定的限制。当然，出于对当事人意思自

① 宋连斌主编．仲裁理论与实务．湖南大学出版社，2005：83.

治的尊重，有个别国家还允许当事人在订立仲裁协议时对仲裁员的资格设立额外的限制条件。

（一）仲裁立法对仲裁员资格的规定

1. 一般资格。各国仲裁立法对仲裁员资格要求不一，有的国家的法律对仲裁员资格的要求比较宽松，凡具有完全行为能力的人，包括本国人和外国人，都可以被指定为仲裁员。这样的国家有德国、奥地利等。有的国家对仲裁员的资格只作否定性的原则性规定，如《意大利民事诉讼法》规定，未成年人、无法律行为能力人、破产者及被开除公职的人，不能担任仲裁员。少部分国家或地区的仲裁法对仲裁员的资格作严格的限制，我国仲裁法是典型。

2. 特殊资格。

（1）外籍人员担任仲裁员。目前，除少数国家对仲裁员的国籍作出限制外，大多数国家的法律允许外籍人员担任仲裁员。我国《仲裁法》在涉外仲裁程序中规定可以聘任外籍人士担任仲裁员，国内仲裁是否允许外籍人士担任仲裁员则没有明确规定。有个别仲裁机构，如中国国际经济贸易仲裁委员会和中国海事仲裁委员会则允许外籍人士受聘为仲裁员。

（2）法人不能在仲裁中担任仲裁员。通常而言，仲裁员应当是自然人。关于法人能否成为仲裁员的问题，从各国的仲裁法以及实践来看，都没有这种规定或做法。同时，许多国家立法规定法人不得在仲裁中担任仲裁员。

（3）法官担任仲裁员。关于现任法官能否担任仲裁员，不同的国家有不同的规定。我国《仲裁法》要求曾任法官满 8 年的可以担任仲裁员。最高人民法院于 2004 年 7 月 13 日发出《关于现职法官不得担任仲裁员的通知》，通知要求在仲裁机构担任仲裁员的现职法官在一个月内辞去仲裁员职务。可见，我国目前是禁止现职法官担任仲裁员的。

（4）律师担任仲裁员。律师可以在民商事仲裁中担任仲裁员已为各国仲裁立法或实践接受。有些国家甚至规定仲裁庭组成人员必须是执业律师。我国《仲裁法》和各仲裁委员会的仲裁规则都明确律师可以担任仲裁员。目前，执业律师已经在我国仲裁员队伍中占据重要的地位。

（5）仲裁机构内部人员担任仲裁员。仲裁机构内部人员，指在仲裁机构从事日常管理工作和经办仲裁案件的人员。他们在仲裁机构工作一定年限后，既熟悉仲裁程序，又积累了案件审理的经验，仲裁机构往往会将其中富有经验的工作人员聘为仲裁员。有学者将该部分仲裁员称为驻会仲裁员。[①] 由于《仲裁法》第十三条规定，从事仲裁工作满 8 年的可以担任仲裁员，因此仲裁机构内部人员担任仲裁员的现象在我国仲裁实践中普遍存在。然而，由于驻会仲裁员与仲裁委员会的主任和秘书长在工作上有密切的联系，如果由这些仲裁员出任仲裁庭成员仲裁案件，容易受

① 宋连斌．中国现行仲裁员制度存在的主要问题．人民法院报，2002-10-7.

到仲裁委员会的影响，仲裁庭的独立性和公正性难以得到保证。

(二) 我国仲裁员资格的规定

在仲裁法立法过程中，立法机构经过多方面的考虑，我国《仲裁法》对仲裁员的资格作了严格的限制，除要求仲裁员公道、正派外，还应当具备以下条件之一：(1) 通过国家统一法律职业资格考试取得法律职业资格，从事仲裁工作满8年的；(2) 从事律师工作满8年的；(3) 曾任法官满8年的；(4) 从事法律研究、教学工作并具有高级职称的；(5) 具有法律知识、从事经济贸易等专业工作并具有高级职称或者具有同等专业水平的。由于我国处于仲裁事业发展的初期，我国《仲裁法》严格限制仲裁员法定资格的做法，保证了仲裁员的水平，维护了仲裁的质量，提高了社会对仲裁的认可程度，对促进我国仲裁事业的发展起到积极作用。

三、仲裁员名册

仲裁机构制作仲裁员名册，是国内外各仲裁机构的常见做法。根据《仲裁法》第十三条、第二十五条的规定，仲裁委员会按不同专业设仲裁员名册并在一定条件下向申请人送达。根据是否必须在仲裁员名册中选定仲裁员的标准，仲裁员名册制可分为强制仲裁员名册制和推荐仲裁员名册制。强制仲裁员名册制，是指当事人必须从仲裁机构的仲裁员名册中选择仲裁员审理呈交的争议，禁止当事人在仲裁员名册之外约定或选择仲裁员。强制仲裁员名册制的优点在于名册上的仲裁员已经通过仲裁机构的筛选，其仲裁员水平符合要求，可以保障仲裁案件的审理质量。推荐仲裁员名册制，指当事人可以从仲裁机构提供的仲裁员名册中选定仲裁员，也可以约定或选择仲裁员名册外的仲裁员来审理呈交的纠纷。在推荐仲裁员名册制之下，仲裁员名册只起到推荐的作用，当事人可以在更广泛的范围内选择仲裁员，这种做法扩大了当事人意思自治的范围。对于我国目前这种强制仲裁员名册制，有学者提出了不同的看法，认为我国的仲裁员名册制应当由强制性变为推荐性，虽然我国当前的强制仲裁员名册制可以在一定程度上保证仲裁员的水平，但这种规定不但与国际民商事实践中通行的做法不一致，更重要的是限制了当事人的意思自治，制约了当事人选择仲裁员这一项重要的程序性权利。①

第二节 仲裁员的责任

一、仲裁员的行为规范

由仲裁员组成的仲裁庭是当事人争议事项的实际审理和作出裁决的主体，仲裁员在仲裁案件的过程中，公正、勤勉地履行职责，依据法律和公平合理的原则对案

① 蔡虹，刘加良，邓晓静．仲裁法学（第2版）．北京大学出版社，2011：46-47.

件作出妥当的裁决，不仅对维护当事人的合法权益意义重大，对维护仲裁制度的公正性，实现仲裁制度的自身优势，促进我国仲裁事业的发展也有重大的意义。因此，一些仲裁机构会制定一定的行为规范或守则指引和规范仲裁员在仲裁案件过程中的行为。结合国内外仲裁机构所制定的仲裁员行为守则，仲裁员在仲裁案件过程中，其行为应当符合以下规范要求：

（一）平等对待各方当事人

仲裁员在案件仲裁过程中必须平等对待各方当事人，不代表、不偏袒、不压制任何一方当事人。不论当事人的身份、社会地位、资产状况、所在地域及案件争议标的等有何区别，甚至不论其仲裁庭成员身份是否由该方当事人选定，均应当确保当事人各方在仲裁过程中的地位平等，确保双方当事人平等地行使各项仲裁权利，确保当事人可以平等地参与各项审理活动。否则，当事人就会对仲裁员的公正性产生质疑。

仲裁员平等对待当事人，有两个方面的表现：第一，在程序权利方面，仲裁员应当保障当事人享有同等的权利，确保当事人在仲裁过程中的攻击防御方法平等；第二，在行为表现方面，仲裁员不能在庭审以及其他与当事人接触的场合，表现出冷此热彼，以免让当事人产生仲裁员偏袒对方当事人的怀疑。

（二）不得在仲裁庭以外私自接触任何一方当事人及其代理人

仲裁员与当事人之间的关系和法院与当事人的关系有所区别。一方面，仲裁员通过当事人选定而产生；另一方面，仲裁员为保证仲裁庭和仲裁员行为的中立性与公正性又必须谨慎地处理与当事人特别是选定一方当事人的关系，其中最为重要的就是不能在仲裁庭以外私自接触当事人或其代理人。我国《仲裁法》第三十四条、第三十八条和第五十八条规定，仲裁员私自会见当事人、代理人，或者接受当事人、代理人请客送礼的，必须回避；上述情节严重的，或者仲裁员在仲裁案件时有索贿受贿、徇私舞弊、枉法裁决的，还应当承担法律责任。对于仲裁员上述不当行为，仲裁委员会可以将其除名；当事人也可以申请撤销仲裁裁决。《仲裁法》上述规定有利于减少一方当事人因仲裁员私自会见另一方当事人或其代理人而对公正性产生的怀疑，保障仲裁员居中、独立公正裁决案件。

需要注意的是，《仲裁法》禁止的只是仲裁员在仲裁庭以外私自会见当事人或其代理人，不是一律禁止仲裁员单独会见一方当事人或其代理人。例如，在仲裁案件过程中，仲裁庭对案件的当事人进行调解，在调解时有可能采取背靠背的方式进行，此时仲裁员将单独会见一方当事人或其代理人，这种行为由于是仲裁庭内的行为而且其目的也在于纠纷的解决，因此并不为法律或仲裁规则所禁止。

（三）勤勉审慎履行职责

勤勉义务是仲裁员一项重要的义务，勤勉办案是仲裁员的职责。仲裁制度和诉讼制度相比，其优点就在于办案的质量和效率，这都有赖于程序的灵活性和仲裁员的专业性。要实现上述优点，仲裁员在仲裁案件的过程中就必须谨慎和勤勉地参与仲裁。

仲裁权和司法权不同，仲裁权来源于当事人的授权，而司法权来源于法律的直接规定。当事人放弃司法权而授权仲裁委员会及仲裁庭对其纠纷进行解决，一方面是基于对仲裁制度优点的信赖，另一方面是对仲裁员能够公平、快速、正确解决纠纷的期待。要回应当事人的信赖，仲裁员对仲裁的案件和当事人就必须认真对待，不能敷衍了事。为保证仲裁的质量和效率，勤勉地为当事人提供仲裁服务，仲裁员应当做到以下几个方面：

第一，全面深入查清案件事实。查明事实是正确适用法律，作出公正裁决的前提。仲裁员在审理案件过程中应当尽到勤勉义务，认真查明和认定事实，仔细分析案卷，做好庭审调查，必要时采取庭外现场勘验等方式，务求穷尽一切的证据调查手段，收集足够的证据材料以查明案件的真实情况。

第二，细心分析和正确适用法律。仲裁案件作出裁判的过程并不是一个输入事实即可自然得出裁决结果的机械适用三段论的过程，而是一个需要在事实和法律规范之间目光往返流转的过程，而且仲裁在适用法律的要求上比法院的诉讼更高，除了需要符合法律，还要讲求处理结果的公正性。这就要求仲裁员在适用法律过程中必须更为谨慎、细致，不能机械地理解法律规范的含义，陷入法条主义。应当从案情出发在正确适用法律的基础上得出公正的裁决结果。

第三，认真撰写裁决书。裁决书是仲裁结果的终极载体，是仲裁质量的集中体现。仲裁员在仲裁裁决书当中除表述结果外，还应当充分阐明作出裁决的依据和理由，积极地回应和解释当事人在仲裁过程中提出的各项争议内容。务求让当事人对仲裁裁决心悦诚服。

（四）主动履行披露义务

仲裁员主动披露义务是一项保证仲裁员公正性的基本准则，该准则要求仲裁员要如实和充分地披露可能影响公正或者可能造成不公平、偏袒一方当事人的任何利害关系以及可能影响裁判公正性的金钱、商业和职业关系等。仲裁员的披露义务是和仲裁员的回避制度紧密相连的。实行仲裁员的披露义务有利于增强仲裁员和当事人或其代理人身份与利益之间关联的情况的透明度，有助于回避制度真正发挥作用。为此，国外各主要仲裁机构的仲裁规则都有关于仲裁员信息披露的规定。一般而言，仲裁员应当披露的信息包括以下几项：第一，与仲裁结果有任何直接或者间接的利害关系；第二，可能在程序上造成双方当事人之间不公平的情形；第三，所有现存或过往的，在金钱、商业、职业、家庭和社交方面的联系；第四，与案件处理有利害关系或者其他可能影响案件公正审理的情形。我国《仲裁法》目前没有关于仲裁员披露的规定，但国内有部分仲裁委员会的仲裁规则对此已经作出了明确的规定，在日后《仲裁法》修改过程中有必要将仲裁员的披露义务纳入立法讨论当中。

（五）依据事实与法律裁决案件

《仲裁法》第七条规定："仲裁应当根据事实，符合法律规定，公平合理地解决纠纷。"从该条的规定可以引申出，依据事实和法律规定裁决案件是仲裁员必须遵守的一项要求。需要注意的是，这里所指的法律规定，既包括实体法也包括程序法，既可指国内法也可指国外法甚至国际公约。此外，"符合法律规定，公平合理地解决纠纷"并不是要求仲裁员以公正合理的原则对案件进行裁决，而是要求仲裁员在符合法律规定的基础上，选择对于案件解决最为公平合理的裁决结果，以期更为妥当地解决当事人的纠纷。

（六）保守仲裁秘密

保密性是仲裁的一大特点和优势，也是吸引当事人在民商事领域特别是商事法律关系中选择仲裁方式作为纠纷解决方式的一项重要因素。它可以保证当事人的商誉或者商业秘密不会因为纠纷处理过程而遭受破坏或泄露，保障当事人的商业信誉和其他商业活动不会因纠纷的解决而产生不利影响。根据《仲裁法》第四十条的规定，仲裁活动不公开进行。因此，在仲裁过程中获悉当事人商业秘密的仲裁员应当保守秘密，不向外界透露任何与案件有关的问题，具体包括：案情、证据、仲裁进展、仲裁庭意见等。仲裁员的保密义务不仅体现在仲裁进行的过程中，在案件仲裁完结以后，仲裁员仍然对上述内容负有保密的义务，不得以任何方式对外透露。

二、仲裁员的法律责任

仲裁员责任，是指仲裁员在履行职责时，因存在法律规定的过错行为而对当事人或社会所承担的责任。关于仲裁员责任制度问题，在世界各国理论和立法实践中，目前主要有三种观点：

一是以大陆法系为代表，将仲裁视为契约行为，因而主张仲裁员应当承担民事责任；二是以英美法系为代表，认为仲裁员在履行职务时不因自己的专业过错承担任何法律责任，仲裁是一种准司法行为，主张仲裁员享有豁免权；三是折中观点，主张有限豁免论。其中，"仲裁有限豁免论"目前在英美等国的司法实践中得到相当多的支持。①

在我国《仲裁法》颁布实施以前，有关仲裁的法律法规对仲裁员的仲裁责任未作明确规定，实践中也没有出现仲裁员需要承担法律责任的案例。现行《仲裁法》规定，仲裁员私自会见当事人，情节严重的，或者接受当事人、代理人的请客送礼，情节严重的，或在仲裁案件时有索贿受贿、徇私舞弊、枉法裁决的，应当依法承担法律责任，仲裁委员会应当将其除名。据此可以认为，我国采用"仲裁有限豁免论"，仲裁员在一定情况下对自己的过错行为承担责任，承担责任的方式

---

① 蔡虹，刘加良，邓晓静．仲裁法学（第2版）．北京大学出版社，2011：59-60.

有二：其一是法律责任，其二是仲裁委员会将其除名。然而，《仲裁法》对仲裁员承担法律责任的具体方式并无明文规定。2006 年《刑法修正案（六）》在《刑法》第三百九十九条之一规定了“枉法仲裁罪”，即“依法承担仲裁职责的人员，在仲裁活动中故意违背事实和法律作枉法裁决，情节严重的，处三年以下有期徒刑或者拘役；情节特别严重的，处三年以上七年以下有期徒刑”。规定了仲裁员枉法仲裁的刑事责任，但对于仲裁员是否需要承担民事责任、承担何种民事责任，《仲裁法》和其他法律并未进一步规定。

对于我国现有法律关于仲裁员承担法律责任方面的规定，我们认为：

第一，既然仲裁员接受了当事人直接或间接的指定对案件进行仲裁并接受了相应的仲裁酬金，仲裁员就有法律上的义务公正实施仲裁和按期完成仲裁义务。仲裁员因违反《仲裁法》的规定，给当事人造成经济损失的，从性质上看是没有完成当事人委托的义务，承担的应当是民事责任。在追究其民事责任时应当适用民商事法中有关合同的规定，有过错的仲裁员，对遭受损失的当事人应负违约责任，需要赔偿当事人的损失。

第二，对于“枉法仲裁罪”的问题。《刑法修正案（六）》当中对“枉法仲裁罪”的规定，在学界引起较大的争议。支持和反对观点针锋相对。然而，近年来仲裁领域出现个别仲裁员在履行职责的过程中，非法收受当事人财物或者向当事人索取财物，徇私枉法的案例，通过立法强调仲裁员应当勤勉、公正地履行职责，无疑将具有积极意义。但是，以刑罚的方式追究仲裁员的责任事实上也有可能产生负面影响：一方面，该罪的构成要件不甚明确，在司法实践中由于案例也较少出现，司法人员对其把握难免会出现偏差，它可能导致仲裁员由于担心受到刑事处罚而不能自由地运用其专业知识提供仲裁服务，不利于仲裁事业的发展；另一方面，仲裁的依据不限于法律，很多情况下是交易习惯、国际惯例甚至公平原则，假若机械地套用司法过程中“枉法”的概念，难免对仲裁员的正确适用裁决规范造成消极影响。为了平衡两者的冲突，在刑事诉讼中应当注意“枉法仲裁罪”与非罪之间的界限，明确只有达到“情节严重”才构成犯罪，并进一步通过司法解释或指导案件，将“情节严重”的情形类型化和精细化。

第二十六章　仲裁当事人

第一节　仲裁当事人

一、仲裁当事人概述

（一）仲裁当事人的概念

仲裁当事人，是指为维护自己的合法权益，依据仲裁协议，以自己名义参加仲裁程序并受仲裁裁决拘束的公民、法人或者其他组织。其中，向仲裁委员会提出仲裁申请的人，被称为仲裁申请人，而对方当事人则被称为被申请人。此外，尽管我国《仲裁法》没有明确规定，但仲裁实践中已逐渐存在仲裁第三人、共同仲裁当事人、仲裁代表人等特殊形态的仲裁当事人。

（二）仲裁当事人的特征

通常认为，仲裁当事人主要有以下几个特征：

1. 仲裁当事人的法律地位平等。仲裁程序仅适用于平等主体的公民、法人和其他组织之间的合同和其他财产纠纷，这些纠纷在法律关系属性上属于民商事法律关系，因此实体法上主体的平等性决定了仲裁当事人的平等性。

2. 仲裁当事人必须是仲裁协议的主体。仲裁程序属于私人的纠纷解决方式，仲裁庭对民事纠纷进行裁决的权力根基在于当事人在提出仲裁前事先的共同授权，仲裁协议则是当事人共同授权的记载。

3. 仲裁当事人现实地发生了仲裁协议所约定的可提交仲裁的民事纠纷。一方面，签订仲裁协议的当事人只有在事实上已经发生民事纠纷的情形下才需要将纠纷提交仲裁，从而获得充当仲裁当事人的前提条件。另一方面，当事人发生的纠纷只有符合《仲裁法》和各仲裁委员会的仲裁规则可提交仲裁且在仲裁协议约定事项范围内才可以提起或被提起仲裁申请。

4. 仲裁当事人必须以自己的名义实施仲裁活动。仲裁当事人以自己名义实施仲裁活动并不意味着必须以自己的行为行使仲裁权利和履行仲裁义务。对于缺乏行为能力的自然人，可以通过其法定代理人的行为参与仲裁，而法人也必须通过其法定代表人、负责人或者代理人的行为实施仲裁。另外，和诉讼相似，当事人可以通过委托代理人的方式参与仲裁活动。

5. 仲裁当事人受仲裁裁决约束。通过仲裁方式解决纠纷是双方当事人共同的意思表示，因此，仲裁机构裁决的结果对双方当事人均具有约束力，不得拒绝履行。然而，仲裁机构并非国家司法机关，仲裁裁决仍然受到司法监督。考虑到仲裁协议的自治属性，国际商事仲裁实践逐渐认可双方当事人对法定司法监督范围作出限制或扩张约定，甚至允许双方当事人约定排除仲裁的终局效力。

(三) 仲裁权利能力与仲裁行为能力

与民事诉讼规定了当事人的诉讼权利能力和诉讼行为能力相似，仲裁活动也存在当事人权利能力和行为能力的问题。当事人仲裁权利能力或者当事人能力，是指可以作为仲裁当事人的能力或资格。它只是一种抽象的能力或资格，具有这种能力或资格的人未必是仲裁当事人，要实际成为仲裁当事人还需要其在依据仲裁协议和仲裁规则向具体的仲裁机构提出申请或者被申请仲裁。由于或裁或审制度的存在，仲裁权利能力与诉讼权利能力构成竞合关系。凡是具备诉讼权利能力的主体就必然具备仲裁权利能力，凡是具备仲裁权利能力的主体也必然具备诉讼权利能力，但是两者不能同时存在。当事人的诉讼权利能力来源于法律规定，而仲裁权利能力则来源于当事人合意选择仲裁制度，没有仲裁协议，不存在仲裁的可能性，自然也不必涉及仲裁权利能力问题。

仲裁行为能力，是指能够以自己的行为参与仲裁活动，取得或承受相应仲裁行为后果的能力。缺乏仲裁行为能力的主体所实施的仲裁行为，不具有法律效力。仲裁行为能力以仲裁权利能力为前提，只有具备作为仲裁当事人主体资格的主体才有必要考察其是否可以自己实施相关仲裁活动。具备仲裁权利能力的主体可以自己名义依据仲裁协议和仲裁规则申请仲裁或被申请仲裁。具备完全民事行为能力的主体具备仲裁行为能力，可以独立参与仲裁；不完全民事行为能力人对应实体法上的无民事行为能力人和限制民事行为能力人，则不具备仲裁行为能力，其只能通过其法定代理人代为实施相关仲裁活动。

(四) 仲裁当事人的权利和义务

仲裁当事人的权利是仲裁当事人维护自己合法权益的有效手段，而仲裁当事人的义务则是保障仲裁程序得以顺利进行的重要条件。为确保双方当事人的合法权益获得应有的法律保护，仲裁法及仲裁规则既赋予仲裁当事人以广泛的权利，也对仲裁当事人课以相应的义务。

1. 仲裁当事人的权利。仲裁当事人包括申请人和被申请人，某些仲裁权利仅属于申请人所有，同样某些仲裁权利仅属于被申请人享有。总体而言，由于仲裁活动中当事人的地位平等，因此大多数仲裁权利为当事人所共同享有。这些权利包括：(1) 协商订立、变更或解除仲裁协议的权利，选择仲裁委员会及约定仲裁庭组成方式的权利，委托律师或其他代理人参加仲裁的权利，申请仲裁员、办案秘书、翻译人员、鉴定人等人员回避的权利，调查收集、提供证据，申请证据保全、财产保全、行为保全的权利，在仲裁程序中对证据进行质证并进行辩论、陈述意见的权利，自行和解或者请求调解的权利，商定是否开庭以及是否公开审理的权利，要求裁决书不写明争议事实和理由的权利，申请延期开庭审理的权利，请求补正仲裁开庭笔录或仲裁裁决的权利，以及申请执行、撤销、不予执行仲裁裁决的权利。（2）由申请人独自享有的权利包括：申请仲裁，有权放弃或变更仲裁请求，有权撤回仲裁请求。（3）由被申请人单独享有的权利包括：有权对仲裁申请进行答辩，有权承认或者反驳对方当事人的仲裁请求，有权提出反请求。

2. 仲裁当事人的义务。仲裁当事人享有的仲裁权利通常以对方当事人、仲裁庭或者其他仲裁参与人为义务主体。为了保证仲裁程序的顺利进行，仲裁当事人既向对方当事人承担义务、也向仲裁庭或者其他仲裁参与人负有义务。根据《仲裁法》的有关规定，当事人应当承担的仲裁义务主要有以下几个方面：

（1）依法诚信行使仲裁权利的义务。当事人必须依照仲裁法和仲裁规则的规定，妥善行使仲裁权利，不得滥用仲裁权利，以免损害对方当事人或者案外人合法权益。（2）遵守仲裁秩序的义务。当事人必须遵守仲裁秩序，服从仲裁庭的指挥，不得实施妨碍仲裁程序正常进行的各种行为，以保障仲裁程序顺利进行，及时作出公正的裁决。（3）履行发生法律效力的裁决书或调解书的义务。既然双方当事人选择以仲裁方式解决纠纷，对于仲裁委员会依法作出的裁决书或调解书应当予以履行，如果不自觉履行的，对方当事人有权依法向有管辖权的人民法院申请强制执行。（4）按规定缴纳仲裁费用的义务。民商事仲裁属于社会纠纷解决方式，虽然仲裁机构不以营利为目的，但仲裁活动不是无偿的。仲裁机构收取案件受理费和案件处理费，当事人缴纳仲裁费用是仲裁机构启动或续行仲裁程序的必要条件，不按照规定缴纳仲裁费用将导致程序终结等不利后果的发生。

二、仲裁当事人的适格

（一）仲裁当事人适格的概念

仲裁当事人适格也称为适格当事人、正当当事人，是指就特定纠纷的仲裁，有资格以自己的名义成为申请人或者被申请人，应当受仲裁裁决拘束的当事人。和民事诉讼中的当事人适格制度类似，这种以自己名义作为当事人并受本案裁决拘束的权能，被称为仲裁实施权。具有仲裁实施权的当事人，称为适格当事人。仲裁当事人适格是进行仲裁程序并最终作出实体仲裁裁决所必须具备的前提条件，然而仲裁当事人适格的判断通常有赖于仲裁庭在对案件实体问题进行审查的过程中加以判定，故仲裁当事人在后续仲裁程序中一旦被发现不具备仲裁实施权，仲裁庭有可能不作出仲裁裁决而直接终结仲裁程序。这是因为只有针对适格仲裁当事人作出的裁决才能发生法律效力，仲裁当事人才会受本案仲裁裁决拘束。

与民事诉讼中的当事人适格问题不同，由于仲裁当事人通常是仲裁协议的当事人，适格仲裁当事人较为明确。然而，在实践中适格仲裁当事人并不局限于签订仲裁协议的当事人。表现为：一方面，仲裁协议当事人基于法定或者意定原因不再是发生争议的民事法律关系主体的，除非法律另有规定或者当事人存在特别约定，原来签订仲裁协议的当事人不再是适格当事人。另一方面，仲裁协议当事人可以明确授权第三人代表该方当事人以第三人自己名义与对方当事人进行仲裁的，仲裁实施权发生了位移，移转仲裁实施权的民事法律关系主体虽然是仲裁协议的主体，但其不再是适格仲裁当事人。

（二）适格仲裁当事人的种类

1. 民商事实体权利义务归属主体。民商事实体权利义务归属主体，是指发生争议的民商事法律关系所指向的权利和义务的归属主体，即民商事法律关系主体。鉴于民商事法律关系主体对实体权利义务的实现或履行结果存在着直接利害关系，在该民商事纠纷具有可仲裁性且双方签订仲裁协议的情形下，其自然应当享有仲裁实施权。简言之，发生争议的实体权利义务归属主体在签订有效仲裁协议的情形下享有仲裁实施权，在申请或者被申请仲裁时，属于适格仲裁当事人。

2. 实体权利义务继受主体。实体权利义务归属主体在签订仲裁协议后发生实体权利义务移转的，继受实体权利义务的主体是否受仲裁协议以及根据仲裁协议作出的仲裁裁决拘束的问题相对比较复杂，理论上一般将实体权利义务的继受分为法定继受和意定继受两类，并对这两类继受的法律效力分别处理。

（1）实体权利义务的法定继受主体。实体权利义务的法定继受主体，是指第三人直接根据法律规定继受实体权利义务归属的主体，通常表现为民事法律关系主体的法律人格归于消灭而引起的实体权利义务移转，主要包括自然人死亡后的继承人以及法人、其他组织被合并、分立或终止时的继受人。

第一，自然人死亡引起的实体权利义务法定继受。仲裁协议其性质为双方当事人的合意，应当适用实体法关于合同当事人变更的规定。仲裁程序开始前，作为仲裁协议当事人的自然人死亡的，承继死者实体权利义务的继承人或受遗赠人应当受仲裁协议拘束。仲裁程序开始后，作为仲裁当事人的自然人死亡的，已经进行的仲裁程序对承继相关实体权利义务的继承人或受遗赠人仍然具有拘束力，已经发生的仲裁程序无须再次进行。虽然《仲裁法》对自然人死亡引起的实体权利义务的法定继受没有作出明确规定，但《最高人民法院关于适用〈中华人民共和国仲裁法〉若干问题的解释》（以下简称《仲裁法解释》）第八条第二款明确规定，除非当事人订立仲裁协议时另有约定，“当事人订立仲裁协议后死亡的，仲裁协议对承继其仲裁事项中的权利义务的继承人有效”。

第二，法人、其他组织被合并、分立或终止引起的实体权利义务法定继受。《民法典》第六十七条规定：“法人合并的，其权利和义务由合并后的法人享有和承担。法人分立的，其权利和义务由分立后的法人享有连带债权，承担连带债务，但是债权人和债务人另有约定的除外。”另外根据《民法典》第一百零八条，上述规定同样适用于非法人组织。鉴于仲裁协议具有合同的性质，合同当中的仲裁条款更是属于合同的清理结算条款，作为仲裁协议当事人的法人、其他组织被合并或分立的，仲裁协议所约定的权利义务并不因此而消灭，应按《民法典》的规定进行处理。《仲裁法解释》第八条第一款明确规定，除非当事人订立仲裁协议时另有约定，“当事人订立仲裁协议后合并、分立的，仲裁协议对其权利义务的继受人有效”。法人、其他组织基于其他原因终止并存在实体权利义务继受者的，除非当事人另有约定，仲裁协议以及已经开始的仲裁程序对继受者仍然具有拘束力。

综上所述，实体权利义务归属主体与相对方签订仲裁协议后丧失法律人格的，依法继受其实体权利义务的主体属于适格仲裁当事人。

（2）实体权利义务的意定继受主体。实体权利义务的意定继受主体，是指第三人根据合同约定继受实体权利义务归属主体法律地位的主体，通常表现为实体权利让与、实体义务承担以及实体权利义务概括转移三种情形。

第一，实体权利让与。实体权利人与对方当事人签订仲裁协议后将其实体权利依法转让给第三人的，根据《民法典》第三篇第六章等相关规定，只要转让人或者受让人将实体权利转让事项通知义务人，不管义务人是否愿意，受让人均可依据仲裁协议申请仲裁。权利人在转让权利时隐瞒仲裁协议且受让人因仲裁协议的存在受有损失的，有权向转让人请求赔偿，但不能以此对抗义务人的仲裁协议抗辩。

第二，实体义务承担。义务人与对方当事人签订仲裁协议后将义务转让给第三人的，由于《民法典》第五百五十一条主要沿用原《合同法》所规定的义务承担规则，不仅实体义务转让部分需要经过对方当事人同意，而且仲裁协议转让也需要经过对方当事人同意。但是，根据诚实信用原则，仲裁协议对民事法律关系具有从属性，权利人同意债务人转让其实体义务的，可以推定其同意将仲裁协议一并转让给承担人。

第三，实体权利义务概括转移。实体权利义务概括转移，是指双方当事人互负权利义务关系，一方或者双方当事人将其实体权利义务概括移转给第三人，使自己退出民事法律关系，而由第三人取得该当事人在原法律关系中的地位继受其实体权利义务的情形。根据《民法典》第五百五十六条的规定，实体权利义务概括转移应当适用债权转让和债务转移的有关规定。《仲裁法解释》第九条规定：“债权债务全部或者部分转让的，仲裁协议对受让人有效，但当事人另有约定、在受让债权债务时受让人明确反对或者不知有单独仲裁协议的除外。”本条解释没有区分债权让与、债务承担和债权债务概况转移三种情形，对仲裁协议是否拘束债权债务受让人作出统一规定，即以受让人与相对方签订的仲裁协议拘束为原则，只有受让债权债务时明确反对或者不知有单独仲裁协议的受让人才可以不受原仲裁协议拘束。

3. 实体权利义务担当主体。从与纠纷的关系来看，实体权利义务归属主体与继受主体充当适格仲裁当事人的情形较为简单，两者均属于利害关系当事人。与此不同，实体权利义务担当主体，是指民事法律关系主体以外的第三人享有仲裁实施权的情形，包括直接和授权两种类型，分别是：根据法律的规定而享有仲裁实施权的法定担当主体以及根据民事法律关系主体授权而获得仲裁实施权的意定担当主体。

（1）实体权利义务的法定担当主体。实体权利义务的法定担当主体，是指直接根据法律的规定而享有为了维护他人合法权益而以自己名义申请或被申请仲裁的民事法律关系主体以外的第三人。通常只有发生争议的民事法律关系主体才享有纠纷管理权，但在民事法律关系主体客观上不愿、不能处理民事纠纷并给社会公共利益或者他人合法权益的实现造成妨碍的情形下，立法者赋予特定第三人干预他人民事纠纷解决的权限，使之成为充当适格仲裁当事人的形式当事人。例如，法人破产前签订的仲裁协议并不会因为该法人被宣告破产而归于无效，破产管理人就附有仲裁协议之合同引发或者与该合同相关的事项与对方当事人发生纠纷的，得以自己名义申请或者被申请仲裁。又如，在债权人行使代位权的情形下，债务人与次债务人之间于债权人提起代位权诉讼之前订立仲裁协议的，债权人作为债务人对次债务人享有债权的担当主体，受仲裁协议之拘束，债权人不知或者不顾仲裁协议之存在向法院提起代位权诉讼的，次债务人可以在首次开庭前向法院提交仲裁协议并提出异议，异议成立的，法院应当驳回债权人的起诉；但次债务人在首次开庭前未对法院受理该案件提出异议的，视为放弃仲裁协议，法院应当继续审理案件。债务人与次债务人在债权人提起代位权诉讼后签订仲裁协议的，次债务人以仲裁协议提出异议的，法院应当予以驳回，其理由是债权人已经现实地代位债务人向法院行使诉讼实施权，因此基于或裁或审的原则，在债权人行使代位权的额度范围内，作为被担当人的债务人无权再与次债务人签订仲裁协议。

（2）实体权利义务的意定担当主体。实体权利义务的意定担当主体，是指根据实体权利义务归属主体或者继受主体的授权而获得为了维护他人合法权益而以自己名义申请或者被申请仲裁的民事法律关系主体以外的第三人。民事法律关系主体既可以将其纠纷管理权概括性移转给第三人，也可以仅将其仲裁实施权授予第三人。考虑到仲裁的特殊性，民事法律关系主体将其仲裁实施权授予第三人必须经过相对方的同意，通常表现为双方当事人在合同中明确授权第三人以自己名义与合同相对方进行仲裁活动。在涉外商事纷争解决中，实体权利义务的意定担当主体充当适格仲裁当事人有助于节约仲裁成本和提高仲裁效率，最为显著的是，可以避免涉外仲裁中可能涉及的认证程序或公证程序。

第二节　仲裁第三人

一、仲裁第三人的界定

（一）仲裁第三人的概念

仲裁第三人，是指对仲裁当事人及其继受人争议的仲裁标的认为自己有独立的请求权，或虽无独立的请求权，但案件的处理结果与其存在法律上的利害关系，在仲裁程序开始之后，为保护自己的合法权益而参加到正在进行的仲裁程序中的非仲裁协议签约人。

（二）仲裁第三人的特征

1. 仲裁第三人必须是签订仲裁协议的当事人以外的其他主体。作为仲裁第三人的形式特征，只有签订仲裁协议以外的主体才存在充当仲裁第三人的空间。签订有效仲裁协议的主体对仲裁标的享有纠纷管理权，可以当事人的身份直接参加仲裁活动。

2. 仲裁第三人不是发生争议业已提交仲裁的民事法律关系主体。在仲裁程序中变更申请人或者被申请人的，并不会因此导致仲裁当事人复数化，故不可能构成仲裁第三人。在仲裁程序中追加遗漏的申请人或者被申请人的，尽管一方或者双方当事人呈现复数化，但仍属于传统意义上的双边仲裁，不构成仲裁第三人。案外人以共同申请人或共同被申请人身份参加仲裁活动的，不构成仲裁第三人制度的适用情形。

3. 仲裁第三人与仲裁当事人之间存在法律关系的牵连性，表现为仲裁第三人与仲裁标的或者仲裁结果之间具有法律上的利害关系。仲裁第三人与仲裁当事人之间在实体法上存在的牵连关系是创设仲裁第三人制度的根基所在，这种牵连关系形态与诉讼第三人和诉讼当事人之间的牵连形态是一致的，即仲裁第三人“认为对仲裁标的或者仲裁结果存在独立的请求权，或虽无独立的请求权，但仲裁结果可能与其有法律上的利害关系”。

4. 只有在仲裁程序开始之后加入仲裁程序的案外人才是仲裁第三人。仲裁程序开始于仲裁申请。在当事人申请仲裁之前，双方当事人同意第三人参加仲裁程序的，实质上是以多方当事人达成的新仲裁协议代替原有的双边仲裁协议。在仲裁申请后至仲裁庭组成之前，双方当事人共同申请或者一方当事人申请或者案外人申请适用仲裁第三人制度的，应当由仲裁委员会作出决定，仲裁庭组成之后才申请第三人参加仲裁活动的，通常由仲裁庭作出决定，但也有部分仲裁委员会的仲裁规则规定该种情形应由仲裁委员会决定。

5. 仲裁第三人加入仲裁程序必须是由仲裁当事人一方或多方提出申请，或者经过仲裁当事人一方或多方的同意。由于仲裁是基于仲裁当事人的合意而发生的，因此，仲裁第三人参加仲裁程序必须基于各方仲裁当事人的合意或者某方仲裁当事人的意愿。各方当事人均同意第三人参加仲裁活动的，可以视为达成多方仲裁协议，其并不违反仲裁法的基本原理。

（三）仲裁第三人的类型

根据仲裁第三人与仲裁当事人之间的牵连关系，参考民事诉讼的法理，仲裁第三人可以区分为：有独立请求权的仲裁第三人以及无独立请求权的仲裁第三人，其中，有独立请求权的仲裁第三人应当作目的性扩张解释，而无独立请求权的仲裁第三人则应当区分为辅助型无独立请求权仲裁第三人和被告型无独立请求权仲裁第三人。[①] 鉴于我国《仲裁法》及国内各大仲裁委员会的仲裁规则并没有对仲裁第三人的类型作出规定，为此本章不作详细介绍，其具体内容可以参照民事诉讼相关法理和规定。

（四）仲裁第三人与相关概念的关系

1. 仲裁第三人与仲裁协议第三人。仲裁第三人与仲裁协议第三人两个概念之间不能完全等同。两者的区别在于：仲裁协议第三人是从仲裁协议本身出发，即未在仲裁协议上签字但又受仲裁协议拘束而参加仲裁程序的主体。仲裁第三人则从仲裁程序出发，即本案仲裁标的所指向民事法律关系主体以外参加仲裁程序的主体。这种区别表现为：一方面，仲裁协议第三人未必是仲裁第三人。未在仲裁协议上签字的主体有可能是系争民事法律关系的归属或者继受主体，而在仲裁协议上签字的主体可能仅仅是发生争议的实体权利义务担当人。另一方面，仲裁第三人也未必是仲裁协议第三人。在仲裁法学界，有观点以仲裁协议第三人概念代替仲裁第三人概念，并以仲裁协议的合同相对性简化案外人参加仲裁程序相关理论和制度，这种观点试图利用实体法上的合同相对性例外原理作为案外人参加仲裁程序的正当性基础。实际上，仲裁协议与普通民事合同之间存在显著的区别：仲裁协议具有排除司法审判权的程序法效力，过分贯彻仲裁协议的相对性有可能会侵犯他人固有的寻求司法救济的基本权利。

2. 仲裁第三人与诉讼第三人。仲裁第三人与诉讼第三人存在本质上的共通性，具有相似的制度设置原因和根据，都是基于民事法律关系的复杂性和牵连性以及纠纷一次性解决的目标而允许案外人参加仲裁程序，彰显纠纷解决的公正与效率双重

① 张卫平教授对我国有独立请求权的第三人和无独立请求权的第三人制度与传统大陆法系的主诉讼参加（独立诉讼参加）、从诉讼参加（辅助诉讼参加）以及美国法上的“作为权利的诉讼参加……‘任意的诉讼参加’”进行过详尽的比较研究，并将我国所谓的“无独立请求权的第三人”进一步类型化为“被告型无独立请求权的第三人”与“辅助型无独立请求权的第三人”。张卫平．“第三人”：类型划分及展开．张卫平．民事程序法研究（第一辑）．中国法制出版社，2004：8-97.

价值。然而，仲裁第三人与诉讼第三人之间仍然存在显著的区别：（1）两者对案外人参加纠纷解决程序是否符合当事人意志的关注程度不同。在诉讼程序中，有独立请求权第三人提起参加之诉不受双方当事人意志的影响，而无独立请求权第三人也可以仅依据法院通知参加诉讼活动。在仲裁程序中，未经双方当事人同意申请参加他人之间进行的仲裁程序的，第三人能否参加仲裁程序存在普遍的争议。（2）案外人知悉纠纷解决事项的可能性不同。民事诉讼以公开审理为原则，与纠纷解决结果存在利害关系的第三人知悉仲裁事项的可能性相对较高，而仲裁由于采取不公开的原则，第三人知悉诉讼事项的可能性则较低。（3）能否被判决承担民事责任不同。无独立请求权第三人存在被告型和辅助型之分，前者可能被判决承担民事责任。与此不同，由于实施仲裁的基础在于仲裁协议，被追加的第三人未经签订仲裁协议不得被裁决其承担民事责任。（4）后续救济途径不同。在民事诉讼中，有独立请求权第三人以及被判决承担民事责任的无独立请求权第三人可以通过上诉和申请再审等方式获得救济，未被判处承担民事责任的无独立请求权第三人则不能提起上诉和申请再审。仲裁中的第三人，后续救济包括申请撤销仲裁裁决和申请不予执行仲裁裁决。

二、仲裁第三人的争论

仲裁第三人制度，在我国理论界和仲裁实践中一直存在较大争议，一方面，仲裁实践中经常会面临第三人申请参加仲裁或仲裁庭需要追加第三人参加仲裁，否则仲裁裁决会造成客观上损害第三人利益的情形；另一方面，由于仲裁活动必须以仲裁协议为基础，没有签订仲裁协议的第三人参加仲裁活动违背了仲裁制度的基本原理，无法在理论上自洽。从目前的争论来看，对仲裁第三人的看法主要有以下几种观点：

（一）仲裁第三人制度肯定说

鉴于仲裁程序对诉讼程序具有相当程度的替代性纠纷终局解决功能，不少学者将民事诉讼第三人制度的概念和理论套用于仲裁第三人制度。根据第三人与系争标的之间是否存在独立请求权，这些学者将仲裁第三人分为有独立请求权仲裁第三人和无独立请求权仲裁第三人，并以仲裁协议效力扩张作为仲裁第三人未经仲裁当事人同意强行参与仲裁程序的正当性基础。

（二）仲裁第三人制度否定说

否定说认为，仲裁当事人具有封闭性，仲裁申请人和被申请人由仲裁协议所决定并于仲裁程序开始时就已确定，未经当事人变更仲裁协议增加仲裁当事人，仲裁当事人不能发生变更。根据该观点，仲裁程序不存在仲裁第三人的概念，只要双方当事人签订仲裁协议，就可以将与案件相关主体统统排除在纠纷解决程序之外。他们认为，尽管实践中存在第三方对仲裁事项享有独立请求权或者与仲裁结果存在法律上的利害关系，但他们没有参与仲裁协议的订立，仲裁当事人也不愿意与其进行仲裁，所以不能强行将他们卷入仲裁，也不能允许他们强行闯入仲裁。

（三）仲裁第三人制度折中说

折中说认为，仲裁第三人参加仲裁程序具有现实价值和意义，但考虑到仲裁程序的封闭性，第三人参加仲裁程序应当获得双方当事人的同意并经仲裁庭同意，或者只需要获得一方当事人的同意并经仲裁庭同意，甚至仲裁庭可以违背双方当事人意愿同意第三人参加仲裁程序。持该说的学者普遍认为，鉴于仲裁第三人并不负有参加仲裁程序的义务，仲裁当事人和仲裁庭不能强制未签订仲裁协议的第三人参加仲裁程序，并裁决其承担责任。

（四）仲裁第三人制度现有学说的评析

我们认为，现实中民事法律关系是复杂多样的，发生争议并提交仲裁的民事法律关系涉及有关第三人利益的法律问题是不可避免的。因此，仲裁第三人制度在客观上存在参与仲裁案件处理的积极性和必要性。然而，由于仲裁以当事人的自愿性为核心，表现在仲裁前签订仲裁协议，这是仲裁程序正当性的保障。如果仅仅为了实现“纠纷一次性解决”的目标和提高仲裁的纠纷解决效率，而无视仲裁的自愿性根基，这显然是混淆了仲裁程序与诉讼程序，无视仲裁程序的特殊性。为此，不能因为存在案外人参加仲裁程序的客观需求而违背仲裁的基本原理。因此，案外人申请参加仲裁程序通常需要经过双方当事人的同意，特殊情形下也可以不经当事人同意由仲裁庭裁定批准。

第三节 仲裁代理人

一、仲裁代理人的概念和特征

（一）仲裁代理人的概念

仲裁代理人，是指根据法律的规定或者接受当事人或其法定代理人的委托，在仲裁程序中以被代理的仲裁当事人的名义，为维护被代理的仲裁当事人的合法权益，在代理权限范围内代理一方当事人进行仲裁活动的人。

（二）仲裁代理人的特征

仲裁代理人具有以下特征：

1. 仲裁代理人必须以被代理的仲裁当事人的名义实施仲裁行为。仲裁当事人通常是系争实体权利义务归属主体，而仲裁代理人只是代理仲裁当事人进行仲裁活动，并不承担仲裁活动产生的任何法律后果。从代理的基本法理出发，仲裁代理人实施的仲裁行为都必须以被代理人的名义进行，并接受被代理的仲裁当事人的监督。

2. 仲裁代理人代为实施仲裁行为的目的在于维护被代理的当事人的合法权益。仲裁代理人参加仲裁活动的制度功能在于维护被代理的仲裁当事人的程序性和实体性权益。仲裁代理人与仲裁案件之间不存在直接利害关系，为激励其妥善行使仲裁实施权，被代理的仲裁当事人通常需要向其提供必要的报酬，并监督其妥善维护被代理的仲裁当事人的合法权益。

3. 仲裁代理人在代理权限范围内实施的仲裁行为所产生的法律后果由被代理的仲裁当事人承担。仲裁代理人参加仲裁程序的制度功能在于维护被代理人的合法权益，在代理权限范围内以被代理人名义实施的仲裁行为所产生的法律后果均应当由被代理的仲裁当事人承担。

4. 在同一案件的仲裁程序中，代理人只能代理一方当事人进行仲裁活动，而不能同时代理双方当事人参加仲裁活动。双方当事人在仲裁程序中处于矛盾状态，为了确保被代理一方当事人的合法权益，仲裁代理人在仲裁程序中不得同时代理对立的双方当事人进行仲裁活动。

二、仲裁代理人的种类

根据《仲裁法》第二十九条的规定，仲裁代理人分为法定仲裁代理人和委托仲裁代理人两种类型。法定仲裁代理人的代理权限来自法律的直接规定，而委托仲裁代理人的代理权限来自仲裁当事人或其法定代理人的委托授权。

（一）法定仲裁代理人

法定仲裁代理人，是指根据法律规定行使代理权的人。对于不完全民事行为能力人，由于不具有独立进行意思表示的能力或者因其存在精神障碍而失去独立进行意思表示的能力，立法者授权对仲裁当事人负有保护职责的主体代理其参加仲裁程序。

根据我国《民法典》的相关规定，未成年人的法定代理人包括：父母，祖父母、外祖父母，兄、姐，经未成年人住所地的居民委员会、村民委员会或者民政部门同意的其他愿意担任监护人的个人或者组织。无民事行为能力或者限制民事行为能力的成年人的法定代理人包括：配偶，父母、成年子女，经被监护人住所地的居民委员会、村民委员会或者民政部门同意的其他愿意担任监护人的个人或者组织。

根据民事代理制度的一般原理，法定代理人对其所代理的当事人通常享有亲权或者监护权，故法定代理人的代理权限与被代理人的权利几乎是等同的。法定代理人不仅享有仲裁程序中的一般性权利，而且可以根据其本人意愿处分被代理人的实体性权利，如承认、变更、放弃仲裁请求、请求或接受和解或调解。

法定代理人与被代理仲裁当事人之间存在的身份关系通常足以确保法定代理人在仲裁活动中妥善维护被代理人的合法权益，但例外情形下也存在法定代理人损害被代理人合法权益的可能，仲裁机构应当对法定代理人的代理行为进行必要的监督。

法定代理人制度的目的在于弥补仲裁当事人在仲裁行为能力方面的不足，在法定代理人自身丧失仲裁行为能力或者仲裁当事人取得、恢复仲裁行为能力的情形下，法定代理人即不再具备代为参加仲裁程序的法定代理权限。

（二）委托仲裁代理人

委托仲裁代理人，是指基于委托代理关系，在仲裁当事人或其法定代理人的授权范围内行使代理权的人。委托仲裁代理人的范围较广，仲裁当事人及其法定代理人可以自由地聘请任何符合法律规定条件的自然人为仲裁代理人，授权其以仲裁当事人名义参加仲裁程序。

我国《仲裁法》第二十九条规定："当事人、法定代理人可以委托律师和其他代理人进行仲裁活动。委托律师和其他代理人进行仲裁活动的，应当向仲裁委员会提交授权委托书。"参照民事诉讼中的委托代理制度，授权委托书应当载明委托事项和权限。由委托代理人代为承认、放弃、变更仲裁请求，进行和解，提出反请求，应当有被代理人的特别授权，代理权限若有变更或者解除，委托人应当书面告知仲裁委员会或者仲裁庭，仲裁委员会或者仲裁庭再通知对方当事人。当事人提交的书面授权委托书中仅授予仲裁代理人进行一般代理的权限或者没有明确约定委托代理权限范围的，仲裁代理权限则仅包括申请仲裁、进行答辩、申请回避、调查证据、参加仲裁开庭并进行陈述和辩论等，而不包括代为承认、放弃、变更仲裁请求、与对方当事人进行和解或者调解、提出反请求等需要被代理人特别授权的权限。

与《民事诉讼法》第五十八条明确规定委托诉讼代理人的人数以及担任诉讼代理人的条件不同，《仲裁法》并没有明确限制委托仲裁代理人的人数以及担任仲裁代理人的条件。国内各大仲裁机构的仲裁规则在代理人制度方面的规定也不尽相同。在仲裁代理人的人数限制方面，有的仲裁规则对委托代理人的人数没有相应的限制；有的仲裁规则参照诉讼代理制度规定当事人或其法定代理人原则上只能委托1~2名仲裁代理人；有的仲裁规则规定仲裁代理人可以在2人以上。与委托仲裁代理人的人数限制规则不同，在担任仲裁代理人的条件方面，国内各大仲裁机构的仲裁规则具有共通性，均不额外设置担任仲裁代理人的资格条件，即不管是否具备律师资格，不管是中国公民还是外国公民，只要不存在法定回避事由且具有完全民事行为能力，均可以接受委托，担任仲裁代理人。

在仲裁程序中，被代理人有权变更或者解除代理权，代理人也有权辞去委托。无论是仲裁当事人变更、解除代理人抑或仲裁代理人辞去委托，委托人都应当书面告知仲裁机构，以便其通知对方当事人。委托仲裁代理人的事项或权限变更或者解除并不影响仲裁机构收到通知前已经进行的仲裁程序的效力。

第二十七章　仲裁协议

第一节　仲裁协议概述

一、仲裁协议的概念和特征

（一）仲裁协议的概念

仲裁协议可谓仲裁制度的基石。对于仲裁协议的概念，目前国内外立法和仲裁规则尚无统一的定义。理论上对仲裁协议应当包含的元素基本上已经形成了一定共识，这些元素包括：双方当事人提交仲裁解决纠纷的合意、提交仲裁的事项、仲裁的方式、书面协议。对于仲裁协议的概念，本书认为定义如下：仲裁协议是当事人之间达成的，旨在将特定的民商事法律关系所涉事项以仲裁的方式及以具体的仲裁形式解决纠纷的书面协议。

（二）仲裁协议的基本特征

仲裁协议的基本特征包括：

1. 仲裁协议具有自治性和合意性。仲裁协议作为协议的一种，是当事人之间自愿就某一事项达成一致的意思表示。

2. 仲裁协议的内容是对纠纷解决途径的约定。仲裁协议与一般民商事合同的区别在于，一般民商事合同通常是对实体权益的处分，而仲裁协议约定内容的对象是已经产生或将来可能产生的纠纷的具体解决方式。理论上，一般认为仲裁协议属于程序性契约。仲裁协议的这种约定，并不是直接影响民商事实体权益的内容，而是表现为自愿放弃了寻求司法救济的权利。

3. 仲裁协议所处分的客体范围受法律限制。各国法律、仲裁规则，乃至国际公约，对于提交仲裁解决的争议事项都有限制。究其原因，由于民商事仲裁作为一种社会自治性的民间纠纷解决途径，不可能涵盖公力救济的全部法律事务，否则将影响整个社会秩序和现代国家的权力特性。比如，可仲裁事项一般被限定于当事人可以自行处分的法律争议，表现为主体私益上的争议，而需要公权力介入的身份权和涉及社会公共利益的事项，由于当事人无权处分，这类纠纷也就不能提交仲裁解决。

4. 仲裁协议的形式是书面的。仲裁协议必须以书面形式订立，作为一项基本要求仍未改变，无论其表现为仲裁条款，还是独立的仲裁协议，也无论其载体为传统的纸质文件，还是现代的电子文档。

二、仲裁协议的性质

关于仲裁协议的性质，理论上也存在争议。仲裁性质的主要学说有：

(一) 程序法契约说

该学说认为，仲裁协议是程序法上的契约，有别于实体法上的契约：首先，实体法上的契约以当事人的实体权利义务为内容，但在仲裁协议中，当事人双方处分的并非实体法上的权利义务，其内容更类似于诉讼权利义务。仲裁协议的存在排除了法院对仲裁事项的管辖权，亦即当事人在仲裁协议中处分了诉权，而在现代社会的司法体制下，一般认为诉权应当属于程序法调整的范畴。其次，当事人签订仲裁协议的最终目的是通过仲裁的方式解决争议，而实体法契约的最终目的则为通过履行合同实现当事人预期的利益。

(二) 实体法契约说

该学说从“私法行为说”出发，认为仲裁协议依然属于实体法上的契约。该学说认为，仲裁行为同一般的私法行为并无不同，当事人在仲裁协议中处分自己的权利义务，当然属于私法范畴。此外，仲裁协议更多地受到实体法的规范，而不是受程序法规范。契约的法律性质不应当取决于契约的内容，而应当取决于其形式条件和约束效力。

(三) 混合型契约说，又称为折中说

该学说认为，仲裁协议同时兼具实体法契约和程序法契约的性质，在有些方面受实体法规范，如协议的成立、效力等；在另一些方面则受程序法约束，如仲裁协议排除法院对仲裁事项的管辖权问题等。

(四) 独立类型契约说

该学说认为，仲裁协议是在实践中发展起来的一种新型的特殊类型契约，它兼具实体法契约和程序法契约的性质，不能被归类到实体法契约或程序法契约类型之下，属于独立的契约类型。

我们认为，根据契约指向的主要客体，如果在理论上区分为实体法契约与程序法契约的话，那么根据仲裁协议的客体和功能，将其视为程序法契约更为合理。虽然调整仲裁协议成立和生效的要件仍需适用实体法上的规范，但是一方面仲裁协议有其特殊的生效要件，另一方面实体法上的这些规范属于关于契约成立和生效方面的要件，既可适用于实体法契约也适用于程序法契约，只是这些规范被规定在实体法典当中，产生其属于实体法规范的错觉。

第二节　仲裁协议的内容和形式

一、仲裁协议的内容

不同国家对仲裁协议应必备的内容有不同的规定。以我国《仲裁法》为例，仲裁协议应当包括以下内容：

（一）提交仲裁的意思表示

当事人必须在仲裁协议中体现仲裁的纠纷解决方式。请求仲裁的意思表示应当符合民商事实体法中关于合同有效的一般要件，包括：第一，必须是当事人双方共同的意思表示；第二，应当是双方真实的意思表示，不存在胁迫、欺诈、重大误解等情形。

在仲裁实践中，为了避免对此问题发生争议，各仲裁机构的示范仲裁条款中会对此作出规定。例如，北京仲裁委员会的示范条款为“因本合同引起的或与本合同有关的任何争议，均提请北京仲裁委员会/北京国际仲裁中心按照其仲裁规则进行仲裁。仲裁裁决是终局的，对双方均有约束力”。其中“……提请北京仲裁委员会……对双方均有约束力”的表述就是双方仲裁合意的表现。

（二）仲裁事项

仲裁事项，是指当事人在仲裁协议中约定的、通过仲裁解决的争议的内容。仲裁机构只能在仲裁协议约定的仲裁事项范围内进行裁决。超出此范围的裁决，属于超裁；出现超裁事项的，经一方当事人申请，法院可以撤销或者不予执行。如果当事人在仲裁协议中未约定仲裁事项，仲裁协议缺少必要元素，仲裁机构将会以仲裁协议不具有可执行性而拒绝对案件进行审理和裁决。我国《仲裁法》第十八条规定，仲裁协议对仲裁事项没有约定或者约定不明确的，并非必然无效。此时当事人可以签订补充协议；达不成补充协议的，仲裁协议无效。关于仲裁事项的约定，需要注意以下问题：

1. 约定的仲裁事项具有可仲裁性，即仲裁事项为仲裁地国家仲裁立法所允许以仲裁方式解决的争议，或者至少属于法律未作禁止性规定的事项。各国法律中或多或少都会规定一些不可仲裁的事项，这主要取决于各国政策的考虑。

我国《仲裁法》第二条规定：“平等主体的公民、法人和其他组织之间发生的合同纠纷和其他财产权益纠纷，可以仲裁。”《仲裁法解释》第二条进一步规定：“当事人概括约定仲裁事项为合同争议的，基于合同成立、效力、变更、转让、履行、违约责任、解释、解除等产生的纠纷都可以认定为仲裁事项。”此外，我国《仲裁法》第三条对仲裁事项作出了禁止性规定，即婚姻、收养、监护、扶养、继承纠纷以及依法应当由行政机关处理的行政争议不能进行仲裁。

2. 仲裁事项的特定性。仲裁权具有排除司法管辖权的特征，如果允许当事人广泛地排除司法管辖权，必然会对司法权的权威构成损害或严重侵害当事人的合法权益。因此，仲裁的事项必须特定。不论双方的争议在签订仲裁协议时是否已经发生，都必须在仲裁协议中明确约定仲裁事项的特征，使仲裁权被限定在具体的范围之内。例如，当事人约定因合同履行过程中发生的争议应当提交仲裁，如果当事人实际发生的争议乃合同的效力问题，则该事项由于不属于约定的仲裁事项不能被提交仲裁。这明显地违背了当事人的意愿，同时也不利于仲裁制度的发展。因此，仲裁协议的事项范围应当要被限定，但也不能过分强调其特定性，特别是对于在纠纷发生前订立的仲裁协议，只需要相对特定的范围即可。因此，在仲裁示范条款中通常将仲裁事项表述为“因本合同引起的争议”或“凡因本合同引起的争议或与本合同有关的一切争议”，等等。

《仲裁法解释》第二条对此类概括性的约定作出了明确的规定，即当事人概括约定仲裁事项为合同争议的，基于合同成立、效力、变更、转让、履行、违约责任、解释、解除等产生的纠纷，都可以认定为仲裁事项。

(三) 选定的仲裁委员会

仲裁协议中仲裁委员会的约定应当明确、具体，即根据仲裁协议的内容就能确定某一具体的仲裁委员会。我国《仲裁法》第十八条规定，仲裁协议对仲裁委员会没有约定或者约定不明确的，当事人可以签订补充协议；达不成补充协议的，仲裁协议无效。

随着仲裁实践的发展，法律上对仲裁协议中有关选定仲裁委员会内容的要求有日渐放宽的趋势，当事人意思自治的原则得到了更加充分的体现。对那些尽管当事人在仲裁协议中对仲裁委员会的选择模糊的情况，只要从仲裁协议的内容中能够推断出当事人所选择的仲裁委员会的，仍然应当认定仲裁协议有效。

二、仲裁协议的形式

各国法律和国际公约一般均要求仲裁协议以书面形式订立，否则仲裁协议无效。例如，1958 年《纽约公约》第二条规定：“一、当事人以书面协定承允彼此间所发生或可能发生之一切或任何争议，如关涉可以仲裁解决事项之确定法律关系，不论为契约性质与否，应提交仲裁时，各缔约国应承认此项协定。二、称‘书面协定’者，谓当事人所签订或在互换函电中所载明之契约仲裁条款或仲裁协定。……”这为仲裁协议形式上要求提供了国际法上统一的准则，但对“书面形式”的规定相对比较严格，形式较为单一。随着时间的推移，1985 年《联合国国际商事仲裁示范法》第七条规定：仲裁协议应是书面的。协议如载于当事各方签字的文件中，或载于往来的书信、电传、电报或提供协议记录的其他电讯手段中，或在申诉书和答辩书的交换中当事一方声称有协议而当事他方不否认即为书面协议。在合同中提出参照载有仲裁条款的一项文件即构成仲裁协议，如果该合同是书面的而且这种参照足以使该仲裁条款构成该合同的一部分的话。《联合国国际商事仲裁示范法》扩大了书面仲裁协议的范围。

我国法律同样规定了仲裁协议必须以书面的形式订立。我国《仲裁法》第十六条规定，仲裁协议可以采用仲裁条款或者其他书面形式订立。从上述规定可见，虽然我国法律规定仲裁协议应当采用书面形式，但书面形式的范围已经作出较大的扩张，可及于“其他书面形式”这一充满发展可能性的概念之下。具体而言，我国所谓的“书面”形式可包括以下类型：

（一）合同中的仲裁条款

合同中的仲裁条款，是指当事人在争议发生之前，在主合同中订立的表示愿意将其将来可能发生的法律争议提交仲裁机构进行仲裁解决的协议。它以合同条款的形式存在，因此被称为仲裁条款。

（二）仲裁协议书

仲裁协议书，是指当事人在争议发生之前或者之后订立的，同意将争议提交仲裁机构进行仲裁解决的单独协议。与仲裁条款相比，仲裁协议书是完全独立存在的，不受主合同的约束，而且当事人在仲裁协议书中所约定的仲裁事项范围不仅限于合同纠纷，也包括其他财产权益纠纷。

（三）其他书面形式的仲裁协议

在仲裁实践中，仲裁条款和仲裁协议书是仲裁协议最普遍的存在形式，但是随着现代通信技术和电子商务的发展，采用其他方式订立仲裁协议的当事人日益增多，如信函、电报、电传、传真、电子数据交换和电子邮件等方式。尤其是采用电子数据交换（EDI）的形式订立合同时，由于在网络上传送数据电文通常不附具签名，即使签名也只是数字签名。随着社会信息化的发展，目前在仲裁实践中普遍认为：双方通过互换等方式相互告知各自的意向并达成一致，其互换文件本身即构成了相互同意的关系，即使没有当事人的签署也具有形式效力。虽然我国《仲裁法》中对“其他书面方式”的范围未作进一步的规定，但是我国《民法典》第四百六十九条第三款规定：“以电子数据交换、电子邮件等方式能够有形地表现所载内容，并可以随时调取查用的数据电文，视为书面形式。”另外，《仲裁法解释》第一条对此更作出了明确的规定：“其他书面形式”的仲裁协议，包括以合同书、信件和数据电文（包括电报、电传、传真、电子数据交换和电子邮件）等形式达成的请求仲裁的协议。

（四）当事人以援引方式达成的仲裁协议

当事人以援引方式达成的仲裁协议，是指当事人之间并没有直接订立仲裁协议，而是在合同中援引包含仲裁条款的合同、票据或其他书面文件，将其作为仲裁的依据。合同中援引的有关文件同样被视为双方合意的内容，构成了合同的组成部分，因而当事人之间存在仲裁协议当无疑问。其规范依据分别是《联合国国际商事仲裁示范法》第七条第二款规定，在合同中援引载有仲裁条款的一项文件即构成仲裁协议，但该合同须是书面的而且这种援引足以使该仲裁条款构成该合同的一部分。我国《仲裁法解释》第十一条规定："合同约定解决争议适用其他合同、文件中的有效仲裁条款的，发生合同争议时，当事人应当按照该仲裁条款提请仲裁。涉外合同应当适用的有关国际条约中有仲裁规定的，发生合同争议时，当事人应当按照国际条约中的仲裁规定提请仲裁。"

第三节　仲裁协议的成立和效力

合同的成立一般是指当事人之间因达成协议而建立起合同的关系；合同的生效，是指已经成立的合同因符合法定要件而对当事人具有法律约束力。合同成立与合同的生效不同，合同成立并不意味着合同必然具有法律效力，但具有法律效力的合同必然是已经成立的合同，大多数的合同通常成立即告生效。如前所述，仲裁协议属于诉讼契约，即合同的一种，其成立与生效要件与实体法上的合同有共性，但由于其诉讼契约的属性，其成立与生效要件又有特殊之处。

一、仲裁协议的成立要件

仲裁协议只有具备《仲裁法》和《民法典》等法律所要求的最低限度的因素以后，才能被认为已成立。根据《仲裁法》和《民法典》第三编的规定，仲裁协议的成立应当具备以下要件：

（一）存在缔约的当事人

缔约的当事人，是指实际订立仲裁协议并希望受仲裁协议约束的主体。根据《仲裁法》第二条的规定，能够订立仲裁协议的当事人，是民商事关系的主体即地位平等的公民、法人和其他组织。当有两方以上利益对立的民商事主体存在，并订立仲裁协议，仲裁协议才有可能成立。

（二）当事人达成将争议事项提交仲裁的合意

如前所述，仲裁协议是当事人之间达成的，旨在将特定的民商事法律关系所涉事项以仲裁的方式及以具体的仲裁形式解决纠纷的书面协议。仲裁与诉讼的重大区别在于仲裁必须以当事人的授权而取得其管辖权，而且该管辖权具有排除诉讼的效力。因此，这里的当事人授权必须是各方当事人共同的、一致的授权，内容除需要包括将纠纷交予仲裁的意思表示外，还需要明确交予仲裁的具体内容，即需要仲裁的事项，两项内容缺一不可。

（三）仲裁协议的达成通常要经过要约和承诺阶段

经过要约与承诺这一要件属于所有协议达成必须具有的要件，即一般要件。我国《民法典》第四百七十一条规定：“当事人订立合同，可以采取要约、承诺方式或者其他方式。”在达成仲裁协议的过程中，同样需要经过一方发出意图与他人达成仲裁协议的要约，另一方对此要约予以承诺的过程。如果一方并不完全或无条件地同意仲裁协议的具体内容，如对选定的仲裁委员会有不同的意见，那么这方所作出的意思表示不是承诺，而是新的要约。可见，对仲裁协议成立过程中当事人意思表示的解释，仍然需要借用实体法上的相关规定和理论内容。

二、仲裁协议的效力

（一）仲裁协议的生效要件

根据《民法典》以及《仲裁法》的相关规定，在我国仲裁协议应当具备主体要件、实质要件和形式要件三大类。

1. 主体要件。1958 年《纽约公约》第五条第一款和《联合国国际商事仲裁示范法》第三十六条第一款都规定，仲裁协议当事人无行为能力时所签订的仲裁协议无效，经一方当事人的申请可拒绝承认和执行。我国《仲裁法》第十七条第（二）项对此规定更加严格，明确要求当事人具备完全民事行为能力，无民事行为能力人或限制民事行为能力人订立的仲裁协议无效。仲裁协议主体要件的这一规定与实体法中关于无民事行为能人或限制民事行为能力人其民事行为效力的规定有一定区别，实体法中无民事行为能力人与限制民事行为能力人所订立的合同并非绝对无效，如订立的合同与限制民事行为能力人年龄或智力相适应的其合同有效。仲裁协议这种绝对性规定原因在于仲裁协议属诉讼契约，此类契约是对纠纷解决方式这种专业问题的专门约定，而且具有排除诉讼的效果，会影响当事人寻求司法救济的基本权利，因此对当事人的民事行为能力方面的要求比一般的合同更高，一旦缔约人不是完全民事行为能力人，则其订立的仲裁协议一律无效。

2. 实质要件。仲裁协议的实质要件主要涉及的是仲裁协议的内容。根据《仲裁法》第十六条的规定，仲裁协议应当具备三项基本内容：请求仲裁的意思表示、仲裁事项和选定的仲裁委员会。此外，仲裁协议中有关仲裁规则和仲裁地点的约定也可能影响仲裁协议的效力。对仲裁协议的内容问题，在本章第二节“仲裁协议的内容和形式”部分已经作出解释，于此不再赘述。

3. 形式要件。仲裁协议的形式要件，即仲裁协议存在的形式。无论是国际公约还是国内法，一般均要求仲裁协议以书面形式存在。其原因在于以书面形式存在的仲裁协议更易于被证明和确定当事人关于仲裁的真实意思表示。至于书面形式的具体内容，本章第二节“仲裁协议的内容和形式”也已展开说明，于此不再赘述。

(二) 效力范围

仲裁协议的效力范围，指的是仲裁协议对主体的效力范围，体现为对当事人的效力、对仲裁机构的效力以及对法院的效力三个方面。

1. 仲裁协议对当事人的效力。仲裁协议对当事人的拘束力主要体现在：当仲裁事项发生争议时，任何一方均无权选择到约定的仲裁机构进行仲裁以外的救济途径。因此，如果一方当事人将仲裁事项诉诸法院，对方当事人可依仲裁协议向法院提出管辖权异议。

2. 仲裁协议对仲裁机构的效力。仲裁机构对仲裁事项的管辖权基于当事人授权而产生。仲裁协议是仲裁机构受理仲裁案件的基础，是仲裁庭审理和裁决的依据。我国《仲裁法》第四条规定："……没有仲裁协议，一方申请仲裁的，仲裁委员会不予受理。"同时，仲裁协议也限制仲裁的范围，仲裁庭只能对当事人在仲裁协议中约定的仲裁事项进行仲裁，对仲裁协议约定范围之外的其他争议无权仲裁。此外，如仲裁协议中对仲裁规则或仲裁程序有约定的，该协议还将对仲裁权的行使方式产生影响，仲裁程序的进行须受此协议的约束。

3. 仲裁协议对法院的效力。仲裁协议同样对法院具有拘束力，表现为仲裁协议排除法院对仲裁事项的司法审判权。当事人将仲裁协议中约定的纠纷起诉到人民法院时，法院应当不予受理。我国《民事诉讼法》第一百二十四条第（二）项和《仲裁法》第五条、第二十六条规定，对于存在书面仲裁协议的案件，法院应当不予受理，告知当事人向仲裁机构申请仲裁。如果一方当事人向法院起诉时未声明存在仲裁协议，法院受理后，另一方当事人在首次开庭前提交仲裁协议的，法院应当驳回起诉，但仲裁协议无效的除外；另一方在首次开庭前未对法院受理该案提出异议的，视为放弃仲裁协议，法院应当继续审理。根据《仲裁法解释》第十三条的规定："依照仲裁法第二十条第二款的规定，当事人在仲裁庭首次开庭前没有对仲裁协议的效力提出异议，而后向人民法院申请确认仲裁协议无效的，人民法院不予受理。仲裁机构对仲裁协议的效力作出决定后，当事人向人民法院申请确认仲裁协议效力或者申请撤销仲裁机构的决定的，人民法院不予受理。"此外，仲裁协议对司法审判权的排除效力还表现在：仲裁实行一裁终局制，在仲裁裁决作出后即使当事人不服仲裁裁决的，只能向人民法院提出撤销仲裁裁决申请而不能提起上诉或针对已裁决的事项再次提起诉讼。

我国法律规定，对于当事人约定争议可以向仲裁机构申请仲裁也可以向人民法院起诉的，原则上该仲裁协议无效。或裁或审是《仲裁法》和《民事诉讼法》的强制性规定，当事人的约定无法改变其效力。然而，由于实践中承认默示仲裁协议的效力，即一方向仲裁机构申请仲裁，另一方未在《仲裁法》第二十条第二款规定期间内提出异议的，仍然认为该仲裁协议有效。基于同样的原因，只要存在书面的仲裁协议，当事人也无法以默示的方式变更或者解除仲裁协议。例如，一方当事人将仲裁事项涉及的纠纷起诉到人民法院，即使对方当事人未向法院主张管辖权异议，法院也不会因对方当事人的默示行为而获得对仲裁事项的审判权，因为审判权属于法院依职权审查的诉讼要件，不以当事人的主张为限，此时人民法院仍然应当依职权审查是否存在仲裁协议及本院是否具有管辖权。

（三）仲裁协议效力的独立性

仲裁协议的独立性，是仲裁协议一项最突出的特征。所谓仲裁协议的独立性，即仲裁协议效力的独立性，是指仲裁协议或仲裁条款虽然依附于主合同，但与主合同的其他条款相互分离，其效力不受主合同效力的影响。简言之，在当事人双方签订包含仲裁条款的合同时，其形成的不是一个合同关系，而是两个在性质上具有重大区别的合同关系。

仲裁协议的独立性为各国法律和国际公约所普遍承认，该原则是在仲裁实践中逐渐发展起来的。赋予仲裁协议效力的独立性主要有以下考虑：

第一，否认仲裁协议具有独立性与当事人意思自治的原则相冲突。当事人在仲裁协议中约定将与主合同有关的争议提交仲裁解决，表明了当事人排除法院诉讼管辖的真实意思。如果仲裁条款因主合同的无效而无效，这就将作为实体契约的主合同和作为诉讼契约的仲裁协议两者混为一体，违背了当事人的真实意思的，构成对私法领域中的意思自治原则的否定。

第二，仲裁协议与主合同之间在性质上的差异也支持仲裁协议的独立性。只有坚持仲裁协议具有独立性这一原则，才能使仲裁机构获得对仲裁事项的确定的管辖权；只有仲裁庭对仲裁事项具有管辖权，才能对主合同的效力等事项产生的纠纷作出具有终局意义的裁决。否则，主合同效力将永远陷入无法确定的困境。仲裁协议效力的独立性，具体有以下表现：

1. 主合同转让时仲裁协议的独立性。合同转让，是指合同成立后，一方或者双方当事人将合同中的权利或义务全部或部分转让给第三人。对于合同转让情形下仲裁协议的效力，《仲裁法解释》第九条规定："债权债务全部或者部分转让的，仲裁协议对受让人有效，但当事人另有约定、在受让债权债务时受让人明确反对或者不知有单独仲裁协议的除外。"

2. 主合同变更时仲裁协议的独立性。合同的变更，是指在合同成立之后至终止之前，当事人经过协议对合同内容进行修改或补充。合同变更后，新的合同将取代原有的合同对当事人发生法律效力，原有的合同不再约束当事人。如果当事人只变更了主合同条款，而未涉及仲裁协议，则仲裁协议继续对当事人有效。如果仲裁协议被变更，则新的仲裁协议取代原有的仲裁协议。如果当事人在变更合同时，同时变更了争议的解决方式，如不再约定以仲裁方式解决纠纷，则发生纠纷后只能按约定向有管辖权的人民法院提起诉讼。

3. 主合同解除或终止时仲裁协议的独立性。合同解除，是指合同成立后，当具备法定或意定条件，或基于双方的合意而使合同关系溯及性或仅向将来消灭的法律制度。主合同被解除后，它对合同当事人不再具有约束力，但这通常只是就主合同中的实体权利义务关系而言的，而不涉及仲裁协议。也就是说，在主合同被解除后，仲裁协议可能依然有效，其效力持续的期间视具体情况而定。在单方解除合同的情况下，如双方当事人对合同的解除发生争议的，仍应受仲裁协议的约束，应当向选定的仲裁机构提出仲裁申请解决其纠纷。在双方解除合同时，如双方当事人没有解除仲裁协议的，当事人仍然受仲裁协议的约束；如果当事人在协议解除主合同的同时解除了仲裁协议，则仲裁协议的效力也归于消灭，此时如当事人对解除合同发生争议的只能向人民法院提起诉讼而不能申请仲裁。

合同终止，是指合同法律关系最终消灭。合同终止与合同解除对仲裁协议效力的影响相似。合同终止后，仲裁协议失去了实际意义，但是如果当事人因终止事由或者因原合同发生纠纷，如事后发现标的物存在瑕疵，则仍然应当根据仲裁协议申请仲裁，而不得寻求其他救济途径。

4. 主合同无效时仲裁协议的独立性。在主合同变更、转让、解除和终止情况下，仲裁协议的独立性是以主合同和仲裁协议的有效存在为前提的，但是主合同无效时并不意味着仲裁协议当然无效。因为关于纠纷解决方式的仲裁协议和关于实体权利义务关系的主合同系两种性质迥异的契约。传统观点认为，仲裁条款是主合同不可分割的一部分。主合同无效，包含于主合同中的仲裁条款亦当然无效。我国《仲裁法》生效之前，司法实践亦持有这种观点。然而现代合同理论和仲裁理论认为，仲裁协议的独立性包含仲裁协议不因主合同无效而无效的内容。我国《仲裁法》生效后在司法实践中也贯彻这种观点和做法。我国《民法典》第五百零七条的规定也再次重申该观点。因此，判断主合同效力和仲裁协议效力的标准也是相互独立的，造成合同无效的原因通常有主体欠缺民事行为能力、合同内容违法等。这些因素不仅影响主合同的效力，同时有可能影响仲裁协议的效力。

（1）主体欠缺民事行为能力对仲裁协议效力的影响。《仲裁法》要求仲裁协议的当事人必须具备完全的民事行为能力，合同主体为自然人时，如果主合同因主体欠缺民事行为能力而无效，那么相应地签订的仲裁协议同样无效。当主体为非自然人时，主体的民事行为能力常常要受到经营范围等条件的限制，违反这些条件签订的主合同并不必然无效；而且选择纠纷解决方式的行为能力并不受这些主体经营范围的约束和限制。

（2）主合同内容违反法律、行政法规强制性规定或违背公序良俗时对仲裁协议效力的影响。《民法典》第一百五十三条规定，违反法律、行政法规的强制性规定或者违背公序良俗的，合同无效。但是由于主合同和仲裁协议是两个相对独立的合同，主合同违反法律强制性规定，并不意味着仲裁协议同时违背该规定。因此，此时仲裁协议仍应独立于主合同发生效力。

5. 主合同不成立时仲裁协议的独立性。尽管仲裁协议具有独立性，但它是以主合同的存在为前提的。但不能因此得出结论认为，主合同不成立时，仲裁协议亦不成立。在实践中可能会出现这样的情况，当事人在订立主合同时就订立了仲裁协议，此时有关主合同是否成立的争议本身就可能属于仲裁协议中约定的仲裁事项的范围，因此应当承认这种情况下仲裁协议的效力。故《仲裁法解释》第十条第二款规定："当事人在订立合同时就争议达成仲裁协议的，合同未成立不影响仲裁协议的效力。"

6. 主合同意思表示不真实时仲裁协议的独立性。根据《民法典》第一百四十七条至第一百五十一条规定，有以下情形的：（1）基于重大误解实施的民事法律行为；（2）一方以欺诈手段，使对方在违背真实意思的情况下实施的民事法律行为；（3）第三人实施欺诈行为，使一方在违背真实意思的情况下实施的民事法律行为，对方知道或者应当知道该欺诈行为的；（4）一方或者第三人以胁迫手段，使对方在违背真实意思的情况下实施的民事法律行为；（5）一方利用对方处于危困状态、缺乏判断能力等情形，致使民事法律行为成立时显失公平的。意思表示不真实或受损害的一方有权请求仲裁机构撤销该行为。即具有上述情形所签订的合同，当事人可以请求仲裁机构予以撤销。可见，在意思表示不真实的情形下，主合同的效力并不影响仲裁协议的效力。对于订立仲裁协议时受害方是否存在和主合同相同意思表示不真实的情形，导致仲裁协议非当事人的真实意思表示，这一问题实践中往往难以清晰界定，尤其在判断合同中仲裁条款效力案件中更为明显。为解决该问题，《仲裁法解释》第十条第一款规定："合同成立后未生效或者被撤销的，仲裁协议效力的认定适用仲裁法第十九条第一款的规定。"即主合同的效力不影响仲裁协议的效力，仲裁庭仍然有权确认。而且《仲裁法》第十七条第（三）项规定，一方采取胁迫手段，迫使对方签订仲裁协议的，仲裁协议无效，该规定表明，只有在仲裁协议本身是以胁迫手段使对方签订仲裁协议时，该协议才无效。

三、仲裁协议的瑕疵

仲裁协议的瑕疵，是指具备了仲裁协议有效的一些基本条件，但因欠缺法律要求的全部内容，从而使双方当事人的仲裁合意难以确定的情形。仲裁协议内容上的瑕疵，并不意味着其当然无效，有些瑕疵应当允许当事人进行补救。例如，我国《仲裁法》第十八条规定，有关仲裁事项或者仲裁委员会的约定不明确的，可以达成补充协议，弥补瑕疵。在实践中，仲裁协议的瑕疵有以下表现。

（一）关于选定仲裁机构的瑕疵

1. 约定的仲裁机构不明确。对于约定仲裁机构不明确的仲裁协议，《仲裁法解释》第三条规定："仲裁协议约定的仲裁机构名称不准确，但能够确定具体的仲裁机构的，应当认定选定了仲裁机构。"即假如能够通过对协议内容的解释得出具体的仲裁机构，可视为约定了明确的仲裁机构，不影响仲裁协议的效力。

2. 仅约定仲裁规则。《仲裁法解释》第四条规定："仲裁协议仅约定纠纷适用的仲裁规则的，视为未约定仲裁机构，但当事人达成补充协议或者按照约定的仲裁规则能够确定仲裁机构的除外。"根据该规定，如果当事人在仲裁协议中仅约定了具体的仲裁规则，而没有选定仲裁机构，只要通过仲裁规则能够明确仲裁机构的，该仲裁协议仍然有效。

3. 仅约定仲裁地点。我国现行法律不承认临时仲裁，只承认机构仲裁。我国的仲裁机构通常以某地的名称命名，这就使得在当事人仅约定了仲裁地点的情况下，依然有可能推断具体的仲裁机构对仲裁事项享有管辖权。例如，仲裁协议约定"在广州市进行仲裁"，由于广州只存在广州仲裁委员会一个仲裁机构，因此可推定当事人约定的仲裁机构是广州仲裁委员会。

4. 选择两个或多个仲裁机构。2020 年修正的《最高人民法院关于适用〈中华人民共和国民事诉讼法〉的司法解释》（以下简称《民事诉讼法司法解释》）第三十条第二款规定："管辖协议约定两个以上与争议有实际联系的地点的人民法院管辖，原告可以向其中一个人民法院起诉。"这意味着当事人的管辖协议可以约定两个甚至两个以上的管辖法院。管辖协议与仲裁协议同为诉讼契约，从体系解释的角度来看，既然诉讼中的管辖协议对管辖法院的选择已不局限于一个，当事人对仲裁机构的选择也应当不受一个的限制。因此《仲裁法解释》第五条规定："仲裁协议约定两个以上仲裁机构的，当事人可以协议选择其中的一个仲裁机构申请仲裁；当事人不能就仲裁机构选择达成一致的，仲裁协议无效。"而第六条则规定："仲裁协议约定由某地的仲裁机构仲裁且该地仅有一个仲裁机构的，该仲裁机构视为约定的仲裁机构。该地有两个以上仲裁机构的，当事人可以协议选择其中的一个仲裁机构申请仲裁；当事人不能就仲裁机构选择达成一致的，仲裁协议无效。"可见，最高人民法院对当事人仲裁协议所约定的仲裁机构已不再局限于一个，只要当事人最终选择其中一个机构进行仲裁的，则该仲裁协议仍然可以认为有效。

（二）既选择仲裁又选择诉讼

《仲裁法解释》第七条规定："当事人约定争议可以向仲裁机构申请仲裁也可以向人民法院起诉的，仲裁协议无效。但一方向仲裁机构申请仲裁，另一方未在仲裁法第二十条第二款规定期间内提出异议的除外。"可见，最高人民法院并不认为这种仲裁协议绝对无效。对于这种在内容上存在瑕疵的仲裁协议，当事人可通过行为的方式，即达成默示的仲裁合意来弥补这种协议在内容上的缺陷，同时由于这种仲裁协议仍然存在"书面"，因此也具备仲裁协议形式上的要求，故可认定其为有效。

四、仲裁协议的无效和失效

（一）仲裁协议的无效

当事人之间订立的仲裁协议在下列情况下无效：

1. 签订仲裁协议的当事人必须具有完全的民事行为能力，无民事行为能力人或限制民事行为能力人订立的仲裁协议无效。

2. 以口头方式订立的仲裁协议无效。《仲裁法》对仲裁协议的形式作出了严格的规定，仲裁协议必须以书面的方式订立。

3. 仲裁事项不具有可仲裁性时，仲裁协议无效。法律上通常会对争议的可仲裁性作出一些限制性规定，涉及不具有仲裁性的争议当事人不能约定仲裁解决，只能寻求法律许可的其他救济途径。

4. 对仲裁事项未约定或约定不明确，当事人不能达成补充协议明确仲裁事项的，仲裁协议无效。

5. 对仲裁机构未约定或者约定不明确，当事人不能达成补充协议明确仲裁机构且无法根据仲裁协议的其他内容推定仲裁机构的，仲裁协议无效。

（二）仲裁协议的失效

仲裁协议的失效，是指仲裁协议的效力因特定事由的发生而归于消灭。只要符合特定事由，仲裁协议的效力归于终止。

1. 仲裁机构已对争议作出仲裁裁决。仲裁实行一裁终局制，裁决作出后当事人就同一纠纷再申请仲裁或者向法院起诉的，仲裁委员会或者法院不予受理。即使仲裁裁决后被法院裁定撤销或者不予执行，当事人也无权再依据原来的仲裁协议申请仲裁，而只能根据双方重新达成的仲裁协议申请仲裁或者向法院起诉。因此，仲裁协议的效力在仲裁裁决的范围内归于消灭。

2. 当事人放弃仲裁协议。仲裁协议因双方就仲裁达成一致的意思表示而成立，因双方一致放弃仲裁的意思表示而失效。放弃仲裁的意思表示表现为多种形式，如双方达成协议，明确终止仲裁协议的效力；双方达成了新的协议，选择了其他形式的纠纷解决方式；因默示的行为而改变了纠纷的解决方式，从而使仲裁协议失效。例如，根据《仲裁法》第二十六条的规定，当事人达成仲裁协议后，一方向人民法院起诉未声明有仲裁协议，人民法院受理后，另一方在首次开庭前未对人民法院受理该案提出异议的，视为放弃仲裁协议。

3. 附期限的仲裁协议因期限届满而失效。如果当事人在仲裁协议中约定了仲裁协议的有效期限，则在该期限内发生的争议，可以申请仲裁。在该期限届满后，则仲裁协议失效，当事人不能再依据仲裁协议申请仲裁。

五、仲裁协议效力的确认机构

我国仲裁协议的效力可以由人民法院或仲裁委员会确认。

（一）人民法院

根据《仲裁法》第二十条第一款的规定，当事人对仲裁协议效力有异议的，可以请求人民法院作出裁定。当一方请求仲裁委员会作出决定，另一方请求人民法院作出裁定时，由人民法院裁定。由法院确认仲裁协议效力的做法，系国际上通行的做法。一方面表现为法院对仲裁制度的监督，确保仲裁是当事人双方真实意思的表示；

另一方面可视为法院对仲裁制度的支持，若仲裁协议是当事人真实意思的表示，法院以司法权威的方式对其效力进行确认，可确保仲裁庭进行仲裁的正当性，有利于后续仲裁活动的开展。当事人向人民法院申请确认仲裁协议效力的案件，由仲裁协议约定的仲裁机构所在地的中级人民法院管辖；仲裁协议约定的仲裁机构不明确的，由仲裁协议签订地或被申请人住所地的中级人民法院管辖。申请确认涉外仲裁协议效力的案件，由仲裁协议约定的仲裁机构所在地、仲裁协议签订地、申请人或被申请人住所地的中级人民法院管辖。对于海事海商纠纷仲裁协议效力发生争议的，由仲裁协议约定的仲裁机构所在地、仲裁协议签订地、申请人或被申请人住所地的海事法院管辖；当上述地点没有海事法院时，由就近的海事法院管辖。

（二）仲裁委员会

根据《仲裁法》第二十条的规定，当事人对仲裁协议有异议的，除可向人民法院请求确认外，也可以请求仲裁委员会作出决定。我国大部分仲裁机构的仲裁规则对仲裁委员会此项权利也有相应的规定，如北京仲裁委员会《仲裁规则》第六条第（一）项规定：当事人对仲裁协议的存在、效力或者仲裁案件的管辖权有异议，可以向本会提出管辖权异议。管辖权异议应当在首次开庭前以书面形式提出，当事人约定书面审理的，应当在首次答辩期限届满前以书面形式提出。当事人既向人民法院又向仲裁委员会提出仲裁协议效力异议的，《仲裁法解释》第十三条第二款规定："仲裁机构对仲裁协议的效力作出决定后，当事人向人民法院申请确认仲裁协议效力或者申请撤销仲裁机构的决定的，人民法院不予受理。"对于仲裁协议效力异议问题也实行或裁或审的制度，这体现了法院对仲裁制度的尊重和支持。

第二十八章　涉外仲裁

第一节　涉外仲裁概述

一、涉外仲裁的概念和特点

（一）涉外仲裁的概念

所谓涉外仲裁，是指含有涉外因素或国际因素的仲裁。涉外仲裁的提法是相对于国内仲裁而言的，在国际上又被称为国际仲裁。由于涉外仲裁主要解决的是国际经济贸易、运输和海事等领域商事活动中发生的争议，又被称为国际商事仲裁。

在涉外民商事纠纷中，当事人既可以选择仲裁，也可以选择诉讼来解决他们之间的纠纷。当事人在选择仲裁时，可以事先在合同中订立仲裁条款，也可以在争议发生之后达成仲裁协议，涉外纠纷以仲裁方式解决，需要在仲裁协议中明确约定将争议交由我国仲裁机构或者其他国家和地区的仲裁机构解决。

（二）涉外仲裁的特点

涉外仲裁，是民商事仲裁的一个具体种类，除应当具有民商事仲裁通常的自愿性、专业性、灵活性、保密性、快捷性、经济性、独立性、终局性等特点①外，涉外仲裁还有以下三个区别于国内仲裁的特殊之处：

1. 涉外仲裁的程序在具体制度上有特殊安排。涉外仲裁含有涉外因素，这是它与国内仲裁的主要区别所在。有涉外因素，即案件的相关因素有部分在仲裁地国以外，特别是当事人在仲裁地国可能没有住所，为方便他们进行仲裁活动或行使权利，在某些具体程序制度上，如期间、送达、取证、保全等方面，法律或者仲裁机构仲裁规则作出了不同于国内仲裁的特别规定。

2. 涉外仲裁需更充分保障意思自治。涉外仲裁是以当事人的自愿和仲裁协议为基础，发挥着国际化视野和思维，为了贯彻这种意思自治，当事人可以自由选择仲裁事项、仲裁地、仲裁组织形式、仲裁员、仲裁程序、仲裁语言，甚至仲裁所适

---

① 江伟．仲裁法（第2版）．中国人民大学出版社，2012：12-15.

用的实体法。仲裁庭处理仲裁案件的权力也来自当事人的同意。这些由当事人完全控制。相较于国际民事诉讼，涉外仲裁对当事人意思自治更为彻底的优点，成为涉外仲裁吸引之处。

3. 涉外仲裁需要考虑法律适用问题。国内仲裁，无论是程序法还是实体法一般只适用一国或本地的法律。而涉外仲裁，不论是基于何种涉外因素，当事人都可能把对仲裁协议、程序问题、实体问题约定适用不同国家的法律制度。在涉外仲裁中，一个案件的审理和裁决，既可能适用国内法，也有可能适用外国法或国际条约等。此外，由于涉外仲裁裁决需要得到实现，在当事人不能配合履行的情况下，可能需要寻找外国法院依据国际公约及执行地法律的支持，以获得承认和强制执行，这时又需要考虑相关国家的法律规定。可见，涉外仲裁在适用法律上有明显的复杂性。

二、涉外仲裁的范围

（一）“涉外”概念的范围

对于何谓“涉外”纠纷，存在不同层次的理解。在我国法律层面，如《民事诉讼法》《仲裁法》使用了“涉外经济贸易、运输和海事中发生的纠纷”进行表述[①]，但未对“涉外”一词作进一步解释。

2015 年最高人民法院颁布的《民事诉讼法司法解释》第五百二十二条规定：“有下列情形之一，人民法院可以认定为涉外民事案件：（一）当事人一方或者双方是外国人、无国籍人、外国企业或者组织的；（二）当事人一方或者双方的经常居所地在中华人民共和国领域外的；（三）标的物在中华人民共和国领域外的；（四）产生、变更或者消灭民事关系的法律事实发生在中华人民共和国领域外的；（五）可以认定为涉外民事案件的其他情形。”从上述规定来看，司法解释层面所理解的“涉外”存在一定的变化，从 20 世纪 80 年代的“涉外”仅限于法律关系的主体、标的物或法律事实这三个因素至少有一个因素同我国境外有联系；再到 2015 年《民事诉讼法司法解释》在涉外的内容上有两处进行了扩张，分别是：(1) 把外国有联系的法律关系主体因素从国籍上的规定扩大到国籍和“经常居所地”方面内容；(2) 增加了兜底款项即“可以认定为涉外民事案件的其他情形”。由此可见，司法解释对“涉外”范围的规定呈现逐步扩大解释的趋势，以适应我国经济和社会环境日益开放所带来的外籍居留人员越来越多，以及涉外关系越来越丰富的客观现实。

（二）商事纠纷的范围

如前所述，涉外仲裁又称为国际商事仲裁，至于何为“商事”，根据《联合国

① 《民事诉讼法》第二百七十一条和《仲裁法》第六十五条。

国际商事仲裁示范法》的解释：对“商事”一词应作广义解释，使其包括不论是契约性还是非契约性的一切商事性质的关系所引起的事项。商事性质的关系包括但不限于下列交易：供应或交换货物或服务的任何贸易交易；销售协议；商事代表或代理；保理；租赁，建造工厂；咨询；工程；使用许可；投资；筹资；银行；保险；开发协议或特许；合营和其他形式的工业或商业合作；空中、海上、铁路或公路的客货载运。

按照《承认及执行外国仲裁裁决公约》，即1958年的《纽约公约》，其第一条第三款规定：“……任何国家亦得声明，该国唯于争议起于法律关系，不论其为契约性质与否，而依提出声明国家之国内法认为系属商事关系者，始适用本公约。”由于我国在加入该公约时对这一条作出了商事保留声明。根据声明，最高人民法院作出《关于执行我国加入的〈承认及执行外国仲裁裁决公约〉的通知》，该通知重申我国所理解的“契约性或非契约性商事法律关系”，具体是指由于合同、侵权或者根据有关法律规定而产生的经济上的权利义务关系，如货物买卖，财产租赁、工程承包、加工承揽、技术转让、合资经营、合作经营、勘探开发自然资源、保险、信贷、劳务、代理、咨询服务和海上、民用航空、铁路、公路的客货运输以及产品责任、环境污染、海上事故和所有权争议等，但不包括外国投资者与东道国政府之间的争端，即仅限于平等主体间的纠纷和争议，不包括外国民商事主体和政府或主权实体间的纠纷。从上述规定来看，我国的做法也符合国际上对“商事”一词的一般解释。而外国投资者和东道国之间的经济争议，则按其他公约或双边条约框架下的纠纷解决方式予以处理。

另外，我国香港、澳门或台湾地区的自然人、法人及其他组织之间，或者与内地自然人、法人或其他组织之间，以及他们与外国自然人、法人及其他组织之间产生的契约性或非契约性经济贸易争议也属于我国涉外仲裁的范围。

第二节　涉外仲裁的程序

涉外民商事纠纷的一方当事人根据与对方当事人在纠纷发生之前或者纠纷发生之后达成的仲裁协议，向约定的仲裁机构提交仲裁申请书，涉外仲裁程序即告正式开始。紧跟其后将成立仲裁庭，由仲裁庭和当事人等主体按照一定的程序和时限开展仲裁活动，实现对案件查明事实并作出裁决的目标。涉外仲裁程序和国内仲裁程序两者紧密相连，一方面，涉外仲裁程序与国内仲裁程序在制度目的、价值目标、构成阶段、仲裁庭的组成、审理方式等方面有近似之处。另一方面，适用于涉外民商事纠纷的仲裁程序，由于涉外因素的存在，仲裁主体或其他要素在时空上存在于不同国家或地区领域内的这种客观现实，因此涉外仲裁也有区别于国内仲裁程序的特殊性。为此，在仲裁机构层面有必要通过仲裁规则对涉外仲裁程序规范作出特别规定，以满足涉外仲裁的需要。由于我国对于涉外仲裁程序的特别规定，散见于我国《仲裁法》第七章关于涉外仲裁的特别规定和《民事诉讼法》第二十六章关于涉外仲裁的规定，在个别内容上规定不够详尽，为此结合 2015 版《中国国际经济贸易仲裁委员会仲裁规则》（以下简称“贸仲规则”）的有关内容，对涉外仲裁程序规定的特别之处作出归纳。

一、涉外仲裁程序适用的案件范围

综合我国《仲裁法》《民事诉讼法》及相关司法解释，以及“贸仲规则”的规定，涉外程序适用于国际或涉外，并可参照适用于涉及我国香港、澳门或台湾地区的纠纷，其性质可以是契约性也可以是非契约性的经济贸易纠纷。如果当事人对案件是否具有涉外性或国际因素发生争议的，则由仲裁庭作出决定。

二、仲裁庭可以由外籍仲裁员参与组成

涉外仲裁机构可以从具有法律、经济贸易、科学技术等专门知识的外籍人士中聘任仲裁员。除非当事人另有约定或仲裁规则另有规定，仲裁庭由 3 名仲裁员组成。在涉外仲裁中，双方当事人可以选择或者仲裁机构主任可以指定外籍仲裁员参与组成仲裁庭，具体做法是：双方当事人按照仲裁规则的规定分别选定或者委托主任为其指定一名仲裁员、共同选定或者共同委托主任指定首席仲裁员。涉外仲裁中的当事人可以从仲裁机构提供的仲裁员名册中选择仲裁员，也可以从仲裁员名册外选择仲裁员。如果当事人从仲裁员名册外选定仲裁员，应当向仲裁机构提供候选人的简历和具体联系方式，经仲裁委员会或其主任确认后可以担任仲裁员。

在实践中，外籍仲裁员的报酬要比国内仲裁员高。当事人愿意增加支付报酬而选择外籍仲裁员的话，应当在仲裁规则规定的期限内预交增加的报酬。未按期预交的，视为未选定仲裁员。仲裁机构的主任可以根据仲裁规则的规定代为指定仲裁员。

三、临时措施及紧急仲裁员程序

涉外仲裁的当事人应当依据我国《仲裁法》和《民事诉讼法》申请财产保全、行为保全或证据保全。当事人申请上述临时性措施的，涉外仲裁机构应当将当事人的申请，提交被申请人住所地、财产所在地或者证据所在地的中级人民法院裁定。人民法院可以进行审查，裁定是否进行保全。裁定保全的，应当责令申请人提供担保，申请人不提供担保的，裁定驳回申请。当事人申请证据保全，人民法院经审查认为无须提供担保的，申请人可以不提供担保。由于涉外仲裁可能发生标的物或法律事实联结点在国外的现象，当事人也可以依据所适用的法律直接向具有管辖权的外国法院提出临时措施申请。“贸仲规则”规定，经一方当事人请求，仲裁庭依据所适用的法律或当事人的约定可以决定采取其认为必要或适当的临时措施，并有权

决定由请求临时措施的一方当事人提供适当的担保。

根据“贸仲规则”的规定，案件受理后到组成仲裁庭之前，当事人需要申请临时措施的，可以依据所适用的法律或当事人的约定并按照《中国国际经济贸易仲裁委员会紧急仲裁员程序》向仲裁机构提出指定紧急仲裁员的书面申请并附相关证据材料。是否同意，由仲裁机构决定。仲裁机构同意指定紧急仲裁员的，应在当事人按照仲裁规则规定的标准预交相应费用后较短时间内在仲裁员名册中指定一名紧急仲裁员，并将指定情况通知当事人。紧急仲裁员不代表任何一方当事人，应独立于各方当事人，平等地对待各方当事人。紧急仲裁员的信息披露、回避等事项，参照仲裁规则的相关规定办理。紧急仲裁员有权采取其认为适当的方式就当事人的临时措施申请进行审查，但应保证当事人有合理陈述的机会。紧急仲裁员可以要求申请紧急救济的当事人提供适当的担保作为实施救济的前提条件。紧急仲裁员应当于指定之日起合理时间内作出相关决定、指令或裁决，并说明理由，该决定、指令或裁决由紧急仲裁员签字并加盖仲裁机构印章后发送当事人。当事人对紧急仲裁员作出的相关决定、指令或裁决有异议的，有权自收到相关决定、指令或裁决之日起及时向紧急仲裁员提出修改、中止或撤销相关决定、指令或裁决的申请，是否同意由紧急仲裁员决定。除非当事人另有约定，紧急仲裁员不再担任与临时措施申请有关的争议案件的仲裁员。紧急仲裁员在程序中作出的相关决定、指令或裁决，对双方当事人具有约束力，当事人可以依据执行地国家或地区有关法律规定向有管辖权的法院申请强制执行。但其对仲裁庭不具有约束力，仲裁庭可以修改、中止或撤销紧急仲裁员作出的相关决定、指令或裁决。

四、涉外仲裁程序中的各种期限一般较长

由于涉外仲裁程序所处理的涉外或国际民商事纠纷的主体在国籍、经常住地或营业地、标的物所在地、法律事实发生地、主要义务履行地、与争议事项关系最密切的地点等位于域外甚至不同国家或地区，人员出庭等往来需要办理出入境核准等手续，而且仲裁机构与当事人之间文件资料收发在途经历时间也比国内仲裁要长。为此，对于涉外仲裁程序中的各种期限，应当作出比国内仲裁中相应期限较长一些的安排，以保障仲裁活动的有效进行。根据现行法律和“贸仲规则”的规定，涉外仲裁程序中的各种期限如下：

（一）选定或委任指定仲裁员的期限

双方当事人选定或委任指定仲裁员的期限一般为自收到仲裁通知之日起15日内。

（二）答辩及反请求的期限

申请人应当自收到答辩通知之日起45日内，提交答辩书和有关证明文件；被申请人如有仲裁反请求的，应当在仲裁通知书送达之日起45日内向仲裁机构提交

仲裁反请求申请书。而被反请求人应当在仲裁反请求通知书送达之日起 30 日内提交反请求答辩书。被申请人或被反请求人未提交答辩书或反请求答辩书的，不影响仲裁程序的进行，但确有正当理由请求延长答辩期限的，由仲裁庭决定是否延长答辩期限；仲裁庭尚未组成的，由仲裁机构或仲裁院作出决定。

（三）提前通知开庭的期限

涉外仲裁案件首次开庭，根据“贸仲规则”的规定，应不晚于开庭前 20 日将开庭日期通知双方当事人。经当事人同意，仲裁庭是可以提前开庭的。当事人有正当理由请求延期开庭的，应于收到开庭通知后 5 日内提出书面延期申请，是否延期开庭，由仲裁庭决定。再次开庭以及延期后开庭日期的通知，则不受上述期限的限制。

（四）裁决期限

涉外仲裁裁决应在仲裁庭组成之日起 6 个月内作出。需要延长的，由仲裁庭报经仲裁机构主任批准。程序中止的期间不计入裁决期限。另外，“贸仲规则”还规定，如果裁决书中有遗漏事项，仲裁庭可以在发出裁决书后的合理时间内自行作出补充裁决。任何一方当事人可以在收到裁决书后 30 日内以书面形式请求仲裁庭就裁决书中遗漏的事项作出补充裁决；如确有漏裁事项，仲裁庭应在收到上述书面申请后 30 日内作出补充裁决。同样，对于裁决书中的书写、打印、计算或类似错误，当事人也可以在收到裁决书后 30 日内申请仲裁庭更正，如确有错误的，仲裁庭也应当在 30 日内作出更正。

（五）举证期限

当事人应对其申请、答辩和反请求所依据的事实提供证据加以证明，对其主张、辩论及抗辩要点提供依据。仲裁庭可以规定当事人提交证据的期限，该期限一般也要长于国内仲裁的举证期限。逾期提交的，仲裁庭可以不予接受。当事人在举证期限内提交证据材料确有困难的，可以在期限届满前申请延长举证期限。是否延长，由仲裁庭决定。

五、确定仲裁语言

涉外仲裁程序中，因当事人及其代理人一方或者双方以及其他仲裁参与人，可能来自域外不同国家或地区，基于其使用不同母语的现实或者当事人之间的约定，仲裁程序中使用的语言可能与各参与主体的母语或第二语言不相符，为了便于发现真实、顺畅推进程序、尊重当事人的意愿，需要首先确定仲裁过程所使用的语言。如果当事人约定了涉外仲裁程序中使用的语言，则按照约定。如果当事人没有约定的，仲裁机构或者仲裁庭可以根据案件具体情况确定使用中文或者其他语言为仲裁程序的语言。当事人约定使用两种或者两种以上语言的，仲裁庭在征得当事人同意的情况下可以确定使用其中一种语言。如果当事人无法达成一致意见，仲裁程序可以以多种语言进行，由此增加的相关费用由当事人承担。仲裁机构或者仲裁庭可以根据案件具体情况确定仲裁程序中的书面材料是否需要附具中文译本或者其他语言译本。当事人或者其代理人、证人需要语言翻译，可以由仲裁机构提供译员，也可以由当事人自行提供译员。当事人承担翻译费用。

涉外仲裁程序除上述特别之处外，在仲裁的总体流程上与国内仲裁程序相近，如涉外仲裁程序对个别问题没有作出特别规定的，则可适用国内仲裁规则的相关规定。

第三节　涉外仲裁裁决的承认和执行

一、涉外仲裁裁决在域外的承认和执行

依据我国《仲裁法》第七十二条和《民事诉讼法》第二百八十条的规定，我国仲裁机构作出的发生法律效力的涉外仲裁裁决，当事人请求执行的，如果被执行人或者其财产不在我国领域内，应当由当事人直接向有管辖权的外国法院申请承认和执行。

发生法律效力的涉外仲裁裁决的当事人，就裁决的实现，向被执行人或者财产所在地的有管辖权的主管机关申请承认和执行，该外国的法院或其他主管机关将首先依据国际公约、双边条约等审查是否承认，然而有可能根据其国内法再考虑是否以及如何予以执行。可见，在民事强制执行程序上，由于各国的法律规定不同，其具体执行方式也不一致。在仲裁实践中，由于目前国际上存在关于承认和执行外国仲裁裁决的公约，即1958年的《纽约公约》，目前已经有160多个国家签署该公约，在该公约的缔约国内承认和执行涉外仲裁裁决，各缔约国应当依公约执行，而对于非该公约的缔约国的执行则要视其是否存在双边协定或其他安排，为此涉外仲裁裁决在域外的承认和执行将分别论述。

（一）在1958年《纽约公约》缔约国的承认和执行

1. 1958年《纽约公约》的主要内容。为了统一各国承认和执行外国仲裁裁决的制度，1958年6月10日在联合国主持下于纽约订立了《承认及执行外国仲裁裁决公约》，即1958年《纽约公约》。我国于1986年12月2日决定加入该公约，自1987年4月22日起，该公约对我国生效。截至2020年2月3日，随着塞舌尔的签署，该公约已有162个缔约国，[①] 是目前国际上关于承认和执行外国仲裁裁决最主要的公约。1958年《纽约公约》的主要规定如下：

---

① 纽约公约官方网站（http://www.newyorkconvention.org/），签署国列表栏目（Contracting States），访问地址：http://www.newyorkconvention.org/list+of+contracting+states.

第一，缔约国相互承认仲裁裁决具有约束力，并应该依照执行地的程序规则予以执行。在承认或执行其他缔约国的仲裁裁决时，不应在实质上比承认或执行本国的仲裁裁决规定更为严苛的条件或征收更多的费用。

第二，申请承认和执行仲裁裁决的一方当事人，应该提供原裁决的正本或经过适当证明的副本，以及仲裁协议的正本或经过适当证明的副本，必要时应附具译本，译本应由公设或宣誓的翻译员或外交或领事人员认证。

第三，该公约规定了拒绝承认和执行外国仲裁裁决的条件。按照该公约第五条第一款规定，凡外国仲裁裁决经被申请人提供证据证明有下列情形之一的，被申请承认和执行地的国家的主管机关可依被执行人的请求，拒绝予以承认和执行：(1) 签订仲裁协议的当事人依据对其适用的法律，有某种无民事行为能力的情形；或依据仲裁协议所选定的准据法，认为该仲裁协议无效；或未选定准据法而依据裁决地法，认为该仲裁协议无效。(2) 被执行人未接到关于指派仲裁员或仲裁程序的适当通知，或者由于其他情况未能对案件进行申辩。(3) 裁决所处理的事项，非为交付仲裁事项，或者不包括在仲裁协议规定之内，或者超出仲裁协议范围以外；但是，如果在对交付仲裁事项作出的决定与未交付仲裁事项作出的决定可以分开的情况下，该仲裁裁决中对交付仲裁事项的决定可以得到承认和执行。(4) 仲裁庭的组成、仲裁程序与当事人之间约定不符，或者当事人之间没有约定而与仲裁地所在国家的法律不符。(5) 裁决对当事人尚无拘束力，或者裁决业经裁决地所在国或裁决所依据法律的国家的主管机关撤销或停止执行。

按照该公约第五条第二款规定，如果被请求承认与执行地的国家的主管机关认定有下列情形之一的，也可以拒不承认和执行仲裁裁决：(1) 依据该国法律，争议事项是不能以仲裁方式解决的。(2) 承认或执行裁决，有违该国公共政策的。

2.《纽约公约》下涉外仲裁裁决的承认和执行。作为 1958 年《纽约公约》的缔约国，我国涉外仲裁机构作出的发生法律效力的仲裁裁决，在《纽约公约》成员国申请承认和执行时，有关公约缔约国同样会适用该公约。申请承认和执行仲裁裁决的一方当事人，应该提供原裁决的正本或经过适当证明的副本，以及仲裁协议的正本或经过适当证明的副本，并根据需要附具经由公设或宣誓的翻译员或外交或领事人员认证的译本。被申请承认和执行地的国家的主管机关，应当依据该公约规定条件和程序进行办理，对裁决的审查应只限于该公约第五条规定的事由。

（二）在其他国家的承认和执行

如果我国涉外仲裁裁决要在非 1958 年《纽约公约》缔约国申请承认和执行，则应当按照我国与对方国家存在的相互承认和执行仲裁裁决的双边条约或者互惠原则处理。目前在贸易领域，我国已经与世界上 100 多个国家或地区订立了双方贸易协定，在这些协定中，一般包含有关通过仲裁方式解决贸易争议的规定，并且大多约定缔约双方应设法保证由被请求执行仲裁裁决的国家主管当局根据适用的法律规定，承认和执行仲裁裁决。在投资领域，我国也与 60 多个国家或地区订立了双边投资保护协定，在这些协定中，一般规定了相互承认和执行仲裁裁决。因此，如果依据双边条约或协定，当事人之间选择了我国的仲裁机构对涉外仲裁案件进行仲裁，该机构作出的仲裁裁决，就可以依条约或协定得到承认和执行。另外，我国还与许多国家签订了有关民商事司法协助的协定，在这些司法协助协定中，也大都涉及相互承认和执行在对方领土内作出的仲裁裁决的问题，这些协定也可成为我国涉外仲裁裁决在有关国家得以承认和执行的依据。

此外，即使对方国家与我国同为《纽约公约》的缔约国，但是《纽约公约》第七条规定，该公约的规定并不影响缔约国间所订关于承认和执行仲裁裁决的多边或双边协定的效力，双边条约或协定具有优先适用的效力。据此，如果我国与某一国家签订的双边贸易协定或者双边投资保护协定或者司法协助协定中有关仲裁裁决的承认和执行的条件比该公约规定的条件更为优惠，即使双方均是该公约的缔约国，仲裁裁决的承认和执行仍可以依据有关双边协定以更便利的方式实现。

二、外国仲裁裁决在我国的承认和执行

（一）外国仲裁裁决在我国的承认和执行概述

根据《纽约公约》第一条的规定，因自然人或法人间的争议而产生且在一个国家领土内作成者，而在另一个国家请求承认和执行的裁决以及被请求承认和执行的国家不认为是本国裁决的裁决，不管它是临时仲裁庭作出的，还是常设仲裁机构作出的，被认为是外国仲裁裁决。根据我国法律和该公约规定，外国仲裁机构在我国境内所作出的仲裁裁决没有被包含在外国仲裁裁决之内。

目前，外国仲裁裁决在我国的承认和执行，已经有了较为完善的法律依据。《民事诉讼法》第二百八十三条规定：“国外仲裁机构的裁决，需要中华人民共和国人民法院承认和执行的，应当由当事人直接向被执行人住所地或者其财产所在地的中级人民法院申请，人民法院应当依照中华人民共和国缔结或者参加的国际条约，或者按照互惠原则办理。”由此，按照外国仲裁裁决在我国承认和执行的条约渊源上的区别，有关外国仲裁裁决承认和执行可以分为两类：一是按照《纽约公约》所办理的承认和执行；二是按照中外签订的双边条约或者互惠原则所办理的承认和执行。当然，外国仲裁裁决在我国人民法院办理承认和执行时，人民法院和当事人还应当依照《民事诉讼法》及相关司法解释的规定进行。

（二）依照《纽约公约》的承认和执行

1. 承认和执行的具体依据。根据《纽约公约》第三条的规定，作为缔约国，应当承认外国仲裁裁决具有约束力，并依照国内法规定的程序规则予以执行，在承认或执行其他缔约国的仲裁裁决时，不应在实质上比承认或执行我国的仲裁裁决规定更为严苛的条件或征收更多的费用，这是我国在公约下承担的主要义务，也是承认和执行外国仲裁裁决时的基本框架。不过，我国在加入《纽约公约》时，作了

互惠保留和商事保留的声明：第一，中国只在互惠的基础上对在另一缔约国领域内作出的仲裁裁决的承认和执行适用该公约；第二，中国只对根据中国法律认为属于契约性和非契约性商事法律关系所引起的争议适用该公约。所谓“契约性和非契约性商事法律关系”，具体是指由于合同、侵权或者根据有关法律规定而产生的经济上的权利义务关系，如货物买卖、财产租赁、工程承包、加工承揽、技术转让、合资经营、合作经营、勘探开发自然资源、保险、信贷、劳务、代理、咨询服务和海上、民用航空、铁路、公路的客货运输以及产品责任、环境污染、海上事故和所有权争议等，但不包括外国投资者与东道国政府之间的争端。

为切实依照该公约执行，最高人民法院作出《关于执行我国加入的〈承认及执行外国仲裁裁决公约〉的通知》，重申保留声明和确立优先使用公约的原则，明确规定了承认与执行的管辖法院、审查和不予执行条件、申请范围及期限等内容。

至今，我国已通过《民事诉讼法》《民事诉讼法司法解释》《关于人民法院处理与涉外仲裁及外国仲裁事项有关问题的通知》《关于承认和执行外国仲裁裁决收费及审查期限问题的规定》和《关于涉外民商事案件诉讼管辖若干问题的规定》等法律法规或者司法解释对外国仲裁裁决在我国的承认和执行的有关条件、程序事项作出规定。

2. 承认和执行外国仲裁裁决的申请及审查程序。根据《纽约公约》和我国《民事诉讼法》及相关司法解释的规定，有关外国仲裁裁决在我国承认和执行的申请及审查的程序具体如下：

（1）申请对象。限于该公约对我国生效后在另一缔约国领土内作出的仲裁裁决，包括由临时仲裁庭在我国领域外作出的仲裁裁决；裁决所处理的事项应为符合我国法律的契约性和非契约性商事法律关系所引起的争议。

（2）申请期间。按照《民事诉讼法》第二百三十九条及相关司法解释的规定，申请承认或执行的期间为2年。当事人仅申请承认而未同时申请执行的，申请执行的期间自人民法院对承认申请作出的裁定生效之日起重新计算。

（3）申请提交的文件或证件。申请承认和执行外国仲裁裁决的，申请人应向有管辖权的人民法院提交下列文件和证件，包括：申请书、生效法律文书和仲裁协议、申请人的身份证明、其他应当提交的文件或证件（如代理人的授权委托书等）。对于上述文书的内容，我国法律及司法解释都有较为详尽的规定，于此不作赘述。

（4）管辖法院。根据《民事诉讼法》和司法解释的规定，承认和执行外国仲裁裁决的案件，由被执行人住所地或者其财产所在地的中级人民法院管辖。根据《海事诉讼特别程序法》及其司法解释的规定，申请承认和执行国外海事仲裁裁决的，由被执行的财产所在地或者被执行人住所地的海事法院管辖。被执行的财产为船舶的，无论该船舶是否在海事法院管辖区域范围内，均由海事法院管辖。船舶所在地没有海事法院的，由就近的海事法院管辖。这里所称财产所在地和被执行人住所地是指海事法院行使管辖权的地域。

（5）审查组织、方式、期限、结果。承认和执行外国仲裁裁决的案件，人民法院应当组成合议庭进行审查。人民法院应当将申请书送达被申请人。被申请人可以陈述意见。经审查不存在《纽约公约》第五条所列情形，受理申请的人民法院决定予以承认和执行的，应在受理申请之日起 2 个月内作出裁定，如无特殊情况，应在裁定后 6 个月内执行完毕；决定不予承认和执行的，须按有关规定，在受理申请之日起 2 个月内上报最高人民法院。对外国仲裁裁决，需要我国法院执行的，当事人应当先向人民法院申请承认。人民法院经审查，裁定承认后，再按照《民事诉讼法》所规定的执行程序予以执行。当事人仅申请承认而未同时申请执行的，人民法院仅对应否承认进行审查并作出裁定。人民法院经审查作出的裁定，一经送达即发生法律效力。

（6）审查事项。人民法院对承认或执行外国仲裁裁决的申请应当进行实质审查，审查的事项限于《纽约公约》第五条第（一）项、第（二）项所列情形，即包含以下两个方面的内容：一是应由被申请人加以证实的拒绝承认和执行仲裁裁决的事由，包括仲裁协议无效、违反正当程序、仲裁庭越权裁决、仲裁庭的组成或仲裁程序不当、裁决不具有约束力以及裁决在裁决作出所在地国被撤销或停止执行等；二是由人民法院自行决定拒绝承认和执行仲裁裁决的事由，包括依法院地法，争议事项不能以仲裁方式解决，承认或执行裁决将违反法院地的公共政策等。

（7）申请费及其承担。人民法院受理当事人申请承认外国仲裁裁决的，预收人民币 500 元。人民法院受理当事人申请承认和执行外国仲裁裁决的，应按照《仲裁委员会仲裁收费办法》有关规定，依申请执行的金额或标的价额预收申请费。如人民法院最终决定仅承认而不予执行外国仲裁裁决时，在扣除 500 元费用后，其余退还申请人。人民法院受理当事人申请承认和执行外国仲裁裁决，不得对承认和执行分别两次收费。对所预收费用的负担，按照《仲裁委员会仲裁收费办法》有关规定执行。

（三）依照其他根据的承认和执行

对于在非《纽约公约》缔约国领土内作出的仲裁裁决，需要我国人民法院承认和执行的，如果该外国与我国签订有包含相互承认和执行仲裁裁决的经贸、投资、司法协助等方面的双边协定，人民法院就应当适用该双边协定的规定来审查该外国仲裁裁决的承认与执行。如果没有这样的双边协定，则只能按互惠原则办理。

我国有管辖权的人民法院接到一方当事人的申请后，应对申请承认和执行的仲裁裁决进行审查，如果认为不违反我国缔结的双边协定或《民事诉讼法》的有关规定，应当裁定承认其效力，并依照《民事诉讼法》规定的程序执行；否则，裁定驳回申请，拒绝承认和执行。如果当事人向我国有管辖权的人民法院申请承认和执行外国仲裁机构作出的发生法律效力的裁决，但该仲裁机构所在国与我国没有缔结或共同参加的双边协定，也没有互惠关系的，当事人可以仲裁裁决为依据向人民法院起诉，由有管辖权的人民法院依法审理并作出判决，予以执行。

（四）外国仲裁裁决在我国承认和执行的报告制度

根据司法解释的规定，外国仲裁裁决作出后，当一方当事人向我国人民法院申请承认和执行外国仲裁机构的裁决，如果人民法院认为申请承认和执行的该仲裁裁决不符合中国参加的国际公约的规定或者不符合互惠原则的，在裁定拒绝承认和执行前必须报请本辖区所属高级人民法院进行审查。如果高级人民法院同意拒绝承认和执行，应将其审查意见报最高人民法院，待最高人民法院答复后，方可裁定拒绝承认和执行。此项报告制度目的在于更好地完善司法协助环境，避免地方法院在拒绝承认和执行外国仲裁裁决中出现偏差，对维护我国司法主权和良好的外交形象均有着积极的意义。

参考文献

［1］杨秀清，史飚．仲裁法学（第3版）．厦门大学出版社，2019.

［2］张圣翠．中国仲裁法制改革研究．北京大学出版社，2018.

［3］林一飞．商事仲裁实务精要．北京大学出版社，2016.

［4］江伟，肖建国．仲裁法（第3版）．中国人民大学出版社，2016.

［5］孙巍．中国商事仲裁法律与实务．北京大学出版社，2011.

［6］林一飞．仲裁裁决抗辩的法律与实务．武汉大学出版社，2008.

［7］韩平．中英仲裁法比较研究．厦门大学出版社，2019.

［8］［法］盖拉德（Gaillard，E.）．国际仲裁的法理思考和实践指导．黄洁译．北京大学出版社，2010.

［9］［英］维杰·K. 巴蒂亚．国际商事仲裁中的话语与实务：问题、挑战与展望．林玫译．北京大学出版社，2016.

［10］崔起凡．国际商事仲裁中的证据问题研究．浙江工商大学出版社，2013.

［11］谭兵，黄胜春．中国仲裁制度的改革与完善．人民出版社，2005.

［12］杨巍．仲裁时效与诉讼时效衔接研究．社会科学文献出版社，2019.

［13］欧明生．民商事纠纷可仲裁性问题研究．浙江大学出版社，2013.

［14］杨良宜，等．仲裁法：从1996年英国仲裁法到国际商务仲裁．法律出版社，2006.

［15］赵秀文．国际商事仲裁法（第3版）．中国人民大学出版社，2012.

［16］彭丽明．仲裁员责任制度比较研究．法律出版社，2017.

［17］宋建立．涉外仲裁裁决司法审查：原理与实践．法律出版社，2016.

［18］刘晓红．仲裁“一裁终局”制度之困境及本位回归．法律出版社，2016.

[19] 涂卫．仲裁机构监管与治理机制研究．法律出版社，2015.

[20] 宋朝武．仲裁证据制度研究．中国政法大学出版社，2013.

[21] 杨秀清．协议仲裁制度研究．法律出版社，2006.

[22] 樊堃．仲裁在中国：法律与文化分析．法律出版社，2016.

[23] 王生长．仲裁与调解相结合的理论与实务．法律出版社，2001.

[24] 乔欣．仲裁权研究——仲裁程序公正与权利保障．法律出版社，2001.

[25] 杨良宜，莫世杰，杨大明．仲裁法：从开庭审理到裁决书的作出与执行．法律出版社，2010.

[26] 袁发强．中国商事仲裁机构现状与发展趋势研究．复旦大学出版社，2011.

[27] 乔欣．仲裁权论．法律出版社，2009.

[28] 乔欣．比较商事仲裁．法律出版社，2004.

[29] 乔欣．和谐文化理念视角下的中国仲裁制度研究．厦门大学出版社，2011.

[30] 陈福勇．未竟的转型：中国仲裁机构现状与发展趋势实证研究．法律出版社，2010.

[31] 沈伟．我国仲裁司法审查制度的规范分析——缘起、演进、机理和缺陷．法学论坛，2019 (1).

[32] 张伟强．论无需法律的仲裁．北方法学，2018，12 (3).

[33] 郇恒娟，张圣翠．仲裁合意争议司法审查研究．上海财经大学学报，2018，20 (2).

[34] 袁野，袁冰如．我国仲裁制度的司法监督机制探讨．学术界，2017 (8).

[35] 王峥，曹伊清．仲裁与诉讼衔接机制研究．南通大学学报，2016，32 (6).

[36] 周丽．当前仲裁员制度的不足与完善．人民论坛，2016 (17).

[37] 于喜富．论争议可仲裁性司法审查之启动程序．法学评论，2016，34 (3).

[38] 张圣翠．论我国仲裁保全措施制度的重构．上海财经大学学报，2016，18 (2).

[39] 杨玲．晚近中国仲裁制度的变革与发展趋势．南通大学学报，2016，32 (2).

[40] 赵秀举．诉讼视角下的仲裁管辖权限的扩张及问题．当代法学，2015，29 (6).

[41] 侯登华，赵莹雪．仲裁庭自裁管辖理论及其在我国的实践路径．河北法学，2014，32 (7).

[42] 罗剑雯．仲裁中的“一事不再理”新探．广东社会科学，2014（1）．

[43] 李连君，刘洋．质疑仲裁裁决的理由及撤销仲裁裁决后的救济方法．中国海商法研究，2013，24（4）．

[44] 罗楚湘．仲裁行政化及其克服．江西社会科学，2012，32（3）．

[45] 张圣翠．论我国仲裁裁决撤销制度的完善．上海财经大学学报，2012，14（1）．

[46] 张彦军．仲裁规则的法律地位与制定权探讨．商业时代，2011（27）．

[47] 尹伟民．仲裁中的证据能力规则——以诉讼与仲裁机制的差异为视角．学术界，2011（5）．

[48] 韩平．论仲裁员的民事责任．武汉大学学报，2011，64（3）．

[49] 范铭超．商事仲裁视野下的枉法裁决罪．河北法学，2009，27（12）．

[50] 裴普．仲裁制度的法理辨析．河北法学，2008（11）．

[51] 刘凤泉．关于我国设立仲裁第三人制度的研究．经济纵横，2008（6）．

[52] 姜霞，廖永安．重构我国仲裁证据制度之探析．求索，2008（5）．

[53] 丛雪莲，罗楚湘．仲裁诉讼化若干问题探讨．法学评论，2007（6）．

[54] 姜霞．仲裁司法审查程序本质论．河北法学，2007（6）．

[55] 罗楚湘．仲裁的司法监督：过度干预和控制还是适度监督．武汉大学学报，2005（2）．

[56] 姚远．论法院对民商事仲裁的制约．政治与法律，2005（1）．

[57] 张芳芳．我国仲裁内部监督机制的反思和完善．改革与战略，2004（4）．

[58] 郭玉军，梅秋玲．仲裁的保密性问题研究．法学评论，2004（2）．

[59] 郑泰安．我国仲裁制度性质试析．社会科学研究，2003（4）．

[60] 谭兵．我国仲裁制度的反思和完善．法学家，2004（4）．

后　记

《律师、公证与仲裁》主要属于应用型法律教材，面向具有一定实体法和程序法知识的法学专业三年级学生开设，通常为各校法学专业选修课，建议32课时。

本教材由广东警官学院丁小巍主编统稿。本书撰写分工如下：第一章、第六章、第十章由戴群策撰写；第二章由王吉文撰写；第三章由赖钰明撰写；第四章、第五章、第十五章由何结文撰写；第七章、第九章、第十四章由宫明海撰写；第八章、第十九章、第二十章由丁小巍撰写；第十一章、第十二章、第十三章由何智毅撰写；第十六章、第十七章、第十八章由王正苍撰写；第二十一章、第二十二章、第二十三章、第二十四章、第二十五章、第二十六由范智欣撰写。

编　者

2020年8月18日